ΕΛΛΗΝΙΚΗ ΥΠΟΣΧΕΣΗ

Ένα Ταξίδι πίστης

BARBARA GILIS

Τα εδάφια της Αγίας γραφής που αναφέρονται είναι στην Δημοτική από την μετάφραση της Ελληνικής Βιβλικής Εταιρείας.

Αυτό το βιβλίο δεν είναι μυθοπλασία. Σε ορισμένες περιπτώσεις τα ονόματα των ατόμων και των τόπων έχουν τροποποιηθεί για την προστασία της ιδιωτικότητας τους.
Το έργο της μετάφρασης του βιβλίου από την Αγγλική στην Ελληνική γλώσσα, επιμελήθηκε ο Παπουτσίδης Ηλίας
Papoutsidis@zoho.com

ISBN: 978-618-00-0948-4

ΑΦΙΕΡΩΣΗ

Στους ανθρώπους της Πάρου που με υποδέχτηκαν και μοιράστηκαν μαζί μου το νησί τους και τις ζωές τους, σας ευχαριστώ.

ΠΕΡΙΕΧΟΜΕΝΑ

ΑΝΑΓΝΩΡΙΣΕΙΣ

Ευχαριστώ τους γονείς μου Ρόϊ και Όλιβ Μπάτλερ που με αυτοθυσία αποχωρίστηκαν την κόρη τους για την μακρινή Ελλάδα.

Είμαι βαθιά υπόχρεη στον Ηλία Παπουτσίδη για το έργο της μετάφρασης, και στον Αντώνη Μενδρινό για την πολύτιμη βοήθεια του καθώς και στον αγαπητό μου σύζυγο Πίτερ για την υπομονή του, την υποστήριξη και το ρόλο του σε αυτήν την ιστορία.

ΠΡΟΛΟΓΟΣ

Η ΕΛΛΗΝΙΚΗ ΥΠΟΣΧΕΣΗ είναι μια εμπνευσμένη αναφορά για το πώς ο Θεός εξακολουθεί να καλεί απλούς ανθρώπους να πράττουν τα εξωπραγματικά. Η από καρδιάς αφήγηση των πολλαπλών θαυματουργικών γεγονότων συμπλέει με τις χαρές της ελληνικής ζωής που κατά το παρελθόν έχουν πράξει δημοφιλή ελληνικά βιβλία από άλλους συγγραφείς. Αυτός ο ασυνήθιστος συνδυασμός συνθέτει το σκηνικό για αυτήν την αληθινή, και περιπετειώδη ιστορία που θα απολαύσουν πιστοί και σκεπτικιστές. Το θάρρος, η πίστη, η συμπόνια και η παιδική εξάρτηση από την προμήθεια του Θεού αποτελούν το φόντο για αυτήν, την νησιώτικη σύγχρονη επιστολή. Η ιστορία διηγείται εκπληκτικά γεγονότα που αψηφούν οποιαδήποτε άλλη εξήγηση εκτός από το ότι καθορίστηκαν και ελέγχθηκαν από τις ενέργειες ενός Παντοδύναμου Θεού.

Το προηγούμενο μου βιβλίο, «Προς την Ελλάδα και τα μακρινά νησιά», αναφέρεται στα συναρπαστικά γεγονότα που με οδήγησαν να αφήσω το σπίτι και τις επαγγελματικές μου δραστηριότητες στην Αγγλία και να ζήσω μια απλή ζωή σε ένα ελληνικό νησί, διανύοντας την τρίτη δεκαετία της ζωής μου.

Πολλοί από τους αναγνώστες αυτού του βιβλίου ρώτησαν: «Έπειτα τι έγινε;» Ως απάντηση σε αυτήν την ερώτηση έχω συγγράψει αυτό το δεύτερο βιβλίο που ενσωματώνει γεγονότα από τότε μέχρι σήμερα.

BARBARA GILIS

1 ΕΛΛΗΝΙΚΟ ΣΠΙΤΙΚΟ

Πέρασαν λιγότερα από δέκα χρόνια από τότε που άφησα τη ζωή μου στην Αγγλία και ήρθα για να ζήσω στην Πάρο. Δεν είχε μείνει καμία πτυχή της ζωής μου αμετάβλητη.

Έζησα ως ελεύθερη γυναίκα για δύο καλοκαίρια στο κάμπινγκ στο Πίσω Λιβάδι, γύρισα πίσω στην Αγγλία για να παντρευτώ, και έπειτα έζησα άλλα δύο χρόνια σε ένα νοικιασμένο σπίτι στο χωριό Μάρπησσα, συνεπώς, ήταν πλέον θαυμάσιο που είχαμε δικό μας σπίτι. Ο Πίτερ το έκτισε τούβλο, τούβλο, και είχαμε τόση χαρά για το κατόρθωμά μας.

Είχαμε την πιο όμορφη θέα από τις ευρύχωρες βεράντες που χτίστηκαν στην ανατολική και νότια πλευρά του σπιτιού. Απολαμβάναμε στην θέα προς τα κάτω όπου ήταν η παραλία, και κατά μήκος των αστραφτερών γαλάζιων νερών του Αιγαίου έως το γειτονικό νησί της Νάξου.

Κάθε πρωί ο ήλιος ανέτειλε πάνω από τα βουνά της Νάξου που ήταν απέναντι από το κόλπο του Λογαρά. Στη συνέχεια σκαρφάλωνε προς την νότια πλευρά του σπιτιού ως που τελικά βυθιζόταν με δραματικό τρόπο πίσω από τα βουνά της Πάρου προς τα δυτικά.

Αξεπέραστη ομορφιά μας χάριζε η πανσέληνος κάθε είκοσι οκτώ ημέρες όταν εκδηλωνόταν με βασιλικής λαμπρότητας πορτοκαλί φλόγα που σκιαγραφούσε τις κορυφές των βουνών της Νάξου. Στα επόμενα χρόνια, το τοπικό εστιατόριο Φυσιλάνη στην παραλία θα έδινε τη δέουσα δόξα σ 'αυτή την εκδήλωση παίζοντας την μουσική για το Χορό του Ζορμπά, την στιγμή που το φεγγάρι πρωτοεμφανιζόταν πάνω από τα βουνά της Νάξου. Κατόπιν άναβαν μικρά κεριά και τα άφηναν να επιπλέουν στην γαλήνια θάλασσα δημιουργώντας μια μεθυστική ατμόσφαιρα για τους ανθρώπους που δειπνούσαν αλλά και για τους ερωτευμένους.

Καθώς δεν υπήρχαν κτήρια ή φώτα στους δρόμους, τα αστέρια πάνω έλαμπαν, και ολοκλήρωναν αυτό το αριστούργημα της δημιουργίας. Ευτυχώς, το σπίτι μας έχει μια σκάλα προς την ταράτσα η οποία, σε ειδικές περιπτώσεις κατά την διάρκεια του χρόνου, ήταν ένα εξαιρετικό σημείο για να ξαπλώσεις και παρακολουθήσεις τα αστέρια που έπεφταν στη Γη.

Εκείνες τις πρώτες μέρες, τα καλοκαιρινά βράδια ήταν ατελείωτα και γλυκά. Με ηχόχρωμα από τα τζιτζίκια, καθόμασταν γύρω από ένα απλό τραπέζι για κάμπινγκ πάνω στην βεράντα που δεν είχε πλακοστρωθεί και αντλούσαμε την γαλήνη και την ηρεμία. Για εμάς ήταν η τραπεζαρία ενός παλατιού. Επιτέλους είχα "κάποιον ιδιαίτερο" για να μοιραστώ μαζί του τη ζωή μου.

Δεν με πείραζε καθόλου που η ζωή ήταν σχετικά απλή. Μαγείρευα πάνω σε ένα διπλό μάτι υγραερίου που ήταν σκέτη πολυτέλεια αφού χρησιμοποιούσα εστία μαγειρέματος λαδιού στο κάμπινγκ για δύο χρόνια. Είχα μια πλήρη κουζίνα αντί να κρατώ τα φαγώσιμα μου στο Land Rover και ένα ηλεκτρικό ψυγείο αντί για εκείνο που το τροφοδοτούσε με ρεύμα η μπαταρία του αυτοκινήτου.

Κάθε πρωί βγαίναμε από την εξώπορτα και περπατούσαμε πάνω στο χώμα και τις πέτρες. Θα χρειαζόντουσαν πολλά χρόνια για να ποτιστεί σιγά σιγά το ξερό χώμα και να μεταμορφωθεί το αποξηραμένο έδαφος σε έναν κήπο με φρούτα και λουλούδια. Τις πρώτες μέρες, ο προϋπολογισμός μας δεν μας επέτρεπε να αγοράσουμε λουλούδια, και γι 'αυτό παίρναμε πολλά κλαριά γερανιού από φίλους και απλά τα βάζαμε στο έδαφος. Παραδόξως πάντα έπιαναν και στη συνέχεια μεγάλωναν από πενήντα έως και εβδομήντα εκατοστά σε ύψος. Σε αντίθεση με την Αγγλία, εδώ μπορούν να παραμείνουν έξω όλο το χειμώνα, δεν υπήρχε καμία απολύτως ανάγκη να τα βάλουμε σε θερμοκήπιο. Ζούσαμε σε ένα θερμοκήπιο!

Ακριβώς έξω από την μπροστινή πόρτα, ο παριανός αρχιτέκτονας σχεδίασε με δημιουργικότητα μια ευρύχωρη αυλή, όπως λέγεται στα ελληνικά, και αυτό ήταν το επόμενο έργο του Πίτερ. Ο τοίχος των δύο μέτρων θα μας προστατεύε από τους βόρειους και τους νότιους ανέμους. Η παραδοσιακή είσοδος με ένα τρίγωνο από πάνω είναι ένα κλασικό ελληνικό χαρακτηριστικό που κάνει το σπίτι να φαίνεται αυθεντικά ελληνικό. Ο Πίτερ έχτισε στην συνέχεια μία γωνιακή πεζούλα μέσα στην αυλή, ιδανικό για να απολαμβάνει την απογευματινή του σιέστα στη σκιά του τείχους. Ο σκύλος μας, ο Αμπέι, ξάπλωνε δίπλα του και οι δύο έπεφταν για ύπνο έως ότου ήταν ώρα για μια βουτιά στην θάλασσα. Με τα χρόνια η αυλή έγινε το σπίτι μιας υπέροχης κόκκινης μπουκαμβίλιας, ενός λευκού γιασεμιού και μιας μωβ γλυκίνης. Η τελευταία προσθήκη ήταν ένα νυχτολούλουδο, ένα ελληνικό λουλούδι της νύχτας, όλα μαζί συνέβαλαν στην δημιουργία ενός μεθυστικού αρώματος που απολαμβάναμε όταν χαλαρώναμε στην δροσιά του απογεύματος.

Ο Αμπεί απολάμβανε ιδιαίτερα την ελευθερία που προερχόταν από την ζωή έξω στο χωριό. Εκτός από την εξόρμηση του δύο φόρες το χρόνο για να "βρει μια σκυλίτσα", ήταν καλά εκπαιδευμένος και ποτέ δεν κυνηγούσε τα πρόβατα ή τις κατσίκες. Η ανταμοιβή του για αυτή την συμπεριφορά ήταν να είναι ελεύθερος να τρέχει στην παραλία και έξω από το σπίτι, αν και εμείς πάντοτε τον προσέχαμε. Ποτέ δεν θα ήταν ένα από εκείνα τα ελληνικά σκυλιά που ξοδεύουν όλη τους τη ζωή δεμένα με μια αλυσίδα στην άκρη του κήπου.

Κάθε πρωί, όταν ο Πίτερ είχε δουλειά, ξυπνούσαμε στις εξίμιση ώρα. Του ετοίμαζα το πρωινό του, του πακέταρα τα σάντουιτς του για το μεσημεριανό του γεύμα και του γυάλιζα τις μπότες του. Ήταν το λιγότερο που θα μπορούσα να κάνω μίας και εκείνος δούλευε έξω στον καυτό ήλιο όλη μέρα. Καθώς του γέμιζα το θερμός του με δροσερό νερό κάθε πρωί, ένας σιωπηλός εχθρός συσσώρευε πέτρες στα νεφρά του. Το ασβέστιο στο νερό θα δημιουργούσε σταδιακά πέτρες που θα τον γονάτιζαν από τον πόνο.

Το νερό της βρύσης στο σπίτι μας είχε συχνά χαμηλή πίεση και έτρεχε ένα πορτοκαλί μείγμα γεμάτο με άμμο. Τις μέρες που ζούσαμε στην Μάρπησσα, είχαμε μάθει να ταξιδεύουμε στην πηγή που βρίσκεται στα βουνά για να μαζέψουμε το νερό μας. Η περιοχή ονομαζόταν "Αυκουλάκι" ΄και τι υπέροχη περιοχή που είναι, με την μικρή της

Ορθόδοξη εκκλησία, περιτριγυρισμένη από κυπαρίσσια, που βρίσκονται στο πλάι του λόφου. Τότε στο νησί υπήρχαν πολύ λίγα δέντρα, επομένως εκεί ήταν ένα σκιερό καταφύγιο ειρήνης. Με το αυτοκίνητο ανηφορίζαμε με δοχεία νερού των δέκα λίτρων και τα γεμίζαμε από τη βρύση που ήταν σε μια απλή πέτρινη καλύβα. Για μας ήταν μια αρκετά μεγάλη ανηφόρα, οι ντόπιοι μπορούσαν να πάρουν το γαϊδούρι τους, αλλά, ακόμη και για ένα Land Rover, η οδήγηση ήταν εκτός συζήτησης. Τα επόμενα χρόνια, ένας σωλήνας έφερνε το νερό σε ένα πιο προσβάσιμο σημείο, αν και ήταν αρκετά έξω από το χωριό, ήμασταν σε θέση να οδηγήσουμε εκεί και να πάρουμε τα κενά μπουκάλια νερού με χωρητικότητα ενάμιση λίτρου σε κόκκινα κιβώτια της Coca Cola. Ο τόπος έσφυζε από σφήκες που λαχταρούσαν να πιούν το απόγευμα όταν δρόσιζε, για κάποιον σαν εμένα που φοβόταν τρομερά τις σφήκες, ήταν ένα φοβερό μάθημα για το πως ξεπερνώ το φόβο όταν πρέπει! Και οι δύο πηγές λάμβαναν νερό από τα μαρμάρινα βουνά του νησιού. Το μάρμαρο, αποτελούμενο από ανθρακικό ασβέστιο, θα γινόταν αιτία σοβαρών προβλημάτων για τον Πίτερ. Σε μια τυπική καυτή εργάσιμη μέρα των επτά έως και οκτώ ωρών, ο Πίτερ έπινε αρκετά λίτρα νερό για να ξεδιψάσει.

Ο μισθός που πληρωνόταν ήταν πενιχρός αλλά έπρεπε να φάμε και αυτή ήταν η διαθέσιμη εργασία. Εργαζόταν επτά ώρες για πληρωθεί μόλις επτά χιλιάδες δραχμές - περίπου είκοσι ένα ευρώ - που είναι μόνο τρία ευρώ την ώρα. Άλλοι συνταξιούχοι φίλοι μας με τη σύνταξη ή το καλό εισόδημα, οι οποίοι δεν χρειάζονταν να εργάζονται, συχνά κάθονταν για να απολαύσουν έναν καφέ στο λιμάνι κατά τη διάρκεια της ημέρας. Εγώ δεν μπορούσα να διανοηθώ μια τέτοια πολυτέλεια όταν γνώριζα πόσο θα έπρεπε να εργάζεται ο Πίτερ για να πληρώσει για το καφέ μου. Η κατάσταση αυτή απείχε πολύ από τις μέρες που το εισόδημα μου ήταν περισσότερο ανά ώρα από ότι πληρωνόταν σε μια μέρα, αλλά και οι δύο δεν είχαμε έρθει στην Πάρο για τα χρήματα. Ήμασταν ευτυχείς και η ζωή μας φαινόταν πολύ καλή εκείνη την δεδομένη στιγμή.

Επέστρεφε στο σπίτι γύρω στις τέσσερις όταν η δουλειά του είχε πλέον τελειώσει. Περπατούσαμε μέχρι την παραλία για να κολυμπήσουμε, η παραλία ήταν ακριβώς στο τέλος του δρόμου. Ο Πίτερ εξελισσόταν γρήγορα σε έναν έμπειρο ψαρά χταποδιών με καμάκι ο οποίος κολυμπούσε αργά-αργά γύρω από τις βραχώδεις γωνιές για να εντοπίσει τα κρησφύγετα τους. Ανακάλυψε ότι οι μικρές στοίβες βράχων μπροστά από ένα μεγαλύτερο βράχο συνήθως υποδείκνυαν το σπίτι ενός χταποδιού που είχε στοιβάξει τις πέτρες για να καλύψει την είσοδο. Τα μικρά ψάρια που κολυμπούσαν γύρω είχαν την τάση να βοηθήσουν στο παιχνίδι. Συχνά όταν το τσιγκλούσε με το καμάκι, το χταπόδι σερνόταν πιο βαθιά μέσα ως που το δείπνο μας εξαφανιζόταν σιωπηλά μέσα στην τρύπα.

Τα επόμενα χρόνια έλαβε μια συμβουλή για το πώς να προσελκύσει το χταπόδι από την κρυψώνα του σκορπίζοντας αχινούς κοντά στην είσοδο του κρησφύγετου. Αυτός ο πειρασμός αποδείχτηκε πάρα πολύ μεγάλος για να αντισταθεί το χταπόδι οπότε έβγαινε για να τραφεί μαζί με τα ψάρια που είχαν μαζευτεί. Το χταπόδι σερνόταν έξω και ... "Μπαμπ" ... Ο Πίτερ εκσφενδόνιζε προς τα εμπρός το καμάκι και το άρπαζε. Στην συνέχεια επακολουθούσε το δεύτερο στάδιο, το κοπάνημα του χταποδιού πάνω στα βράχια για να μαλακώσει, φυσικά αφού πρώτα το σκότωνε. Δεν είναι ασυνήθιστο στην Ελλάδα να βλέπεις ντόπιους ψαράδες να τρίβουν δέκα ή περισσότερα χταπόδια στα βράχια εωσότου εμφανιστεί ένας λευκός αφρός. Αυτό ήταν το τρίτο στάδιο. Είναι όλα μέρος της διαδικασίας για να γίνει τρυφερό το κρέας τους, αν και είναι άξιο απορίας πώς το ανακάλυψαν αυτό.

Μετά από μια βουτιά και έναν υπνάκο θα είμασταν σε θέση να βρεθούμε στην παραθαλάσσια καφετέρια με τους ντόπιους φίλους μας και τους τουρίστες που επισκέπτονταν. Σε αντίθεση με τις μέρες που ζούσαμε στην Μάρπησσα, εδώ, χρησιμοποιούσαμε το Land Rover όλο και λιγότερο. Ήταν θαυμάσιο που μπορούσαμε να περπατήσουμε παντού. Αυτό φυσικά απαιτούσε αρκετό χρόνο, όχι για το περπάτημα, αλλά για τις παύσεις και τις κουβέντες με κάθε περαστικό. Χαιρετούσαμε τον κάθε περαστικό με το μικρό του όνομα: "Γειά σου Μαρία, γειά σου Στέφανε", οπού το γειά σου σημαίνει "την υγεία σου", αυτός είναι ο τυπικός τρόπος χαιρετισμού. Ήταν αδιανόητο να χαιρετήσεις βιαστικά δίχως να ρωτήσεις πώς ήταν το άτομο και εάν ήταν καλά. Στις επισκέψεις τους, η μαμά μου και ο μπαμπάς μου, το έβρισκαν εκπληκτικό που γνωρίζαμε κάθε άτομο με το όνομα του.

Το χειμώνα, το σενάριο ήταν εντελώς διαφορετικό. Οι τουρίστες έλειπαν, τα ενοικιαζόμενα δωμάτια και τα εστιατόρια ήταν κλειστά, και οι ντόπιοι ξεκουράζονταν από τις διπλόβάρδιες που εργαζόντουσαν όλο το καλοκαίρι. Οι σόμπες άναβαν, και όσοι ήταν αρκετά τυχεροί και μπορούσαν οικονομικά να προμηθεύονται πετρέλαιο για την κεντρική τους θέρμανση, γυρνούσαν ένα διακόπτη και ξεκινούσαν το λέβητα. Οι περισσότεροι άνθρωποι τα απογεύματα απλώς κουρνιάζανε μαζί στα σπίτια. Οι παλαιότεροι Έλληνες μάλλον νόμιζαν ότι η θέρμανση ήταν μια περιττή πολυτέλεια, οπότε οι επισκέψεις στα σπίτια τους προϋπόθετε να φοράς πολλά ρούχα. Δεν ήταν ότι η θερμοκρασία έπεφτε πολύ κάτω από τους δέκα βαθμούς, αλλά η υγρασία ήταν συχνά εβδομήντα ή ογδόντα τοις εκατό. Πολλοί ηλικιωμένοι είχαν πόνους στις αρθρώσεις στους ώμους ή στους γοφούς. Η υγρασία επίσης προκαλούσε μούχλα στις κολώνες από μπετόν και στις γωνίες των δωματίων καθώς το μπετόν αντλούσε νερό από τη γη. Δεν υπήρχε η τεχνική οικοδόμησης με μόνωση στο κάτω μέρος του τοιχώματος, εκτός εάν χρησιμοποιούσες διαφορετικό υλικό από το μπετόν και διέτρεχες το ρίσκο κατάρρευσης του οικοδομήματος πάνω στο κεφάλι σου αν γινόταν σεισμός. Το μόνο που απέμενε ήταν ο καθαρισμός των τοίχων με χλωρίνη κάθε τρεις εβδομάδες όπου επεκτεινόταν η μούχλα. Ευτυχώς, που είχα τον Πίτερ για αυτές τις δουλειές. Είχα επισκεφθεί σπίτια όπου οι άνθρωποι δεν μπορούσαν οι ίδιοι να καθαρίσουν τους τοίχους, και ολόκληρη η οροφή είχε μαυρίσει!

Ήταν σε αυτές τις χειμωνιάτικες βραδιές που ο Μανώλης, ένας αγρότης φίλος μας, που ήταν κοντός στο ανάστημα, θα κούτσαινε στο δρόμο, χτυπώντας τον με το ραβδί του που ήταν από ξύλο ελιάς, με μια τσάντα γεμάτη από ότι ήθελε να μοιραστεί μαζί μας να κρέμεται στο πλευρό του. Η ξυλόσομπα διατηρούσε την θερμοκρασία στο σαλόνι μας πάνω από είκοσι βαθμούς και επίσης είχαμε τηλεόραση. Σε εκείνες τις πρώτες μέρες ο Μανώλης δεν είχε ηλεκτρικό ρεύμα στο απλό δωμάτιο του που έμοιαζε με στάβλο και βρισκόταν στο τέλος του δρόμου που μέναμε. Η αγαπημένη του τηλεοπτική σαπουνόπερα "ΛΑΜΨΗ", ήταν κάτι που δεν παρακολουθήσαμε ποτέ, αλλά, για χάρη της φιλίας, δεν μπορούσαμε να αρνηθούμε το αίτημά του για να ανοίξουμε την τηλεόραση. Συνήθως μας έφερνε ένα μεγάλο μπουκάλι νερού γεμάτο με κατσικίσιο γάλα για να φτιάξουμε το τοπικό μαλακό τυρί που λέγεται μυζήθρα. Εναλλακτικά, μπορεί να έφερνε λίγο από το δικό του κρασί που ήταν σε ένα τεράστιο βαρέλι στο στάβλο.

Μια βραδιά, έβγαλε προσεκτικά από την τσέπη του αρκετά αυγά και τα έβαλε στο πάγκο της κουζίνας. Στη συνέχεια βολεύτηκε κάτω, δίπλα από τη σόμπα για να παρακολουθήσει την "ΛΑΜΨΗ". Περίπου μισή ώρα αργότερα, παρατήρησα κάτι κίτρινο να τρέχει από την τσέπη του. Αφού του το ανέφερα, μου εξήγησε ότι δεν ήθελε να μας δώσει το αυγό που του έσπασε στο δρόμο όπως ερχόταν. Η μεταφορά φρέσκων αυγών από το φούρνο σε μια χάρτινη σακούλα ήταν μια ακόμα νέα και απαραίτητη δεξιοτεχνία που έπρεπε να μάθω ζώντας στην Ελλάδα. Βίωνα έντονα την αίσθηση της επίτευξης όταν έφτανα σπίτι με τα δέκα αυγά όλα άθικτα, έναν θρίαμβο που εκμηδενιζόταν όταν τα αγόραζα σε πλαστικά κουτιά από το σουπερμάρκετ.

Ο Μανώλης, ο Έλληνας φίλος μας που ήταν και αιγοβοσκός, ήταν πραγματικά πολύ γλυκός μαζί μας και μας είχε πάρει κάτω από την προστασία του, εξάλλου γι' αυτό είναι οι γείτονες. Μας δίδαξε πώς να μαζεύουμε χόρτα, τα άγρια χόρτα σαν πικραλίδες και έπειτα να τα βράζουμε πριν τα ραντίσουμε με ελαιόλαδο και λεμόνι. Είχαμε τα δικά μας μικρά ελαιόδεντρα σε αυτό το στάδιο, αλλά θα χρειαζόντουσαν μερικά χρόνια ακόμα πριν έχουμε τη δική μας ετήσια σοδειά λαδιού. Στο ενδιάμεσο το μόνο που μπορούσαμε να κάνουμε ήταν να αγοράζουμε μικρά μπουκάλια από το σουπερμάρκετ. Φαινόταν ότι το ελαιόλαδο ήταν ένα από τα μοναδικά πράγματα που οι Έλληνες δεν μοιράζονταν, ακόμα κι αν είχαν διακόσια λίτρα. Από την άλλη πλευρά, τα λεμόνια, τα κολοκυθάκια, οι ντομάτες, το τυρί, το γάλα και το κρασί μας ερχόντουσαν βροχή. Στα επόμενα χρόνια, είχαμε συνήθως τριάντα λίτρα λαδιού ετησίως, αλλά σε μια περίπτωση είχαμε ακόμη και ενενήντα λίτρα, την ανταμοιβή μας για τη συγκομιδή ελιάς από εκατό ελαιόδεντρα ενός φίλου μας. Μας πήρε πέντε μέρες για να το καταφέρουμε.

Ο Μανώλης μας έδειξε επίσης πού να βρίσκουμε τα κάρφα, ένα άγριο σπαράγγι που εμφανίζεται τον Μάιο μήνα. Μετά από τα πρωτοβρόχια μαζεύαμε και σαλιγκάρια τα οποία τα τάιζα αλεύρι για να τα καθαρίσω πριν να τα μαγειρέψω. Το ζωτικό κομμάτι της τοπικής γνώσης ήταν όσον αφορά το είδος του δοχείου στο οποίο θα τα διατηρούσα για να μην πάθουν ασφυξία, αλλά επίσης να τα αποτρέψει από τη διαφυγή και από το συρθούν σε κάθε γωνιά και τρύπα της κουζίνας! Την πρώτη μου φορά, χρειάστηκα αρκετές ώρες για να τα εντοπίσω. Αναμφίβολα, το πιό αγαπημένο από όλα τα άγρια τρόφιμα που μας έδειξε ήταν τα μανιτάρια. Φυτρώνανε ελεύθερα στα γύρω χωράφια λίγες εβδομάδες μετά τα πρωτοβρόχια. Τα μαζεύαμε και γεμίζαμε τσάντες ολόκληρες και έπειτα τα ελέγχαμε μαζί με έναν άλλον αγρότη φίλο μας, που τον λέγανε Αντώνη, ο οποίος μας έμαθε πώς να ξεχωρίζουμε τις βρώσιμες ποικιλίες από τις δηλητηριώδης. Μόνο στην Ελλάδα αντιμετωπίζεις την πρόκληση για το τι μπορείς να κάνεις με δύο σακούλες γεμάτες μανιτάρια ή έξι σακούλες γεμάτες λεμόνια. Σίγουρα τα νησιά είναι η γη της αφθονίας.

2 Η ΑΛΒΑΝΙΚΗ ΜΑΣ ΟΙΚΟΓΕΝΕΙΑ

Ήταν κατά τη διάρκεια του δεύτερου καλοκαιριού μας στο Λογαρά, που είχαμε απρόσμενους επισκέπτες. Η αλβανική μας οικογένειά έφτασε στο κατώφλι του σπιτιού έχοντας ταξιδέψει από την Αθήνα και στη συνέχεια από την χώρα του νησιού με το πρωινό λεωφορείο. Πριν από δύο χρόνια, ο Γιάννης και η Βέρα ερχόντουσαν περιστασιακά τις Κυριακές το πρωί. Ο Γιάννης, ο σύζυγος, ήταν ψηλός, λεπτός και σκουρόχρωμος. Η Βέρα ήταν πιο κοντή, μια ζεστή γυναίκα και μητέρα τριών παιδιών. Αυτή τη φορά, η οκτάχρονη κόρη τους, η Ειρήνη, και το νεογέννητο αγόρι τους, ο Ελκιόνι, ήταν μαζί τους. Ο μεγαλύτερος γιος τους, ο Έρως, θα ερχόταν αργότερα. Είχαν έρθει στην Πάρο για να βρουν εργασία, έχοντας ζήσει στην Αθήνα για κάποιο χρονικό διάστημα μετά την τελευταία τους επίσκεψη. Ήλπιζαν ότι θα μπορούσαμε να τους βρούμε εργασία και ένα μέρος για να ζήσουν. Δεδομένου ότι έφτασαν το πρωί του Σαββάτου, ήταν απίθανο να τους βρούμε εργασία εκείνη την ημέρα, οπότε, προσφερθήκαμε να τους φιλοξενήσουμε για μερικές μέρες. Παρόλο που δεν είχαμε άλλο υπνοδωμάτιο για να τους κοιμίσουμε, είχαμε την τραπεζαρία που ήταν ξεχωριστός χώρος από το σαλόνι μας, και σίγουρα θα μπορούσαμε να τους βάλουμε μερικά στρώματα στο πάτωμα. Τουλάχιστον είχαν ένα δωμάτιο για τον εαυτό τους.

Η άμεση ανησυχία μου ήταν ότι η επόμενη μέρα ήταν Κυριακή. Για εμάς, που είμασταν ξένοι, ο εκκλησιασμός στην Ελληνική Ορθόδοξη Εκκλησία, δεν ήταν μια πραγματική επιλογή: Δεν μπορούσαμε να καταλάβουμε την καθαρεύουσα, δεν γνωρίζαμε τα βυζαντινά άσματα και δεν μας επιτρεπόταν να μεταλάβουμε από τον άρτο και τον οίνο της θείας κοινωνίας. Συνεπώς συναντιόμασταν στο σπίτι μας με οποιονδήποτε άλλον αλλοδαπό που ήθελε να λατρεύει τον Θεό και να διαβάζει την Αγία Γραφή στα Αγγλικά. Πώς θα μπορούσα να διδάξω τη Βίβλο στην ελληνική γλώσσα, που ήταν η μόνη κοινή μας γλώσσα, μέσα σε τόσο σύντομο χρονικό διάστημα; Τι τραγούδια λατρείας μπορούσαμε να χρησιμοποιήσουμε όταν τραγουδούσαμε συνήθως στα αγγλικά; Στο τέλος, η Τζιλ, που ήταν παντρεμένη με έναν Έλληνα, ήταν άξια να τους μεταφράσει. Και για να γνωριστούμε καλύτερα, μοιραστήκαμε τις ιστορίες μας για το πώς και πότε γίναμε χριστιανοί. Γνωρίζαμε αρκετά για να εξαπατηθούμε από την ιδέα ότι γινόμαστε χριστιανοί όταν απλώς βαφτιζόμαστε ως βρέφη.

Το "Αγαπάτε αλλήλους" φαινόταν ότι ήταν το μήνυμα της ημέρας. Επίσης, αδράξαμε την ευκαιρία για να ευχαριστήσουμε τον Θεό για τους διάφορους ανθρώπους που είχαν θεραπευτεί την προηγούμενη εβδομάδα στις συναντήσεις μας με τον Λυμπέρη, τον Έλληνο-Νότιοαφρικανό πάστορα της εκκλησίας στην Αθήνα που μας είχε επισκεφτεί.

Ο Λυμπέρης ήταν ο πάστορας που είχε έρθει για

να προσευχηθεί μαζί μου στο νοσοκομείο της Αθήνας, όπου είχα χειρουργηθεί για καρκίνο του μαστού. Είχε επισκεφθεί την Πάρο με την οικογένειά του για δύο μέρες. Σε μια από τις βραδιές μια ομάδα δέκα ατόμων από εμάς είχε συγκεντρωθεί για να ακούσει το Λόγο του Θεού σχετικά με τη θεραπεία και τη σωτηρία αλλά και για να προσευχηθούμε μαζί. Καθώς διακονούσε, εγώ έπεσα στο πάτωμα κάτω από τη δύναμη του Αγίου Πνεύματος και ήμουν σε πλήρη γαλήνη καθώς το Άγιο Πνεύμα εργαζόταν στο σώμα μου, στο νου μου και στα συναισθήματά μου. Ο Θεός συνέχιζε την θεραπεία στο σώμα μου που είχε αρχίσει όταν ο Πίτερ και εγώ πρωτοπροσευχηθήκαμε μαζί όταν ανακαλύψαμε ένα εξόγκωμα στον εναπομείναντα μαστό μου. Μια Γερμανίδα κυρία, που είχε πρόβλημα θυρεοειδούς, αισθάνθηκε τη δύναμη του Θεού στο σώμα της καθώς προσευχόμασταν μαζί. Η Ντορίν, μια συνταξιούχος Αγγλίδα κυρία, έπεσε απαλά στο έδαφος καθώς το Άγιο Πνεύμα κινήθηκε ανάμεσα μάς, με τον ίδιο τρόπο που μου συνέβη την προηγούμενη μέρα. Αρκετοί άνθρωποι θεραπεύτηκαν και μερικοί αφιέρωσαν εκ νέου τη ζωή τους στον Χριστό. Άλλοι έλαβαν τον Χριστό ως Σωτήρα τους για πρώτη φορά. Ευτυχώς, η διάγνωση για το εξόγκωμα που είχα στο στήθος ήταν ορμονικό εξόγκωμα και όχι καρκινικός όγκος. Έχοντας βιώσει πρόσφατα την χειρουργική επέμβαση για καρκίνο του μαστού, που συνέπεια αυτής είχα υποστεί την αφαίρεση του αριστερού στήθους μου, δεν ήθελα με τίποτα να ξαναζήσω όλη αυτή την εμπειρία.

Η Βέρα μοιράστηκε μαζί μας εκείνη την στιγμή ότι πήγαινε σε μια εκκλησία στην Αθήνα, για δύο χρόνια από το 1990, και είχε λάβει τον Χριστό ως Σωτήρα της το 1992.Την πρώτη φορά που ήρθε στην Πάρο ήταν το 1994, και μας επισκέφτηκε με τον Γιάννη χωρίς τα παιδιά.

Το ίδιο βράδυ, τρεις κοπέλες από την Κένυα - η Εύα, η Πόλλυ και η Λίλυ - ήρθαν να μας επισκεφτούν. Η Εύα και η Λίλυ ήταν μαζί μας τις Κυριακές την προηγούμενη χρονιά, αλλά η Πόλλυ ήταν καινούργια στο νησί. Η Λίλυ είχε βρει μια εργασία στην παραλία της Πούντας που πλήρωνε 4.000 δρχ. για οχτάωρη εργασία κάθε μέρα. Αυτό είναι περίπου δώδεκα ευρώ την ημέρα, ή μόνο ενάμιση ευρώ την ώρα. Ήταν, στην πραγματικότητα, ο ίδιος μισθός που με πλήρωναν το 1990 πριν από έξι χρόνια, όταν πρώτο ήρθα στην Πάρο, και ακόμα δεν είχαν αυξήσει το ημερομίσθιο!

Και οι τρεις τους δήλωσαν ότι δεν είχαν αναγεννηθεί αλλά πίστευαν ότι ο Ιησούς ήταν ο Υιός του Θεού και ότι ο Θεός τον είχε αναστήσει από τους νεκρούς. Με αυτή την θεμελιώδη πεποίθηση, ήταν ένα απλό ζήτημα να τους κηρύξω το ευαγγέλιο και να τους οδηγήσω σε προσευχή για να λάβουν τον Χριστό ως Κύριο και Σωτήρα τους, ακριβώς όπως είχα κάνει πριν από όλα αυτά τα χρόνια στην Αγγλία. Δυστυχώς, δεν τους βαπτίσαμε εκείνο το βράδυ μα ούτε προσευχηθήκαμε για αυτούς για να βαπτιστούν με το Άγιο Πνεύμα και να λάβουν το χάρισμα της γλωσσολαλιάς, όπως είχε κάνει ο Απόστολος Παύλος στον δεσμοφύλακα στους Φιλίππους το οποίο αναφέρεται στις Πράξεις των Αποστόλων 16 κεφάλαιο. Είχα ακόμα πολλά να μάθω.

Η συμβίωση μας σε τρία δωμάτια ήταν μια πρόκληση για όλους, ειδικά για τον Γιάννη που εργαζόταν πολλές ώρες. Είχε βρει εργασία με τον σύζυγο μιας φίλης από την Αγγλία και έβαφε σπίτια. Στα νησιά των Κυκλάδων όλοι οι εξωτερικοί τοίχοι είναι βαμμένοι με λευκό χρώμα, κάτω από το καυτό ήλιο του καλοκαιριού, οι πόρτες και τα κουφώματα χρειάζονται συχνά φρεσκάρισμα. Η συγκεκριμένη εργασία που έκανε ήταν στο μικρό, γειτονικό νησί της Αντιπάρου. Αυτό σήμαινε ότι έπρεπε να πάρει το πλοίο από το λιμάνι κάθε μέρα. Του έπαιρνε μια ώρα για να περάσει απέναντι νωρίς το πρωί και άλλη μια ώρα για να επιστρέψει αργά το βράδυ μετά την δύση του ηλίου, συνήθως έφτανε σπίτι κατά τις 23:00. Ο χρόνος που απέμενε στον αγαπητό άνδρα ήταν μόνο για να φάει και να κοιμηθεί πριν ξεκινήσει και πάλι την επόμενη μέρα.

Εν τω μεταξύ, η Βέρα και εγώ πηγαίναμε στην γύρω περιοχή, ψάχνοντας σπίτια που ήταν προς ενοικίαση. Φυσικά όλα ανήκαν σε ανθρώπους που γνωρίζαμε, που ήταν γείτονές μας στον Λογαρά και στις γύρω περιοχές. Τελικά, η Βέρα επέλεξε το σπίτι στο χωριό των γειτόνων μας Γιάννη και Ελεφάντας, ενός ηλικιωμένου ζευγαριού, που είχε δωμάτια στην κοιλάδα του ποταμού κάτω από το σπίτι μας. Τους ανήκε επίσης, ένα παλιό παραδοσιακό σπίτι στο χωριό της Μάρπησσας, το οποίο είχε έναν κήπο για να παίζουν τα παιδιά. Ήταν περίπου ένα χιλιόμετρο από το σπίτι μας. Ήταν μια αρχή, που θα τους επέτρεπε να ζήσουν μόνοι τους. Το ενοίκιο ήταν το ένα τέταρτο του μισθού του Γιάννη, γεγονός που σήμαινε ότι θα τους έμεναν αρκετά χρήματα για το φαγητό τους, για το ηλεκτρικό ρεύμα και το νερό.

Κοιτάζοντας πίσω, θα πρέπει να ομολογήσω ότι είμαι ευγνώμων για την ευκαιρία που μας δόθηκε να φιλοξενήσουμε τον Γιάννη, τη Βέρα και τα παιδιά τους για έναν μήνα. Ήταν η αρχή μιας φιλίας που θα διαρκούσε χρόνια. Βαπτίσαμε τη Βέρα και για πολλά χρόνια δίδασκα την Ειρήνη Αγγλικά. Είχε περάσει τις εξετάσεις Cambridge English Certificate και, εν συνεχεία τις εξετάσεις επιπέδου Proficiency, αν και μέχρι τότε έπαιρνε μαθήματα στο τοπικό φροντιστήριο. Η Ειρήνη έγινε η κόρη που δεν είχα ποτέ και ήταν πολύ έξυπνη, ήταν ευχαρίστηση μου να την διδάσκω. Καθώς μετακόμιζαν από σπίτι σε σπίτι γύρω από το χωριό, συνεχώς βελτιωνόταν η κατάστασή τους, ο Πίτερ και εγώ ήμασταν πάντα ευπρόσδεκτοι επισκέπτες. Μας είχαν καλέσει σε πολλά υπέροχα οικογενειακά γεύματα, και η Βέρα έκανε την καλύτερη σπανακόπιτα από οποιονδήποτε γνώριζα.

Πολλά χρόνια αργότερα, η Βέρα και η Ειρήνη μετακόμισαν στην Αθήνα για να μπορέσει η Ειρήνη να διεκδικήσει την προσφερόμενη θέση του προπονητή ειδικών αθλημάτων, καθώς ήταν κορυφαία σπρίντερ για την ηλικιακή της ομάδα. Είχε διαπρέψει σε διάφορες εκδηλώσεις, στους αγώνες των Κυκλάδων, όπου το ταλέντο της ανακαλύφθηκε. Τα δύο αδέλφια της ήταν εξίσου πολλά υποσχόμενοι ως ανερχόμενοι ποδοσφαιριστές. Αργότερα μετακόμισαν στην Αθήνα για να μπορούν να πηγαίνουν σε σχολεία όπου θα μπορούσαν να παρακολουθήσουν ειδική προπόνηση ποδοσφαίρου. Ο πατέρας τους ο Γιάννης ήταν επαγγελματίας ποδοσφαιριστής στην Αλβανία και το υψηλό του επίπεδο, στην προπόνηση της Ειρήνης και των αγοριών, είχε αποφέρει καρπούς.

Αργότερα, ο Ελκιόνι, που ξανά βαφτίστηκε ως Γιώργος, και ο Έρως, που ξανά βαφτίστηκε ως Βασίλης, είχαν και οι δύο κορυφαίες επιδόσεις στο σχολείο και στο γήπεδο ποδοσφαίρου. Στην Ελλάδα είναι συνηθισμένο να βαφτίζουν οι ντόπιοι τα παιδιά των αλλοδαπών, στην Ελληνική Ορθόδοξη Εκκλησία και να τους δίνουν Ελληνικά ονόματα. Δεν είναι καθόλου τυχαίο που όταν συνέβη αυτό, σταμάτησαν να έρχονται στην Κυριακάτικη λατρεία.

Προς το παρόν, κατά τη διάρκεια αυτών των πρώτων ημερών της φιλία μας, δημιουργήσαμε μια σπουδαία ομάδα. Οι διαφορετικές γλώσσες έκαναν τη διδασκαλία μια σκέτη πρόκληση, αλλά κάπως καταφέρναμε όλοι να καταλαβαίνουμε όσα δίδασκα στα αγγλικά και η Τζιλ ερμήνευε το μάθημα στα ελληνικά. Παρόντες ήταν η Βέρα, ο Ελκιόνι και η Ειρήνη, οι οποίοι μιλούσαν ελληνικά. Ήταν επίσης η Τζιλ από την Ουαλία με τα δύο αγόρια της και την Ελληνίδα πεθερά της, η Φρανσουά που ήταν Αγγλίδα, παντρεμένη με έναν Έλληνα και είχαν δύο αγόρια που μιλούσαν αγγλικά, αλλά μόνο ο Μπεν, ο μεγαλύτερος γιος της ήξερε να μιλά ελληνικά. Μετά την λατρεία, τα παιδιά καθόντουσαν στην τραπεζαρία και ζωγράφιζαν εικόνες για την Βιβλική ιστορία που είχαμε πει, γεγονός που μας έδινε την ευκαιρία να σπείρουμε κάποιο θέμα της Βίβλου στα καρποφόρα μυαλά τους. Δεν ήταν το ιδανικό κατηχητικό για τα παιδιά, αλλά ήταν αυτό που μπορούσαμε να καταφέρουμε σε αυτό το στάδιο με τους περιορισμένους πόρους που είχαμε. Αργότερα, τα πράγματα θα βελτιωνόντουσαν.

Δεν ήταν μόνο τις Κυριακές ή κατά την διάρκεια των επισκέψεων μου στην Ειρήνη, τον Έρωντα και τον Ελκιόνι, που θα μου ήταν όλο και περισσότερο φανερό το πόσο σπουδαίο μέρος της ζωής μου θα ήταν τα παιδιά. Είχα δεχθεί την προσφορά για να διδάξω αγγλικά σε δύο ελληνόπουλα, ηλικίας τεσσάρων και έξι ετών. Η ιδέα ήταν να τους διδάσκω Αγγλικά μέσω του παιχνιδιού ενώ οι γονείς τους εργαζόντουσαν. Έχοντας σχεδόν καμία επαφή με παιδιά στη ζωή μου, αυτό ήταν μια εντελώς νέα εμπειρία. Ήταν επομένως μεγάλη έκπληξη για μένα να βλέπω τον εαυτό μου να συμπαθεί όλο και περισσότερο το μικρό κορίτσι, που συμπεριφερόταν σαν άγγελος τις περισσότερες φορές. Ο αδελφός της ήταν μια άλλη ιστορία και ήταν μεγάλη πρόκληση να μπορώ να του κρατώ την προσοχή έστω και για μια ώρα. Σίγουρα μου άνοιξε τα μάτια στις δυσκολίες που αντιμετωπίζουν οι νέοι γονείς όταν τα παιδιά μπαίνουν στη ζωή τους. Παρόλα αυτά, για μένα, που πριν να πιστέψω, δεν είχα καθόλου χρόνο για τα παιδιά, αυτή ήταν μια σημαντική αλλαγή στην καρδιά μου. Βρήκα τον εαυτό μου να αναρωτιέται μήπως δεν ήταν τελικά πολύ αργά να αποκτήσω δικά μου παιδιά.

Το καλοκαίρι περνούσε, οι τουρίστες άρχισαν να αραιώνουν σημαντικά και περιμέναμε με ανυπομονησία τις πρώτες φθινοπωρινές βροχές για να ξεδιψάσουν τα χωράφια, όπου πλέον δεν υπήρχε ούτε χόρτο. Την ημέρα που έπεσε η πρώτη βροχή, ήρθε για διακοπές ο φίλος μας Γουέιν με την οικογένειά του, που ήταν ποιμένες στην Εκκλησία του Φάρου στον Πειραιά. Ως σημάδι ευλογίας, η βροχόπτωση που τους καλωσόρισε μου φαινόταν ότι επισκίαζε την έκχυση του Αγίου Πνεύματος που θα έφερναν μαζί τους και που θα έρεε σε μας.

Οι συνθήκες που συνέβαλαν στην απόφαση τους να έρθουν στην Πάρο δεν ήταν τίποτα λιγότερο από θαυματουργικές, καθώς έμεναν στον Πειραιά με τα τρία παιδιά τους και εμείς δεν περιμέναμε επίσκεψη τους, ειδικά κατά την διάρκεια του Σαββατοκύριακου, επειδή αυτοί ήταν υπεύθυνοι για τις κυριακάτικες συναθροίσεις στην Εκκλησία του Φάρου. Το καλό της ιστορίας είναι ότι ο Γουέιν βρέθηκε κατά την διάρκεια ενός γεύματος με τον ιερέα της Εκκλησίας του Αγίου Ανδρέα στην Αθήνα. Στην συνομιλία τους, ο ιερέας, του Αγίου

Ανδρέα, ανέφερε ότι ένα ζευγάρι στην Πάρο προσέφερε δωρεάν το σπίτι του, σε οποιονδήποτε ιεραπόστολο ήθελε να το χρησιμοποιήσει για διακοπές. Παρά το γεγονός ότι ο Γουέιν γνώριζε ότι ο Πίτερ και εγώ ήμασταν στο νησί, δεν αισθανόταν ότι ήταν σε θέση να δεχθεί την προσφορά για το σπίτι αλλά έβρισκε τον εαυτό του να το σκέφτεται διαρκώς. Αποφάσισε ότι θα μπορούσε κάλλιστα να ζητήσει τις λεπτομέρειες ακόμη και αν υπήρχε η πιθανότητα να μην αποδεχτεί την προσφορά. Λίγες μέρες αργότερα ο Γουέιν έλαβε ένα φαξ και έμεινε έκπληκτος όταν είδε το όνομα του συζύγου μου ως το άτομο που θα περνούσε από το σπίτι για να βεβαιωθεί ότι όλα ήταν εντάξει. Ίσως ο Θεός τους οδηγούσε να έρθουν στην Πάρο παρέχοντας τους δωρεάν μια πολυτελή βίλα για την παραμονή τους στο νησί. Σίγουρα εργαζόντουσαν σκληρά, κηρύττοντας στην εκκλησία καθ 'όλη τη διάρκεια του χρόνου και άξιζαν τις διακοπές.

Κατά τη διάρκεια της παραμονής τους, πραγματοποιήσαμε αρκετές συναντήσεις στη βίλα και στο σπίτι μας, με ανθρώπους πολλών εθνικοτήτων που ήρθαν για να είναι μαζί μας. Είχαμε ακόμη τις κυρίες από την Κένυα καθώς και την Τζιλ τις Κυριακές. Η Αντριέν μετέφραζε στα ελληνικά για τον Γιάννη και τη Βέρα, ώστε να καταλαβαίνουν και να αποτελούν μέρος της συνάντησης.

Ο Τόνι από την Νότια Αφρική ερχόταν στις μεσοβδόμαδες συναντήσεις επειδή εργαζόταν τα απογεύματα και τα Σαββατοκύριακα. Σε μια τέτοια συνάντηση, μετά από ένα ευχάριστο γεύμα με σπαγγέτι, προσευχόμασταν μαζί για νέο χρίσμα. Ο Πίτερ μίλησε σε γλώσσα αρκετά διαφορετική από αυτήν που συνηθίζει κατά την διάρκεια της κανονικής προσευχής και η όλη εμπειρία ήταν πολύ σπουδαία. Ήμασταν τόσο ενθουσιασμένοι με τα πράγματα που συνέβαιναν σε σημείο που επιστρέψαμε όλοι την άλλη μέρα στις 11:00 το πρωί για να απολαύουμε περισσότερο από την παρουσία του Θεού.

Παρ 'όλα αυτά, έπρεπε να ζούμε στον πραγματικό κόσμο με τους απλούς ανθρώπους που δεν μπορούσαν να μοιραστούν ή να καταλάβουν τίποτα από αυτά που απολαμβάναμε στην παρουσία του Θεού. Μια Αγγλίδα κυρία, η Τζέιν, είχε φτάσει την εβδομάδα πριν από τον Γουέιν και την Αντριέν και είχε στήσει την σκηνή της στον κήπο μας κάτω από το παράθυρο της κουζίνας. Κάθε χρόνο ήταν σε θέση να κάνει οικονομίες για να αγοράσει εισιτήριο για την πτήση της στην Ελλάδα, για το φαγητό της καθώς και για το χαρτζιλίκι κατά την διάρκεια των δύο εβδομάδων, αλλά όχι αρκετά για το κόστος της διαμονής που ήταν πέρα από τον προϋπολογισμό της. Στήνοντας την σκηνή της μαζί μας και έχοντας κάπου να μείνει, τόσο κοντά στην παραλία, ήταν απλά τέλεια για εκείνη. Την πρώτη χρονιά που ήρθε να κατασκηνώσει μαζί μας, γνωρίζαμε ελάχιστα για εκείνη, αλλά μετά από αρκετά καλοκαίρια στον Λογαρά, αρχίσαμε να την γνωρίζουμε αρκετά καλά και να καταλαβαίνουμε τις δυσκολίες που είχε αντιμετωπίσει. Άνθρωποι όπως η Τζέιν ποτέ δεν θα έβρισκαν τον Θεό, εάν έμεναν κλεισμένοι στο άγιό τους καβούκι. Σερβίροντας της ένα φλιτζάνι τσάι κάθε πρωί και απολαμβάνοντας γεύματα μαζί στη βεράντα, ήταν ότι καλύτερο για να μοιραστούμε μαζί της την αγάπη και τη φιλία μας.

Το χρίσμα που αναζητούσαμε στις συναντήσεις μας εξακολουθούσε να είναι παρόν κατά τη διάρκεια αυτών των εβδομάδων. Ένα βράδυ Δευτέρας ήμουν στην κουζίνα και προετοίμαζα το φαγητό όταν το χρίσμα του Θεού έπεσε πάνω μου. Άρχισα να γελώ και να γελώ και να γελώ με τόση χαρά που με πόνεσαν τα πλευρά μου! Κυριολεκτικά χόρευα από χαρά. Ήταν σαν να ήμουν εντελώς μεθυσμένη χωρίς να έχω πιει σταγόνα αλκοόλ!

Όταν αργότερα το βράδυ τηλεφώνησε ο Γουέιν και η Αντριέν και τους διηγήθηκα τι συνέβη, αυτό ήταν αρκετό για την Αντριέν. Ήταν μεταδοτικό! Το έβλεπα ότι θα ήταν λίγο δύσκολο για μερικούς χριστιανούς να το καταλάβουν, πόσο μάλλον για τους μη αναγεννημένους χριστιανούς. Όλο αυτό συνέβαινε την ίδια μέρα που θα έφτανε η μητέρα του Πίτερ και η αδελφή του, Μαρί Ροζ. Δύο μέρες μετά την άφιξή τους είχαμε άλλη μια συνάντηση το πρωί και η μαμά με την Μαρί Ροζ αποφάσισαν να έρθουν. Και ιδού η μητέρα του Πίτερ άρχισε να γελά ασταμάτητα!

Θα μπορούσα να συνεχίσω να μοιράζομαι αυτό το χάρισμα χαράς με άλλους, με τον ίδιο τρόπο, μετά την αναχώρηση του Γουέιν και της Αντριέν;

Τα πράγματα θα έπαιρναν μια εκπληκτική τροπή και μετά από αυτά τα πρώτα χρόνια διακονίας σε ενήλικες όλων των εθνικοτήτων. Φάνηκε ότι ο Θεός είχε ένα σχέδιο για τα παιδιά της Πάρου.

3 ΤΑ ΠΑΙΔΙΑ

Γ ια περισσότερο από ένα χρόνο, είχαμε κάποια αγγλόφωνα και αλβανόφωνα παιδιά που ερχόντουσαν στο σπίτι μας τις Κυριακές με τον έναν ή και με τους δύο γονείς τους. Τα παιδιά ζωγράφιζαν και έβλεπαν τα βιβλία με τις ιστορίες και τις εικονογραφημένες Αγίες Γραφές στην τραπεζαρία καθώς τραγουδούσαμε και ακούγαμε κασέτες διδασκαλίας στο σαλόνι. Σε μια τέτοια μικρή σπιτική εκκλησία, δεν φαινόταν πρακτικό να προσπαθήσουμε να έχουμε ξεχωριστό κατηχητικό κατά τη διάρκεια της συνάντησης των ενηλίκων. Ωστόσο, με την άφιξη ενός αγγλόφωνου ιεραποστολικού ζευγαριού στο νησί για μερικούς μήνες, ίσως να μπορούσαμε να οργανώσουμε κάτι. Ο Μαϊκ και η Τζιλ, το νέο ζευγάρι, θα μπορούσε να συμβάλει στην συνάντηση των ενηλίκων, ενώ εγώ θα επικεντρωνόμουν στη διδασκαλία των παιδιών. Για τις τέσσερις Κυριακές του Δεκεμβρίου, καλέσαμε και ντόπια παιδιά και διαβάσαμε την ιστορία των Χριστουγέννων. Φτιάξαμε με τα παιδιά ένα απλό παχνί, αγγέλους και αστέρια, και συνολικά όλα αυτά, βοήθησαν στην μετάδοση του πραγματικού νοήματος των Χριστουγέννων.

Το απόλαυσαν τόσο πολύ που, καθώς άλλαξε η χρονιά από το 1996 στο 1997, αποφασίσαμε να συνεχίσουμε το κατηχητικό μέσα στο νέο έτος. Πήγε πραγματικά καλά. Ξεκινήσαμε με τα βασικά στοιχεία της χριστιανικής πίστης, προσευχόμασταν κάθε εβδομάδα για πρακτικές ιδέες ώστε να μπορέσουμε να παρουσιάσουμε το μήνυμα με ενδιαφέροντα τρόπο στα παιδιά.

Η Άννα Μαρεί, μια Ελβετίδα χριστιανή που ζούσε στην άλλη μεριά του νησιού κοντά στην κεντρική πόλη, είχε προστεθεί στην ομάδα μας πριν από μερικούς μήνες. Κοντά της έμεναν δύο αγγλόφωνες οικογένειες που είχαν μικρά κορίτσια – την Τζόντι ηλικίας πέντε ετών και την Λάουρα ηλικίας έξι ετών. Και αποφάσισαν ότι θα ήθελαν να έρχονται και αυτοί, οπότε η Άννα Μαρεί συνεπέστατα τα έφερνε κάθε Κυριακή με το αυτοκίνητο. Έγινε ο σύνδεσμος για τον συνεχώς αυξανόμενο κύκλο ξένων αλλά και κοντινών φίλων στην Παροικία.

Όλα τα παιδιά εκτός από την Αλβανόφωνη Ειρήνη μιλούσαν αγγλικά και επειδή τα περισσότερα βιβλία που είχαμε ήταν από την Αγγλία, η Αγγλική γλώσσα έγινε η γλώσσα των μαθημάτων. Αυτό σήμαινε ότι έπρεπε να κάνω μαθήματα Αγγλικών στην Ειρήνη κατά τη διάρκεια της εβδομάδας. Ελπίζοντας ότι θα την βοηθούσε αργότερα στο σχολείο αλλά και για να μπορεί να παρακολουθεί τα μαθήματα του κατηχητικού. Δεδομένου ότι κανένα από τα παιδιά δεν μπορούσε να διαβάσει ή να γράψει αγγλικά, έπρεπε να τους διδάξουμε.

Το ρεπερτόριό των παιδικών τραγουδιών εμπλουτίστηκε και τα επόμενα Χριστούγεννα ήμασταν έτοιμοι να ξανά προσπαθήσουμε το θεατρικό της γέννησης του Ιησού. Η Άννα Μαρεί έκανε μια όμορφη ξύλινη κούνια με τα απομεινάρια ξύλου που βρήκε στο τοπικό ξυλουργείο και μαζί φτιάξαμε τα κοστούμια. Οι Αγγλίδες μητέρες, οι γιαγιάδες που τους επισκέπτονταν, και οι λίγοι φίλοι, αποτελούσαν μια ευτυχισμένη ομάδα καθώς τα παιδιά με την ερμηνεία τους έδωσαν ζωή στην ιστορία των βοσκών που επισκέφτηκαν τη Μαρία, τον Ιωσήφ και το βρέφος Ιησού. Τραγουδήσαμε Χριστουγεννιάτικα τραγούδια και στη συνέχεια φάγαμε πίτσα και παραδοσιακές αγγλικές πίτες. Αναρωτήθηκα τι θα έπρεπε να συμβεί, ώστε οι γονείς να έρχονται κάθε Κυριακή και όχι μόνο στις ειδικές περιπτώσεις.

Ήμουν προσεκτική με την προσπάθεια να οδηγήσω τόσο μικρά παιδιά στην απόφαση να λάβουν τον Ιησού στη ζωή τους, επειδή δεν ήθελα να αναλάβουν μια δέσμευση που δεν είχε ωριμάσει μέσα τους και που δεν είχαν καταλάβει πλήρως. Ένιωσα την υποχρέωση να τονίσω από πολύ νωρίς ότι δεν ήταν χριστιανοί απλά επειδή ερχόντουσαν στο κατηχητικό. Για να γίνουν χριστιανοί, τους έμαθα ότι θα έπρεπε απλά να πουν τα εξής:

1. ΕΥΧΑΡΙΣΤΩ Ιησού για το θάνατο σου στο σταυρό για τις αμαρτίες μου.

2. ΣΥΓΧΩΡΕΣΕ με για όλα τα λάθη που έχω κάνει.

3. ΣΟΥ ΖΗΤΩ Ιησού, Υιέ του Θεού να έρθεις στην καρδιά μου για πάντα.

4. ΣΕ ΔΕΧΟΜΑΙ Ιησού ως Κύριο και Σωτήρα μου. ΑΜΗΝ.

Τους εξήγησα ότι μερικοί άνθρωποι θα ήθελαν να το κάνουν αυτό όταν ήταν πολύ νέοι, ενώ άλλοι δεν θα το καταλάβαιναν εωσότου μεγάλωναν, και ίσως το έκαναν στην ηλικία των 18, 20 ή 30 ετών. Για μερικούς ανθρώπους, θα μπορούσε να είναι μέχρι και την ηλικία των 50 ή 60. Το τραγικό, είναι ότι υπάρχουν εκείνοι που ποτέ δεν θα καταλάβουν και γι 'αυτούς θα είναι πολύ αργά!

Ήταν αρκετά δύσκολο να συγκρατώ πίσω τα παιδιά. «Μα αγαπώ τον Ιησού, πιστεύω ότι είναι ο Υιός του Θεού, θέλω να ακολουθώ τον Ιησού», αυτά τραγουδούσαν! Στο τέλος μου φάνηκε πιο φρόνιμο να τα αφήσω στα χέρια του Θεού. Εκείνοι που ήθελαν να πουν την προσευχή το έκαναν. Άλλοι έλεγαν ότι δεν την καταλαβαίνουν και αυτό ήταν σεβαστό. Για εκείνους που προσευχηθήκαν να λάβουν τον Χριστό, το επόμενο βήμα για το βάπτισμα του πιστού ήταν ένα εμπόδιο που έπρεπε να ξεπεραστεί.

Έχοντας δεχθεί αρνητική απάντηση από τον πατέρα του πρώτου παιδιού όταν τον ρώτησα, το άφησα στα χέρια του Θεού για να κινηθεί στους μη αναγεννημένους γονείς των παιδιών για να δώσουν την άδειά τους. Οι γονείς εν τέλει θα διαπίστωναν εάν η δέσμευση των παιδιών ήταν γνήσια. Για την ώρα, η δουλειά μας φαινόταν να είναι με τα παιδιά, οπότε ο Πίτερ, ή Άννα Μαρεί και εγώ δοθήκαμε σε αυτά. Αλλάξαμε το πρόγραμμα τις Κυριακές και δώσαμε έμφαση στην εκκλησία των παιδιών, χωρίς να σταματήσουμε να φιλοξενούμε τους περιστασιακούς ενήλικες επισκέπτες.

4 ΕΝΑ ΘΑΥΜΑΤΟΥΡΓΟ ΤΑΞΙΔΙ

Κατά τη διάρκεια του καλοκαιριού του '97, γινόταν όλο και πιο δύσκολο να έχεις στην ιδιοκτησία σου αυτοκίνητο χωρίς ελληνικές πινακίδες. Για πολλά χρόνια, ήταν ευρέως γνωστό το πόσο ακριβό ήταν να αγοράσεις αυτοκίνητα στην Ελλάδα: οι δασμοί εισαγωγής ήταν απαγορευτικοί, προκειμένου να αποθαρρύνονται οι Έλληνες να αγοράζουν φθηνότερα αυτοκίνητα από το εξωτερικό.

Ένα μεσημέρι, του Ιουνίου χτύπησε το τηλέφωνο. Ήταν ο Μπάρυ, ο Άγγλος φίλος μας που μας είπε ότι ίσως χρειαστεί να πουλήσουμε τα αυτοκίνητά μας που είχαν Βρετανικές άδειες κυκλοφορίας. Παρόλο που πάντα μπορούσα να ασφαλίσω το Land Rover, ποτέ δεν είχα καταφέρει να τακτοποιήσω τα σχετικά φορολογικά ζητήματα απλώς και μόνο επειδή δεν είχε ελληνικές πινακίδες κυκλοφορίας. Εξ όσων γνωρίζαμε, δεν υπήρχε διαδικασία έκδοσης τελών κυκλοφορίας σε οχήματα με ξένες άδειες κυκλοφορίας.

Δύο μέρες μετά το τηλεφώνημα μάθαμε ότι οι τελωνειακοί υπάλληλοι πραγματοποιούσαν ελέγχους σε όλα τα ξένα οχήματα και ξαφνικά όλα τα ξένα αυτοκίνητα που βρισκόντουσαν στη χώρα για περισσότερο από έξι μήνες ήταν παράνομα! Όποτε αποφασίσαμε ότι η καλύτερη προσέγγιση στο πρόβλημα θα ήταν να πάψουμε να οδηγούμε το Land Rover μέχρι νεοτέρας. Ο Πίτερ άρχισε να χρησιμοποιεί την μηχανή του για να φέρνει τον Μπεν στο κατηχητικό.

Τις επόμενες μέρες καθώς προσευχόμουν για το Land Rover,σκεφτόμουν διαρκώς την παραπομπή της Αγίας Γραφής από την Προς Ρωμαίους επιστολή σχετικά με την υποταγή στις κυβερνητικές αρχές: «Κάθε άνθρωπος οφείλει να υποτάσσεται στις ανώτερες εξουσίες, γιατί δεν υπάρχουν εξουσίες παρά από το Θεό· κι αυτές οι εξουσίες που υπάρχουν έχουν τεθεί από το Θεό» Ρωμαίους 13:1.

Επίσης έγραψα στο σημειωματάριο μου: «όσο και ασήμαντη να φαίνεται σε εσένα η οδηγία του Θεού αυτή την δεδομένη στιγμή, λάβε την υπόψη σοβαρά. Αυτό που μπορεί να σου φαίνεται ότι δεν επιφέρει σοβαρές συνέπειες τώρα, μπορεί να προκαλέσει σοβαρότατες συνέπειες αργότερα.» Άρχισε να μου περνάει από το μυαλό η ιδέα της πώλησης του αυτοκινήτου καθώς πλέον δεν ήταν εφικτή η κατοχή του.

Την περίοδο που έκανα την σημείωση, υπήρχε ένα Χριστιανικό Συνέδριο στις 25 Αυγούστου στην Αγγλία. Ο Κένιθ και η Γκλόρια Κόπλαντ θα παρευρισκόντουσαν στο Εθνικό Εκθεσιακό Κέντρο του Μπέρμιγχαμ. Αναρωτιόμουν εάν θα μπορούσα να συνδυάσω την επιστροφή του Land Rover στην Αγγλία για να πουληθεί, με την συμμετοχή μου στο συνέδριο.

Όταν έφτασε ο Ιούλιος, ήμουν σίγουρη ότι αυτό έπρεπε να κάνω, αλλά όταν ένα τοπικό συνεργείο προσφέρθηκε να αγοράσει το όχημα για δύο εκατομμύρια δραχμές, μπήκα στο πειρασμό να δεχθώ την προσφορά και να γλιτώσω από τα έξοδα και τη δυσκολία του ταξιδιού στην Αγγλία. Δύο εκατομμύρια δραχμές ήταν κάτι παραπάνω από £4.000, και θα ήταν λιγότερο από τις £5.000 που ήλπιζα να εισπράξω αλλά θα απέφευγα τα έξοδα του ταξιδιού στην Αγγλία. Όμως όταν ο ιδιοκτήτης του συνεργείου ερεύνησε το σχετικό φόρο που θα έπρεπε να καταβάλει πέρα από την αξία αγοράς, ανακάλυψε ότι θα έπρεπε να πληρώσει επιπλέον έξι εκατομμύρια δραχμές!! Προφανώς, αυτό ήταν γελοίο οπότε απέσυρε την πρόταση του. Ο Θεός έχει τους τρόπους του για να μας φτάσει εκεί που θέλει.

Το καλύτερο σχέδιο δράσης, μου φαινόταν να οδηγήσω το Land Rover στην Αγγλία και να το πουλήσω μέσα σε τρεις εβδομάδες, και με αυτό το τρόπο θα ελαχιστοποιούσα τον χρόνο μου μακριά από τον Πίτερ και τις Κυριακάτικες συναντήσεις μας. Έκανα κράτηση για το αυτοκίνητο στο πλοίο Αριάδνη, που εκτελούσε το νυχτερινό δρομολόγιο για Πειραιά που αναχωρούσε από την Πάρο στις 6 Αυγούστου και ώρα 01:30. Χωρίς τον Θεό, ένα τέτοιο ταξίδι μόνη μου θα ήταν μια αδύνατη αποστολή.

Έπρεπε να ταξιδέψω μόνη μου, επειδή ο Πίτερ έπρεπε να πάει σε νοσοκομείο στην Αθήνα για να ελέγξει τα νεφρά του στα μέσα Ιουλίου. Είχε επίσης σοβαρά προβλήματα με την καρδιά του και ακόμα δεν είχαμε την φανέρωση της θεραπείας για την οποία προσευχόμασταν. Είχε εργασία πλήρης απασχόλησης στις οικοδομές, κατασκευάζοντας τις κολώνες και τα θεμέλια των σπιτιών από μπετόν και δεν θα ήταν εύκολο για εκείνον να πάρει άδεια τριών εβδομάδων για να ταξιδέψει μαζί μου στην

Αγγλία.

Το πρόγραμμά μου περιλάμβανε ταξίδι μίας εβδομάδας διασχίζοντας την Ευρώπη για να φτάσω στην Αγγλία, με ενδιάμεση στάση στη μαμά του Πίτερ στο Βέλγιο. Ένιωθα ότι φτάνοντας στην Αγγλία θα ήταν καλύτερο να πουλήσω το Land Rover στην περιοχή του Λονδίνου, στοχεύοντας έτσι σε ένα μεγαλύτερο αριθμό υποψήφιων αγοραστών. Σκόπευα να το διαφημίσω στο Exchange and Mart, μια εφημερίδα που είναι γνωστή για τις επιτυχημένες πωλήσεις αυτοκινήτων. Επίσης θεώρησα πιο εύκολο να πάω το αυτοκίνητο στην περιοχή που έμενα, στα βόρεια προάστια του Λονδίνου, για να αποκτήσω το πιστοποιητικό οδικής καταλληλότητας του Υπουργείου Μεταφορών, αφού ήξερα πού να βρω ένα συνεργείο. Με την απόκτηση του πιστοποιητικού, θα μπορούσα να προμηθευτώ από το ταχυδρομείο το δίσκο που σχετίζεται με τα τέλη κυκλοφορίας. Εάν έκανα την αγγελία έως τις 14 Αυγούστου, θα εμφανιζόταν στην εφημερίδα την επόμενη εβδομάδα. Θα είχα προθεσμία δύο ημερών κάνοντας όλα αυτά, αρκεί να έφτανα νωρίς την Τρίτη. Και όλο αυτό θα μου έδινε προθεσμία μιας εβδομάδας μόνο για να το πουλήσω. Χωρίς αμφιβολία θα χρειαζόμουν τη βοήθεια του Θεού για να τα καταφέρω.

Σε έναν ιδανικό κόσμο, έχοντας υπόψη ότι το Χριστιανικό Συνέδριο στο Μπέρμιγχαμ ήταν στις 25 Αυγούστου, θα πουλούσα το Land Rover πριν από εκείνη την ημερομηνία, αλλά θα το χρησιμοποιούσα για να φτάσω στο Μπέρμιγχαμ και να κοιμάμαι μέσα σε αυτό κατά τη διάρκεια του συνεδρίου. Θα ζητούσα πολλά από τον υποψήφιο αγοραστή καθώς οι περισσότεροι άνθρωποι θα ήθελαν να περιέλθει στην κατοχή τους το όχημα την στιγμή της αγοραπωλησίας. Θα έπρεπε απλά να πιστεύω ότι, με τη βοήθεια του Θεού, όλα θα πήγαιναν βάσει σχεδίου και θα ήμουν σε θέση να προλάβω την πτήση της επιστροφής στο τέλος των τριών εβδομάδων. Η προσευχή μου προς τον Θεό ήταν κάπως έτσι: «Θεέ, αν είναι σύμφωνα με το σχέδιο σου και το θέλημά σου να πουλήσω το Land Rover αυτή τη στιγμή, σε παρακαλώ:

1) Βοήθησε να φτάσω με ασφάλεια στην Αγγλία ακόμα κι αν ταξιδεύω μόνη μου.

2) Δείξε μου τη διαδρομή και φύλαξε το όχημα από ατυχήματα και βλάβες.

3) Κάνε το Land Rover να περάσει τη δοκιμή καταλληλότητας και να πάρει αποδεικτικό τελών κυκλοφορίας.

4) Βοήθησέ με να βάλω την αγγελία στην εφημερίδα.

5) Στείλε μου έναν αγοραστή που θα πληρώσει £5000 και θα με αφήσει να χρησιμοποιήσω το αυτοκίνητο για άλλη μια εβδομάδα.

6) Ας είναι ο αγοραστής από την περιοχή κοντά στο αεροδρόμιο του Χίθροου ή του Γκάτγουικ για να μπορέσω να παραδώσω εύκολα το αυτοκίνητο και να μην χρειαστεί να διανύσω μεγάλη απόσταση για να προλάβω την πτήση μου για την Ελλάδα.»

Ήξερα ότι ζητούσα πολλά, αλλά πάντα πίστευα ότι ο Θεός θέλει να είμαστε συγκεκριμένοι και σαφείς στις προσευχές μας και ότι μπορούμε να του ζητήσουμε βοήθεια για κάθε λεπτομέρεια της ζωής μας.

Το πρωί της 5ης Αυγούστου έγραψα στο ημερολόγιό μου: «'Αν μείνετε ενωμένοι μαζί μου και τα λόγια μου μείνουν ζωντανά μέσα σας, ότι θελήσετε ζητήστε το και θα σας δοθεί.» κατά Ιωάννη Ευαγγέλιο 15:7.

Και έτσι λοιπόν, εκείνο το βράδυ, ξεκίνησα από

την Πάρο για να διασχίσω την Ευρώπη μόνη μου. Το πλοίο, Αριάδνη, μπήκε στο λιμάνι της Πάρου λίγο πριν από τις 01:30 και σαν σιωπηλός αλιγάτορας, κατάπιε επιβάτες και φορτηγά και ξεκίνησε το ταξίδι μέσα στην νύχτα. Ήμουν στο χέρι του Θεού για το μακρινό ταξίδι που ήταν μπροστά μου και για την πώληση του Land Rover.

Η μέρα ανέτειλε λαμπρά καθώς πλησιάζαμε το λιμάνι του Πειραιά. Η πρώτη κόκκινη λάμψη της αυγής εμφανίστηκε πάνω από τα μουντά και γκρίζα ψηλά κτήρια , πριν κάνει την εμφάνιση της η καυτή ζέστη σε μια ακόμη πολυάσχολη και πολυτάραχη μέρα. Κατά την αποβίβαση, έστριψα δεξιά προς το σταθμό του μετρό και ακολούθησα τις πινακίδες για την Κόρινθο. Στη συνέχεια πήρα το δρόμο που περνά βόρεια της Πελοποννήσου και σκέφτηκα να κάνω ένα διάλλειμα σε ένα όμορφο κάμπινγκ δίπλα στην θάλασσα. Το πλοίο προς την Ιταλία αναχωρούσε από την Πάτρα το απόγευμα, οπότε είχα όλη την μέρα για να καλύψω το τετράωρο ταξίδι. Είχα υπογραμμίσει στο χάρτη το σημείο του κάμπινγκ κατά μήκος της διαδρομής για φαγητό και ξεκούραση μετά από το ολονύχτιο ταξίδι με το πλοίο.

Όπως ήταν προγραμματισμένο, έφτασα στην Ακράτα πριν το μεσημέρι, αλλά καθώς ήταν η περίοδος των διακοπών του Αυγούστου, το κάμπινγκ ήταν γεμάτο. Δεν υπήρχε άλλη επιλογή εκτός από το να συνεχίσω και να βρω ένα άλλο κάμπινγκ, οπότε κατευθύνθηκα προς το κάμπινγκ του χωριού της Τράπεζας. Εκεί έφαγα λίγη φέτα, ζουμερές ντομάτες και φρέσκο ψωμί από το φούρνο, πριν κοιμηθώ έως τις 14:00. Μετά από δύο ήσυχες ώρες στο κρεβάτι, που ήταν στο πίσω μέρος του Land Rover, διαβάζοντας τη Βίβλο μου, ένιωσα ανανεωμένη και έτοιμη για να συνεχίσω το ταξίδι μου προς το λιμάνι της Πάτρας.

Έως τις 19:30 είχα περάσει από το τελωνείο με όλες τις συνηθισμένες φωνές, τις διαδικασίες σφράγισης των διαβατηρίων και όλη την ελληνική γραφειοκρατία. Πήγα στο πλοίο, βρήκα την καμπίνα μου και ανυπομονούσα να συναντήσω όποιον ο Θεός είχε επιλέξει να την μοιραστεί μαζί μου στο ταξίδι. Τελικά ήταν η Ντανιέλ, μια Γερμανίδα κυρία που ταξίδευε με ένα τουριστικό γκρουπ τριάντα ατόμων, άλλες δύο Ελληνίδες κυρίες και μία Ελβετίδα κυρία που ήταν μέλος μιας χριστιανικής οικογένειας.

Ήταν ξεκάθαρο ότι η ελβετική οικογένεια ήταν θεόσταλτη για να με κατευθύνει στη σωστή διαδρομή μέσω Ελβετίας, όταν θα αναχωρούσα από την Ιταλία. Είχα προγραμματίσει να χρησιμοποιήσω το πέρασμα του Saint Gotthard, αλλά με συμβούλεψαν να το αποφύγω λόγω της κυκλοφοριακής συμφόρησης αυτή την εποχή του χρόνου. Ταξίδευαν προς τη Βέρνη ακολουθώντας διαφορετική διαδρομή μέσου του περάσματος του Simplon και μου έδωσαν όλες τις λεπτομέρειες, γλυτώνοντας με από πολλές ώρες κυκλοφοριακής συμφόρησης στις σκοτεινές σήραγγες των Άλπεων.

Στη νέα μου ζωή στην Ελλάδα, είχα μάθει να είμαι πολύ συγκρατημένη με τις επιλογές των τροφίμων και των γευμάτων στα εστιατόρια, σε αντίθεση με την αφθονία που είχα στο Λονδίνο. Αποφάσισα ότι ήταν καιρός να μην τηρήσω τη ρουτίνα του τυριού, του τόνου με ψωμί και την ντομάτα. Το μενού για το μεσημεριανό στο εστιατόριο, που ακολουθούσε την φιλοσοφία της αυτοεξυπηρέτησης, περιελάμβανε καπνιστή πέστροφα από το μενού των ορεκτικών της πρώτης κατηγορίας, αλλά σε πολύ μειωμένη τιμή. Αυτό ήταν μια πολύ γκουρμέ ευκαιρία μετά από τόσα χρόνια στην Ελλάδα και ήταν μια εξαιρετική επιλογή για το κυρίως γεύμα. Το ίδιο βράδυ, δείπνησα με στυλ, τρώγοντας χοιρινό με μανιτάρια, το οποίο συνοδευόταν από ένα νόστιμο πιάτο τυριών. Το ταξίδι στην Ευρώπη ήταν μακρινό και δεν σκόπευα να σταματήσω σε ξενοδοχεία ή εστιατόρια στη διαδρομή. Το ψυγείο του Land Rover ήταν γεμάτο με κονσέρβες κάθε είδους που ήταν σε συμπαγείς μονάδες αποθήκευσης.

Μίλησα στις δύο Ελβετίδες κοπέλες για τον Ιησού αλλά δεν τους ενδιέφερε: ένα απλό φυλλάδιο στα γερμανικά ήταν το μόνο που δέχτηκαν. Αργότερα, η Ντανιέλ επέστρεψε στην καμπίνα την στιγμή που προσευχόμουν να την βρω, μιας και δεν την είχα δει νωρίτερα. Μοιράστηκα το ευαγγέλιο μαζί της και μιλήσαμε για την επιστροφή του Χριστού. Όπως πολλοί άλλοι που είχα συναντήσει, μου μίλησε για τη δημιουργία ως φύση και όχι ως δημιούργημα του Θεού και είπε ότι αν ο Ιησούς ήταν πραγματικός, κατά την άποψη της θα έπρεπε να τους πάρει όλους μαζί Του όταν επιστρέψει. Ωστόσο, αυτό δεν είναι η διδασκαλία του. Αντ' αυτού είπε ότι ένας θα αναληφθεί στους ουρανούς και άλλος θα μείνει πίσω. Κατά τις 23:00 που ήταν πολύ αργά με γνώμονα την μεγάλη διαδρομή της επόμενης μέρας, αποφασίσαμε να πάμε για ύπνο.

Η προσέγγιση στη Βενετία ήταν εκπληκτική. Μου φαινόταν σαν να επέπλεε το πλοίο στην κυριολεξία πάνω από την πλατεία του Αγίου Μάρκου με όλη την κλασική αρχιτεκτονική. Ήμασταν τόσο κοντά που μπορούσαμε να δούμε τους ανθρώπους να κάθονται στα τραπέζια τους, πίνοντας τους πολύ ακριβούς καφέδες! Κατά την αποβίβασή μου λαχταρούσα να ακολουθήσω τις πινακίδες για τους χώρους στάθμευσης και να περιηγηθώ στη Βενετία, αλλά δεν τολμούσα: Η Ιταλία είναι γνωστή για τη μαφία της, τους κλέφτες και το υψηλό ποσοστό εγκληματικότητας οπότε δεν ήταν το κατάλληλο μέρος για να αφήσω το τζιπ χωρίς επιτήρηση. Εάν έκλεβαν το Land Rover πριν την επιστροφή μου, θα έμενα κολλημένη εκεί χωρίς μεταφορικό μέσο και χωρίς τις £5,000 στην τσέπη μου! Το μουσουλμανικό ρητό που έλεγε "Κλείδωσε την καμήλα σου", μου ήρθε στο νου. Εξάλλου ήταν μια εμπειρία που ήθελα να μοιραστώ με τον Πίτερ αν κάποτε είχαμε την ευκαιρία.

Οδηγούσα αργά στους ιταλικούς αυτοκινητοδρόμους με σταθερή ταχύτητα 100 χιλιόμετρα / ώρα (περίπου 60 μίλια / ώρα) προς την Ελβετία. Καθώς πλησίαζε το βράδυ, οι πινακίδες έδειχναν όταν πλησίαζα στη Λίμνη Ματζόρε και θυμήθηκα ότι η μαμά μου και ο μπαμπάς μου είχαν περάσει θαυμάσιες διακοπές δίπλα στις ιταλικές λίμνες. Το σημείο φαινόταν κατάλληλο για να σταθμεύσω κατά τη διάρκεια της νύχτας. Δεν θα μπορούσα να έχω επιλέξει καλύτερο σημείο. Υπήρχε ένα κάμπινγκ δεξιά από τη λίμνη και μέσα σε λίγα λεπτά είχα παρκάρει και κολυμπούσα με φόντο το ηλιοβασίλεμα και τις φανταστικές Ιταλικές Άλπεις. Αργότερα, το φεγγάρι έλαμπε πάνω στα ήρεμα νερά, την ώρα που μιλούσα σε μια ομάδα ανθρώπων που έκαναν κάμπινγκ δίπλα μου. Ήταν Βέλγοι, οπότε όταν ανέφερα ότι ο σύζυγος μου ήταν Βέλγος από το Λουβέν, αυτό από μόνο του ήταν αρκετό για να μου δοθεί πρόσκληση να έρθω στην παρέα τους. Μέσα σε δεκαπέντε λεπτά, πίνοντας καφέ, ήμουν σε θέση να τους δώσω Καινές Διαθήκες στα Φλαμανδικά, ευαγγελίστηκα φυλλάδια και να τους μιλήσω για το βάπτισμα του Αγίου Πνεύματος. Τους εξήγησα τη δύναμη του Ιησού να θεραπεύει και να σώζει. Στα φυλλάδια περιλαμβάνονταν περισσότερες πληροφορίες για τη σωτηρία. Ήταν ένα υπέροχο μέρος για να περάσω τη νύχτα, να κοιμηθώ με ασφάλεια και με την αίσθηση εκπλήρωσης των πραγμάτων.

Εννέα η ώρα το πρωί της επόμενης μέρας ήμουν έτοιμη να αναχωρήσω. Καθώς ανέβαινα τα βουνά της Ελβετίας, το Land Rover μου φαινόταν πιο αργό και βαρύτερο από ποτέ. Στην προσπάθεια του να ανέβει τις απότομες πλαγιές, που και πού έβγαζε μαύρο καπνό από την εξάτμιση. Θεώρησα φρόνιμο να σταματήσω για να ελέγξω τα λάδια και προς μεγάλη μου ανακούφιση το πρόβλημα έπαψε όταν τα συμπλήρωσα.

Έπειτα έπρεπε να περάσω από τη σήραγγα του Simplon, όπου το Land Rover φορτώθηκε σε τρένο. Όλοι οι οδηγοί και οι επιβάτες παρέμειναν στα αυτοκίνητά τους, καθώς περνούσαμε από τη φαινομενικά ατελείωτη σήραγγα. Με μήκος 20 χιλιομέτρων, ήταν η μεγαλύτερη σιδηροδρομική σήραγγα στον κόσμο την εποχή εκείνη. Ήταν παράξενη και αγχωτική εμπειρία για έναν οδηγό, το να επιταχύνεις ενώ δεν έχεις κανένα έλεγχο! Το πόδι μου αυτόματα πήγαινε στο φρένο, αλλά χωρίς αποτέλεσμα, καθώς μόνο ο οδηγός του τρένου ήταν σε θέση να ελέγξει την ταχύτητά.

Με κάποιο τρόπο, εκείνη τη μέρα, κάλυψα όλη τη διαδρομή κατά μήκος της Ευρώπης. Βέρνη, Βασιλεία, Στρασβούργο, Μετς, Λουξεμβούργο. Στις 21:00 ήμουν πλέον εξαντλημένη και ήθελα να σταματήσω για διανυκτέρευση, αλλά δεν αισθανόμουν ειρήνη να κοιμηθώ μόνη μου σε σταθμό εξυπηρέτησης αυτοκινήτων στον αυτοκινητόδρομο και γι 'αυτό αποφάσισα να συνεχίσω την οδήγηση. Καθώς τα μάτια μου έψαχναν την έξοδο του αυτοκινητοδρόμου για το Λέουβεν στο Βέλγιο, είδα την ένδειξη Λουβαίν και σκέφτηκα ότι μάλλον αυτή είναι η πόλη του Πίτερ.

Υπέθεσα ότι η "Λουβαίν" ήταν η γαλλική ορθογραφία του φλαμανδικού ονόματος, "Λέουβεν". Και πράγματι ήταν, αλλά η έξοδος ήταν νωρίτερα από ότι μου είχε υποδείξει ο Πίτερ στις οδηγίες του για να φτάσω από τον αυτοκινητόδρομο στο σπίτι της μαμάς του, στο κέντρο της πόλης. Ήταν πλέον ολοφάνερο ότι είχα χαθεί χωρίς ελπίδα και ήταν πολύ αργά για να βρω ανθρώπους και να ζητήσω οδηγίες.

Βασικά, βρισκόμουν σε επαρχιακό δρόμο εν μέσω γεωργικών εκτάσεων, οπότε δεν ήταν σωστό. Βλέποντας ένα αγρόκτημα που ήταν φωτισμένο εκείνη την ώρα που ήταν σχεδόν μεσάνυχτα, θεώρησα φρόνιμο να σταματήσω και να ζητήσω οδηγίες. Οι γαλλόφωνοι αγρότες το διασκέδασαν πολύ όταν άκουσαν τα γαλλικά μου που ήταν σχολικού επιπέδου.

«Ou est la route pour Leuven?;» (Ποια είναι η διαδρομή για το Λουβαίν;)

«Λουβαίν, Λέουβεν, Λουβαίν, Λέουβεν,» έλεγαν αστειευόμενοι και έπειτα μου έδειξαν τον δρόμο πιο κάτω. Τελικά πλησίασα την πόλη και μπήκα στον κυκλικό δρόμο: «Και τώρα;»

Οι οδηγίες μου ήταν άχρηστες. Πώς θα έβρισκα το σπίτι της μαμάς του Πίτερ σε αυτή την απέραντη πανεπιστημιούπολη με στενά δρομάκια και όμορφα παλιά κτήρια, που είχε πολλούς δρόμους, αλλά δεν υπήρχε σήμανση εισόδου;!

«Ωχ Θεέ μου, Βοήθεια! Έχω χαθεί!»

Από το πουθενά εμφανίστηκε ένα νεαρό ζευγάρι, οπότε τους σταμάτησα να τους ζητήσω οδηγίες. Αν και ήταν Ούγγροι μιλούσαν αγγλικά. Είδαν το σήμα του Ιχθύς στην πίσω πόρτα και ρώτησαν: «Είσαι Χριστιανή; Είμαστε και εμείς, δόξα στο Θεό! Έχεις χαθεί; Μπορούμε να σου δείξουμε το δρόμο, αλλά είναι δύσκολο από εδώ, θα ήταν καλύτερο να έρθουμε μαζί σου.»

Έτσι λοιπόν, μέσα στα μεσάνυχτα, ένα άγνωστο ζευγάρι ανέβηκε στο τζιπ και το μόνο που μπορούσα να κάνω ήταν να εμπιστευτώ πλήρως ότι ήταν Θεόσταλτοι. Σε ελάχιστο χρόνο φτάσαμε στο Tessenstraat και όλα μου φάνηκαν γνωστά! Τους ευχαρίστησα πάρα πολύ και, με αγκαλιές και φιλιά, έφυγαν για να βρουν το δρόμο προς το σπίτι τους. Αναρωτήθηκα εάν πράγματι ήταν άνθρωποι ή άγγελοι!

Ένιωθα πολύ άσχημα που έπρεπε να ξυπνήσω τη μητέρα του Πίτερ εκείνη την ώρα μέσα στη νύχτα, αλλά ήξερα ότι θα τσαντιζόταν μαζί μου εάν κοιμόμουν στο αυτοκίνητο έξω από την πολυκατοικία της. Εξάλλου ανυπομονούσα να χρησιμοποιήσω την τουαλέτα! Με χαιρέτησε με μια μεγάλη αγκαλιά και ήταν τόσο ευτυχισμένη που με είδε και που ήξερε ότι ήμουν ασφαλής. Αναμφίβολα μπορέσαμε και οι δύο να κοιμηθούμε καλύτερα εκείνο το βράδυ αφού είχαμε βρει η μια την άλλη.

Ο Ήλιος ανέτειλε ζεστός και ένδοξος πάνω από το Βέλγιο την επόμενη μέρα, με μια πολύ καλοδεχούμενη θερμοκρασία 31C. Μιας και η οικογένεια είχε σχεδιάσει να περάσουμε τη μέρα μαζί, ήταν μια τέλεια ευκαιρία για ένα μπάρμπεκιου στο σπίτι της μικρότερης αδελφής του Πίτερ. Ο σύζυγός της, ο Τζάν, είχε χτίσει ένα πανέμορφο μοντέρνο σπίτι με όμορφους εξωτερικούς χώρους. Ήταν στο ίδιο χωριό του Τίλντόνκ όπου ζούσε ο Πίτερ. Με ένα τεράστιο κήπο, γκαζόν με τριαντάφυλλα γύρω, ένα κομμάτι με λαχανικά και ένα άλλο σημείο με οπωροφόρα δέντρα, ήταν ένας υπέροχος χώρος για χαλάρωση και για να απολαύσω την μεγάλη οικογένεια του Πίτερ. Είχε τέσσερις αδελφές και όλες τους είχαν παιδιά, πολλά από τα οποία είχαν δικά τους παιδιά. Την ημέρα εκείνη, η μαμά και εγώ ήμασταν με την Κρις και τον Τζάν και τα δύο παιδιά τους, τον Γουίλχελμ έντεκα ετών και την Χελένε εννέα ετών. Τι κρίμα που ο Πίτερ δεν μπόρεσε να έρθει μαζί μου. Ήταν τόσο ωραίο να αισθάνεσαι πραγματικά μέλος της οικογένειας.

Την επόμενη μέρα, αφού συνάντησα μερικές φίλες της μαμάς, έπρεπε να φύγω για να συνεχίσω το ταξίδι μου προς την Αγγλία. Ήταν 230 μίλια για το Καλαί, οπότε άφησα πίσω το Λουβαίν στις 17:00 για να φτάσω στο Καλαί γύρω στις 20:00. Ήταν ένα ταξίδι με ξεκάθαρη σήμανση και η διαδικασία επιβίβασης στο πλοίο ήταν γρήγορη και αποτελεσματική για να διασχίσω τη Μάγχη. Στις 22:00 είχα ήδη φτάσει στο Ντόβερ, αλλά αποφάσισα να μην μείνω το βράδυ εκεί. Αντ' αυτού, όπως ένα περιστέρι επιστρέφει στην φώλια του, κατευθύνθηκα προς το χωριό Ντατσγουόρθ όπου έμενα παλαιότερα. Οι αυτοκινητόδρομοι Μ20 και Μ25 θα είχαν λιγότερη κίνηση και θα μου επέτρεπαν να διανύσω την διαδρομή ευκολότερα από ότι αν διανυκτέρευα εκεί περιμένοντας ως το επόμενο πρωί. Αν και η Αγγλία δεν ήταν πλέον το σπίτι μου, ανυπομονούσα να δω το χωριό όπου είχα ζήσει για τόσα πολλά χρόνια.

Ήταν λίγο μετά τα μεσάνυχτα όταν έφτασα στο χωριό. Ήλπιζα να επισκεφθώ ένα ζευγάρι, που ήξερα από τις μέρες που ασχολιόμουν με τους υπολογιστές, οι οποίοι ζούσαν ακόμα εκεί, σε μια από τις μεγάλες μονοκατοικίες που είχε γύρω της όλο το πράσινο του χωριού. Όταν έφτασα, είδα ότι το σπίτι ήταν σκοτεινό. Υπέθεσα ότι είχαν πάει για ύπνο, αλλά μου φάνηκε περίεργο ότι το αυτοκίνητο δεν ήταν στο γκαράζ. Αν και είχαν γκαράζ, ήξερα ότι συνήθως άφηναν το αυτοκίνητο στην είσοδο του. Αποφάσισα να σταθμεύσω στην είσοδο και να κοιμηθώ. Αν ήταν στο σπίτι, θα με ξυπνούσαν το πρωί. Ξύπνησα πολύ νωρίς, και με ξαναπήρε ο ύπνος όπου τελικά στις 09:00 ο ήχος των περιστεριών της αγγλικής υπαίθρου μου επιβεβαίωσε με τον πιο ωραίο τρόπο το συναίσθημα της ικανοποίησης και της ηρεμίας.

Ήταν προφανές ότι οι φίλοι μου δεν ήταν στο σπίτι. Το μόνο που μπορούσα να κάνω ήταν να τους αφήσω ένα σημείωμα ότι πέρασα. Τώρα με το φως της ημέρας, θα μπορούσα να αρχίσω να ψάχνω τους παλιούς καλούς φίλους μου, που ήταν γείτονές μου παλιά. Μετά την αναχώρησή μου για την Ελλάδα, είχαν μετακομίσει σε άλλο χωριό μόλις ένα μίλι από εκεί που βρισκόμουν, αλλά δεν είχα πάει ποτέ στο καινούργιο τους σπίτι. Εννέα το πρωί ήταν μια καλή ώρα να χτυπήσω το κουδούνι αντί για τα μεσάνυχτα! Βρήκα το σπίτι τους, που ήταν στη γωνία ενός αδιεξόδου που είχε πολλά δέντρα, σε μια περιοχή που δεν είχα εξερευνήσει στο παρελθόν. Η Μο άνοιξε την πόρτα και ήταν αμοιβαία τα αισθήματα χαράς που νιώσαμε όταν είδαμε η μια την άλλη μετά από τόσα χρόνια. Ήταν η πρώτη μας συνάντηση από τότε που είχα φύγει με τον Πίτερ το 1992, πριν από πέντε ολόκληρα χρόνια. Τώρα πλέον η κόρη τους η Χριστίνα ήταν έντεκα ετών, οπότε υπήρξε μια τεράστια αλλαγή από την ηλικία των έξι, που την είχα δει τελευταία φορά.

Το σχέδιο ήταν ότι θα έμενα με την Μο και τον Γκάρεθ για λίγες μέρες, ενώ τακτοποιούσα το ζήτημα του πιστοποιητικού οδικής καταλληλότητας που χρειαζόταν για να πουλήσω το Land Rover. Θα έβαζα μια διαφήμιση στο Exchange and Mart, που ήταν η πιο γνωστή εφημερίδα για την αγοραπωλησία οποιουδήποτε μεταχειρισμένου αντικειμένου και ειδικά για τα αυτοκίνητα. Αρχικά, έπρεπε να το περάσω από τον έλεγχο του υπουργείου μεταφορών. Την πρώτη φορά δεν τα κατάφερα.! Οι αναρτήσεις έπρεπε να αλλαχτούν μετά από τόσα χρόνια οδήγησης στους χωματόδρομους της Πάρου. Επίσης τα πίσω κόκκινα φανάρια είχαν ξεθωριάσει πολύ άσχημα από την έκθεση στον ήλιο, και χρειαζόμουν καινούργια. Έτσι πήγα στο συνεργείο στο Γουάιτγουέλ, ένα κοντινό μικροσκοπικό χωριό, για να το αφήσω να επισκευαστεί. Με διαβεβαίωσαν ότι θα ήταν έτοιμο την επόμενη μέρα.

Εν τω μεταξύ, μπορούσαμε να απολαύσουμε λαχταριστές αγγλικές μπριζόλες στα κάρβουνα, στον κήπο. Ήταν θαυμάσιο να χαλαρώνουμε μαζί. Ήμασταν πολύ καλοί φίλοι, χρόνια πριν φύγω για την Ελλάδα. Αργότερα την ίδια ημέρα, αισθάνθηκα ιδιαίτερο προνόμιο να διαβάσω στη βαφτιστήρα μου, Χριστίνα μια ιστορία πριν από τον ύπνο της. Καθώς καθόμουν και κοίταζα την όμορφα επιπλωμένη και τακτοποιημένη κρεβατοκάμαρά της, με τον ήλιο και το φεγγάρι στις σκούρες μπλε κουρτίνες, μια ταιριαστή κουβέρτα, τα χαριτωμένα αρκουδάκια και κουνελάκια, σκέφτηκα μερικά από τα Αλβανόπουλα στην Πάρο. Τι αντίθεση! Πόσο πιο ευλογημένοι είναι οι άνθρωποι της Βόρειας Ευρώπης.

Ευτυχώς, το Land Rover πέρασε τον έλεγχο αφού προηγήθηκαν οι εργασίες συντήρησης του, με κόστος £220. Εάν είχε εντοπίσει ο άνδρας στο συνεργείο της Πάρου αυτά τα προβλήματα και τα επισκεύαζε, θα ήταν φθηνότερο και ευκολότερο να επισκευαστούν εκεί. Να ήταν μόνο αυτό...! Ανακάλυψα στην συνέχεια ότι δεν μπορείς να λάβεις τέλη κυκλοφορίας για ένα αυτοκίνητο που δεν είναι ασφαλισμένο σε αγγλική εταιρεία. Η κυρία στο ταχυδρομείο ήταν αδιάλλακτη στη διαμαρτυρία μου όπου της είπα: «Είμαστε πλέον στην Ευρώπη και υποτίθεται πως όλα είναι ένα στην Ευρώπη.»

Δεν είχα άλλη επιλογή, από το να ασφαλίσω το αυτοκίνητο για την ελάχιστη περίοδο κάλυψης σε μια αγγλική εταιρεία και να επιστρέψω στο ταχυδρομείο κουνώντας τα αγγλικά έγγραφα ασφάλισης. Αυτό προϋπόθετε ένα ταξίδι στη μεγαλύτερη κοντινή πόλη, την Γουέλγουίν Γκάρντεν Σίτι, και επιπλέον £55 για το ασφάλιστρο συν τις £78 για τα τέλη κυκλοφορίας, και όλα αυτά για να έχω τα κατάλληλα έγγραφα, για να βάλω το αυτοκίνητο σε αγγελία.

Η αγγελία που μπήκε στην εφημερίδα ήταν:
LAND ROVER 1986
110 Ντίζελ 2.5 £5000
Με τοποθετημένο κρεβάτι για σαφάρι, ντουλάπια, ψυγείο και ντους
Χιλιόμετρα 62.000 με πιστοποιητικό M.O.T. για ένα χρόνο

Έβαλα το τηλέφωνο της Μο και του Γκάρεθ στην αγγελία, επειδή ο Γκάρεθ ήταν φοβερός πωλητής και ήταν σε θέση να διαχειριστεί την οποιαδήποτε τηλεφωνική επικοινωνία.

Μόλις έγινε αυτό, ήμουν έτοιμη να αναχωρήσω για το Χάρογκεϊτ, για να επισκεφθώ τους γονείς μου και να είμαι εκεί για τα γενέθλιά της μαμάς μου. Ήταν μια γρήγορη τετράωρη διαδρομή με το αυτοκίνητο για το Χάρογκεϊτ, μια πανέμορφη αγγλική παλιά πόλη με μύλους βαμβακιού, που είχαν επανέλθει στην μόδα τα τελευταία χρόνια και είχε εξελιχθεί αυτή η πόλη σε χώρο διεξαγωγής συνεδρίων για τις επιχειρήσεις. Βρήκα το διαμέρισμα της μαμάς και του μπαμπά εύκολα. Πω, πω! Ήταν μεγάλη χαρά που τους ξαναέβλεπα μετά από τόσα χρόνια απουσίας. Ήμουν μακριά πολύ καιρό.

Ήπιαμε ένα τέλειο αγγλικό τσάι, φάγαμε ένα πολύ ωραίο πεπόνι, έπειτα μια σαλάτα με ζαμπόν και στην συνέχεια φράουλες με κρέμα. Κατά κάποιο τρόπο, ενόσω ήμουν στην Ελλάδα περιτριγυρισμένη με όλα όσα έκανε ο Θεός εκεί, μπορούσα να απωθήσω από την σκέψη μου το πόσο μου έλλειπαν και να μην το σκέφτομαι τόσο πολύ. Εδώ, που είχα γύρω μου όλες τις γνωστές φωτογραφίες, όλα όσα μου θύμιζαν το σπίτι μου πλημμύρισαν το μυαλό μου. Ο μπαμπάς κατέβηκε στο δωμάτιο του ξενώνα που είχαν κρατήσει για μένα. Αγκαλιαστήκαμε και μου είπε πόσο τους έλλειπα, ιδιαίτερα τώρα που μεγάλωναν. Συνειδητοποίησα τι θυσία είχαμε κάνει όλοι για χάρη του ευαγγελίου. Εγώ που τους είχα αποχωριστεί και δεν ήμουν πλέον κοντά τους, και είχα αποχωριστεί την οικογένειά μου, και τους φίλους μου αλλά και τη χώρα μου. Θυμήθηκα την παραπομπή της Αγίας Γραφής που αναφέρει: «Κι όποιος άφησε σπίτια ή αδερφούς ή αδερφές ή πατέρα ή μητέρα ή γυναίκα ή παιδιά ή χωράφια για χάρη μου, θα πάρει εκατό φορές περισσότερα και θα κληρονομήσει την αιώνια ζωή». Ναι, ήταν αλήθεια ότι είχα ανταμειφτεί με έναν σύζυγο, ένα σπίτι, μια δεύτερη μαμά (η μαμά του Πίτερ) και επίσης τον Τζον και τη Μπάρμπαρα, ένα μεγαλύτερο σε ηλικία ζευγάρι στην Πάρο, που ήταν σαν μητέρα και πατέρας για μένα. Είχα επίσης τέσσερις νέες αδελφές (τις αδελφές του Πίτερ), καθώς και πολλές ανιψιές και ανιψιούς, καινούργιους φίλους, τρόφιμα και ρούχα σε αφθονία. Όλα όσα είχα αφήσει πίσω μου είχαν δοθεί εκ νέου, αλλά για τη μαμά και τον μπαμπά η ζωή συνέχιζε να είναι η ίδια, απλά η κόρη τους ήταν τουλάχιστον χίλια μίλια μακριά.

Περάσαμε τις μέρες μαζί στο Χάρογκεϊτ και πραγματοποιήσαμε επισκέψεις σε κοντινές κλασικές επαρχιακές τοποθεσίες, όπως το Κάστρο Ρίπλι. Επίσης μπόρεσα να βάλω στο πρόγραμμα μια επίσκεψη στο χριστιανικό βιβλιοπωλείο και, όπως πάντα, έφυγα φορτωμένη βιβλία.

Έως την Τετάρτη, είχα λάβει τηλεφώνημα από έναν νεαρό άνδρα στο Χόρσαμ του Σάσσεξ, που ήθελε να αγοράσει το Land Rover. Έπεσα στα γόνατά και ευχαρίστησα τον Θεό όχι μόνο που μου βρήκε αγοραστή αλλά και που δεν με άφησε μέχρι την τελευταία στιγμή. Έπρεπε να οδηγήσω πίσω στο Γουέλγουιν για να μπορέσει να έρθει και να δει το όχημα.

Την τελευταία μου μέρα στο Χάρογκεϊτ, ο μπαμπάς και εγώ πήγαμε να επισκεφτούμε έναν γείτονα με τον οποίο ο μπαμπάς έπαιζε σνούκερ. Είχε πρόβλημα με τους γοφούς του και είχε δυσκολία στο περπάτημα. Γνωρίζοντας πόσο επιτυχημένες ήταν οι προσευχές για θεραπεία από καρκίνο του προστάτη που είχαν υψωθεί για τον μπαμπά μου, ο Μπομπ ήταν πρόθυμος να κάνει ό,τι μπορούσε για να λάβει θεραπεία στους γοφούς του. Άρχισα να εξηγώ ότι η θεραπεία στο όνομα του Ιησού πάει χέρι-χέρι με τη σωτηρία στο όνομα του Ιησού. Εξάλλου, θα ήταν τραγικό να λάβουμε θεραπεία στο σώμα σε αυτή τη ζωή και να περάσουμε όλη την αιωνιότητα χωρισμένοι από τον Θεό λόγω της αποτυχίας στην λήψη της δωρεάς της σωτηρίας που προσφέρει ο Ιησούς Χριστός. Προσευχηθήκαμε μαζί του για να λάβει τον Χριστό ως σωτήρα του και για τη θεραπεία του θέτοντας επάνω του τα χέρια μας στο όνομα του Ιησού, έπειτα φύγαμε. Μετά από μόλις δύο ημέρες, μου τηλεφώνησε ο μπαμπάς για να μου πει ότι ο Μπομπ είχε σηκωθεί από το κρεβάτι χωρίς πόνο και περπάτησε χωρίς το μπαστούνι του. Τι πιστός που είναι ο Θεός που υπηρετούμε!

Ο Άλαν, ο νέος που ενδιαφερόταν να αγοράσει το Land Rover, έφτασε στο Γουέλγουίν όπως είχαμε κανονίσει. Έψαχνε να αγοράσει δικό του όχημα για να το πάρει μαζί του σε σαφάρι στην Αφρική, επειδή αυτό που είχε προετοιμάσει για το ταξίδι, είχε κλαπεί. Φυσικό ήταν να του αρέσει το δικό μου, αλλά ήθελε να παζαρέψει λίγο την τιμή. Δεν ήμουν ποτέ πολύ καλή στις διαπραγματεύσεις και όταν ρώτησε αν θα δεχόμουν £4.750 λίρες, βλακωδώς συμφώνησα ενώ γνώριζα ότι με ευκολία θα το πουλούσα για £5000, ειδικά με όλα τα επιπλέον ολοκαίνουργια ανταλλακτικά που είχε, κατάλληλα για το ταξίδι του στην έρημο.

Ακριβώς όπως είχα προσευχηθεί, ο Θεός είχε φέρει τον αγοραστή στο χρονικό πλαίσιο που ζήτησα, ο οποίος ζούσε κοντά στο αεροδρόμιο του Γκάτγουικ για την πτήση της επιστροφής και ήταν πρόθυμος να μου επιτρέψει να το χρησιμοποιήσω για μια ακόμη εβδομάδα για να πάω στο Χριστιανικό Συνέδριο στο Μπέρμιγχαμ. Γιατί υπέκυψα και τον άφησα να το πάρει με £4.750 όταν είχα ζητήσει από τον Θεό £5.000; Τέλος πάντων, ήταν ένα μάθημα που το έμαθα, όπως και με την αγορά της γης στην Πάρο. Ο Θεός μου είπε το τίμημα που έπρεπε να πληρώσω, ήταν £30,000, αλλά υπό την πίεση του πωλητή, υπέκυψα και πλήρωσα 25 τοις εκατό παραπάνω. Ήταν προφανές ότι ποτέ δεν θα ήμουν καλή πωλήτρια!

Ο Άλαν είχε πάει Σαββατοκύριακο στο Ντέβον για σέρφινγκ. Δεν είχε κανένα πρόβλημα να καθυστερήσει την εξόφληση του αυτοκινήτου για μια εβδομάδα και απλά να μου έδινε την προκαταβολή των £200 που είχε μαζί του, καθώς και τη διεύθυνσή του για να του παραδώσω το όχημα το επόμενο Σάββατο. Θα μου πλήρωνε την διαφορά και θα με πήγαινε στο αεροδρόμιο του Γκάτγουικ ή του Χίθροου όταν θα είχα βρει την πτήση της επιστροφής. Τώρα μπορούσα να οδηγήσω, την Κυριακή και να πάω στην παλιά εκκλησία μου στο Στέβενέτζ συνεχίζοντας προς το Μπέρμιγχαμ τη Δευτέρα για το συνέδριο. Είχα σχεδιάσει να κοιμηθώ στο Land Rover σε ένα κάμπινγκ, γεγονός που θα με γλύτωνε από πολλά έξοδα σε ξενοδοχεία στην περιοχή του Μπέρμιγχαμ.

Άρχισα να ψάχνω πτήση για την επιστροφή σε λογική τιμή. Πέρασα το Σάββατο κάνοντας τηλεφωνήματα στις αγγελίες που ήταν στην εφημερίδα London Evening Standard για πτήσεις προς Αθήνα. Εκείνη την εποχή, το διαδίκτυο δεν ήταν διαθέσιμο και τότε τα πράγματα δεν ήταν τόσο εύκολα όπως είναι τώρα. Τελικά επέλεξα μια πτήση της Virgin Atlantic από το Χίθροου το επόμενο Σάββατο το βράδυ. Ήμουν ανυποψίαστη ότι, ενώ βρισκόμουν στο συνέδριο για έξι ημέρες, ο Θεός θα μου έδειχνε τη μάρκα και το μοντέλο του αυτοκινήτου που θα αντικαθιστούσε το Land Rover.

Το συνέδριο δεν ήταν τελικά στο Εθνικό Εκθεσιακό Κέντρο του Μπέρμιγχαμ, όπως είχα καταλάβει, οπότε το κάμπινγκ που είχα επιλέξει ήταν μίλια μακριά από την κεντρική τοποθεσία του συνεδρίου στο Μπέρμιγχαμ. Όταν βρήκα τελικά τη τοποθεσία του συνεδρίου και έφτασα στο πολυώροφο χώρο στάθμευσης, μου φάνηκε ο χώρος κατάλληλος για ύπνο όπως όλα τα άλλα. Οι βραδινές συνεδρίες τελείωναν αργά γύρω στις 22:00. Οπότε γιατί να διανύσω τα μίλια της επιστροφής προς το κέντρο του Μπέρμιγχαμ, μιας και δεν ήμουν σίγουρη για την διαδρομή, αφού θα μπορούσα να μείνω εκεί, να τραβήξω τις κουρτίνες και να κοιμηθώ μέσα σε μισή ώρα από τη λήξη της βραδιάς του συνεδρίου; Δεν ήταν ιδιαίτερα όμορφος χώρος, είχε κολώνες, δάπεδα και οροφή από μπετόν, και ένα λαβύρινθο από σωλήνες και αεραγωγούς αλλά ποιος νοιαζόταν, δεν είχα έρθει για τη θέα! Άλλωστε, υπήρχαν φύλακες όλο το βράδυ συν οι άγγελοι που με προστάτευαν, οπότε δεν μπορούσα να είμαι πιο ασφαλής. Μετά από αυτή την απόφαση, και χωρίς να γνωρίζω τι μου επιφύλασσε ο Θεός, αποφάσισα να αφήσω το Land Rover σταθμευμένο στο ίδιο σημείο κατά την διάρκεια του συνεδρίου. Λόγω των χαμηλών ορόφων και του ύψους του Land Rover με σχάρα, βρέθηκα σταθμευμένη δίπλα σε έναν άνδρα που είχε ένα ασυνήθιστα υπερυψωμένο επταθέσιο αυτοκίνητο μάρκας Subaru. Ήταν λίγο σαν το Tardis! Την τελευταία μέρα του συνεδρίου, χωρίς κάποιον προφανή λόγο, ο ιδιοκτήτης του Subaru μου είπε: «Θα θέλατε να σας δείξω το αυτοκίνητό μου;» Γιατί όχι; Μου έδειξε πώς τα πίσω καθίσματα δίπλωναν προς τα εμπρός, για να το κάνουν σαν ένα φορτηγάκι που θα επέτρεπε τη μεταφορά πολλών πραγμάτων. Τα μπροστινά καθίσματα έπεφταν και δίπλωναν για να σχηματίσουν ένα κρεβάτι, παρόμοια με το Land Rover, και επίσης ήταν τετρακίνητο. Αν και έλειπε το ψυγείο, τα ντουλάπια αποθήκευσης και το ντους του Land Rover, ήταν τουλάχιστον πιο ευπροσάρμοστο από τα κανονικά τετραθέσια αυτοκίνητα. Άραγε ήταν ο Θεός που μου έδειχνε το είδος του οχήματος που θα χρειαζόμουν στην Ελλάδα για μελλοντικές απαιτήσεις που μέχρι τώρα δεν γνώριζα; Πράγματι ήταν, και επρόκειτο να το φέρει ακριβώς στην πόρτα μας στην Πάρο και μάλιστα στο ίδιο χρώμα, λευκό!

Το συνέδριο ήταν σαν άφθονη τροφή για έναν

πεινασμένο άνθρωπο. Μένοντας δίπλα στο συνεδριακό χώρο, ήμουν σε θέση να παρακολουθήσω κάθε μάθημα εκτός από το τελευταίο, το βράδυ του Σαββάτου. Έπρεπε να είμαι στο Χόρσαμ το απόγευμα με το Land Rover για να είμαι σίγουρη ότι θα φτάσω στο αεροδρόμιο έγκαιρα. Ήθελα να έχω επιβιβαστεί στις 19:00.Έπρεπε να ήταν ένα απλό ταξίδι από τον Μ1 και γύρω από τον Μ25, αλλά δεν είχα υπολογίσει ότι θα πάθαινα λάστιχο. Το Land Rover παρέκκλινε πολύ άσχημα από την πορεία του και κατάφερα να φτάσω με δυσκολία στην περιοχή εξυπηρέτησης των αυτοκινητοδρόμων. Είχα αλλάξει το λάστιχο πολλές φορές, οπότε δεν μου φάνηκε ότι θα είχα οποιαδήποτε δυσκολία. Όσο και αν προσπάθησα, απλά δεν μπορούσα να ξεβιδώσω τα μπουλόνια από τη ρόδα. Αυτό δεν θα ήταν δύσκολη υπόθεση για ένα κατάλληλα εξοπλισμένο συνεργείο. Δεν είχα άλλη επιλογή από το να καλέσω την οδική βοήθεια αφού αδυνατούσαν να με εξυπηρετήσουν στο σταθμό εξυπηρέτησης αυτοκινητιστών στον αυτοκινητόδρομο. Τουλάχιστον ήρθαν γρήγορα και ήμουν πάλι πίσω στο δρόμο, αλλά αυτό ήταν £42 επιπλέον έξοδα. Είχα τρεις εφεδρικούς τροχούς μαζί μου, έναν στην πόρτα και δύο στην οροφή, οπότε δεν υπήρχε πραγματικό πρόβλημα. Είχα αφήσει εσκεμμένα αρκετό χρόνο για το ταξίδι.

Όταν επανήλθα στον αυτοκινητόδρομο Μ25 ακολούθησα τις οδηγίες του Αλάν, μέσα από μικρούς επαρχιακούς δρόμους, προσευχόμενη και εμπιστευόμενη τον Θεό ότι δεν θα χαθώ, καθώς δεν είχα πλέον χρόνο για χάσιμο. Ήταν ακριβώς 17:00 όταν έφτασα στο σπίτι του. Ο Άλαν με υποδέχτηκε και είχε τα £4.550 σε μετρητά σε ένα μεγάλο καφέ φάκελο στο τραπέζι. Καθίσαμε μαζί, καθώς τα μετρούσα και έπειτα αυτός και η φίλη του ήταν έτοιμοι να με πάνε στο αεροδρόμιο του Χίθροου. Όταν φτάσαμε, στάθμευσαν και με συνόδευσαν στην τράπεζα, ώστε να μπορέσω να καταθέσω τα χρήματα με ασφάλεια. Ο Θεός δεν είχε παραβλέψει ούτε μια λεπτομέρεια σε ολόκληρο το ταξίδι.

Όταν απογειώθηκε το αεροπλάνο, θαύμασα το πώς είχα οδηγήσει με ασφάλεια διασχίζοντας την Ευρώπη, και το πως τακτοποίησα το θέμα με τα τέλη κυκλοφορίας και την απαιτούμενη γραφειοκρατία για να πουλήσω το Land Rover, και ότι το πούλησα ακριβώς όπως είχα ζητήσει σε κάποιον που έμενε κοντά στο αεροδρόμιο, έβαλα τα χρήματα στην τράπεζα και πήρα την πτήση της επιστροφής, όλα σε μόλις είκοσι πέντε ημέρες! Πως θα ήταν όλα αυτά εφικτά; Επειδή ζήτησα από τον Θεό να με βοηθήσει να το κάνω και είναι ένας καταπληκτικός Θεός! Ήταν ένα ακόμη παράδειγμα ότι η πίστη στον Ιησού δεν είναι απλώς ένα εισιτήριο προς τον ουρανό, αλλά βοήθεια στο εδώ και τώρα, σε κάθε λεπτομέρεια της ζωής. Ήταν ένα καλό παράδειγμα της παροιμίας: «Και την πίτα ολόκληρη (εδώ στην Γη όταν ελπίζουμε και προσμένουμε στην βοήθεια του Θεού) και το σκύλο χορτάτο (όταν έρθει η στιγμή να βρεθούμε στον ουρανό)!»

5 ΕΝΑΣ ΓΑΜΟΣ

Αφού επέστρεψα με ασφάλεια στην Ελλάδα, πλέον ήταν καιρός να προστεθεί ένας γάμος στις εκκλησιαστικές μας λειτουργίες. Ήδη είχαμε την Κυριακάτικη συνάθροιση των παιδιών, των ενηλίκων, και τις βαφτίσεις όποτε προέκυπτε η ανάγκη, και όλα αυτά επειδή είμαστε η μοναδική Αγγλόφωνη Χριστιανική ομάδα στο Νησί.

Οι κοντινοί μας φίλοι Άλαν και Ντόροθυ είχαν ένα πολύ ωραίο διαμέρισμα στο Πίσω Λιβάδι με υπέροχη θέα του λιμανιού και του γειτονικού νησιού της Νάξου. Κατά την διάρκεια τις ημέρας το Πίσω Λιβάδι ήταν ένα ήσυχο μέρος. Μερικοί ξένοι τουρίστες καιγόντουσαν από την έντονη ζέστη, και οι Έλληνες που το επισκέπτονταν ξάπλωναν κάτω από τα δέντρα στο πίσω μέρος της μικρής αμμουδερής λωρίδας της παραλίας, ενώ τα μικρά παιδιά πλατσούριζαν στα ρηχά νερά. Το βράδυ όμως, όλη η περιοχή ζωντάνευε. Οι φρέσκο λουσμένοι άνθρωποι που είχαν δροσιστεί από την ζέστη της μέρας, κατηφόριζαν από τα τριγύρω ενοικιαζόμενα δωμάτια και χωριά για να φάνε.

Μερικοί απλά περπατούσαν κατά μήκος του μικρού λιμανιού όπου ήταν σκόρπια αραγμένα τα κότερα και οι ψαρόβαρκες. Με το φως των αστεριών να τρεμοφέγγει, το νερό να αντανακλά το φως του φεγγαριού, και οι υπέροχες νότες του μπουζουκιού να ταξιδεύουν με το απαλό αεράκι, το περιβάλλον ήταν παράδεισος για τους ερωτευμένους.

Ο γιος του Άλαν και της Ντόροθυ, ο Στείβεν και η όμορφη αρραβωνιαστικιά του Σαμάνθα, ήταν έτοιμοι να ενωθούν με τα δεσμά του γάμου, οπότε αντί να νυμφευτούν στο βροχερό Μίλτον Κέινς που φημιζόταν για τις τσιμεντένιες αγελάδες, γιατί να μην νυμφευόντουσαν στην Πάρο με την λιακάδα! Η επιλογή του Μαΐου μήνα τους φάνηκε ως η καλύτερη περίοδος. Στο κοντινό χωριό της Μάρπησσας υπήρχε δημαρχείο και δήμαρχος που θα μπορούσε να τελέσει την τελετή. Παρόλα αυτά, για να ξεπεραστούν τα εμπόδια της ελληνικής γραφειοκρατίας και της γλώσσας, θα χρειαζόντουσαν κάποια βοήθεια. Σε αυτό θα μπορούσα να φανώ χρήσιμη. Πολύ το χάρηκα όταν έμαθαν ότι οι όρκοι του ελληνικού πολιτικού γάμου τους φάνηκαν σύντομοι και ελλειπής σε σοβαρότητα εν συγκρίσει με αυτούς της τελετής ενός αγγλικού γάμου: "Μαζευτήκαμε σήμερα ενώπιον του Θεού για να ενώσουμε αυτόν τον άντρα και αυτή την γυναίκα σε Θείο γάμο..."

Συνεπώς, μου ζήτησαν να αναλάβω την τέλεση μιας σύντομης τελετής, διαβάζοντας από την Αγία Γραφή πριν από την έναρξη της επίσημης ελληνικής γαμήλιας τελετής εφόσον ήταν εφικτό. Φυσικά ήταν μεγάλη μου χαρά να το αναλάβω, αλλά δεδομένου ότι δεν το είχα ξανακάνει, ένιωθα ανήσυχη επειδή ήθελα να βρω κάτι που θα προκαλούσε την σκέψη των φιλοξενουμένων καθώς της νύφης και του γαμπρού. Τελικά, κατέληξα σε ένα απόσπασμα από την Παλαιά Διαθήκη, ΕΚΚΛΗΣΙΑΣΤΗΣ 4:9-12:

«Οι δύο είναι καλύτεροι από τον έναν,
γιατί η εργασία τους αποδίδει περισσότερο.
Αν ο ένας πέσει, θα τον σηκώσει ο άλλος.
Αλίμονο όμως σ' εκείνον που είναι μόνος του,
αν πέσει, δεν υπάρχει άλλος να τον σηκώσει.
Κι ακόμη: αν κοιμηθούν δύο μαζί, ζεσταίνονται.
Ο ένας όμως πώς θα ζεσταθεί;
Ο ένας εύκολα κατανικιέται· οι δύο αντιστέκονται· οι τρεις, ακόμη καλύτερα. Γιατί, όπως λένε, το τριπλό σχοινί δεν κόβεται εύκολα.»

Εξήγησα ότι δύο άνθρωποι που ενώνονται με τα δεσμά του γάμου, πραγματοποιούν μια ισχυρή συνένωση του έργου τους, της συντροφικότητάς τους, της σωματικής οικειότητας τους και της βοήθειας του ενός προς τον άλλον σε δύσκολους καιρούς. Το μυστικό ενός ισχυρού γάμου, ενός γάμου που θα αντέξει στη δοκιμασία του χρόνου, είναι το τρίτο κορδόνι του σχοινιού, ο παράγοντας του Θεού.

Στην Ελβετία, οι ορειβάτες γνωρίζουν πολύ καλά ότι τα σχοινιά που συνδέουν τους ορειβάτες με τις βουνοκορφές και τις άκρες των βράχων πρέπει να είναι αρκετά ισχυρά για να αντέξουν σε καταστάσεις που είναι απειλητικές για τη ζωή. Έχει ανακαλυφθεί ότι ένα σχοινί από τρία κορδόνια είναι πολύ πιο δυνατό από ένα σχοινί που αποτελείται από δύο κορδόνια. Είναι δε, ακόμα πιο ισχυρό από ένα σχοινί με τέσσερα κορδόνια. Το τρίτο κορδόνι ή σκέλος ενός γάμου πρέπει να είναι ο Θεός, που εμπλέκεται με τον σύζυγο και την σύζυγο και τους κρατάει ενωμένους ακόμη και όταν τους κτυπήσει την πόρτα η καταστροφή ή και όταν απειλούνται οι ζωές τους: θα μπορούσε να είναι μια απειλητική για τη ζωή ασθένεια ή μικρότερης κλίμακας απειλές, οικονομικές δυσκολίες και πολλές άλλες προκλήσεις της ζωής. Είναι ενδιαφέρον που το τρίτο κορδόνι αυτών των σχοινιών αναρρίχησης είναι συνήθως κόκκινο σε χρώμα. Ακριβώς όπως το σχοινί σώζει έναν ορειβάτη που πέφτει, από το φυσικό θάνατο, έτσι και το κόκκινο αίμα του Ιησού μας σώζει όλους από τον πνευματικό θάνατο.

Ήταν ένα σύντομο μήνυμα συνοδευόμενο από τους παραδοσιακούς αγγλικούς όρκους του γάμου, αλλά ήταν αυτό που ήλπιζα να θυμούνται ο Στείβεν και Σαμάνθα τα επόμενα χρόνια. Πριν ξεκινήσει η επίσημη ελληνική γαμήλια τελετή, επιβεβαίωσαν ότι κατανοούσαν την σοβαρή και δεσμευτική φύση του γάμου που θα τους ένωνε. Ο Μάρτιν, ο πατέρας της Σαμάνθα, συγκινημένος, παρέδωσε το χέρι της κόρης του στον Στείβεν την ώρα που ερωτήθηκε «Ποιος παραδίδει αυτή την γυναίκα για να παντρευτεί αυτόν τον άνδρα;» Μετά από μια σύντομη ευλογία, ο δήμαρχος ξεκίνησε, την στιγμή που είχα τελειώσει. Εμείς τον γνωρίζαμε ως τον Τάσσο που έχει το τοπικό κατάστημα πώλησης δομικών υλικών. Για εκείνον η τελετή του γάμου ήταν μια φιλική, και άτυπη υπόθεση. Με τη βοήθεια της προετοιμασμένης μετάφρασης του κειμένου στα αγγλικά, ανέγνωσε την εξαιρετικά σύντομη ελληνική τελετή πολιτικού γάμου. Ο γαμπρός ρωτήθηκε εάν παίρνει τη νύφη για σύζυγός του, και απαντώντας είπε ναι. Έπειτα ρωτήθηκε η νύφη εάν δέχεται τον γαμπρό για σύζυγο της και αυτή με χαρά αποδέχτηκε.

Βλέποντας τις φωτογραφίες που τραβήχτηκαν έξω από το Δημαρχείο της Μάρπησσας, επ' ουδενί δεν θα να γίνει σύγχυση του συγκεκριμένου γάμου με έναν στην Αγγλία! Η υπέροχη μαρμάρινη αψίδα πάνω από την πόρτα του Δημαρχείου, οι μωβ μπουκαμβίλιες και οι φοίνικες, σε συνδυασμό με την αστραφτερή, λευκή, κυκλαδίτικη αρχιτεκτονική γύρω από την πλατεία του χωριού, δημιουργούσαν έναν τέλειο, και μοναδικά ελληνικό σκηνικό. Το ζευγάρι κατάφερε επίσης να τραβήξει κάποιες φωτογραφίες έξω από την όμορφη, λευκή, ελληνορθόδοξη εκκλησία απέναντι από την πλατεία.

Ήμασταν ένα ευτυχισμένο πλήθος ανθρώπων που κατηφόριζε από το χωριό προς την ταβέρνα της Άννας και του Γιώργου για να φάμε, να πιούμε, και να γιορτάσουμε με γνήσιο ελληνικό στυλ. Από ότι φαινόταν, η βραδιά θα ήταν ατελείωτη, όπως είναι και η φήμη των ελληνικών γάμων.

6 ΚΟΛΟΡΑΝΤΟ

Όταν κύλισε ο χρόνος και έφτασε το 1999, είχαν περάσει δέκα χρόνια από τότε που άφησα την ασφάλεια που μου προσέφερε η θέση εργασίας που κατείχα και το τακτικό εισόδημα που λάμβανα. Πλέον είχα μάθει ότι ο Θεός προμηθεύει με πολλαπλούς τρόπους για το φαγητό, την ένδυση και την στέγη μας. Υπήρξαν δύσκολες στιγμές όπου έπρεπε να προσευχηθούμε για τα χρήματα, το φαγητό και το ενοίκιο. Κάθε είδους διακοπών – ιδιαίτερα ένα ταξίδι στο εξωτερικό – ήταν πολύ πέρα από τα μέσα που διαθέταμε. Από ότι φάνηκε, ήταν πλέον καιρός να μου δείξει ο Θεός ότι μπορεί να με αξιώσει να κάνω ταξίδια οπουδήποτε στον κόσμο ήθελε να πάω και ότι μπορούσε να προμηθεύσει το αεροπορικό εισιτήριο μέσου του οποιουδήποτε επέλεγε. Αν και ήταν η πρώτη φορά που θα το έκανε αυτό, σίγουρα δεν θα ήταν η τελευταία.

Το πρώτο μου καλοκαίρι στην Πάρο, συνάντησα την Έιμι από το Κολοράντο και είχαμε κρατήσει τακτική επαφή κατά τη διάρκεια των δέκα ετών που μεσολάβησαν. Είχε ξανά επισκεφθεί την Πάρο αρκετές φορές από το πρώτο της ταξίδι και πλέον ήταν παντρεμένη με τον Ρόμπιν και είχαν μια κόρη, την Χάννα. Η γέννηση της Χάννα ήταν ένα εκπληκτικό θαύμα και μια φοβερή έμπνευση για την οποιαδήποτε προσπαθεί χωρίς επιτυχία να συλλάβει και να γεννήσει. Η Έιμι είχε αποβάλει επτά φορές! Ο πόνος και η θλίψη της απώλειας επτά εμβρύων σε διάφορα στάδια κύησης πιθανότατα να γινόταν κατανοητό μόνο από κάποιον που έχει βιώσει παρόμοια εμπειρία.

Κατά την διάρκεια της επίσκεψης της στην Πάρο μετά από την έβδομη αποβολή, ζήτησα από την Έιμι εάν μπορούσα να της εξηγήσω την σχετική βιβλική διδασκαλία. Υποψιαζόμουν ότι υπήρχαν πέρα από τα υπό διερεύνηση από τον γυναικολόγο φυσικά αίτια, πνευματικά αίτια που συνέβαλαν στην αδυναμία της να ολοκληρώσει μια επιτυχημένη κύηση. Στην Αγία Γραφή, το εγχειρίδιο του Θεού για τη ζωή, στο Δευτερονόμιο αναφέρεται ότι ο Θεός υπόσχεται ευλογίες για την υπακοή στο Λόγο Του. Αν υπακούμε τις εντολές Του, τότε όλες αυτές οι ευλογίες θα έρθουν πάνω μας, θα είμαστε ευλογημένοι στην πόλη και τη χώρα, ο καρπός της μήτρας μας θα είναι ευλογημένος και τα οικονομικά μας θα είναι ευλογημένα. Από την άλλη πλευρά, η ανυπακοή στις εντολές Του μπορεί να ανοίξει την πόρτα σε μια μακροσκελή λίστα από πιθανές κατάρες. Εάν οι επιπτώσεις της ανυπακοής περιοριζόντουσαν στην δική μας ζωή τότε τα πράγματα θα ήταν πιο απλά, όμως, ενδέχεται να επηρεάσουν έως και τέσσερεις επόμενες γενιές. Αυτό σημαίνει ότι οι αντίξοες καταστάσεις όπως η υπογονιμότητα ενδέχεται να μην είναι μόνο εξαιτίας των δικών μας πράξεων, αλλά εξαιτίας αυτών των γονέων μας, των παππούδων, των προπάππων ή των προ προπάππων μας. Είναι ενδιαφέρον το γεγονός ότι, ενώ οι κατάρες επηρεάζουν τέσσερις γενιές, ο Θεός υπόσχεται να ευλογεί έως και χίλιες επόμενες γενιές εκείνων που τον αγαπούν.

Η ειδωλολατρία δεν είναι απλώς η λατρεία ειδώλων από ξύλο και μέταλλο, ή των αγαλμάτων του Βούδα ή των θεών διαφόρων θρησκειών, αλλά μια ολόκληρη μυριάδα από πράγματα που βάζουμε στη θέση του Θεού, πράγματα όπως η αστρολογία. Ατενίζοντας στα αστέρια για να λάβουμε καθοδήγηση για το μέλλον μας αντί για το Θεό είναι και αυτό ειδωλολατρία, όπως το ξεκαθαρίζει ο προφήτης Ησαΐας. Αυτές οι φαινομενικά αθώες δραστηριότητες έχουν αποκαλυφθεί ότι αποτελούν τη βασική αιτία πολλών προβλημάτων στη ζωή των ανθρώπων.

Η Έιμι και εγώ καθίσαμε με μια Βίβλο και το βιβλίο του Ντέρικ Πρίνς «Ευλογία ή κατάρα, μπορείτε να επιλέξετε». Επεξεργαστήκαμε όλων των ειδών γεγονότα στη ζωή της, ειδικά μερικά από τα πράγματα στα οποία είχε ανοίξει την πόρτα(στον εχθρό, δηλαδή στον διάβολο) κατά την διάρκεια των ατίθασων ημερών της. Προσευχήθηκε για συγχώρεση, και καθαιρέσαμε στο όνομα του Ιησού αυτές τις γενεαλογικές κατάρες από την ζωή της. Απόδειξη αυτών ήταν ότι μετά από μόλις ένα χρόνο η Έιμι γέννησε τη Χάννα!

Όταν η Έιμι και ο Ρόμπιν μας είπαν ότι σχεδιάζουν διακοπές στην Πάρο με το νεογέννητο κοριτσάκι τους, ήμασταν πολύ χαρούμενοι. Δυστυχώς, ήταν η χρονιά που τα αντιαμερικανικά αισθήματα έφταναν στα ύψη στην Ελλάδα. Όταν οι διαδηλωτές έκαψαν την Αμερικανική σημαία στους δρόμους της Αθήνας, η Έιμι και ο Ρόμπιν άρχισαν να αναρωτιούνται πόσο σωστό θα ήταν ένα ταξίδι στην Ελλάδα με ένα μικρό μωρό. Στην Αμερική, η κυβέρνηση προειδοποιούσε τους Αμερικανούς να μην ταξιδεύουν στην Ελλάδα εωσότου ηρεμήσουν τα πράγματα. Ήταν μια μεγάλη απογοήτευση για εμάς όταν ακούσαμε ότι δεν θα έρθουν, αλλά στη συνέχεια μας πρόσφεραν τα εισιτήρια για να ταξιδέψουμε στο Κολοράντο και να μπορέσουμε να είμαστε όλοι μαζί. Ήμουν χαρούμενη με την ιδέα, αλλά ο Πίτερ δεν μπορούσε να συμβιβαστεί με την ιδέα μιας υπερατλαντικής πτήσης άνω των δέκα ωρών, για να μην αναφέρω τις επιπλέον τέσσερις ώρες ταξιδιού στην Αγγλία για την πτήση της ανταπόκρισης. Τα εισιτήρια ήταν αισθητά φθηνότερα από το Λονδίνο στις ΗΠΑ παρά από την Αθήνα. Αρχικά, νόμιζα ότι η απροθυμία του Πίτερ να ταξιδέψει θα σήμαινε ότι δεν θα μπορούσα να δεχτώ την προσφορά να ταξιδέψω. Αντιθέτως, ήταν πανευτυχής με την ιδέα εάν ήθελα να ταξιδέψω μόνη μου. Φυσικά, ήμουν απογοητευμένη επειδή θα ήταν μια εμπειρία που δεν θα μπορούσαμε να μοιραστούμε μαζί, αλλά φαινόταν πάρα πολύ μεγάλη ευκαιρία για να την προσπεράσω. Εκτός αυτού, ήθελα πραγματικά να δω την Έιμι και τον Ρόμπιν και το παιδί θαύμα, την Χάννα. Η ιδέα ότι θα μπορούσα να επισκεφθώ την εκκλησία τους στα Βραχώδη Όρη, να ακούσω και τους δυο να τραγουδούν στη Ροκ γκόσπελ χορωδία και να συναντηθώ με τους χριστιανούς φίλους τους, με έκανε να χοροπηδώ από ενθουσιασμό. Θα ήταν μια υπέροχη στιγμή αναζωογόνησης για μένα.

Δεδομένου των συνθηκών το Νοέμβριο του 1999, ξεκίνησα από την Πάρο για να ταξιδέψω στο Κολοράντο μέσω Λονδίνου. Μιας και ταξίδευα στην Αγγλία, είχα την ευκαιρία να πραγματοποιήσω άλλες επισκέψεις. Αρχικά, επισκέφτηκα φίλους από την εκκλησία του Μίλτον Κέινς καθώς βρισκόταν στο δρόμο μου προς το Χάρογκεϊτ για να δω τη μαμά και τον μπαμπά μου. Το Σαββατοκύριακο ήρθε η αδελφή μου, η Μάργκαρετ και η κόρη της, έπειτα πήγα στο Λονδίνο για να επισκεφτώ τον ανιψιό μου. Στη συνέχεια πήγα στο Γκίλντφορντ για να επισκεφθώ την φίλη μου Φρανσουά, η οποία είχε ζήσει στην Πάρο για περισσότερα από δέκα χρόνια. Το Γκίλντφορντ ήταν στο δρόμο για το αεροδρόμιο Γκάτγουικ, οπότε ήταν στον δρόμο μου. Περπατώντας μαζί στο πάρκο, τα δέντρα που ήταν γεμάτα με κόκκινα και χρυσά φύλλα, μου θύμισαν όλη την ομορφιά της αγγλικής υπαίθρου που άφησα πίσω. Το φθινόπωρο ήταν πάντα η αγαπημένη μου εποχή. Πόσο διαφορετικά ήταν από τα πεύκα, τα φοινικόδεντρα και τα ελαιόδεντρα της Πάρου που είχα συνηθίσει.

Την επόμενη μέρα έφτασα νωρίς στο σταθμό Σάλφορντ για να ταξιδέψω προς το αεροδρόμιο Γκάτγουικ, όπου το Σάλφορντ είναι ένα μικρό προάστιο του Γκίλφορντ. Έντρομη διαπίστωσα ότι το τρένο προς Γκάτγουικ ακυρώθηκε! Και πάλι, ήμουν εντελώς εξαρτημένη από το Θεό για τη διάσωση της κατάστασης αλλιώς θα έχανα το εισιτήριό μου για το Κολοράντο. Εξήγησα τη περίπτωση μου σε έναν συνεπιβάτη που περίμενε στην πλατφόρμα και προσευχήθηκα. Εξεπλάγην που ο συνεπιβάτης μου έφυγε περπατώντας κατά μήκος της πλατφόρμας εωσότου έφτασε σε ένα μικρό τηλέφωνο του σταθμού με το οποίο μίλησε με τον υπεύθυνο του σταθμού. Και ιδού το θαύμα, κατάφεραν να σταματήσουν για χάρη μου την ταχεία αμαξοστοιχία των 08:21 προς Γκάτγουικ. Πώς μπορούν οι άλλοι να καταφέρουν να ζουν χωρίς τη γραμμή βοήθειας του Θεού;

Το υπόλοιπο του ταξιδιού εξελίχθηκε ομαλά και τελικά έφτασα στο Κολοράντο, μέσω Μινεάπολις, και στη συνέχεια στο Ντένβερ. Το ρολόι του αεροδρομίου έδειχνε 19:00, που ήταν νωρίς το απόγευμα, αλλά το σωματικό μου ρολόι έλεγε ότι ήταν πολύ αργότερα και σίγουρα ήταν ώρα για ύπνο. Η Έιμι με περίμενε και με το αυτοκίνητο της περάσαμε από τις πεδιάδες του Ντένβερ στο Μπόλντερ, προτού ανηφορίσουμε τα βουνά από έναν δρόμο γεμάτο στροφές για να φτάσουμε σε υψόμετρο 600 μέτρων στην πόλη Νέδερλανδ, που ζούσανε. Ήταν ακριβώς όπως το είχα φανταστεί, βουνοπλαγιές, ξύλινα σαλέ και πολλά δέντρα! Η Χάννα το πολύτιμο μικρό κοριτσάκι της, έμοιαζε με μια μικροσκοπική κούκλα. Τι ένδοξο θαύμα! Επιτέλους ήταν μια οικογένεια!

Την επόμενη μέρα το πρωί με περίμενε μια μεγάλη έκπληξη. Ολόκληρο το μέρος είχε μεταμορφωθεί μαγικά σε μια νύχτα από την πρώτη χιονόπτωση! Κοίταξα έξω από το παράθυρο πάνω από το κρεβάτι μου και φαινόταν ότι τα σπίτια κοιμόντουσαν κάτω από μια χνουδωτή λευκή κουβέρτα. Το χιόνι δέσποζε πάνω στα πολύ φορτωμένα κλαδιά και έπεφτε στο έδαφος σαν κομμάτι φρέσκιας χτυπημένης μαρέγκας όποτε περνούσαν οι σκίουροι τρέχοντας κατά μήκος ενός κλαδιού. Έξω, η γάτα καθόταν έκθαμβη στο περβάζι του παραθύρου.

Υπήρχε συνάντηση προσευχής στην εκκλησία του Γολγοθά στις 09:30 το πρωί. Αργότερα το απόγευμα, η Έιμι και εγώ πήγαμε μια βόλτα με το πανέμορφο σκυλί τους, ένα λευκό Λαμπραντόρ. Έκανε πολύ κρύο - μόλις 28F τη νύχτα - και ο αέρας ήταν τόσο αραιός εκεί ψηλά που ήμασταν, σε σημείο που υπήρχε δυσκολία στην αναπνοή. Όλοι οι άντρες έμοιαζαν πραγματικά με τους καουμπόηδες στις ταινίες, φορούσαν καπέλα των καουμπόη, δερμάτινες μπότες και οδηγούσαν τεράστια μονοκάμπινα ή διπλοκάμπινα φορτηγάκια.

Όποτε βγαίναμε για φαγητό, η εμπειρία ήταν ξεχωριστή. Οι μπριζόλες ήταν τεράστιες, η ξινή κρέμα πάνω στις ψητές πατάτες ήταν νόστιμη και η σάλτσα ροκφόρ της σαλάτας ήταν πραγματικά κάτι ξεχωριστό. Μου ερχόντουσαν μερικές αναμνήσεις από τη ζωή μου πριν την εξορία μου στην Πάρο. Ήμουν απλά ευγνώμων που μπορούσα να βιώσω κάτι από τον τρόπο ζωής των άλλων ανθρώπων. Είχα μόνο $ 100 δολάρια στην τσέπη μου για όλο το ταξίδι, οπότε ήταν καλύτερο για μένα να μην εξετάζω τις τιμές και να είμαι ευγνώμων που η Έιμι και ο Ρόμπιν πλήρωναν για μένα.

Το χρονοδιάγραμμα του ταξιδιού μου συνέπεσε με την αμερικανική ημέρα των Ευχαριστιών και θα βίωνα ένα τεράστιο δείπνο των Ευχαριστιών σε ένα υπέροχο σπίτι μέσα στο δάσος μαζί με αρκετούς ανθρώπους από την εκκλησία. Ήταν η πρώτη φορά που θα έβλεπα ένα παιδικό θεατρικό έργο σχετικά με τους πρώτους αποίκους της Αμερικής, όπου θα μαθαίναμε για την πρώτη ημέρα των ευχαριστιών των πρώτων αποίκων. Μου άρεσε πολύ να βλέπω τα παιδιά με τα κοστούμια τους και τα μαύρα καπέλα των αποίκων.

Άλλα αξιοσημείωτα γεγονότα της παραμονής μου περιλάμβαναν τα γενέθλια της Έιμι, σχεδόν καθημερινές συγκεντρώσεις στο παρεκκλήσι και μια διαρκής ροή επισκεπτών στο σπίτι. Τι υπέροχη κοινωνική ζωή μοιράζονταν όλοι. Δεν είχα βιώσει ποτέ κάτι τέτοιο, ούτε στην Αγγλία ούτε στην Ελλάδα. Υπήρχαν άρρωστοι φίλοι για τους οποίους προσεύχονταν, φίλοι που δεν είχαν πιστέψει στο Χριστό και στους οποίους μιλούσαν, και πολλές ιστορίες για ζωές που είχαν αλλάξει καθώς οι φίλοι τους είχαν μετατρέψει τα πάντα σε έπαινο προς τον Θεό! Οι περισσότεροι από αυτούς δεν προέρχονταν από χριστιανικές οικογένειες ούτε είχαν θρησκευτικό παρελθόν όμως η ζωή τους ήταν μια θαυμάσια μαρτυρία της αγάπης του Θεού στη ζωή των απλών ανθρώπων. Μερικοί από τους προγόνους τους είχαν εμπλακεί με τον πνευματισμό και πολλοί από τους φίλους τους ήταν μέρος του αμερικανικού ρεύματος των ναρκωτικών. Αυτοί οι τύποι απλά αγαπούσαν να παίζουν κιθάρα και να τραγουδούν, οπότε στις περισσότερες συγκεντρώσεις, κάποιος θα άρχιζε να τραγουδάει και στη συνέχεια οι υπόλοιποι θα ακολουθούσαν με αγαπημένα τους τραγούδια. Πολλοί από αυτούς ήταν στη Γκόσπελ χορωδία στην εκκλησία του Γολγοθά, οπότε η μουσική ήταν γεμάτη ζωή, με στιλ γκόσπελ, και επωδούς με χειροκροτήματα.

Ήταν σαν να μην μπορούσα να πάω κάπου χωρίς να με οδηγεί ο Κύριος σε εκείνους που ήθελε να βοηθήσει. Μια κυρία είχε μεγάλη ανάγκη πνευματικής βοήθειας. Την αποκαλώ Κέιτι. Η μητέρα, η γιαγιά και η θεία της είχαν όλες τους καρκίνο και πέντε στους έξι αδελφούς της μητέρας της είχαν πεθάνει από καρκίνο. Η ίδια η Κέιτι είχε καρκίνο στο πόδι της την περίοδο της επίσκεψής μου. Και πάλι πήγαμε στην βασική διδασκαλία σχετικά με τις ευλογίες για την υπακοή και τις κατάρες για την ανυπακοή στον λόγο του Θεού, κοιτώντας πίσω στις τέσσερις προηγούμενες γενιές της οικογένειάς της. Ερεύνησα εάν συμμετείχε σε απόκρυφα πράγματα όπως το πίνακα Ουίτζα, την αστρολογία και τις κάρτες Ταρώ. Υπήρχαν πράγματα στο σπίτι που σχετιζόντουσαν με άλλες θρησκείες όπως αγάλματα του Βούδα, ινδουιστικοί ελέφαντες, κινέζικοι δράκοι ή φίδια (και τα δύο είναι σύμβολα του Σατανά στη Βίβλο). Ποια ήταν η σχέση της με τους γονείς της; Τους τιμούσε; "Τίμα τον πατέρα σου και τη μητέρα σου για να πάνε όλα καλά στην ζωή σου." Μιλήσαμε και προσευχηθήκαμε, χρησιμοποιώντας την λίστα με τα επτά στάδια για την απελευθέρωση από κατάρες. Ακριβώς όπως μου δόθηκε η δυνατότητα να φέρω αυτή τη διδασκαλία της ευλογίας και κατάρας σε αυτή τη μικρή κοινότητα στο Κολοράντο, έτσι αργότερα θα βοηθούσε τους άλλους να βρουν θεραπεία και απελευθέρωση. Τρία χρόνια μετά την επίσκεψή μου, έλαβα μια μικρή κάρτα από την Ντι, η οποία μας βοηθούσε με τα βαπτίσματα στην Πάρο. Έχω ακόμα αυτή την κάρτα μέχρι σήμερα και αναφέρει:

«Ήθελα να σου πω για ένα μικρό σπόρο που φύτευσες, ο οποίος μεγάλωσε και άνθισε αυτό το καλοκαίρι. Όταν επέστρεψα από την Ελλάδα (Πάρος), μία φίλη μου έπασχε από κατάθλιψη, σύγχυση ινομυαλγία και γενική κακουχία. Καθώς προσευχόμασταν και μιλούσαμε, μου είπε ότι η αδελφή της διευθύνει ένα ινστιτούτο πνευματισμού στην Αμερική και ότι ο αδελφός της χρησιμοποιεί μεθόδους πνευματισμού για να θεραπεύει ανθρώπους. Η θεία της εξασκούσε τις τέχνες της μαγείας. Θυμήθηκα το βιβλίο του Ντέρεκ Πρινς "Ευλογίες ή κατάρες, μπορείς να διαλέξεις" το οποίο μου σύστησες. Αγοράσαμε και οι δύο από ένα αντίγραφο και δεσμευτήκαμε να το διαβάσουμε, να συζητήσουμε και να προσευχηθούμε μαζί καθώς διαβάζουμε το βιβλίο όλο το καλοκαίρι. Πρόσφατα μου είπε ότι είναι καλύτερα από ότι ήταν ποτέ και αναγνωρίζει ότι ο Θεός χρησιμοποίησε σε μεγάλο βαθμό το βιβλίο για να της αποκαλύψει πράγματα. Σε ευχαριστούμε, ήταν ένα υπέροχο μάθημα για μένα, για να διατηρώ ανοιχτούς ορίζοντες όταν πρόκειται για τον Κύριο.»

Για μένα, αυτό ήταν μια μεγάλη πηγή ενθάρρυνσης, δηλαδή εάν απλούστατα μοιραζόμουν με άλλους αυτά που με είχε δίδαξε ο

Κύριος, θα ελευθέρωνε τους ανθρώπους και θα απομάκρυνε από την ζωή τους την καταπίεση, την ασθένεια, τα προβλήματα γάμου και τα οικονομικά προβλήματα.

Παράλληλα με την διακονία και την πνευματική πτυχή των διακοπών, φυσικά υπήρχαν ευκαιρίες για λίγη βόλτα στα αξιοθέατα, παρόλο που η Έιμι και ο Ρόμπιν έπρεπε να εργάζονται κατά τη διάρκεια της παραμονής μου. Ένα από τα φοβερά «στιγμιότυπα» ήταν ένα ταξίδι στο Εθνικό Πάρκο. Ήταν εκπληκτικό να βλέπεις τις βουνοκορφές που κόβανε την ανάσα, καλυμμένες από το χιόνι, τα μεγαλόσωμα ελάφια και τους τάρανδους να τριγυρνάνε ελεύθερα. Υπήρχαν τεράστιες εκτάσεις γης χωρίς κανένα σπίτι, η φύση απλά στην πιο παρθένα της μορφή. Εκατομμύρια και εκατομμύρια πεύκα εκτείνονταν μέχρι εκεί που μπορούσε να δει το μάτι, σε αντίθεση με τους αραιούς θάμνους και τα ελαιόδεντρα που σχημάτιζαν έναν φράχτη στις βεράντες των σπιτιών της Πάρου.

Οι ημέρες πέρασαν γρήγορα και ξαφνικά το ταξίδι τελείωσε. Ήταν καιρός να αφήσω την ηρεμία των βουνών και να κατευθυνθώ προς το αεροδρόμιο του Ντένβερ. Πήραμε τους ορεινούς δρόμους και κατεβήκαμε στο Μπόλντερ, κατηφορίζοντας την πεδιάδα. Έπειτα ήταν η πτήση προς την Μινεάπολη, από Μινεάπολη ήταν η πτήση της ανταπόκρισης προς Γκάτγουικ στο Λονδίνο και αργότερα προς την Αθήνα. Ευτυχώς είχα κανονίσει μια πολύ αναγκαία και ευπρόσδεκτη στάση σε φίλους που έμεναν κοντά στο αεροδρόμιο του Γκάτγουικ. Ο Μπράιαν και η Κριστίν ευγενικά προσφέρθηκαν και με συνάντησαν στο αεροδρόμιο πηγαίνοντάς με στο κομψό τους σπίτι. Όταν πλησιάζαμε το σπίτι, εντυπωσιάστηκα από την επιβλητική είσοδο του σπιτιού που είχε κατά μήκος της μια σειρά από δέντρα. Φτάνοντας είχαν ήδη αρχίσει να κλείνουν τα μάτια μου από την κούραση, οπότε, ήταν καλό που μπορούσα να πέσω στο κρεβάτι και να κοιμηθώ για ώρες μετά ένα τόσο μακρινό ταξίδι. Το βιολογικό μου ρολόι ήταν τελείως εκτός συγχρονισμού. Την επόμενη μέρα, αναζωογονημένη μετά από ένα υπέροχο γεύμα και μια βραδιά ύπνου, ήταν η ώρα να συνεχίσω το ταξίδι για να βρεθώ με τον Πίτερ στην Πάρο.

7 Η ΝΕΑ ΧΙΛΙΕΤΙΑ

Μια ημερομηνία που θα παραμείνει αξέχαστη σε όλους στην Πάρο είναι η 26 Σεπτεμβρίου του 2000. Ο καιρός ήταν θυελλώδης, στην τηλεόραση έπαιζε ένας πολύ σημαντικός ποδοσφαιρικός αγώνας και το πλοίο της γραμμής αναμενόταν στην Πάρο έχοντας αναχωρήσει από το λιμάνι του Πειραιά. Συνήθως έμπαινε στο λιμάνι της Πάρου λίγο πριν από τις 10:00, αλλά εκείνη η βραδιά επιφύλασσε μία τραγωδία πέρα από κάθε φαντασία. Όταν προσέγγιζε το πλοίο στο λιμάνι της Πάρου, συνήθως οι επιβάτες άρχιζαν να κατεβαίνουν τις σκάλες για να κατευθυνθούν προς το γκαράζ των αυτοκινήτων. Κάνοντας μια αναδρομή στα χρόνια και στα ταξίδια που πραγματοποίησα, πάντα θυμάμαι τους επιβάτες να κατεβαίνουν στο γκαράζ των αυτοκινήτων λίγο πριν δέσει το πλοίο, για να διευκολυνθεί η διαδικασία αποβίβασης. Καθώς το πλοίο διέσχιζε τα κύματα, συνήθως πριν δέσει χαμήλωναν με το βίντσι τη ράμπα αποβίβασης και όταν έδενε την κατέβαζαν στο επίπεδο της αποβάθρας του λιμανιού για να αποβιβαστούν οι επιβάτες σαν τα πρόβατα που σπεύδουν προς την ακτή. Αυτή τη φορά, δεν κατάφεραν να φτάσουν τόσο μακριά. Έξω από το λιμάνι, δύο μεγάλοι βράχοι που ονομάζονται « Πόρτες», εξέχουν από την επιφάνεια της θάλασσας. Ο καπετάνιος κάθε πλοίου γνωρίζει ότι είναι εκεί, αλλά εκείνη την συγκεκριμένη βραδιά, το πλοίο θα προσάραζε σε αυτά. Το ακόλουθο απόσπασμα είναι από τη Βικιπαίδεια και περιγράφει πώς συνέβη αυτό το τρομερό γεγονός. (Μερικές λεπτομέρειες έχουν παραλειφθεί):

«Το βράδυ της 26 Σεπτεμβρίου του 2000 το «Ε/Γ-Ο/Γ - ΕΞΠΡΕΣ ΣΑΜΙΝΑ» αναχωρεί από το λιμένα του Πειραιά με 533 άτομα, από τα οποία τα 472 ήταν επιβάτες και οι υπόλοιποι 61 ήταν τα μέλη του πληρώματος. Όταν το πλοίο βρισκόταν δύο μίλια ανοικτά του λιμένα της Παροικίας προσκρούει με ταχύτητα 18 κόμβων, στις νησίδες «Πόρτες, Πάρου». Οι άνεμοι στην περιοχή έπνεαν με ταχύτητα 8 μποφόρ, που είναι πολύ ισχυροί και θυελλώδης άνεμοι. Τα πλοία λαμβάνουν απαγόρευση απόπλου όταν αυξηθεί η ένταση των ανέμων και φτάσει τα 9 μποφόρ. Το πλοίο βυθίστηκε εκεί κοντά μετά από περίπου μία ώρα, με συνέπεια να χαθούν 82 ζωές από το σύνολο των 533 που ήταν επιβαίνοντες. Οι πρώτοι που ανταποκρίθηκαν στο σήμα κινδύνου ήταν αλιευτικά σκάφη από το κοντινό λιμάνι, ακολουθούμενα από τις λιμενικές αρχές και παραδόξως κάποια βρετανικά πλοία που ήταν στην περιοχή λόγω άσκησης του NATO. Το γεγονός ότι μερικά από τα μέλη του πληρώματος δεν βοήθησαν τους επιβάτες να εκκενώσουν το βυθιζόμενο πλοίο συνέβαλε στον αυξημένο αριθμό θανάτων.

Το πλήρωμα είχε αφήσει το πλοίο στον αυτόματο πιλότο αλλά δεν είχε αφήσει κάποιο μέλος του για να το παρακολουθεί, παρόλο που η πάγια διαδικασία λειτουργίας προϋποθέτει την παρουσία τουλάχιστον ενός μέλους του πληρώματος για επιτήρηση και έλεγχο προς αποφυγή τυχόν συγκρούσεων με άλλα πλοία.

Κάποιο μέλος του πληρώματος ανακάλυψε ότι υπήρχε πρόβλημα και την τελευταία στιγμή προσπάθησε να διορθώσει την πορεία του πλοίου προς το λιμάνι, αλλά ήταν πλέον πολύ αργά. Λίγο μετά τις 22:00 το πλοίο προσέκρουσε στο ανατολικό μέτωπο του βράχου με την υψηλότερη κορφή. Τα βράχια προκάλεσαν ρήγμα μήκους έξι μέτρων και πλάτους ενός μέτρου πάνω από την επιφάνεια του νερού, και ρήγμα κάτω από την επιφάνεια του νερού πλησίον του μηχανοστασίου. Το νερό που εισέρευσε κατέστρεψε τις κύριες γεννήτριες, με συνέπεια να μην υπάρχει ρεύμα. Ένας εμπειρογνώμονας της ασφάλειας πλοίων δήλωσε ότι η βλάβη που υπέστη το «Ε/Γ-Ο/Γ - ΕΞΠΡΕΣ ΣΑΜΙΝΑ» κανονικά δεν θα έπρεπε να βυθίσει ένα τέτοιο πλοίο. Το πλοίο βυθίστηκε επειδή εννέα από τις έντεκα υδατοστεγείς πόρτες ήταν ανοιχτές σε αντίθεση με τις προϋποθέσεις του νόμου που διέπει την ασφαλή ναυσιπλοΐα και που απαιτεί από τις ναυτιλιακές εταιρείες να κλείνουν και να κλειδώνουν τις υδατοστεγείς πόρτες. Το νερό εξαπλώθηκε πέρα από το μηχανοστάσιο και επειδή δεν υπήρχε ρεύμα οι χειριστές δεν μπορούσαν να κλείσουν τις πόρτες. Λέγεται πως οι ανοικτές υδατοστεγείς πόρτες ήταν η πιο καθοριστική πτυχή του ναυαγίου.

Οι επιβαίνοντες στο πλοίο δεν ήταν οι μοναδικές απώλειες. Ο λιμενάρχης της Παροικίας πέθανε εκείνη την βραδιά από καρδιακή προσβολή εξαιτίας του άγχους από την επιχείρηση διάσωσης. Δύο μήνες αργότερα, ο διευθύνων σύμβουλος της εταιρείας, Minoan Flying Dolphins αυτοκτόνησε πηδώντας από το παράθυρο του γραφείου του στον έκτο όροφο. Είχε κατηγορηθεί για εγκληματική αμέλεια σε σχέση με το καταστροφικό ναυάγιο και ήταν στο επίκεντρο της προσοχής των μέσων μαζικής ενημέρωσης. Αρκετά μέλη του πληρώματος, καθώς και οι εκπρόσωποι των ιδιοκτητών είχαν κατηγορηθεί με διάφορες ποινικές κατηγορίες, συμπεριλαμβανομένης της ανθρωπο-κτονίας και της αμέλειας.

Σύμφωνα με μαρτυρίες, ο υποπλοίαρχος που καταδικάστηκε σε 19 χρόνια φυλάκισης, παρακολουθούσε τον ποδοσφαιρικό αγώνα στην τηλεόραση την ώρα της πρόσκρουσης στα βράχια. Ο καπετάνιος έλαβε ποινή φυλάκισης 16 ετών, τρία μέλη του πληρώματος καταδικάστηκαν με ποινές φυλάκισης από 15 μήνες έως και οκτώ έτη για μια σειρά από παραπτώματα που περιλάμβαναν την εγκατάλειψη του πλοίου χωρίς την άδεια του πλοιάρχου.»

Τρεις μέρες μετά την τραγωδία και επειδή ήταν γνωστό ότι είχαμε Αλβανούς φίλους, λάβαμε ένα τηλεφώνημα για να μεταβούμε στην Παροικιά και να βοηθήσουμε τους Αλβανούς επιζώντες του ναυαγίου. Οι άνθρωποι είχαν χάσει όλα τους τα έγγραφα και ήταν πολύ σοκαρισμένοι. Πήγα στο λιμάνι με τον Αλβανό φίλο μας τον Γιάννη και κάναμε ότι καλύτερο μπορούσαμε για να τους παράσχουμε βοήθεια. Συνήθως η ατμόσφαιρα στην πόλη είναι χαρούμενη, αλλά αυτή την φορά ήταν βαριά. Διάχυτός ήταν ο πόνος από τον θάνατο και την απώλεια των αγαπημένων προσώπων.

Για την οικογένεια και τους φίλους των ογδόντα δύο αποθανόντων, η ζωή δεν θα ήταν ποτέ ίδια. Μια κυρία σε ένα κοντινό χωριό έχασε τον γιο της και τον εγγονό της εκείνη την βραδιά. Δεν ξέρω πώς θα μπορούσε να ανακάμψει κανείς από μια τόση μεγάλη απώλεια. Ίσως με το πέρασμα του χρόνου κάπως να απαλύνεται ο πόνος, αλλά αμφιβάλλω εάν ποτέ θα πάψει να πονά. Γνώριζα την οικογένεια επειδή είχαν κατάστημα με ηλεκτρολογικά είδη στο χωριό και ο σύζυγός της κυρίας είχε καταφέρει να επισκευάσει την είκοσι πέντε ετών ραπτομηχανή μου. Από την στιγμή της τραγωδίας και έπειτα, κάθε φορά που χρησιμοποιώ τη ραπτομηχανή τους σκέφτομαι. Προσπάθησα με τα λίγα ελληνικά που ξέρω, να την παρηγορήσω και να συμμεριστώ μαζί της ότι είχα χάσει τον αρραβωνιαστικό μου μετά από έξι χρόνια σχέσης, αλλά αυτό δεν συγκρινόταν με την απώλεια της. Μιας και ήξερε αγγλικά, της έδωσα το βιβλίο μου για να το διαβάσει με την ελπίδα ότι θα την βοηθούσε να έρθει πιο κοντά στον Θεό και να βρει την ειρήνη που μόνο ο Ιησούς μπορεί να δώσει. Της έδωσα επίσης μια κάρτα με μερικά λόγια παρηγοριάς και μια Καινή Διαθήκη στα ελληνικά, επειδή στην πραγματικότητα οι περισσότεροι ντόπιοι δεν έχουν ούτε ένα αντίγραφο. Δυστυχώς, το κατάστημα με τα ηλεκτρολογικά είδη πλέον είναι κλειστό. Ως αν η απώλεια του γιου και του εγγόνου της δεν ήταν αρκετή τραγωδία, ο σύζυγός της πέθανε μετά από μερικά χρόνια. Ευτυχώς, έχει μια κόρη και την υπόλοιπη οικογένεια της που ζει ακόμα στην Πάρο.

Για τους υπόλοιπους του νησιού που δεν βίωσαν την απώλεια οικογενειακού μέλους ή κάποιου κοντινού φίλου, οι επιπτώσεις εκείνης της νύχτας ακόμα καλά κρατούν. Τα πλοία είναι αγωγός ζωής για το νησί μας. Τα χρειαζόμαστε για να επισκεφτούμε νοσοκομεία, και για να ταξιδεύουμε σε κεντρικά αεροδρόμια από τα οποία μπορούμε να αναχωρήσουμε για τις χώρες του εξωτερικού για να επισκεφτούμε την οικογένεια μας και τους φίλους μας, και ας μην αναφερθώ στα απλά ταξίδια προς την Αθήνα για να επισκεφτούμε φίλους. Για τους φοιτητές στα πανεπιστήμια, είναι το μέσον σύνδεσης με το σπίτι τους και την οικογένεια τους. Έκτοτε, όταν οι άνθρωποι κατεβαίνουν τις σκάλες του πλοίου με βιασύνη για να αποβιβαστούν γρήγορα, εγώ κρατιέμαι στην κορυφή των σκαλοπατιών εωσότου δέσει το πλοίο με ασφάλεια. Εάν κάποιος προσπαθήσει να με πιέσει να βιαστώ, απλά του λέω «Θυμόσαστε τι έγινε με το Σάμινα!, Θα προτιμούσα να κάνω υπομονή, σας ευχαριστώ πάρα πολύ.»

Μερικές εβδομάδες μετά την τραγωδία, η μαμά μου, ο μπαμπάς μου και η αδελφή μου είχαν προγραμματίσει τον Οκτώβριο να ταξιδέψουν για τις διακοπές τους. Ταξίδευαν αεροπορικώς στην Αθήνα και έπειτα συνέχιζαν με το πλοίο για την Πάρο. Εύλογα ένιωσα ανακούφιση όταν έφτασαν στο νησί με ασφάλεια. Παρόλα αυτά, με σόκαρε το πόσο γερασμένος και κουρασμένος φαινόταν ο πατέρας μου. Περπατούσε με δυσκολία, και ήταν φανερό ότι το ταξίδι τον είχε εξαντλήσει. Θα γιόρταζε τα εβδομηκοστά όγδοα γενέθλια του σε μερικές μέρες. Ευτυχώς, μετά από μερικές μέρες διαμονής κοντά μας, φαινόταν πολύ καλύτερα και απολάμβανε τον ήλιο και τα περίφημα, σιροπιαστά ελληνικά γλυκά. Ο μπακλαβάς ήταν το αγαπημένο του. Καθ 'όλη τη διάρκεια της επίσκεψης τους, είχα υπόψη μου ότι έχουμε μόνο δεκατέσσερις μέρες μαζί. Μια μέρα έγραψα στο σημειωματάριο μου: «Πρέπει να λογαριάζω ως πολύτιμη την κάθε στιγμή της κάθε μέρας που έχουμε μαζί. Απομένουν ακόμα επτά ολόκληρες μέρες.»

Ο χρόνος όμως πέρασε πολύ γρήγορα, και ταξίδεψα μαζί τους με το πλοίο για να πάμε στο αεροδρόμιο της Αθήνας. Για να μοιράσουμε το ταξίδι, είχαμε κάνει κράτηση για μια βραδιά σε ένα ξενοδοχείο στη μαρίνα του Πειραιά. Η περιοχή της μαρίνας του Πειραιά είναι πολύ ωραία, σε αντίθεση με αυτή του κεντρικού λιμανιού που είναι βρώμικη, θορυβώδης και με κυκλοφοριακή συμφόρηση. Τουλάχιστον μπορούσαμε να βρούμε ένα ευχάριστο εστιατόριο για το τελευταίο μας βράδυ μαζί πριν πάρουν το αεροπλάνο. Η μαμά και ο μπαμπάς με μεγάλη ευχαρίστηση παρήγγειλαν μακαρονάδα, ενώ η Μάργκαρετ και εγώ παραγγείλαμε γαρίδες μαγειρεμένες στη κατσαρόλα με τυρί και σάλτσα ντομάτας, πιάτο που ονομάζεται «γαρίδες σαγανάκι».

Την επόμενη μέρα κλαίγοντας τους αγκάλιασα και τους αποχαιρέτησα. Ο αποχωρισμός από την οικογένεια μου ήταν ένα υψηλό τίμημα για να κηρύξω το ευαγγέλιο στο έθνος της Ελλάδας. Τα πρώτα χρόνια εδώ όλα ήταν τόσο φρέσκα, νέα και συναρπαστικά. Η ζωή σε ένα ελληνικό νησί, το κήρυγμα του Ευαγγελίου, η γνωριμία με τον Πίτερ, ο έρωτας, ο γάμος, το χτίσιμο του σπιτιού. Ωστόσο, καθώς περνούσαν τα χρόνια, συνειδητοποιούσα όλο και περισσότερο το κόστος για τον εαυτό μου και την οικογένειά μου, και το πόσο τους αγαπώ και μου λείπουν. Δεν περνούσε εβδομάδα χωρίς να λάβω γράμμα από τον μπαμπά μου, και η αλήθεια είναι ότι είχαμε συχνή επαφή μέσου τηλεφώνου, παρόλα αυτά, τα πρώτα χρόνια είχαν τις δυσκολίες τους. Δεν υπήρχαν τηλεφωνικοί θάλαμοι στους δρόμους εκείνες τις μέρες: ήταν πολύ πριν την εποχή των κινητών τηλεφώνων και το μόνο σημείο από το οποίο μπορούσα να κάνω τα τηλεφωνήματα μου ήταν το μικρό παντοπωλείο του χωριού στην πλατεία δίπλα από την κεντρική Ορθόδοξη εκκλησία. Η Μαργαρίτα διεύθυνε το μαγαζί, που πουλούσε φρέσκα σπιτικά λαχανικά, φρέσκα αυγά και διάφορα κονσερβοποιημένα τρόφιμα, καθώς και σακούλες με ζάχαρη. Επίσης ήταν το σημείο για την προμήθεια των υλικών ραπτικής και πλεξίματος, μιας και αυτό έκαναν οι Ελληνίδες για να περνάει η ώρα τους και για να ντύνουν την οικογένεια τους. Το κέντημα ήταν ιδιαίτερα δημοφιλές και οι κυρίες του χωριού κεντούσαν τα πιο όμορφα τραπεζομάντιλα και τις πιο όμορφες κουρτίνες. Στο πίσω μέρος του καταστήματος χωμένος σε μια γωνιά ήταν ένας τηλεφωνικός θάλαμος. Ήταν ο μοναδικός διαθέσιμος σε αυτή την πλευρά του νησιού για να πραγματοποιούνται κλήσεις με χρονομέτρηση και απομονωμένα. Σε κάποια άλλα μέρη επιτρεπόντουσαν οι σύντομες χρονομετρημένες κλήσεις, αλλά όλοι όσοι ήταν μέσα στο κατάστημα μπορούσαν να ακούσουν κάθε λέξη της συνομιλίας επειδή έπρεπε να βρίσκομαι κάπου κοντά στην πόρτα ή στο ταμείο! Αντιθέτως στο τηλεφωνικό θάλαμο του μαγαζιού της Μαργαρίτας, μπορούσαμε να μιλήσουμε με σχετική άνεση μακριά από τα αυτιά των άλλων. Μετά το 1994, όταν χτίσαμε το σπίτι μας στο Λογαρά, είχαμε την πολυτέλεια να αποκτήσουμε δικό μας τηλέφωνο, αλλά για να το έχουμε έπρεπε να συμπληρώσω το όνομά μου στην λίστα αναμονής για τηλεφωνική γραμμή, αρκετά χρόνια πριν χτιστεί το σπίτι. Έβλεπα οράματα ενός μικρού τηλεφωνικού ξύλινου κιβωτίου, που κρεμόταν από την κολώνα της εταιρείας παροχής που βρισκόταν στο οικόπεδο μου και που ήταν σε αναμονή της αποπεράτωσης του έργου οικοδομής, όμως τα πράγματα δεν κινούνταν τόσο γρήγορα στην Ελλάδα. Το σπίτι τελείωσε πολύ πριν φτάσει το τηλέφωνο. Η αλήθεια είναι πως είχαμε συχνή επικοινωνία μέσω τηλεφώνου. Η περισσότερη δε επικοινωνία μας ήταν όταν μας καλούσαν οι άλλοι. Μετά βίας μπορούσαμε να αντέξουμε το μηνιαίο πάγιο της τηλεφωνικής γραμμής για να δεχόμαστε κλήσεις, αλλά δεν θα μπορούσαμε να αναλάβουμε το κόστος των εξερχόμενων κλήσεων εξωτερικού. Τα πράγματα θα βελτιώνονταν με το πέρασμα του χρόνου.

Τουλάχιστον η μαμά, ο μπαμπάς και η Μάργκαρετ φαινόντουσαν χαλαροί και χαρούμενοι όταν έφυγαν. Οι διακοπές, τους είχαν κάνει καλό. Δεν ήξερα ότι σε διάστημα δεκαοκτώ μηνών θα μετέβαινε ο μπαμπάς μας προς τη δόξα. Η Μάργκαρετ, η μαμά και εγώ θα μέναμε με ένα φοβερό κενό, χωρίς τον ήρωα μας. Δυστυχώς, μερικούς μήνες πριν πεθάνει, αποφάσισα ότι ήταν γελοίο να κρατάω κάθε γράμμα που μου είχε γράψει τα τελευταία δέκα χρόνια και για λόγους οικονομίας χώρου αποφάσισα να ξεφορτωθώ τα περισσότερα από αυτά. Όταν πέθανε, είχα συγκλονιστεί. Θα ήταν μεγάλη παρηγοριά να είχα τα γράμματα του και να τα ξανά διάβαζα, ευτυχώς που είχα κρατήσει μερικά.

Κάποια στιγμή κατά τη διάρκεια του καλοκαιριού του έτους 2000, ένας νεαρός άνδρας έφτασε στο νησί για να είναι μαζί μας κι από ότι φάνηκε, τα μονοπάτια μας θα διασταυρωνόταν πολλές φορές κατά την διάρκεια των επόμενων δεκαπέντε ετών. Είχε ζήσει στη Στοκχόλμη και συμμετείχε σε μια ροκ μουσική σκηνή, παίζοντας μπάσο σε ένα μουσικό συγκρότημα. Είχαν κυκλοφορήσει ένα δίσκο ο οποίος έγινε μεγάλη επιτυχία. Δυστυχώς, κατρακύλησε και έπεσε στην παγίδα των ναρκωτικών, μια πολύ συνηθισμένη πορεία στα πάρκα και τις καφετέριες. Όταν πέθαναν οι γονείς του, αυτός και η αδελφή του έλαβαν το μερίδιο τους από την κληρονομιά, αλλά αντί να το θεωρήσει ευκαιρία για νέο ξεκίνημα, τα σπατάλησε.

Τελικά επέστρεψε στην Ελλάδα, στην οποία είχε ζήσει λίγο καιρό όταν ήταν νεότερος και είχε νυμφευτεί μια Ελληνίδα. Ο γάμος τους διήρκησε μια εβδομάδα!

Ποτέ δεν κατάλαβα τι τον έκανε να περιπλανηθεί στην αυλή μας μια καλοκαιρινή μέρα, αλλά εξαιτίας αυτού του γεγονότος, ξοδέψαμε χρόνια προσπαθώντας να τον βοηθήσουμε να λύσει τα προβλήματά του. Ερχόταν στις Κυριακάτικές συναντήσεις μας, αρκετές φορές έμενε μετά την συνάντηση για να φάμε μαζί και πολλές φορές μας επισκεπτόταν και μεσοβδόμαδα. Τον Νοέμβρη, μας ρώτησε εάν μπορούσε να βαφτιστεί στο νερό, οπότε ο Πίτερ και εγώ τον βαφτίσαμε στην παραλία του Λογαρά. Μία εβδομάδα μετά τη βάφτιση, του βρήκαμε ένα διαμέρισμα στο χωριό για να μένει, αντί για το δωμάτιο που νοίκιαζε στην παραλία. Για μερικές εβδομάδες, είχε υιοθετήσει ένα τοπικό αδέσποτο σκυλί και είχαν αγαπήσει ο ένας τον άλλον. Σχεδίαζε να το πάρει μαζί του, αφού το διαμέρισμα είχε ένα μικρό κήπο όπου θα μπορούσε να κρατήσει το σκυλί. Δεν θα ήταν δύσκολο να φανταστεί κανείς την αγωνία του εκείνη την ημέρα που ήταν έτοιμος να μετακομίσει όταν γυρνώντας σπίτι το σκυλί του είχε φρικτούς πόνους, αρχικά έκανε εμετό και στην συνέχεια κατέρρευσε. Κάποιοι ντόπιοι είχαν δηλητηριάσει το φαγητό του. Αργότερα έμαθα ποιοι το έκαναν, νωρίτερα την ίδια μέρα, τους είχα δει να αναμιγνύουν κάτι, και γελώντας να λένε ότι θα πρέπει να είναι ωραίο και νόστιμο. Δεν είχα υπόψη μου ότι κάποιος θα σκεφτόταν να δηλητηριάσει ένα σκυλί, όποτε όταν τους άκουσα συνέχισα να περπατώ δίχως να υποψιαστώ τι σκόπευαν να κάνουν. Αργότερα, έχοντας παρακολουθήσει το σκυλί να πεθαίνει με οδυνηρό τρόπο, συνειδητοποίησα τι είχαν κάνει. Ήταν η πρώτη φορά που είχα δει τέτοια βαρβαρότητα να εκδηλώνεται με πρόσχημα την προστασία των προβάτων από τα αδέσποτα σκυλιά. Το συγκεκριμένο σκυλί δεν θεάθηκε ποτέ κοντά στα πρόβατα, ο νεαρός του αγόραζε σκυλοτροφή με τα λίγα χρήματα που είχε για να το ταΐσει. Ενώ ήταν χαρούμενος που είχε μέρος για να ζει και το οποίο θα αποκαλούσε σπίτι του, η απώλεια του σκύλου την ίδια μέρα τον είχε φορτίσει αρνητικά. Το δηλητήριο είναι ένας καθημερινός κίνδυνος για όλα τα αδέσποτα γατιά και σκυλιά στα νησιά και θεωρείται ένας πρακτικός τρόπος για να περιοριστεί ο πληθυσμός των αδέσποτων. Για τους ιδιοκτήτες κατοικίδιων γατιών και σκύλων, ο κίνδυνος δηλητηρίασης είναι πάντα στην σκέψη τους όταν το ζώο περιπλανηθεί για λίγες μέρες, και είναι πάντα μεγάλη ανακούφιση όταν το κατοικίδιό επιστρέφει με ασφάλεια στο σπίτι, όπως και με την περίπτωση του πρώτου μας σκυλιού, τον Αμπεί.

Κατά τη διάρκεια των επόμενων μηνών, ο νεαρός βρήκε εργασία σε διάφορα μέρη στην περιοχή. Ήταν ως επί το πλείστον κηπουρική εργασία, που δεν του άρεσε ιδιαίτερα, αλλά οι άνθρωποι ήταν ευγενικοί και συχνά τον τάιζαν και τον πλήρωναν. Μια Ελληνίδα κυρία του συμπεριφερόταν με ιδιαίτερη καλοσύνη. Όταν πέθανε αργότερα από καρκίνο, ήταν σαν να είχε χάσει τη μητέρα του, ήταν πολύ θλιμμένος. Ευτυχώς, που με το πέρασμα του χρόνου, τα πράγματα βελτιώθηκαν γι 'αυτόν. Έμαθε την αρχή της εισφοράς προς τον Θεό από τα χρήματα που έβγαζε και είδε ότι μερικές φορές γρήγορα του προσφερόταν περισσότερη εργασία, όπως και με την περίπτωση των γειτόνων μας που ήθελαν βοήθεια με το μάζεμα των ελιών.

Το αποκορύφωμα της εργασιακής επιτυχίας για εκείνον, ήταν όταν βρήκε κανονική εργασία και του κολλούσαν ένσημα για περισσότερο από ένα χρόνο. Αυτή η επιτυχία του έδωσε τα χρήματα για να συνεχίσει το πάθος του με τη μουσική. Ήταν DJ στη Σουηδία και ήταν πρόθυμος να προσπαθήσει ξανά να βρει εργασία σε έναν ραδιοφωνικό σταθμό. Μια φορά την εβδομάδα κατά τη διάρκεια των καλοκαιρινών μηνών, είχε τη δική του ώρα μουσικής με κομμάτια από την δεκαετία του '60 και η εκπομπή ήταν στα αγγλικά. Είχε στήσει μουσικό στούντιο στο διαμέρισμά του με αρκετές συσκευές αναπαραγωγής, ενισχυτές και καλής ποιότητας ηχεία. Το πρόγραμμα του ήταν σε γενικές γραμμές δημοφιλές και όλα όδευαν καλώς μέχρι που ο εργοδότης του απεβίωσε σε νεαρή ηλικία από καρδιακή προσβολή, έτσι έλαβε τέλος η σύντομη καριέρα του ως ραδιοφωνικός παραγωγός. Η σύζυγος του εκλιπόντος δεν συμμεριζόταν τον ενθουσιασμό του ιδίου για το εβδομαδιαίο πρόγραμμα και αποφάσισε να μην το συνεχίσει.

Τα επόμενα χρόνια, καθώς είχε ευλογηθεί πάρα πολύ από τον Θεό με εργασία, χρήματα στην τράπεζα και πληρωμένους όλους τους λογαριασμούς, επέλεξε να απομακρυνθεί από τον Θεό. Για αρκετά χρόνια έπαψε να έρχεται στην εκκλησία. Δήλωνε ότι δεν πίστευε πλέον στον Ιησού σαν Γιό του Θεού και έβρισκε ενδιαφέρον σε κάποιες διδασκαλίες της "Νέας Εποχής". Έτσι απομακρύνθηκε από την πηγή των ευλογιών του και μέχρι το 2013 κατάφερε να χάσει την εργασία του, τις αποταμιεύσεις του και το σπίτι του. Ευτυχώς, ήξερε τι να κάνει για να διορθωθούν τα πράγματα. Τελικά ήρθε στα συγκαλά του, επανήλθε στην αγκαλιά του αληθινού Θεού, στην εκζήτηση της βοήθειας του και κυριολεκτικά έσωσε τη ζωή του. Όπως αρκετοί άνεργοι στην Ελλάδα, είχε αρχίσει να γλιστρά στην κατάθλιψη και τη φτώχεια, έχοντας βρει παρηγοριά στη σούμα. Η σούμα έχει 40% περιεκτικότητα σε αλκοόλ και παράγεται από την απόσταξη στεμφύλων σταφυλής, είναι επίσης γνωστή ως τσίπουρο. Στο νησί το φτιάχνουν στα σπίτια και διατίθεται ευρέως με το λίτρο σε πολύ χαμηλή τιμή. Η σούμα τον είχε του χεριού της και είχε ανάγκη από αλλαγή περιβάλλοντος για να μπορέσει να ελευθερωθεί από τον εθισμό του. Επίσης χρειαζόταν να ασχοληθεί με κάτι που θα του έδινε ελπίδα για το μέλλον. Πάντα ήθελε να βοηθά εκείνους που είχαν ανάγκη, οπότε με την βοήθεια μιας διακονίας στην Αθήνα, λίγο πριν από τα Χριστούγεννα του 2014,πήγε να συμμετάσχει στο πρόγραμμα αποκατάστασης τοξικομανών και αλκοολικών. Επίσης θα εργαζόταν με την ομάδα που βοηθούσε τους άστεγους στους δρόμους της Αθήνας. Ήταν μια τέλεια ευκαιρία για εκείνον καθώς θα μπορούσε να έρθει σε επικοινωνία με τους ναρκομανείς και τους αλκοολικούς. Μιλούσε άπταιστα ελληνικά, και η εμπειρία του με τον εξοπλισμό ήχου και μουσικής θα ήταν χρήσιμη με τις μουσικές παρουσιάσεις που διοργάνωναν στους δρόμους και στην εκκλησία. Βοηθούσε επίσης στο κέντρο όπου παρείχαν τροφή σε άστεγους τις περισσότερες μέρες της εβδομάδας.

Παρόλο που δεν είχαμε το ίδιο πρόβλημα με τους άστεγους στην Πάρο, υπήρχαν πολλοί μετανάστες από χώρες εκτός Ευρωπαϊκής Ένωσης που είχαν έρθει να αναζητήσουν εργασία και καλύτερη ζωή. Η εύρεση εργασίας το έτος 2000 δεν ήταν δύσκολη υπόθεση: υπήρχαν ενοικιαζόμενα δωμάτια που χρειαζόντουσαν καθαριότητα, και παρείχαν στις γυναίκες εργασία ενώ η οικοδομή που ήταν σε άνθηση παρείχε απασχόληση στους άνδρες. Οι Αλβανοί ήταν ιδιαίτερα καλοί στην οικοδόμηση τοίχων με πέτρα που είναι συνηθισμένη τεχνική στην Πάρο, μια τέχνη που πεθαίνει με τις νεότερες γενιές. Οι παλαιότεροι Παριανοί άνδρες και οι αγρότες γνώριζαν την εν λόγω τεχνική, αλλά οι γιοί τους έβρισκαν μεγαλύτερο ενδιαφέρον στην φοίτηση στα πανεπιστήμια παρά στο κτίσιμο τοίχων με πέτρες ή το άρμεγμα των κατσικών! Οι μισθοί που λάμβαναν δεν ήταν της προκοπής. Μετά την πληρωμή του ενοικίου, την αγορά του φαγητού και την πληρωμή των λογαριασμών νερού και ηλεκτρικού ρεύματος, συνήθως δεν περίσσευαν πολλά χρήματα για να αγοραστούν ρούχα. Είχαμε συνειδητοποιήσει ότι για το συγκεκριμένο πρόβλημα θα μπορούσαμε να βοηθήσουμε.

Επί σειρά ετών, ο Θεός εκπλήρωνε σε εμένα την υπόσχεση του να με ντύνει όπως τα «αγριόκρινα» και να μου παρέχει συνεχή προμήθεια από υπέροχα ρούχα. Ήταν πολύ καλής ποιότητας, παρά το γεγονός ότι δεν είχαμε πολλά χρήματα για ρούχα και οικιακά είδη, μα ούτε μαγαζιά είχαμε από τα όποια μπορούσαμε να τα προμηθευτούμε.

Οι περισσότερες ντόπιες κυρίες έκαναν τα ψώνια τους στις θαυμάσιες αγορές της Αθήνας, μια ευκαιρία που σπάνια παρουσιαζόταν σε εμένα. Ευτυχώς, πολλοί δυτικοευρωπαίοι κάτοικοι του νησιού ταξίδευαν τακτικά στο Ηνωμένο Βασίλειο, τη Γαλλία, τη Γερμανία και την Ελβετία για να ψωνίσουν. Με την επιστροφή τους, συνήθως αντιμετώπιζαν πρόβλημα με την χωρητικότητα των ντουλαπιών. Το πρόβλημα επιδεινωνόταν από τις μεγάλες διακυμάνσεις της θερμοκρασίας που βιώναμε μεταξύ του καλοκαιριού και του χειμώνα. Το καλοκαίρι κυκλοφορούσαμε με σορτς και αμάνικες μπλούζες επειδή ακόμη και ένα μανίκι είναι πολύ ζεστό για τις θερμοκρασίες των 30-35 βαθμών κελσίου. Το χειμώνα, χρειαζόμασταν μάλλινα πουλόβερ και εσωθερμικά για το κρύο, όπου η θερμοκρασία κυμαινόταν μεταξύ 3 και 14 βαθμών κελσίου με υπερβολική υγρασία. Η λύση στο πρόβλημα του χώρου ήταν να υπάρχουν ντουλάπες πάνω και κάτω, για να γίνει η μεγάλη αλλαγή των ρούχων όπου αυτά που ήταν πάνω τα κατεβάζαμε κάτω και αντίστροφα τα κάτω πάνω, δύο φορές το χρόνο, κάθε Απρίλιο και στα τέλη του Οκτώβρη. Ανέβαιναν τα καλοκαιρινά ρούχα, και κατέβαιναν τα ζεστά σακάκια και τα μάλλινα καπέλα, έξι μήνες αργότερα, κατέβαιναν και πάλι όλα τα σορτς και τα μαγιό. Αυτή η διαδικασία ήταν μια ιδανική ευκαιρία για να χαρίζονται ρούχα που είτε είχαν γίνει ένα μέγεθος μικρότερο ή είχαν αντικατασταθεί με καινούργια. Αρχικά, οι άνθρωποι μας έστελναν τσάντες με ρούχα ή κλινοσκεπάσματα πιστεύοντας ότι θα μας ήταν χρήσιμα, και όντως ήταν. Στη συνέχεια καθώς περνούσε ο χρόνος είχαμε τόσα πολλά ρούχα που έπρεπε και εμείς με την σειρά μας να τα χαρίσουμε σε άλλους. Όσο περισσότερο γινόταν γνωστό ότι δίναμε ρούχα σε αλβανικές οικογένειες και άλλους αλλοδαπούς στο νησί, τόσο περισσότεροι άνθρωποι άρχισαν να μας στέλνουν κάθε είδους ανδρικά, γυναικεία και παιδικά ρούχα. Πολλά από αυτά ήταν τόσο καλά σαν να ήταν καινούργια και υπήρχε μια ποικιλία παιχνιδιών και ειδών οικιακής χρήσης που τα συνόδευαν. Επισκεπτόμουν πολλές οικογένειες, οπότε ήταν ιδανικό να μπορώ να τους βοηθώ πρακτικά καθώς και να τους παρέχω πνευματική βοήθεια δίνοντάς τους Καινές Διαθήκες στη δική τους γλώσσα.

Όλο και περισσότερο, το σπίτι μας γέμιζε με

τσάντες από ρούχα που περίμεναν να ταξινομηθούν, μερικές φορές χρειαζόταν να πλυθούν και στη συνέχεια να παραδοθούν. Ήμουν ίσως το μόνο άτομο στην Πάρο που είχε λίστες με τα μεγέθη των παπουτσιών για ολόκληρες οικογένειες, καθώς και τα ονόματά τους! Τελικά αποφασίσαμε ότι χρειαζόμασταν κάποιο επιπλέον χώρο αποθήκευσης, αλλά πού και πώς;

Ήμασταν περιτριγυρισμένοι από αγρότες που άναρχα δομούσαν κοτέτσια και έστηναν μαντριά για τα πρόβατα είτε δίπλα είτε σε κοντινή απόσταση από τα σπίτια τους. Ένα τραχύ δάπεδο από μπετόν στήριζε ένα απλό κτίριο γκρίζων τσιμεντόλιθων και έπειτα μια στέγη από ξύλινα δοκάρια και καλάμια. Μια ελαφριά στρώση μπετόν στην κορυφή αποτελούσε μόνωση από τη βροχή για να φυλαχτούν τα ζώα και οι αχυρόμπαλες κατά την διάρκεια των χειμερινών μηνών. Αποφασίσαμε ότι, αν και δεν είχαμε κότες, πρόβατα ή κατσίκια, κάτι παρόμοιο θα ήταν τέλειο για να αποθηκευτούν οι τσάντες με τα ρούχα προς διανομή, κουτιά με βιβλία και φυλλάδια αλλά και τα εργαλεία του Πίτερ, τα οποία πλέον δεν χωρούσαν στο σπίτι. Δεδομένου ότι όλα μπορούσαν να βαφτούν με λευκό χρώμα, μια τέτοια κατασκευή θα φαινόταν ωραία, ενωμένη με το τείχος της αυλής δίπλα στον ελαιώνα. Μιας και ο σύζυγος επαγγέλλεται οικοδόμος, μια τέτοια κατασκευή θα του ήταν σχετικά εύκολη, και θα κόστιζε αισθητά φθηνότερα από την απασχόληση οικοδόμων και ηλεκτρολόγων.

Και έτσι, κατά τη διάρκεια της χειμερινής περιόδου 2000 - 2001, χτίσαμε αυτό που εμείς αποκαλούμε δυτική πτέρυγα. Μερικά χρόνια αργότερα μάθαμε ότι υπήρχε τηλεοπτική σειρά με την ίδια ονομασία, τα γεγονότα της οποίας βασιζόντουσαν στον Λευκό Οίκο. Περίπου εκείνη την εποχή μας δόθηκε μία μπετονιέρα. Ο Πίτερ είχε χτίσει ολόκληρο το σπίτι, αναμειγνύοντας το τσιμέντο για τα τούβλα με το χέρι, αλλά τώρα τα πράγματα θα ήταν ευκολότερα. Ο Τζων και η Μπάρμπαρα, οι φίλοι μας από την Αγγλία, είχαν αποφασίσει ότι το μίξερ τους, έπιανε πολύ χώρο στο γκαράζ και ήξεραν ότι θα ήταν μεγάλη βοήθεια για τον Πίτερ. Ήταν εξαιρετική η γενναιοδωρία τους. Ο Θεός ήταν τόσο καλός μαζί μας, μας έστελνε πράγματα που χρειαζόμασταν δίχως να πρέπει να τα αγοράσουμε. Αρχικά ο Πίτερ έφτιαξε ο ίδιος τα θεμέλια και αφού ανάμειξε το σκυρόδεμα το άδειασε στη βάση και στην συνέχεια έφτιαξε τους τοίχους. Παρ 'όλα αυτά, για την ανάμιξη του τσιμέντου και τη μεταφορά του πάνω στην οροφή, αποφάσισε ότι χρειαζόταν βοήθεια. Ήταν μια ιδανική ευκαιρία να ζητήσει βοήθεια από δύο Άγγλους φίλους. Ο Ντέιβ και ο Μπάρυ ζούσαν και εργαζόντουσαν στο νησί και είχαν και οι δύο οικογένειες. Το χάραμα ήρθαν με πολύ όρεξη για να τελειώσουν την οροφή σε μια μέρα. Μετά από χρόνια ο Μπάρυ θα κατέληγε σε αναπηρική καρέκλα από εγκεφαλικό και θα έπρεπε να επιστρέψει στην Αγγλία. Ο Ντέιβ θα έπρεπε να επιστρέψει στην Αγγλία εξαιτίας των προβλημάτων υγείας της συζύγου του και επειδή δεν μπορούσε να βρει ικανοποιητική εργασία για να βγάζει τα προς το ζην. Για την ακρίβεια πολύ λίγοι ξένοι έχουν επιβιώσει πάνω από 10-20 χρόνια στην Πάρο χωρίς να αναγκαστούν να τα παρατήσουν και να επιστρέψουν στην χώρα τους. Τις περισσότερες φορές αυτό δεν ήταν αποτέλεσμα της επιλογής τους αλλά εξαιτίας των αντίξοων συνθηκών, συνήθως ήταν προβλήματα υγείας ή οικονομικά προβλήματα. Θεωρούμε τους εαυτούς μας ευλογημένους από τον Θεό που συγκαταλεγόμαστε στην μικρή ομάδα ζευγαριών που αντέχουν και επιβιώνουν εδώ όλο το χρόνο. Τα επόμενα χρόνια ήρθαν αρκετοί Ευρωπαίοι αλλά συνήθως ήταν συνταξιούχοι με ιδιόκτητα σπίτια οπότε η εργασία, το κόστος της διατροφής καθώς και του ενοικίου δεν ήταν για εκείνους πρόβλημα.

Η δυτική πτέρυγα αποδείχθηκε πολύ χρήσιμη και μεγάλη βοήθεια για τον συνεχώς αυξανόμενο αριθμό γεγονότων και δραστηριοτήτων που διοργανώναμε. Μετά από μερικά χρόνια, αποφασίσαμε ότι ήταν καλύτερα να χτίσουμε δεύτερο αποθηκευτικό χώρο. Η πρώτη αποθήκη είχε γεμίσει από κρεβάτια, στρώματα, βιβλιοθήκες, και είχα μια συνεχώς αυξανόμενη συλλογή από παλιές βίντεο κασέτες, και DVDs και ολοένα και περισσότερα βιβλία. Η εκτύπωση των πρώτων χιλίων αντιτύπων του βιβλίου μου «Προς την Ελλάδα και τα νησιά» δημιούργησε την ανάγκη αποθήκευσης των βιβλίων. Δεν ήταν το ιδανικότερο αλλά αυτό με διευκόλυνε να έχω διαθέσιμα βιβλία για τους ανθρώπους που ερχόμουν σε επαφή στην παραλία και στα διάφορα μέρη του νησιού. Επίσης είχαμε μια συλλογή από παλιά LP που απαριθμούσαν παραπάνω από διακόσια τεμάχια, τα οποία δυσκολευόμουν να πετάξω στα σκουπίδια και για τα οποία ο χρόνος πώλησης στο eBay φάνηκε ατελείωτος και οι πωλήσεις ανύπαρκτες. Εξάλλου ακούγαμε μερικά από τα πολύ παλιά που μας άρεσαν, αλλά θέλαμε να πετάξουμε αυτά που δεν είχαν τους κατάλληλους στίχους. Μιας και είμαι αναγεννημένη, δεν ήθελα ο Σαντάνα στο τραγούδι «Μπλάκ μάτζικ Γούμαν» να τραγουδά στίχους που έλεγαν θα με καταντήσεις να γίνω διάβολος. Τέτοιους δίσκους τους είχαμε πετάξει έξω προ πολλού. Αλλά λίγο Νατ Κίνγκ Κόουλ τραγουδώντας το «L-O-V-E» είναι το είδος των ερωτικών και ρομαντικών τραγουδιών που τα παντρεμένα ζευγάρια καλά θα κάνουν να απολαμβάνουν. Όταν τελικά χτίστηκε ο δεύτερος αποθηκευτικός χώρος, είχαμε επιτέλους χώρο να αποθηκεύσουμε τα πάντα.

Ο Πίτερ είχε φτιάξει εξωτερικό ντους επειδή συχνά επιστρέφαμε από την παραλία καλυμμένοι με άμμο και με το σκυλί μας που απολάμβανε να κυλιέται στην λάσπη. Ο γιος του γείτονα έκανε το ντους του έξω για αρκετά χρόνια, και παρά το γεγονός ότι είχαμε μετακομίσει στην περιοχή, εκείνος συνέχιζε να στέκεται γυμνός κάτω από την ντουζιέρα. Ευτυχώς ήταν σε αρκετή απόσταση για να μη φαίνεται αναξιοπρεπής, η τουλάχιστον αυτό μου φαινόταν με την περιορισμένη όραση μου. Αργότερα σκεφτήκαμε ότι μια εξωτερική τουαλέτα θα ήταν μια καλή προσθήκη, για να μην φέρνει ο Πίτερ λάσπη και χώματα στο εσωτερικό του σπιτιού όποτε εκείνος δούλευε στο κήπο και χρειαζόταν να πάει τουαλέτα. Ήταν μια απλή τουαλέτα με τοίχο γύρω γύρω για να είναι ο χώρος κατάλληλος και αξιοπρεπής. Δεν είχε οροφή αλλά ήταν πολύ χρήσιμη, για να κάνουμε ντους χωρίς τα μαγιό μας. Έπειτα ο Πίτερ αποφάσισε να εγκαταστήσει ένα νιπτήρα, που κάποιος ξεφορτωνόταν για να εγκαταστήσει την καινούργια του κουζίνα. Αυτό με διευκόλυνε με τον καθαρισμό των ψαριών όπως κάνουν οι Ελληνίδες, αλλά και για την καθημερινή αλλαγή του νερού κατά την διάρκεια των είκοσι ημερών για το μούσκεμα των ελιών πριν την αποθήκευση τους σε μίγμα αλατιού και ξυδιού. Επίσης μας διευκόλυνε να καθαρίζουμε τις βούρτσες βαφής και άλλα βρώμικα αντικείμενα εκτός κουζίνας. Με γνώμονα ότι αυτές οι δουλειές γίνονται φορώντας μόνο ένα μαγιό ή ένα σορτς με μπλούζα, μπορείτε να καταλάβετε τον εντελώς διαφορετικό τρόπο ζωής εδώ σε σχέση με την ζωή στην Αγγλία ή το Βέλγιο. Το μπάρμπεκιου είναι ο συνηθισμένος τρόπος μαγειρέματος το καλοκαίρι, αφού λόγω της ζέστης δεν αντέχεις να μαγειρεύεις μέσα στο σπίτι. Επίσης σου λύνει τα χέρια με την καθαριότητα της κουζίνας. Στο τέλος ανακαλύψαμε ότι τις πρωινές ώρες η δυτική πλευρά του σπιτιού ήταν πιό δροσερή οπότε κοιμόμασταν έξω μερικές φορές τον Ιούλιο και τον Αύγουστο, ιδιαίτερα όταν φιλοξενούσαμε επισκέπτες στο σπίτι. Ήταν όλα πολύ απλά. Οι κουνουπιέρες ήταν απαραίτητες καθώς υπήρχαν πολλά κουνούπια το καλοκαίρι. Το πρόβλημα ήταν ότι η κοίτη του ποταμού, που ήταν ένα χωράφι μακριά από εμάς, ήταν τέλειο περιβάλλον για την αναπαραγωγή ζωυφίων και η ανοιχτή τσιμεντένια δεξαμενή νερού δεν βοηθούσε την κατάσταση. Καθώς περνούσαμε καθημερινά από δίπλα της κατευθυνόμενοι στην παραλία, βλέπαμε εκατοντάδες ζωύφια και διάφορα είδη να κολυμπούν μέσα. Ευτυχώς, τα επόμενα χρόνια, την στράγγιξαν, την έβαψαν με λευκό χρώμα και μειώθηκε αισθητά το πρόβλημα των κουνουπιών.

Συνέπεια των οικοδομικών προσθηκών, μετά από αρκετά χρόνια και συγκεκριμένα το 2014, η κυβέρνηση ήθελε να παρουσιάσει ένα σχέδιο καταγραφής και δήλωσης όλων των αυθαιρέτων οικοδομών, και ως εκ τούτου, έπρεπε να πληρώσουμε περίπου 4,000 ευρώ για να φτιάξουμε νέα σχέδια. Παρόλα αυτά άξιζε με το παραπάνω να φτιάξουμε επιπλέον αποθηκευτικό χώρο. Ευτυχώς που τότε είχα κληρονομήσει κάποια χρήματα και μπορούσαμε να πληρώσουμε το ποσό καθώς και να χτίσουμε ένα πέτρινο τοίχο στη πλευρά του δρόμου για να είμαστε καθώς πρέπει και τακτοποιημένοι. Δεν μας πείραζε που έπρεπε να πληρώσουμε 4,000 ευρώ για τα σχέδια και 3000 ευρώ για τον τοίχο. Ευτυχώς η μητέρα μου δε ξόδεψε όλες τις οικονομίες της σε κρουαζιέρες ή καινούργια ρούχα πριν πεθάνει. Πάντα έλεγε ότι ήθελε πριν φύγει να αφήσει κάτι για να βοηθήσει την αδελφή μου και εμένα και το κατάφερε! Ας είναι ευλογημένη. Από τα χρήματα που μας άφησε μπορέσαμε επίσης να πληρώσουμε για ένα σχεδόν καινούργιο αυτοκίνητο. Αφού πουλήσαμε το Land Rover, αγοράσαμε ένα μικρό, λευκό βαν μάρκας Subaru, σύμφωνα με την οδηγία που έλαβα από τον Θεό στο συνέδριο του Μπέρμιγχαμ. Ήταν επταθέσιο, κατάλληλο για την μεταφορά των παιδιών του κατηχητικού της εκκλησιάς στο Aqua Park. Ήταν πρακτικό για την συλλογή σπασμένων κλαδιών και ξύλων από παλιές πέργκολες για την χρήση τους στο ξυλόφουρνο, επίσης ήταν ιδανικό για την μεταφορά του σκύλου. Αργότερα όταν για δεύτερη φορά έπαθε την ίδια βλάβη και μας ήρθε λογαριασμός 400 ευρώ, δεν είχαμε άλλη επιλογή από την απόσυρσή του. Όπως πάντα, ο Θεός μας προμήθευσε με θαυμαστό τρόπο όταν ψάξαμε για καινούργιο αυτοκίνητο. Θέλαμε την απλή έκδοση του Fiat Panda, με περίπου 40,000 χιλιόμετρα. Η μάντρα δεν είχε τίποτα παλιό, αλλά είχε ένα φανταστικό Fiat Panda 4x4 με λιγότερα από 5,000 χιλιόμετρα. Ήταν σχεδόν καινούργιο και φαινόταν να υπερβαίνει το ποσό που διαθέταμε. Ο πωλητής κατέβασε την τιμή κατά 5,000 ευρώ γιατί το αυτοκίνητο ήταν στην έκθεση πάνω από ένα χρόνο. Φανταστικό!

Ο πωλητής έλεγε «Σήμερα είναι η τυχερή σας μέρα» αλλά γνωρίζαμε ότι ήταν η εύνοια του Θεού και νιώθαμε να μας πλημμυρίζει η καλοσύνη του. Καταπληκτική αγορά, φοβερό θαύμα!

Πριν το τέλος του 2000, οι Γερμανοί φίλοι μας

Κλάους και Μπρίττα αποφάσισαν να ενωθούν με τα δεσμά του γάμου. Ο Κλάους ζούσε στο νησί πολύ πριν από τους περισσότερους ξένους και η Μπρίττα ήταν η πιο ευτυχισμένη των γυναικών περιμένοντας αυτό το γεγονός πάνω από δέκα χρόνια. Επέλεξαν το κτήριο του δημαρχείου στην πρωτεύουσα του νησιού και αυτή την φορά οι υπηρεσίες μου δεν ήταν αναγκαίες για την τέλεση της τελετής, οπότε μπορούσα να χαλαρώσω. Είναι εύκολο να καταλάβει κανείς γιατί οι ξένοι θέλουν να παντρευτούν στην Ελλάδα. Ήταν Δεκέμβρης μήνας και ο καιρός ήταν αίθριος, με γαλάζιο ουρανό και ηλιοφάνεια. Μαζευτήκαμε για τις φωτογραφίες στο μπαλκόνι με την πανοραμική θέα του κόλπου της Παροικίας. Η ομάδα των καλεσμένων ήταν ένα φοβερό μίγμα εθνικοτήτων. Έτσι είναι η ζωή στην Πάρο. Στην Αγγλία σπάνια γνώριζα κάποιον που δεν ήταν Άγγλος. Εδώ ήμασταν Γερμανοί, Άγγλοι, και Έλληνες μαζί και γνωρίζαμε ο ένας τον άλλον πολλά χρόνια. Οι φίλοι του Κλάους και της Μπρίττα, ο Φρανκ και η Ίρμο είχαν πετάξει από την Γερμανία και ο Θείο από το εστιατόριο «Πέντε Φ» ήταν το τιμώμενο πρόσωπο. Ο Κλάους και η Μπρίττα ήταν σαν μέλη της οικογένειας του εδώ και πολλά χρόνια. Το πρώτο καιρό είχαμε περάσει πολλές ωραίες στιγμές στην ταβέρνα του, στην παραλία της Μεσσάδας. Ο Κλάους τον είχε βοηθήσει να χτίσει το σπίτι του.

Ο Άγγλος Ντέιβ και ο Μπάρυ ήταν εκεί με τις γυναίκες τους και τα παιδιά τους. Αυτή η μέρα, σίγουρα δεν ήταν μέρα δουλειάς, αλλά χαλάρωσής. Ο Γιώργος που είχε το Remezzo bar στο Πίσω Λιβάδι ήταν κι αυτός με την Γερμανίδα σύζυγο του Ούτα. Ατελείωτες ήταν οι ώρες που είχαμε περάσει στο Remezzo bar τον προηγούμενο καιρό. Οι Γερμανίδες Ντόρις και Χριστίνα είχαν επιλέξει να ζήσουν στην Πάρο, αλλά αργότερα θα επέστρεφαν στην Γερμανία. Για την ακρίβεια μετά από δεκαπέντε χρόνια η ομάδα είχε περιοριστεί στους Κλάους και Μπρίττα, τον Πίτερ και εμένα, τον Γιώργο από το Remezzo bar και τον Θείο από τα «Πέντε Φ", όλοι οι άλλοι είχαν φύγει. Για εκείνους που πρέπει να βγάλουν τα προς το ζην, η ζωή σε ένα ελληνικό νησί δεν είναι εύκολη υπόθεση όπως νομίζουν μερικοί.

Την επόμενη χρόνια και συγκεκριμένα το Σεπτέμβρη του 2001 τα πράγματα στην οικογένειά μου επρόκειτο να αλλάξουν. Η μαμά και ο μπαμπάς αποφάσισαν να μετακομίσουν από την περιοχή του Χάρογκεϊτ με την κλασάτη αγορά στην περιοχή του Αλμπράιτον για να είναι κοντά στην αδελφή μου. Αυτό το γεγονός με ανακούφισε, επειδή γνώριζα ότι πλέον δεν θα ήταν τόσο απομονωμένοι όπως στο Χάρογκεϊτ. Πλησίαζαν τα ογδόντα, και ήταν σοφό να είναι κοντά στην Μάργκαρετ δίχως να πρέπει να οδηγούν δύο ώρες με το αυτοκίνητο. Επίσης ήταν καλή ιδέα να μένουν εκεί γιατί θα τους παρείχε ουσιαστική βοήθεια όποτε την χρειαζόντουσαν. Επέλεξαν το Αλμπράιτον, ένα χωριό κοντά στο Σιφνάλ όπου ζει η αδελφή μου. Ήταν επίσης κοντά το Γκόσφορντ, που ήταν η βάση στην οποία ο πατέρας μου υπηρέτησε την Βασιλική Πολεμική Αεροπορία κατά την διάρκεια του Β' παγκόσμιου πολέμου. Ανυπομονούσε να δει τα παλιά αεροπλάνα που πετούσαν ακόμα στις αργίες.

Μετακόμισαν σε ένα από αυτά που ονομάζονται «προστατευόμενα καταλύματα», για ηλικιωμένα άτομα άνω των εξήντα ετών, παρόμοιο με αυτό στο οποίο ζούσαν στο Χάρογκεϊτ. Πρόκειται για συγκροτήματα ιδιωτικών, αυτόνομων διαμερισμάτων δύο υπνοδωματίων, με κοινόχρηστα σαλόνια, πολύ καλοδιατηρημένους κήπους και εξωτερική διακόσμηση. Είναι ιδανική λύση για τους ηλικιωμένους που είναι ανεξάρτητοι και που ενδεχομένως χρειαστούν κάποια βοήθεια.

Υπήρχε ένας υπεύθυνος κατά την διάρκεια της ημέρας και ένα κορδόνι που μπορούσαν να τραβήξουν σε κάθε δωμάτιο για να ενεργοποιηθεί ο συναγερμός για όσους χρειάζονταν βοήθεια, παρέχοντας ιδιαίτερη αίσθηση ασφάλειας σε εκείνους που ζούσαν μόνοι τους. Για τη μαμά και τον μπαμπά, ήταν ένα πολύ όμορφο διαμέρισμα σε ένα πολύ ωραίο χωριό ακριβώς εκεί που ήθελαν να είναι. Το κοινόχρηστό σαλόνι που θεωρητικά ήταν ο χώρος για να βρίσκονται, να συζητάνε, να παίζουν χαρτιά ή Σκράμπλ με τους γείτονες, στην πράξη χρησιμοποιείτο μια φορά την εβδομάδα για τον πρωινό καφέ και για ιδιαίτερα γεγονότα. Ποτέ δεν είδα κάποιον να κάθεται κανονικά εκεί, επειδή όλοι προτιμούσαν να βλέπουν τηλεόραση στα διαμερίσματα τους.

Σκεφτόμουν να τους επισκεφτώ τον Ιανουάριο αφού περάσουν μερικές εβδομάδες και εγκατασταθούν περνώντας τα πρώτα τους Χριστούγεννα στο νέο τους σπίτι. Στο νου μου δεν υπήρχε κάποια επείγουσα ανάγκη κάποιος σοβαρός λόγος να βιαστώ, ή έτσι τουλάχιστον νόμιζα. Ήταν προγραμματισμένο για τα τέλη Ιανουαρίου ένα Χριστιανικό συνέδριο στο Κρόιντον. Μια Ελληνίδα φίλη μου θα πήγαινε, οπότε αποφάσισα να πάω κι εγώ για τρείς μέρες στο συνέδριο κι έπειτα θα ταξίδευα βόρεια για να δω τους γονείς μου. Δεν γνώριζα ότι ο χρόνος του σιωπηλού ρολογιού έφτανε προς το τέλος του.

Είχα κλείσει το αεροπορικό μου εισιτήριο με προγραμματισμένη επιστροφή την 11 Φεβρουαρίου, αλλά άρχισα να λαμβάνω μηνύματα από την Μάργκαρετ ότι ο μπαμπάς δεν ήταν καλά.

Είχε ουρολογικά προβλήματα και τον είχαν πάει στο νοσοκομείο. Τον Ιανουάριο μπήκε και βγήκε από το νοσοκομείο και του είχαν προγραμματίσει χειρουργείο την επόμενη μέρα μετά το τέλος του συνεδρίου. Όταν έφτασα στο νοσοκομείο ζήτησα να μένω μαζί του μέρα νύχτα, όπως γίνεται στην Ελλάδα. Ήταν ξεκάθαρο ότι χρειαζόμουν να προσευχηθώ. Κοιμήθηκα στην καρέκλα της οποίας η πλάτη ξάπλωνε, και ήμουν στο πλάι του κρεβατιού του. Φαινόταν ότι είχε προσβληθεί από λοίμωξη στην καρδιά και θα πήγαινε προς τη δόξα. Προσευχόμουν και πρόσμενα να γίνει καλά. Ωστόσο, ανέπνεε με δυσκολία, και του δόθηκε οξυγόνο, έτρωγε όλο και λιγότερο φαγητό και όταν ξύπνησα το πρωί της 20 Φεβρουαρίου, το σώμα του μπαμπά ήταν σκληρό και κρύο. Είχε φύγει. Οι γιατροί είπαν ότι είχε πνευμονική εμβολή. Η μαμά μου ήταν συγκλονισμένη και κατηγόρησε το νοσοκομείο ότι της σκότωσε τον σύζυγο, αφού είχε πάει μόνο για μια απλή εγχείρηση. Αισθανόμουν ότι ο Θεός με απογοήτευσε. Τις επόμενες εβδομάδες, οι ώρες προσευχής ήταν αισθητά ελλιπείς σε οικειότητα. Αυτό ήταν κάτι που ο Θεός και εγώ έπρεπε να συζητήσουμε και να δουλέψουμε μαζί. Πώς θα μπορούσε ο Θεός να αφήσει τον πατέρα μου να πεθάνει με όλη αυτή την προσευχή και να αφήσει τη μαμά μου να ανταπεξέλθει μόνη της;

Η κηδεία συνέπεσε με τα γενέθλια μου, τα οποία είχαν επισκιαστεί από την θλίψη μου. Ήταν πολύ ευγενικό εκ μέρους της Μάργκαρετ να ρωτήσει εάν ήθελα να αλλάξουμε ημερομηνία, αλλά σε τι θα διέφερε; Δεν είχα καθόλου διάθεση να γιορτάσω τα γενέθλια μου, όποια μέρα και να ήταν. Στεκόμουν στο κρεματόριο ντυμένη με μαύρα και μπλε ρούχα που είχα δανειστεί, ήταν μια μίζερη και κρύα, χειμωνιάτικη μέρα. Όταν έφτιαχνα την βαλίτσα μου, δεν είχα πακετάρει ρούχα για κηδεία. Η απώλεια ήταν τρομερή, για εκείνον ήταν προαγωγή προς την δόξα του Θεού, για εμάς ένα πονεμένο κενό. Γνώριζα ότι θα τον ξανά έβλεπα κάποια μέρα όταν θα πήγαινα στον ουρανό, αλλά μου έλλειπε εδώ και τώρα. Πως θα τα κατάφερνε η μαμά χωρίς τον μπαμπά στο πλευρό της;

8 ΞΑΦΝΙΚΟΙ ΘΑΝΑΤΟΙ

Ο θάνατος του μπαμπά, μου προξένησε πολλούς συλλογισμούς στην καρδιά. Αντιλαμβανόμουν πολύ καθαρά ότι η ογδοντάχρονη μαμά μου πλέον ζούσε μόνη της και το βάρος για την καθημερινή της φροντίδα είχε πέσει σε πολύ μεγάλο βαθμό πάνω στην αδελφή μου, ενώ εγώ βρισκόμουν πάνω από χίλια μίλια μακριά. Η μαμά είχε ήδη προβλήματα μνήμης και από ότι φαινόταν, όλη της η προσωπικότητα άλλαζε προς το χειρότερο. Γνωρίζαμε ότι ήταν στα αρχικά στάδια της νόσου Αλτσχάιμερ, αλλά δεν είχαμε συνειδητοποιήσει ότι θα χειροτέρευε. Η ζωή μου ήταν στερεωμένη στην Ελλάδα και δεν υπήρχε καμία απολύτως πιθανότητα να επιστρέψω πίσω για να φροντίσω τη μαμά μου. Ακόμα και αν προσπαθούσα να την πάρω στην Ελλάδα για να την φροντίσω, θα ήταν εντελώς απομονωμένη, δεν θα μπορούσε να μιλήσει τη γλώσσα, και δεν θα είχε πρόσβαση σε λέσχη αγγλόφωνων συνταξιούχων ή σε κάποια αγγλική βιβλιοθήκη και υπήρχαν πολύ λίγοι αγγλόφωνοι άνθρωποι στην ηλικία της. Ένιωθα ότι ήταν άδικο και μη πρακτικό να την απομονώσουμε με αυτόν τον τρόπο.

Οι θάνατοι των Βρετανών τουριστών ή των αλλοδαπών κατοίκων της Πάρου, έφερναν στο προσκήνιο τις επιπλοκές που υπήρχαν στην αντιμετώπισή τους, αλλά και στην τέλεση των κηδειών.

Όσα χρόνια θυμάμαι, η 10η Ιουνίου της κάθε χρονιάς, ήταν η ετήσια συνάντηση των αλλοδαπών που παραθέριζαν στην Πάρο. Ήταν η τέλεια εποχή του χρόνου για μια συνάντηση. Έχοντας περάσει τον κρύο χειμώνα στη βόρεια Ευρώπη, όλοι ήταν πανέτοιμοι για τη ζέστη της Πάρου ώστε να καταπραΰνουν τα κουρασμένα κόκκαλα τους και να αντικαταστήσουν το γκρίζο του νεκρού στην επιδερμίδα τους με ένα βαθύ μαύρισμα. Για τους τακτικούς παραθεριστές, δεν ήταν αρκετό να περνούν δύο εβδομάδες στην παραλία τα μεσημέρια και να σιγοψήνονται μέχρι να δύσει ο ήλιος και μέχρι τα δέντρα να απλώσουν τις σκιές τους κατά μήκος της παραλίας και ως την άκρη του νερού, σαν να έπιναν νερό. Όχι, χρειαζόντουσαν τρείς, ή ακόμα και τέσσερις εβδομάδες, για να εμβαθύνουν το αρχικό ελαφρύ μαύρισμα τους σε ένα πιό αποδεκτό βαθύ μαόνι.

Το υπέροχο πράγμα με τις διακοπές εδώ, ήταν ότι μπορούσες να είσαι σχεδόν όλη την μέρα ντυμένη με πολύ λίγα ρούχα: ένα μπικίνι ή σορτς, ίσως ένα ελαφρύ μπλουζάκι, αλλά τις περισσότερες φορές, ακόμη και αυτά ήταν πολύ ζεστά για να τα φοράς. Δεν σκεφτόσουν να κάνεις ντους και να αλλάξεις τα ρούχα σου πριν από τις εφτά το απόγευμα, οπότε οι περισσότεροι "τακτικοί παραθεριστές" πήγαιναν στο τοπικό καφενείο του Γρηγόρη στο τέλος της παραλίας του Λογαρά. Οι περισσότεροι από αυτούς ερχόντουσαν στην Πάρο και στην πλευρά που είναι ο Λογαράς τουλάχιστον τα τελευταία πέντε χρόνια, άλλοι ερχόντουσαν τα τελευταία δέκα ή είκοσι χρόνια. Οι πραγματικοί λάτρεις έκαναν το ταξίδι δύο φορές το χρόνο, Μάιο-Ιούνιο και Σεπτέμβρη-Οκτώβρη. Το καφενείο του Γρηγόρη ήταν από τα λίγα παραδοσιακά καφέ που είχαν απομείνει στο νησί με στρογγυλά μπλε μεταλλικά τραπέζια και μπλε ξύλινες καρέκλες με καθίσματα από καλάμι πλεγμένο στο χέρι. Οι περισσότερες καφετέριες του νησιού είχαν αντικαταστήσει τα παραδοσιακά τραπέζια με σύγχρονες εναλλακτικές λύσεις είτε από ξύλο ή λευκό μάρμαρο και οι καρέκλες ήταν τύπου σκηνοθέτη από ύφασμα σε διάφορα χρώματα. Σε αυτή την καφετέρια, το σπουδαιότερο εκτός από την υπέροχη θέα στη θάλασσα και στη Νάξο, ήταν ο ίδιος ο Γρηγόρης και ο γιος του ο Μανώλης. Στο πρόσωπο του Γρηγόρη ήταν εμφανή τα σημάδια από το πέρασμα του χρόνου. Τα άφθονα άσπρα μαλλιά του και τα αστραφτερά μπλε μάτια του ήταν ένα ευχάριστο θέαμα. Ο Μανώλης, που είναι πιο ψηλός από ότι ο μέσος Παριανός, συνήθως καθόταν ήσυχα στην καρέκλα του στη γωνία της βεράντας. Ήταν πάντα σε εγρήγορση σε περίπτωση που υπήρχε η παραμικρή αλλαγή στην ένταση του ανέμου ή στα ρεύματα, για να πάρει το ανοιχτόχρωμο παραδοσιακό του καΐκι, και να βγει για ψάρεμα. Ο Γρηγόρης δεν ήταν ποτέ τόσο απασχολημένος με το σερβίρισμα, ώστε να μη μπορεί να παίξει τάβλι με τους Έλληνες φίλους του, ή ακόμα και με έναν ξένο που ήθελε να μάθει. Πιθανόν για αυτό το λόγο, ακόμη και μετά από είκοσι χρόνια, το κρασί, η μπύρα και τα αναψυκτικά εξακολουθούσαν να αποθηκεύονται σε ψυγεία με εύκολη πρόσβαση απ' όλους: οι πελάτες έπρεπε να αυτοεξυπηρετούνται, να παίρνουν το κατάλληλο ποτήρι και να βγάζουν το φελλό από το μπουκάλι του κρασιού μόνοι τους. Φυσικά, ένας πραγματικός τακτικός παραθεριστής πιθανότατα να έπινε ρετσίνα, που συνήθως ήταν σε μισόλιτρα μπουκάλια του ιδίου σχήματος και μεγέθους, με καπάκι ίδιο με των μπουκαλιών της μπύρας, οπότε δεν υπήρχε φελλός να βγει. Η πληρωμή γινόταν μόνο κατά την αναχώρηση και ολόκληρη η επιχείρηση βασιζόταν στην εμπιστοσύνη.

Τι το σπουδαίο είχε η 10η Ιουνίου; Ήταν τα γενέθλια του «Τζον του σφυριχτή», και κάθε χρόνο, έφτανε στο Γρηγόρη ντυμένος καταλλήλως για το σπουδαίο γεγονός. Με το πολύχρωμο καρό κοστούμι του, και μια συλλογή από πλαστικές σφυρίχτρες καθώς και με τα ηχογραφημένα υποστηρικτικά μουσικά κομμάτια, θα μας ενθουσίαζε σφυρίζοντας με την συνοδεία κλασσικών κομματιών όπως το συρτάκι. Όταν φορούσε τον πλαστικό σκούφο του καλόγερου, το πλήθος με δυσκολία συγκρατούσε το γέλιο του καθώς προβληματιζόταν εάν έπρεπε να παραμείνει σοβαρό για το υπόλοιπο της σπουδαίας παράστασης ή να ξεκαρδιστεί στα γέλια. Τα κοροϊδευτικά γέλια συνήθως υποδήλωναν την παρουσία κάποιου νεοφερμένου στο πλήθος, που δεν ήταν και πολύ σίγουρος πως να αντιδράσει σε μια τέτοια περίπτωση. Ο Τζον δεν ήταν απλά ένας φοβερός Άγγλος τζέντλεμαν και «σφυριχτής», αλλά ένας ταλαντούχος καλλιτέχνης: τα πορτρέτα και τα σκίτσα που ζωγράφιζε με κάρβουνο είναι γεμάτα ζωή και αποδίδουν τέλεια το αντικείμενο. Μέχρι σήμερα, το μεγαλοπρεπές πορτρέτο του Πίτερ με μια μεγάλη γενειάδα δεσπόζει στον τοίχο της τραπεζαρίας μας.

Ανάμεσα στους θεατές που συγκεντρωνόντουσαν, δεν ήταν λίγοι και οι μουσικοί. Ήταν ως επί το πλείστον κιθαρίστες, όπως ο Χενκ από την Ολλανδία, ο Αλαίν από το Παρίσι, η Μπέκυ η Αγγλίδα που ζούσε στην Πάρο, ο "Μπάντζο Μπιλ" από το Λίβερπουλ, ο Ντέιβ από το Γουίγκαν και ο τελευταίος "Γκιτάρ Ντέιβ" που ζούσε στην Μάρπησσα περισσότερα χρόνια από όσα μπορούσα να θυμηθώ.

Συνυφασμένη με το ελληνικό στιλ, τα μουσικά βράδια, η ομάδα συνήθως δεν συγκεντρωνόταν πριν από τις δέκα για να τακτοποιηθεί και να αρχίσει την παράσταση. Για να βρεις τραπέζι να κάτσεις έπρεπε να έρθεις νωρίτερα. Όσοι κατέφθαναν αργότερα έπρεπε να συμβιβαστούν με τα σκαλοπάτια ή να γείρουν πάνω στην πέτρινη κολώνα της πέργκολας.

Η βραδιά της Τρίτης, 10 Ιουνίου του 2003 δεν θα ήταν μια συνηθισμένη νύχτα. Ο Τζον σφύριζε, οι μουσικοί έπαιζαν και εμείς τραγουδούσαμε το συνηθισμένο ρεπερτόριό μας των δεκαετιών του 1960 έως και 1980. Ο Πίτερ και εγώ αναχωρήσαμε από το πάρτι κατά τα μεσάνυχτα ενόσω ήταν σε πλήρη εξέλιξη. Είχαμε πάψει εδώ και πολύ καιρό να μένουμε έξω μέχρι τις τρεις το πρωί, σε αντίθεση με τις πρώτες ημέρες μας στην Πάρο. Βγαίνοντας για το ολιγόλεπτο περπάτημα κατά μήκος της παραλίας προς το σπίτι, δεν είχαμε καμία ιδέα για τα γεγονότα που θα διαδραματίζονταν εκείνη τη νύχτα.

Την επόμενη μέρα, ακούσαμε ότι η Κάθριν, μια τακτική Αγγλίδα τουρίστρια εκείνη την εποχή του χρόνου, είχε αποφασίσει να φύγει λίγο νωρίτερα από τον σύζυγό της, τον Άλαν. Εκείνος σκόπευε να τελειώσει τη μπύρα του, να πληρώσει το λογαριασμό και να την ακολουθήσει προς το δωμάτιό τους στο Πίσω Λιβάδι. Μιας και ήταν ήδη αργά, η Κάθριν πήγε στο κρεβάτι της για ύπνο και κοιμήθηκε. Όταν ξύπνησε, με έκπληξη διαπίστωσε ότι ο Άλαν δεν ήταν στο πλευρό της. Αφού προσπάθησε αρκετά να εξορθολογήσει την κατάσταση και να μην ενδώσει αμέσως στον πανικό, προσπάθησε να πείσει τον εαυτό της ότι μάλλον όλα είναι καλά. Πιθανότατα να είχε πάει πίσω, στο δωμάτιο ενός εκ των ανδρών της παρέας, για άλλο ένα ποτό και να είχε κοιμηθεί εκεί. Μετά από είκοσι πέντε χρόνια γάμου, σίγουρα δεν ανησυχούσε ότι το είχε σκάσει με άλλη γυναίκα.

Καθώς προχωρούσε η μέρα, η Κάθριν περπατούσε μεταξύ του Λογαρά και του Πίσω Λιβαδιού, ρωτώντας άκαρπα όσους γνώριζε εάν είχαν δει τον Άλαν. Καθώς έδυε ο ήλιος, καθόταν σε ένα τοπικό καφέ με ένα ζευγάρι Άγγλων που ζούσαν στο νησί. Ακούγοντας το πρόβλημά της, την οδήγησαν αμέσως στο τοπικό αστυνομικό τμήμα της Μάρπησσας, που ήταν στον λόφο πάνω από το Πίσω Λιβάδι. Τυπικά για ένα τόσο μικρό χωριό, το γραφείο έκλεινε το βράδυ και μια κλήση στο αστυνομικό τμήμα της πρωτεύουσας προκαλούσε την προβλεπόμενη νησιώτικη απάντηση: «Είναι πλέον αργά για να τον ψάξουμε τέτοια ώρα. Ελάτε το πρωί και κάντε μια πλήρη αναφορά».

Επιστρέφοντας στο Πίσω Λιβάδι, βρέθηκαν με φίλους για να συζητήσουν τι θα μπορούσαν να κάνουν για να τον εντοπίσουν. Ο Κώστας, ένας τοπικός εργολάβος με τον οποίον είχε συνεργαστεί ο Πίτερ, και ο Σουηδός βοηθός του, προσφέρθηκαν να ψάξουν την διαδρομή κατά μήκος της άκρης του γκρεμού, πορεία που έπρεπε να είχε πάρει ο Άλαν για να επιστρέψει στο δωμάτιό του. Ήταν πολύ σκοτεινά το βράδυ για να μπορέσουν να δουν κάτι και ήλπιζαν να βρουν κάποια ένδειξη την επόμενη μέρα με το πρώτο φως. Ο δρόμος βρισκόταν ψηλότερα από την επιφάνεια της θάλασσας και υπήρχαν σημεία απότομα χωρίς προστατευτικές μπάρες ασφαλείας.

Όπως είχαν υποσχεθεί, με την ανατολή του ηλίου την επόμενη μέρα έψαξαν κατά μήκος των βράχων. Έντρομοι εντόπισαν το άψυχο σώμα του Άλαν στη βάση του γκρεμού δίπλα στη θάλασσα. Το τραγικό, ήταν ότι το σημείο στο οποίο έπεσε ήταν μόλις 200 μέτρα από την παραλία. Ήταν τόσο κοντά που, αν ήταν ζωντανός μετά την πτώση, θα μπορούσε απλά να κολυμπήσει ή θα μπορούσε να επέπλεε στην παραλία ακόμα κι αν ήταν πολύ βαριά πληγωμένος. Είτε πέθανε με την πτώση, είτε δεν ήταν σε θέση να κινηθεί. Ίσως να μην το είχε σκεφτεί.

Η Κάθριν ήταν ένα ράκος. Έπρεπε να αντιμετωπίσει όλες τις δυσκολίες στον συντονισμό και στην επικοινωνία με την τοπική αστυνομία, την βρετανική πρεσβεία και τα γραφεία τελετών στην πόλη της Παροικίας και το που θα φυλασσόταν η σωρός έως ότου σταλεί στην Αγγλία. Πριν από αυτό έπρεπε να σταλεί η σωρός σε νοσοκομείο στην Σύρο για γίνει η νεκροτομή και να προσδιοριστούν τα ακριβή αίτια θανάτου. Απ' ότι φάνηκε, η πραγματική αιτία θανάτου ήταν η καρδιακή προσβολή, αλλά το αν αυτό συνέβη πριν ή μετά την πτώση, δεν θα το μαθαίναμε ποτέ.

Εκείνη την περίοδο ήρθε στο προσκήνιο μια Αγγλίδα κυρία που ζούσε στην Παροικία. Το όνομά της ήταν Λόρνι, και ζούσε όλο το χρόνο στην Πάρο, διαχειριζόταν ένα βιβλιοπωλείο μεταχειρισμένων βιβλίων. Τα ελληνικά της ήταν εξαιρετικά, αφού ήταν παντρεμένη με Έλληνα πριν αρκετά χρόνια. Δυστυχώς το χάσμα της Ελληνό-Αγγλικής κουλτούρας και οι ανεκπλήρωτες προσδοκίες προκάλεσαν τη διάλυση του γάμου. Η Λόρνι, πάντα πρόθυμη να βοηθήσει κάποιον που είχε ανάγκη, προσφέρθηκε να κάνει την διερμηνέα ανάμεσα στην Κάθριν και τους διάφορους αξιωματικούς. Καθώς προσπαθούσα να υποστηρίξω και να παρηγορήσω την Κάθριν μέσα σε όλα αυτά, δεν ήταν παράξενο να διασταυρωθούν οι δρόμοι μας με την Λόρνι. Με κάποιο τρόπο, η Λόρνι κατέληξε να διαβάζει το πρώτο μου βιβλίο και, προς μεγάλη μου έκπληξη, μου τηλεφώνησε μια μέρα για να μου πει: «Έχεις έναν!» Από ότι φάνηκε αργότερα, είχε προσευχηθεί την προσευχή στο δεύτερο κεφάλαιο για να δεχτεί τον Χριστό ως Κύριο και Σωτήρα της . Η Λόρνι αναγεννήθηκε! Μπορεί το τίμημα για την αναγέννηση της να ήταν τραγικό, αλλά πρέπει να παραδεχτούμε ότι ήταν άμεσο αποτέλεσμα του θανάτου του Άλαν που η Λόρνι βρήκε τον Χριστό. Από εκείνη τη στιγμή και έπειτα, έγινε η πιο επιμελής παρουσία στις συναθροίσεις της Κυριακής και της Πέμπτης. Από ότι θυμάμαι, πολύ σπάνια, για να μην πω ουδέποτε έχασε συνάντηση τα επόμενα πέντε χρόνια και μου παρείχε πολύτιμη βοήθεια στην διακονία με διάφορους πρακτικούς τρόπους. Για την ακρίβεια η Λόρνι ήταν αυτή που επιμελήθηκε την σύνταξη του πρωτότυπου αντιγράφου του πρώτου μου βιβλίου μετά την πρώτη έκδοση! Τελικά έφυγε από το νησί μετά από χρόνια, επιστρέφοντας στην Αγγλία για να φροντίσει τη μητέρα της. Ήταν για εμάς μία πολύ μεγάλη απώλεια.

Ακριβώς μετά από ένα χρόνο, ανακάλυψα τον λόγο για τον τραγικό θάνατο του Άλαν στην νεαρή ηλικία των σαράντα επτά ετών. Ενώ περπατούσα στο Πίσω Λιβάδι, συναντήθηκα με την Κάθριν, συνοδευόμενη από την μητέρα, τον πατέρα και τον αδελφό της. Είχαν έρθει να την στηρίξουν για τον πρώτο χρόνο απώλειας του Άλαν. Ήθελε να ρίξει τριαντάφυλλα στη θάλασσα του Λογάρα στο σημείο της θανάσιμης πτώσης του. Κάθισα και συζήτησα μαζί τους στο τραπέζι που ήταν στην προβλήτα δίπλα από τα αλιευτικά σκάφη. Κατά τη διάρκεια της συζήτησης, η Κάθριν έκανε ένα σχόλιο που ήταν φοβερά τραγικό. Μου είπε ότι ο Άλαν ΠΑΝΤΑ ΕΛΕΓΕ ΟΤΙ ΘΑ ΠΕΘΑΝΕΙ στην ηλικία των σαράντα επτά, και ότι ποτέ δεν θα γεράσουν τα κόκκαλα του. Αν γνώριζε ότι: «Ζωή και θάνατος είναι στην εξουσία της γλώσσας» Παροιμίες 18:21, δεν θα είχε πει κάτι τέτοιο. Αυτό το σχόλιο δεν ήταν κάτι που είχε πει μόνο μία φορά. Κατά την διάρκεια των χρόνων το έλεγε επανειλημμένα. Ακριβώς όπως η βαρύτητα είναι ένας φυσικός νόμος και ένα ποτήρι που πέφτει από ψηλά στο έδαφος σπάει σε κομμάτια, έτσι και η ομολογία του θανάτου στον εαυτό μας είναι πνευματικός νόμος που μετά βεβαιότητας θα φέρει τον θάνατο. Είχε εκπληρωθεί ακριβώς όπως το είχε πει. Πέθανε στα σαράντα επτά του χρόνια!

Άρπαξα την ευκαιρία να δώσω σε κάθε έναν ένα μικρό φυλλάδιο που εξηγούσε πώς να αναγεννηθείς έχοντας μια πραγματική σχέση με τον Χριστό, και πώς να μην είσαι απλά ένας εκκλησιαζόμενος. Μετά το θάνατο του Άλαν ήθελα να σιγουρευτώ ότι είχαν κάθε ευκαιρία να τακτοποιήσουν την σχέση τους με τον Χριστό. Συχνά όταν οι άνθρωποι πονάνε, απλώνουν το χέρι τους για να κρατηθούν από το χέρι βοήθειας και παρηγοριάς του Χριστού, ενώ όταν όλα βαίνουν καλώς, θεωρούν ότι δεν το έχουν ανάγκη.

Για την ακρίβεια, είχα μια τηλεφωνική συνομιλία τόσο με τον Άλαν όσο και με την Κάθριν τον Φεβρουάριο πριν από το θάνατο του Άλαν. Μια χειμωνιάτικη νύχτα, τηλεφώνησαν από την Αγγλία, έχοντας διαβάσει το πρώτο μου βιβλίο και ήταν πολύ ενθουσιασμένοι. Ο Άλαν, συγκεκριμένα, μου είπε πως ο πατέρας του είχε μόλις πεθάνει και ότι μόλις τον είχαν απολύσει. Ήταν πολύ πεσμένος. Μετά το θάνατο του πατέρα του, ενώ έψαχνε τα υπάρχοντά του, είχε βρει τη Βίβλο του πατέρα του και είχε αρχίσει να την μελετά. Προσπάθησα εκείνο το βράδυ να ενθαρρύνω τον Άλαν, ιδιαίτερα σε ότι είχε σχέση με την απόφασή που έπρεπε να πάρει για να αποδεχτεί τον Χριστό, αλλά μου φάνηκε απρόθυμος σε εκείνο το στάδιο.

Το μόνο που μου απομένει τώρα είναι η ελπίδα ότι κάποια στιγμή μεταξύ της συνομιλίας μας εκείνο το βράδυ, που μου φαινόταν τόσο κοντά και πριν τη στιγμή του θανάτου του, ο Άλαν θα είχε θυμηθεί τα λόγια: «Γιατί, οποιοσδήποτε επικαλεστεί το όνομα του Κυρίου θα σωθεί». Η ελπίδα μου είναι ότι, ακόμη και αν δεν είχε δεχτεί τον Χριστό πριν από την πτώσης του, σε εκείνες τις στιγμές πριν από το θάνατό του θα συνειδητοποιούσε την απελπιστική κατάσταση στην οποία βρισκόταν και θα έκραζε προς τον Ιησού: «Κύριε Ιησού, σώσε με!»

Ο Άλαν δεν ήταν ο μόνος φίλος που χάσαμε ξαφνικά εξαιτίας των απρόσεκτων ομολογιών που έκανε εν μέσω άγνοιας. Ο Άσλεϊ πέθανε από την ίδια ακριβώς αιτία τη νύχτα των 39ων γενεθλίων του. Ο Άσλεϊ ήταν ένας Άγγλος που είχε έρθει να ζήσει στο νησί. Στα πρώτα του χρόνια εδώ, όπως και οι περισσότεροι, είχε δυσκολευτεί να βγάζει τα προς το ζην. Παρόλο που στην Αγγλία εργαζόταν στον κλάδο των εκτυπώσεων, στην Πάρο έπρεπε να ασχοληθεί με χειρωνακτική εργασία, ακόμα και με βαριές εκσκαφές πηγαδιών. Στη συνέχεια, ξαφνικά η τύχη του άλλαξε. Ο πατέρας του πέθανε και κληρονόμησε το σπίτι και τα χρήματά του. Ξαφνικά, μπορούσε να ζει σε ένα άνετο, άρτια επιπλωμένο, νησιωτικό διαμέρισμα, αφού είχε μεταφέρει αρκετά έπιπλα από την Αγγλία. Τα χρήματα πλέον δεν ήταν πρόβλημα. Στα γενέθλιά του, έκανε πάρτι σε μια τοπική ταβέρνα της "Άννας και του Γιώργου", στο ίδιο μέρος που είχαμε γλεντήσει στο γάμο του Στείβεν και της Σαμάνθα. Κατά τη διάρκεια της βραδιάς, τρεις φορές ήρθε και μου είπε «ΕΑΝ ΠΕΘΑΝΩ ΑΠΟΨΕ, θα πεθάνω ευτυχισμένος, ΔΕΝ ΘΕΛΩ ΝΑ ΖΗΣΩ ΑΛΛΟ ΚΑΙ ΝΑ ΓΙΝΩ ΣΑΡΑΝΤΑ ΧΡΟΝΩΝ, εάν γίνω σαράντα θα έχω περάσει στην εποχή των γηρατειών!»

«Άσλεϊ», του έβαλα τις φωνές λέγοντας «μην το λες αυτό, δεν αντιλαμβάνεσαι την δύναμη που έχουν τα λόγια σου».

Ως συνήθως, ο Πίτερ και εγώ φύγαμε νωρίτερα. Την επόμενη μέρα, μάθαμε ότι μόλις τελείωσε το πάρτι, επέμενε να οδηγήσει με την μηχανή του μία κοντινή απόσταση έως το σπίτι του. Πάρα το γεγονός ότι είχε καταναλώσει αρκετό αλκοόλ, είχε αρνηθεί κατηγορηματικά τις προσφορές των φίλων για να τον μεταφέρουν εκείνοι. Το μόνο που τους απέμενε ήταν να του ρίξουν μπουνιά για να χάσει τις αισθήσεις του, επειδή δεν μπορούσαν με κανένα τρόπο να τον αποτρέψουν, μα ούτε υπήρχε περίπτωση να του κρύψουν την μηχανή ή να του πάρουν τα κλειδιά. Ένιωσα τόσο αποτυχημένη, γιατί δεν κάλυψα τα λόγια του με το αίμα του Ιησού για να τα καταστήσω αδύναμα. Απλά δεν μου πέρασε από το μυαλό. Τα επόμενα χρόνια, αυτό γινόταν αυτόματα κάθε φορά που άκουγα κάποιον να λέει αρνητικά λόγια. Είχα πάρα πολλά να μάθω για τη μάχη που δίνεται για κάθε ζωντανή ψυχή.

Δυστυχώς η τραγική λίστα εκείνων που πέθαναν εξαιτίας της κατάρας που είχε απελευθερωθεί στην ζωή τους από τα λόγια τους, δεν τελειώνει εκεί. Ένας άλλος φίλος θα πέθαινε με τον ίδιο τρόπο. Τη νύχτα της τελετής έναρξης των Ολυμπιακών

Αγώνων του 2004, ο γιος ενός φίλου, ο Δημήτρης, επιστρέφοντας από τη Νάουσα, όπου διασκέδαζε με φίλους σκοτώθηκε στο δρόμο της επιστροφής από Αλυκή, έχοντας προσφερθεί να πάει κάποιον φίλο του στο σπίτι του. Όπως και οι περισσότεροι Έλληνες εκείνη τη νύχτα, είχε τα κέφια του. Αποφάσισε να οδηγήσει και να μην πάρει ταξί για την ασφάλειά του. Μάθαμε ότι οι φίλοι του προσπάθησαν να τον πείσουν να μην οδηγήσει, αλλά ήταν νέος και ανέμελος και χαριτολογώντας ΕΙΧΕ ΠΕΙ: «ΜΑ ΚΑΛΑ, ΔΕΝ ΘΑ ΕΡΘΕΤΕ ΑΥΡΙΟ ΣΤΗΝ ΚΗΔΕΙΑ ΜΟΥ;!»

Την επόμενη μέρα, ένα μαύρο σύννεφο υπήρχε πάνω από το σπίτι τους, καθώς η μητέρα και ο πατέρας του οδύρονταν από τη θλίψη, τα μάτια τους κοκκινισμένα μετά από ώρες κλαυθμού για τον αδικοχαμένο γιο τους. Δεν είχαν συνειδητοποιήσει ότι αυτά τα λίγα απρόσεκτα λόγια πιθανότατα να κόστισαν στον Δημήτρη τη ζωή του.

Ένα άλλο παρόμοιο περιστατικό ήταν μια οικογένεια πολύ κοντινή σε μας: για την ακρίβεια ήταν η οικογένεια που γνώριζε ο Πίτερ για μεγαλύτερο χρονικό διάστημα από όλες τις άλλες. Διαχειριζόντουσαν μια ταβέρνα στην παραλία και ήταν οι άνθρωποι από τους οποίους είχαμε νοικιάσει το σπίτι στην Μάρπησσα. Ο Πίτερ πάντα έμενε στα ενοικιαζόμενα δωμάτιά τους και έτρωγε στο εστιατόριο τους πριν μετακομίσει εδώ. Το καλοκαίρι του 2000 ο πατέρας της οικογένειας αυτής πέθανε ξαφνικά ενώ ήταν υγιέστατος. Ήμασταν βέβαιοι ότι είχε πάει στον Κύριο: ήταν από εκείνους τους σπάνιους Έλληνες που αγαπούσαν πραγματικά τον Κύριο και το Λόγο Του. Κάθε μήνα, που πηγαίναμε να πληρώσουμε το ενοίκιο του σπιτιού τους στο χωριό, είχαμε πολύ καλές συζητήσεις για τον Θεό με εκείνον και τη σύζυγό του. Πριν από το θάνατό του, είχαμε μοιραστεί μαζί τους το μήνυμα του ευαγγελίου, χρησιμοποιώντας ένα ημερολόγιο που ήταν στα ελληνικά το οποίο τους δίναμε κάθε χρόνο τον Ιανουάριο. Είχαμε επίσης διαβάσει μαζί ένα πολύ καλό χριστιανικό φυλλάδιο που στην μια πλευρά είχε απόσπασμα από το Ευαγγέλιο κατά Ιωάννην 3:16 και από την άλλη είχε την προσευχή της μετάνοιας για να λάβουν τον Χριστό ως Κύριο και Σωτήρα τους. Κάθε χρόνο στις αρχές του Ιανουαρίου, εάν δεν είχαμε μαζί μας το ημερολόγιο, μας ζητούσε να του φέρουμε ένα. Απολάμβανε το εδάφιο της κάθε μέρας από την Βίβλο που αναφερόταν στο ημερολόγιο. Η πίστη του στον Χριστό ήταν εμφανής και εκδηλωνόταν με τα "καλά έργα" που έπραττε: πήρε έναν νεαρό Αλβανό υπό την προστασία του, τον φρόντιζε και τον έπαιρνε μαζί του στο αγρόκτημα. Πολλές φορές, τον έβλεπαν στο τρακτεράκι του με το αγόρι στο πλευρό του. Ο ήχος που ακουγόταν από το όχημα, όταν περνούσε με την ιλιγγιώδη ταχύτητα των 10 χλμ. την ώρα ήταν "Πάπ, Πάπ, Πάπ". Ήταν ένα μικρό ανοιχτό τρακτεράκι με καρότσα, στην οποία έβαζε τα λαχανικά και τα εργαλεία του. Σε αντίθεση με τους περισσότερους ανθρώπους, συμπεριφερόταν στο αγόρι σαν να τον είχε υιοθετήσει και όχι σαν εργαζόμενο.

Πέθανε ειρηνικά στην ηλικία των εβδομήντα έξι, και από όσο ήξερα, δεν είχε καμία αρρώστια. Παρόλα αυτά, ο θάνατός του ήταν μεγάλη απώλεια για όλη την οικογένεια. Ο μεγαλύτερος γιος του ήταν απαρηγόρητος και πολλούς μήνες αργότερα, μου είπαν ότι είχε πει, «ΔΕΝ ΘΕΛΩ ΝΑ ΖΗΣΩ ΑΛΛΟ ΧΩΡΙΣ ΤΟΝ ΠΑΤΕΡΑ ΜΟΥ». Μέσα σε σαράντα μέρες τα λόγια καρποφόρησαν και ο ίδιος ήταν νεκρός στην ηλικία των πενήντα ετών.

Φοβερή τραγωδία. Και πάλι συνειδητοποιήσαμε την αλήθεια των λέξεων: «Ζωή και θάνατος είναι στην εξουσία της γλώσσας!»

Την ίδια χρονιά που ο Άλαν πέθανε και η Κάθριν υπέστη ψυχολογικό σοκ από το θάνατό του, ο Πίτερ περνούσε τη δική του δοκιμασία με διαφορετικό τρόπο. Για χρόνια και ανά τακτά χρονικά διαστήματα τον ταλαιπωρούσαν έντονοι πόνοι στα νεφρά. Πολύ πριν έρθουμε να ζήσουμε στην Ελλάδα, έπρεπε να υποβληθεί στην διαδικασία της ενδοσκοπικής αφαίρεσης λίθων με λέιζερ στο Βέλγιο. Κατά την διάρκεια των ετών, η υψηλή περιεκτικότητα ασβεστίου στο πόσιμο νερό της Πάρου είχε κάνει την ζημιά της, μετατρέποντας σιωπηλά και απαρατήρητα το εξαιρετικό λευκό μάρμαρο του υδροφόρου ορίζοντα της Πάρου σε άσχημες γκρίζες πέτρες που συσσωρεύονταν στα νεφρά του. Θα ταίριαζαν πολύ σε ένα σεληνιακό τοπίο ή στον κρατήρα του ηφαιστείου της Σαντορίνης. Μετά από αρκετά χρόνια καθώς συλλέγαμε πληροφορίες από διάφορες πηγές, κατανοήσαμε τους κινδύνους. Η σπανακόπιτα και το ασβέστιο στο γιαούρτι και στην φέτα ήταν ένας τέλειος συνδυασμός για την τροφοδοσία των λίθινων σχηματισμών, ακόμη και χωρίς τον κίνδυνο του ασβεστίου στο νερό. Σπάνια έτρωγα σπανάκι στην Αγγλία, αλλά στην Ελλάδα ο κατάλογος των εύγευστων συνταγών με σπανάκι ήταν ατελείωτος, σπανακόπιτα, σπανακόρυζο, καθώς και γίγαντες με σπανάκι, φέτα και σάλτσα ντομάτας. Το σπανάκι, με τεράστια περιεκτικότητα 750 mg ανά μισό φλιτζάνι, δεσπόζει ψηλά στον κατάλογο των κοινών τροφίμων με οξαλικά. Εξίσου επικίνδυνα ήταν τα μαγειρεμένα φύλλα παντζαριού, άλλη μια λιχουδιά, ενώ μερικοί άνθρωποι από άγνοια πετάνε τα φύλλα! Τα φιστίκια, η σοκολάτα, ακόμη και το πρωινό φλιτζάνι τσαγιού είχαν συμβάλλει στο αποτέλεσμα. Για τους ανθρώπους που δεν είχαν την τάση να δημιουργούν πέτρες στα νεφρά, ο δρόμος ήταν ανοιχτός για την απόλαυση τέτοιων λιχουδιών, αλλά για την άτυχη μειονότητα, έπρεπε να επιδεικνύετε μεγάλη αυτοσυγκράτηση. Πριν μάθουμε για αυτές τις τροφές, η έξοδος για δείπνο σε εστιατόριο ήταν μία σίγουρη πηγή ευχαρίστησης. Πολύ συχνά ο Πίτερ έπρεπε να αφήσει το φαγητό του, να επιστρέψει στο σπίτι και να ξαπλώσει εωσότου περάσει ο πόνος με τη βοήθεια κατάλληλων παυσίπονων.

Πολλές φορές προσευχηθήκαμε προσμένοντας οι πέτρες να διαλυθούν, ή απλά να εξαφανιστούν με θαυματουργικό τρόπο. Μετά την προσευχή, ο Πίτερ ένιωθε ανακούφιση από τον πόνο για κάποιο χρονικό διάστημα, μέχρι την στιγμή που επανερχόταν και διέλυε με την επανεμφάνιση του τις ελπίδες μας. Αρκετές φορές, ακόμη και με την προσευχή, ο Πίτερ σφάδαζε από τον πόνο από μία έως και τέσσερις ώρες!

Τελικά, δεν μας έμεινε άλλη λύση εκτός από το να παραδοθούμε και να ακολουθήσουμε το δρόμο του νοσοκομείου. Αυτή δεν ήταν η ευκολότερη των επιλογών λαμβάνοντας υπόψη τον τρόπο ζωής στην Ελλάδα που τώρα θα σας εξηγήσω. Για περισσότερο από δέκα χρόνια ο Πίτερ εργαζόταν ως οικοδόμος. Έπρεπε να του κολλούν ένσημα για κάθε εργάσιμη μέρα, αλλά, στο τέλος του κάθε εργάσιμου μήνα (είκοσι τέσσερις εργάσιμες ημέρες), συνήθως λάμβανε από οκτώ έως δώδεκα ένσημα μόνο. Εκείνη την εποχή, με αυτόν τον τρόπο οι Έλληνες που ανέγειραν κάποια οικοδομή ελαχιστοποιούσαν τις φορολογικές τους εισφορές που σχετίζονταν με τα εργατικά έξοδα για να μειώσουν το συνολικό κόστος του κτιρίου. Αυτό ήταν παράνομο, και θεωρητικά ο εργαζόμενος μπορούσε να αναφέρει το θέμα στην αρμόδια κυβερνητική αρχή, όμως αυτή η πράξη θα σήμαινε απώλεια της εργασίας του. Το χειρότερο ήταν ότι αν μαθευόταν στην τοπική κοινωνία, θα ήταν απίθανο για εκείνον να ξαναβρεί δουλειά. Παρ 'όλα αυτά οκτώ έως δώδεκα ένσημα το μήνα ήταν αρκετά για την κάλυψη της οποιασδήποτε νοσοκομειακής περίθαλψης. Εκείνη την εποχή δεν γνωρίζαμε ότι μελλοντικά αυτό θα συνέβαλε σε απώλεια συνταξιοδοτικών παροχών.

Το πρόβλημα ήταν ότι, ενώ ο Πίτερ είχε βιβλιάριο ασφάλισης εργαζομένου έως το 2001, εκείνη την εποχή, οι οικοδομικές εργασίες συνεχώς μειωνόντουσαν και αυτές που μπορούσε να βρει δεν επαρκούσαν για να τον κρατήσουν στο ασφαλιστικό σύστημα υγείας. Το αφεντικό του και ο γιός του ήθελαν να μεγιστοποιήσουν τον αριθμό των δικών τους ενσήμων και όποτε τους δινόταν η ευκαιρία, απέφευγαν να προσλάβουν επιπλέον προσωπικό. Όλο και περισσότερο, ο Πίτερ αναγκαζόταν να ασχοληθεί με κηπουρικές εργασίες. Οι ιδιοκτήτες ήταν ευχαριστημένοι που έβρισκαν κάποιον αξιόπιστο στη δουλειά του και το γεγονός ότι μιλούσε φλαμανδικά, γαλλικά, γερμανικά, αγγλικά και ελληνικά, έκανε την επικοινωνία πολύ πιο εύκολη. Με αυτή την δουλειά μπορούσαμε να τραφούμε και να πληρώνουμε τους λογαριασμούς μας, το αρνητικό της υπόθεσης ήταν ότι δεν είχαμε ασφάλιση υγείας.

Το κόστος κάθε συνεδρίας για την διάλυση των πετρών μέσω της διαδικασίας της λιθοτριψίας ήταν περίπου 500 ευρώ και πιθανότατα να χρειαζόταν από 4 έως 6 συνεδρίες. Ήταν μια περιουσία για μας και δεν είχαμε τόσα χρήματα. Περίπου εκείνη την εποχή μάθαμε ότι η Ελλάδα είχε σύστημα κοινωνικής πρόνοιας για άπορους ανθρώπους που πραγματικά αδυνατούσαν να πληρώσουν την νοσοκομειακή τους περίθαλψη. Έτσι άρχισε η ατελείωτη σειρά τηλεφωνημάτων και αλληλογραφίας με μια κυρία σε κάποιο γραφείο στη Σύρο. Ο Πίτερ έπρεπε να της προσκομίσει τιμολόγιο παροχής ηλεκτρικής ενέργειας στο όνομα μας για να αποδείξει ότι ζούσαμε στην Ελλάδα αρκετά χρόνια, συνοδευόμενο από το ληγμένο βιβλιάριο υγείας, τις φορολογικές δηλώσεις και μια ολόκληρη λίστα από χαρτιά.

Η Μαρία στη Σύρο έγινε μια ηλιαχτίδα ελπίδας για μάς όταν μας ανέφερε ότι ο Πίτερ δικαιούταν βοήθεια και μπορούσε να δεχτεί ιατρική φροντίδα ώστε να δοθεί ένα τέλος στους πόνους και στη μιζέρια. Δεν είχαμε ιδέα γιατί η προσευχή δεν είχε διαλύσει τις πέτρες, αλλά διαμέσου της προσευχής μάθαμε για την ύπαρξη ενός άγνωστου σε εμάς συστήματος που θα κάλυπτε τα έξοδα. Ο Πίτερ ήταν απλώς ευγνώμων που μπορούσε μέσω αυτής της οδού να δεχτεί ιατρική φροντίδα.

Αυτό ήταν το υπόβαθρο για το πώς έγιναν όλα στις αρχές Ιανουαρίου του 2003. Ο Πίτερ πήρε το πλοίο προς Πειραιά για μια μέρα εξετάσεων, το αποτέλεσμα των οποίων θα καθόριζε την σωστή θεραπεία. Επιστρέφοντας, τα νέα δεν ήταν καλά. Οι πέτρες ήταν πολύ μεγάλες και βρισκόντουσαν και στα δύο νεφρά. Οι γιατροί έπρεπε να προχωρήσουν σε μια λεπτή χειρουργική επέμβαση για να τις αφαιρέσουν. Θα άρχιζαν με την θεραπεία της λιθοτριψίας για να σπάσουν τις πέτρες, ενώ εμείς θα ανακαλύπταμε τους κινδύνους που διατρέχουν όσοι ζουν σε νησιά ειδικότερα τον χειμώνα, ένας λόγος για τον οποίο πολλοί Έλληνες και ξένοι αποφεύγουν τη ζωή στο νησί.

Η ζωή είχε γίνει μια σειρά ταξιδιών με τα

νυχτερινά πλοία προς Πειραιά να αναχωρούν στις 23:00 το βράδυ τις κρύες χειμωνιάτικες νύχτες και να φτάνουν στις 05:00 το πρωί. Στη συνέχεια έπρεπε να περιμένει τα πρώτα δρομολόγια τρένων προς την Αθήνα και έπειτα προς το Σισμανόγλειο νοσοκομείο. Το κόστος αυτών των μηνιαίων ταξιδιών αυξανόταν συνεχώς κατά τη διάρκεια του έτους ιδιαίτερα όταν ο άνεμος έπνεε με οχτώ μποφόρ ή παραπάνω, όπου θα έπρεπε να περάσει μια μοναχική νύχτα σε ένα υποβαθμισμένο ξενοδοχείο σε μια άθλια μεριά του λιμανιού, με τριάντα ευρώ επιπλέον έξοδα. Για κάποιον που αμειβόταν με αγγλικό μισθό, το ελληνικό μεροκάματο ήταν μία ταπεινωτική εμπειρία. Ήμασταν εντελώς εξαρτημένοι από το Θεό για να μας προμηθεύει όλες μας τις ανάγκες. Στο μεταξύ εξακολουθούσε να κερδίζει τα προς το ζην με τις κηπουρικές εργασίες, και με τα νεφρά του σε άσχημη κατάσταση. Αυτό δεν ήταν πάντα εύκολο. Ένα μεσημέρι, ο Πίτερ υπέφερε από δυνατούς πόνους αφού είχε εργαστεί στο κρύο όλη την μέρα. Ο κόπος του πήγε στράφι εκείνη την ημέρα. Για το δείπνο είχα μαγειρέψει σουφλέ κολοκυθιών, το οποίο Ο Πίτερ δυσκολεύτηκε να φάει σε τέτοιο βαθμό που έκανε εμετό και αποσύρθηκε στην κρεβατοκάμαρα. Το καλύτερο που μπορούσα να κάνω ήταν μια βόλτα στην παραλία για να προσευχηθώ. Απλά δεν άντεχα να τον βλέπω να υποφέρει τόσο, και να σφαδάζει από τον πόνο. Όταν γύρισα σπίτι, ο πόνος είχε υποχωρήσει.

Η επιστροφή του από το νοσοκομείο στις 21 Ιανουαρίου έφερε και άλλα άσχημα νέα. Μετά από το φαρμακευτικό διάλυμα στις φλέβες, επακολούθησαν οι ακτινογραφίες των νεφρών οι οποίες αποκάλυψαν ότι ο αριστερό νεφρό ήταν πρησμένο μιάμιση φορά παραπάνω από το κανονικό του μέγεθος. Αυτό σήμαινε ότι δεν μπορούσαν να προχωρήσουν στην εγχείρηση εωσότου υποχωρήσει το πρήξιμο. Για να το πετύχουν αυτό, έπρεπε να κάνουν μια προσωρινή παράκαμψη του νεφρού, τοποθετώντας έναν αυτοσυγκρατούμενο ουρητικό καθετήρα που στα αγγλικά λέγεται PIGTAIL. Αυτή η διαδικασία έπρεπε να γίνει και στις δύο πλευρές περιμένοντας άλλους 2-3 μήνες μέχρι να τον χειρουργήσουν για να αφαιρέσουν τις πέτρες. Στην πραγματικότητα, χρειάστηκε πολύ περισσότερο. Για αυτή την πρώτη εγχείρηση δεν υπήρχε διαθέσιμο κρεβάτι, οπότε επέστρεψε στο νησί. Η αναμονή με ανακούφισε, επειδή ακόμα προσευχόμουν για ένα θαύμα. Για πρώτη φορά μετά από εβδομάδες ένιωσα ότι όλα θα πήγαιναν καλά. Περάσαμε ένα σαββατοκύριακο λατρείας στον Θεό, και προσμέναμε το θαύμα.

Ωστόσο, όταν βρέθηκε διαθέσιμο κρεβάτι μετά από μια εβδομάδα αναμονής, οι πέτρες ήταν ακόμα εκεί, πάρα τις προσευχές μου. Ο Πίτερ ταξίδεψε την Κυριακή το βράδυ, μπήκε στο νοσοκομείο και τον ακολούθησα την επόμενη βραδιά για να είμαι μαζί του στην εγχείρηση την Τρίτη. Τα νοσοκομεία στην Ελλάδα τότε αλλά και τώρα, απαιτούν από τα μέλη της οικογένειας να παρέχουν ημερήσια και νυκτερινή φροντίδα για πράγματα που θα γινόντουσαν από τις νοσηλεύτριες στην Αγγλία και στο Βέλγιο. Έτσι λοιπόν, ήμασταν, πίσω στα χέρια των γιατρών, και το πολυαναμενόμενο θαύμα δεν είχε φανερωθεί. Απλά έπρεπε να παραδεχτούμε ότι ο Θεός είχε τους λόγους Του, για να μας στείλει πίσω στο νοσοκομείο.

Πήραν τον Πίτερ στο χειρουργείο στις 10:00, εγώ είχα φτάσει στις 07:00 έχοντας ταξιδέψει όλη νύχτα και δεν αισθανόμουνα ότι είμαι στα καλύτερα μου. Η μάχη του νου μόλις είχε ξεσπάσει. Κάθε σκέψη θανάτου βομβάρδιζε το μυαλό μου. Αντιμαχόμουν ομολογώντας εδάφια και παραπομπές από την Αγία Γραφή που σχετίζονται με την ζωή και την θεραπεία. Δεν ήταν καθόλου περίεργο που υπήρχε ένα βιβλίο με το τίτλο «Το πεδίο μάχης του νου.» Ένιωσα τόση ευγνωμοσύνη όταν τον έφεραν πίσω στο δωμάτιο ζωντανό!

Στις 19:00 το απόγευμα, μια πολύ καλή πιστή Ελληνίδα φίλη, η Ιωάννα, έφτασε και έφερε μαζί της δώρα, φαγητό και βιβλία, αλλά πάνω από όλα ήρθε να προσευχηθεί μαζί μας. Ένιωθα μια βαθιά αγάπη γι 'αυτήν καθώς προσευχόμασταν μαζί: πόσο υπέροχο είναι να είσαι μέλος της οικογένειας του Θεού! Εκείνο το βράδυ κοιμήθηκα ειρηνικά κάτω από το κρεβάτι του Πίτερ στον υπνόσακο. Οι νοσοκόμες δεν προβληματιζόντουσαν καθόλου από αυτό το γεγονός καθώς γνώριζαν ότι ζούσαμε σε νησί. Ο Πίτερ έφυγε νωρίς το πρωί για ακτινογραφίες και εξέταση ούρων. Την ώρα του μεσημεριανού φαγητού, μας δόθηκε το πράσινο φως για να φύγουμε από το νοσοκομείο. Απλά έπρεπε να περάσουμε την διαδικασία εξόδου του νοσοκομείου και να πληρώσουμε το οφειλόμενο ποσό. Η εγχείρηση κόστιζε 600 ευρώ, συν το κόστος του κρεβατιού που ήταν 88 ευρώ τη βραδιά. Ο Πίτερ έμεινε δύο νύχτες, συν τα γεύματα, 200 ευρώ επιπλέον. Είχα προσευχηθεί να μην χρειαστεί να πληρώσουμε την εγχείρηση και ευτυχώς μας ζητήθηκε μόνο να πληρώσουμε τα 200 ευρώ του κρεβατιού και των γευμάτων. Ο Θεός είναι τόσο πιστός. Κανένας από τους γιατρούς δεν μας ζήτησε το συνηθισμένο "φακελάκι", γεγονός που μας έκανε να νιώσουμε μεγαλύτερη ευγνωμοσύνη. Έχοντας τον Θεό μαζί μας, δεν ζήσαμε καμία κακή εμπειρία, σαν αυτές που διηγούνται οι άνθρωποι στα ελληνικά νοσοκομεία.

Το λεωφορείο για τον σταθμό του τρένου αναχωρούσε ακριβώς έξω από την κεντρική είσοδο του νοσοκομείου και δεν χρειάστηκε να περιμένουμε πολύ για να έρθει το επόμενο. Ανεβήκαμε, και μετά από πέντε λεπτά συνειδητοποίησα ότι είχα ξεχάσει την τσάντα μου στον πάγκο της στάσης. Στην τσάντα μου είχα τα διαβατήρια, τα χρήματα και τα κλειδιά του σπιτιού! Τι φρίκη! Βγήκαμε γρήγορα από το λεωφορείο, σταματήσαμε ένα ταξί και ζητήσαμε να μας πάει στο νοσοκομείο, αλλά πετύχαμε τον μοναδικό οδηγό ταξί που δεν ήξερε πού ήταν το νοσοκομείο. Ήταν περαστικός και δεν γνώριζε την περιοχή. Τελικά κατάφερε να εντοπίσει που ήταν το νοσοκομείο, όμως η τσάντα είχε κάνει φτερά. Πιστεύοντας όπως πάντα ότι ο Θεός μας είχε στην παλάμη του χεριού του και δεν θα μας απογοήτευε ποτέ, ρώτησα στο μικρό περίπτερο που ήταν εκεί κοντά αν είχαν δει μια τσάντα. Και ναι, την είχε ασφαλή και ανέγγιχτη. Τα χρήματα, τα διαβατήρια και τα κλειδιά ήταν άθικτα. Εκείνη την στιγμή παρ' ολίγο να χοροπηδήσω από την χαρά μου. Ο περιπτεράς αρνήθηκε την οποιαδήποτε χρηματική ανταμοιβή του προσφέραμε, κι έτσι γεμάτοι ευγνωμοσύνη αναχωρήσαμε με το επόμενο λεωφορείο, κρατώντας σφιχτά την τσάντα και τη βαλίτσα του Πίτερ.

Φανταστείτε την απογοήτευσή μας όταν τελικά φτάσαμε στο λιμάνι και διαπιστώσαμε ότι τα πλοία της γραμμής είχαν απαγορευτικό απόπλου λόγω κακοκαιρίας. Μετά από όλα όσα είχαμε περάσει και πάλι δεν μπορούσαμε να πάμε σπίτι. Δεν είχαμε άλλη επιλογή από το να μείνουμε σε κάποιο ξενοδοχείο, για να πάρουμε το πλοίο της επόμενης μέρας. Αφού αρνηθήκαμε την πρώτη προσφορά για δωμάτιο στα 50 ευρώ τη βραδιά, συμβιβαστήκαμε με φθηνότερη λύση στα 35 ευρώ τη βραδιά. Εκείνη την κρύα και σκοτεινή νύχτα του Φεβρουαρίου, δεν μπορούσαμε να κάνουμε τίποτα άλλο από το να πάμε για ύπνο από τις 19:00 για να μπορέσει ο Πίτερ να ξεκουραστεί. Έως τις 21:00 το βράδυ, είχαμε κοιμηθεί του καλού καιρού, παρά το γεγονός ότι ακουγόντουσαν κόρνες από την κίνηση στους δρόμους γύρω από το ξενοδοχείο.

Ξυπνήσαμε νωρίς στις 06:00 ελπίζοντας να προλάβουμε το πλοίο που συνήθως αναχωρούσε στις 7:30 για Πάρο. Ο Πίτερ ήταν πολύ πρόθυμος ή μάλλον απεγνωσμένος για να φτάσει σπίτι. Πετάχτηκε από το κρεβάτι και πήγε στο πρακτορείο να μάθει τα τελευταία νέα «Συγνώμη αλλά το πλοίο ενδέχεται να αναχωρήσει κάποια στιγμή από τις 10:00 έως κάποια μεσημβρινή ώρα». Ήταν δελεαστικό να μείνουμε στο κρεβάτι μέσα στην ζεστασιά, αλλά, μιας και μιλάμε για την Ελλάδα, αντιλαμβανόμασταν ότι τα πράγματα μπορούσαν να αλλάξουν ανά πάσα στιγμή. Αποφασίσαμε να πάμε στο πλοίο και να επιβιβαστούμε νωρίς, για να σιγουρευτούμε ότι δεν θα αναχωρούσε χωρίς εμάς και ότι θα εξασφαλίζαμε μια θέση για τον Πίτερ. Μετά από τέσσερις ώρες αναμονής, τελικά αναχώρησε και έπειτα είχαμε ένα ταξίδι περίπου τεσσερισήμισι ωρών όπου υποφέραμε. Και πράγματι η λέξη υποφέραμε ήταν η σωστή λέξη αφού μετά από δύο ώρες στη θάλασσα, πέσαμε σε καταιγίδα. Αν και τα καινούργια πλοία της Blue Star είχαν εξαιρετικούς σταθεροποιητές, το στομάχι μου ήταν χάλια.

Ήμασταν ευγνώμονες όταν τελικά αποβιβαστήκαμε στην ηλιόλουστη Πάρο. Προς το παρόν, η δοκιμασία είχε τελειώσει. Ευτυχώς που πήραμε το πλοίο εκείνη την ημέρα, επειδή η επόμενη επιφύλασσε θυελλώδεις ανέμους εντάσεως εννέα μποφόρ, και καταρρακτώδεις βροχές εξαιτίας των οποίων δεν θα μπορούσαμε να ταξιδέψουμε με κανένα πλοίο!

Το ταξίδι στην Αθήνα ήταν η αρχή πολλών νοσοκομειακών επισκέψεων κατά την διάρκεια του 2003 που ήταν μια πολύ δύσκολη χρονιά. Οι πέτρες που σχηματίστηκαν στο σώμα του Πίτερ με το πέρασμα των χρόνων, δεν θα απομακρυνόντουσαν μέσα σε μια μέρα, αλλά μετά από μια σειρά μηνιαίων επισκέψεων έως τον Φεβρουάριο του 2004. Μια τελευταία ατίθαση πέτρα που άντεξε πολλές συνεδρίες λιθοτριψίας έπρεπε τελικά να αφαιρεθεί μέσω λαπαροσκοπικής επέμβασης.

Στην Πάρο, οι καταιγίδες κράτησαν για αρκετές μέρες. Μέσα σε λίγες εβδομάδες, σημειώθηκαν οι χειρότερες πλημμύρες των τελευταίων χρόνων. Η μανία του ξεχειλισμένου ποταμού που κατέβαινε από τα βουνά ήταν τέτοια που η πετρόκτιστη γέφυρα στο λιμάνι της Νάουσας παρασύρθηκε τελείως στη θάλασσα, μαζί με πολλά αυτοκίνητα. Πολλά σπίτια είχαν πλημμυρίσει και τα έπιπλα που ήταν στα υπόγεια είχαν καταστραφεί. Ευτυχώς που το σπίτι μας είναι στην κυριολεξία κτισμένο πάνω σε στέρεο βράχο και δεν υπέστη καμία ζημιά. Η κλίση του εδάφους είναι πολύ ομαλή και ως εκ τούτου, η όποια νεροποντή, κυλά από την βόρειο ανατολική γωνία προς την νότια γωνία σε υψόμετρο δύο μέτρων πάνω από το έδαφος. Δεν ήταν μέρος των σχεδίων μας να υπάρχει τέτοια υψομετρική διαφορά από το έδαφος, και ο λόγος από μόνος του είναι μια «Ελληνική» ιστορία.

Αρχικά είχαμε υπολογίσει για τα θεμέλια του σπιτιού και τις κολώνες από μπετόν, περίπου δύο εκατομμύρια δραχμές (£ 6.000). Αυτό περιλάμβανε τα εργατικά της εκσκαφής των θεμελίων, με δύο μπουλντόζες: η μία είχε κομπρεσέρ για να σπάσει το βράχο και η άλλη απομάκρυνε τα βράχια. Τρεις μέρες αργότερα, εξακολουθούσαν να σκάβουν στο νότιο άκρο του σπιτιού, όπου η στέρνα, η δεξαμενή του νερού θα έπρεπε να τοποθετηθεί κάτω από τις βεράντες. Όταν ο Πίτερ επέστρεψε σπίτι την τρίτη μέρα, τρόμαξε αντικρίζοντας την τεράστια τρύπα στο έδαφος που ήταν αρκετά μεγάλη για μια πισίνα μικρού μεγέθους!

«Σταματήστε, σταματήστε!», τους φώναξε, «τι γίνεται εδώ;»

«Σκάβουμε για τη δεξαμενή νερού. Το ξέρετε ότι όσο νερό και να έχετε πότε δεν θα είναι αρκετό.»

«Φυσικά και θέλαμε το νερό, απλώς το πρόβλημα ήταν το κόστος του μπετόν για την κατασκευή της δεξαμενής.» Ο προϋπολογισμός μας για το μπετόν μόλις είχε διπλασιαστεί.

Αυτό που δεν είχαμε συνειδητοποιήσει ήταν ότι κάθε φορά που έβρεχε καταρρακτωδώς, θα ήμασταν ψηλότερα από τα νερά. Αποφύγαμε πολλά από τα προβλήματα των άλλων όταν επιλέξαμε να μην φτιάξουμε παράνομα υπόγειο. Οι πλημμύρες της Πάρου εκείνη τη χρονιά άφησαν πίσω τους μια σωρεία από μουσκεμένα στρώματα και κατεστραμμένα έπιπλα. Ήταν άλλη μια απόδειξη του λόγου που λέει «Του ανθρώπου η καρδιά μελετά τι πρόκειται να κάνει, αλλά τα βήματά του τα κατευθύνει ο Κύριος».

Επίσης οι εργάτες είχαν δίκιο λέγοντας: «Όσο νερό και να έχετε ποτέ δεν θα είναι αρκετό». Από τότε που εγκατασταθήκαμε στο σπίτι το 1994, η τιμή του νερού έχει εκτοξευθεί, αλλά εμείς έχουμε δωρεάν παροχή καθαρού βρόχινου νερού από τη ταράτσα. Για αρκετά χρόνια το χρησιμοποιούσαμε μόνο για να ποτίζουμε τον κήπο όπου ήταν φυτεμένα λαχανικά, ντομάτες, πιπεριές και διάφορα οπωροφόρα δέντρα. Αργότερα συνειδητοποιήσαμε τη προοπτική αξιοποίησης του στο σπίτι.

Μια χριστιανική οικογένεια από την Αγγλία που μας επισκεπτόταν συχνά, μας χάρισε γενναιόδωρα £500. Ήταν εις γνώσιν μας εδώ και πολύ καιρό ότι οι ξηρασίες γινόντουσαν όλο και μεγαλύτερες σε διάρκεια με αποκορύφωμα την χειμερινή περίοδο του 2006-2007 όπου σχεδόν δεν είχε βρέξει. Ήταν αμφίβολο αν θα τα καταφέρναμε κατά την διάρκεια της καλοκαιρινής περιόδου δίχως να περάσουμε από μεγάλες περιόδους περιορισμού και διακοπής παροχής νερού από την αρμόδια υπηρεσία στην Πάρο, την ΔΕΥΑΠ. Μετά από πολύ προσευχή, αισθανθήκαμε ότι θα ήταν φρόνιμο να αξιοποιήσουμε αυτό το δώρο για την αγορά αντλίας νερού, η οποία θα αντλούσε νερό από τη δεξαμενή για να χρησιμοποιηθεί στο ντους, στις τουαλέτες αλλά κυρίως στο πλυντήριο. Κατά την διάρκεια του καλοκαιριού, η πίεση του νερού ήταν αδύναμη, με αποτέλεσμα την κακή λειτουργία του πλυντηρίου. Ένα κανονικό πρόγραμμα μιας ώρας φαινόταν να διαρκεί μία αιωνιότητα. Από την στιγμή που εγκαταστάθηκε η αντλία, είχαμε σταθερή πίεση νερού, σταμάτησαν τα προβλήματα εντός του σπιτιού και συνεχίσαμε την ζωή μας αγνοώντας τις ελλείψεις στην παροχή νερού που υπέστησαν τα σπίτια και τα ενοικιαζόμενα δωμάτια γύρω μας. Σίγουρα ο Κύριος είχε προμηθεύσει για τις ανάγκες μας διαμέσου των ανθρώπων του.

Επίσης συνειδητοποιήσαμε ότι εάν οι βροχοπτώσεις του χειμώνα δεν ήταν αρκετές για να γεμίσουν τα εβδομήντα κυβικά μέτρα της δεξαμενής με βροχόνερα από την ταράτσα του σπιτιού μας, τότε, ο γείτονάς μας, ο Τάσος, με μεγάλη χαρά θα μας επέτρεπε να αντλήσουμε νερό από το πηγάδι του κατά τη διάρκεια των βροχοπτώσεων του

Ιανουαρίου και του Φεβρουαρίου. Μια φαινομενική καταστροφή, την περίοδο της εκσκαφής του σπιτιού, είχε εξελιχθεί σε πηγή πραγματικής ευλογίας!

9 ΕΛΛΗΝΙΚΟΙ ΟΛΥΜΠΙΑΚΟΙ ΑΓΩΝΕΣ

Το 2004 οι Ολυμπιακοί αγώνες επέστρεψαν στην Ελλάδα. Ενώ τα μάτια όλων ήταν στραμμένα στα αθλητικά γεγονότα, εμείς εστιάζαμε στην εκστρατεία, με την ονομασία «Γεδεών», της Ελληνικής Ιεραποστολικής Ένωσης. Μια χριστιανική ιεραποστολική ομάδα με έδρα την Αθήνα που οργάνωνε μία σπουδαία εκστρατεία ευαγγελισμού με στόχο τα νησιά των Κυκλάδων, όπου διαμέναμε. Με το σκάφος τους, το «Μόρνινγκ Σταρ» και με ομάδες χριστιανών από όλο τον κόσμο, θα πραγματοποιούσαν μεγάλη εκστρατεία διανομής Καινών Διαθηκών στα νησιά, κηρύττοντας το ευαγγέλιο στους δρόμους. Στην Πάρο και στην Αντίπαρο έπρεπε να διανεμηθούν 950 Καινές Διαθήκες στα νέα ελληνικά.

Η ομάδα της Πάρου αποτελούνταν από τις Αμερικανίδες, Χόλυ, Τέρρυ ,Τζούλι, καθώς και την Μάρθα, από την Αυστραλία.

Για 'μένα, την ομάδα της Ελληνικής Ιεραποστολικής Ένωσης την αποτελούσαν ιδιαίτεροι άνθρωποι, επειδή ο ιδρυτής της Ένωσης,

Κώστας Μακρής, ήταν ο άνδρας του οποίου την ιστορία αξιοποίησε ο Θεός για να με κατευθύνει προς την Ελλάδα το 1985. Ήταν ένας από τους τρείς άνδρες που έλαβαν ποινή φυλάκισης τριών ετών επειδή έδωσαν μια Καινή Διαθήκη σε ένα ελληνόπουλο ηλικίας κάτω των 18 ετών. Οι γιοί του τώρα πλέον διευθύνουν την Ελληνική Ιεραποστολική Ένωση.

Ήμουν κατενθουσιασμένη όχι μόνο επειδή η Πάρος συμπεριλήφθηκε στην εκστρατεία των Κυκλάδων αλλά επειδή το σκάφος τους, «Μόρνινγκ Σταρ», θα ερχόταν στο νησί μας τον Αύγουστο. Καπετάνιος του σκάφους ήταν ο Άλεξ Μακρής, ένας από τους γιούς του Κώστα. Επιτέλους θα δεχόμασταν κάποια βοήθεια στο κήρυγμα του ευαγγελίου ύστερα από δεκαπέντε χρόνια προσπάθειας και χωρίς ιδιαίτερη υποστήριξη. Η εκστρατεία θα διαρκούσε εννέα μέρες. Οι πρώτες τρείς ημέρες ήταν για προσευχή, νηστεία και περιπάτους προσευχής. Οι επόμενες τρεις μέρες θα περιλάμβαναν παρουσιάσεις του ευαγγελίου στους δρόμους καθώς οι άνθρωποί έβγαιναν για περίπατο μετά την ζέστη της μέρας. Έπειτα τις τελευταίες τρείς μέρες θα διανέμαμε 950 Καινές Διαθήκες στην Ελληνική γλώσσα στην Πάρο και στο κοντινό νησί της Αντιπάρου.

Το πρωί της πρώτης μέρας προσευχής και νηστείας, βρεθήκαμε όλοι στην κεντρική πόλη και αρχίσαμε το περίπατο περιμετρικά της Παροικίας. Αυτή η στρατηγική βασιζόταν στην ιστορία του Ιησού του Ναυή, ο οποίος παρέλασε γύρω από την πόλη της Ιεριχούς για επτά ημέρες υμνώντας τον Θεό και προσευχόμενος για νίκη. Ο Θεός τους είχε πει ότι την έβδομη μέρα τα τείχη της πόλης θα έπεφταν. Η Παροικία δεν είχε φυσικά τείχη, αλλά είχε ισχυρά πνευματικά τείχη που έπρεπε να πέσουν για να έρθει το κύμα του Αγίου Πνεύματος. Τότε οι άνθρωποί θα μπορούσαν να ελευθερωθούν από τις μάταιες θρησκευτικές παραδόσεις σε μία αληθινή σχέση με τον ίδιο τον Θεό. Περπατήσαμε τους δρόμους μέσα στην καυτή ζέστη, παστωμένοι με αντηλιακό υψηλού δείκτη προστασίας, φορώντας καπέλα για να μας προστατέψουν από την απτόητη ζέστη του Αυγουστιάτικου ήλιου. Για εμάς που ζούσαμε στο νησί και είχαμε κάπως εγκλιματιστεί με την ζέστη, ήταν μια φυσική και πνευματική πρόκληση. Οι Αμερικανοί επισκέπτες, που είναι συνηθισμένοι σε πιο δροσερά κλίματα, χρειαζόντουσαν μια πρόσθετη δόση αποφασιστικότητας για να συνεχίσουν.

Την δεύτερη μέρα ανεβήκαμε στο υψηλότερο σημείο του νησιού που βρίσκεται στο χωριό Λεύκες όπου βρίσκονται οι πομποδέκτες των ραδιοφωνικών σταθμών. Πολλές φορές στην Αγία Γραφή αναφέρεται ότι οι άνθρωποι του Θεού ανέβαιναν στα βουνά για να προσευχηθούν. Πήραμε μαζί μας μια ξύλινη επιγραφή στην οποία είχαμε γράψει το εδάφιο από την Ά επιστολή του Τιμόθεου 2:5 «Γιατί ένας είναι ο Θεός κι ένας ο μεσίτης μεταξύ Θεού και ανθρώπων, ο άνθρωπος Ιησούς Χριστός». Με αυτή την πράξη νιώθαμε ότι διακηρύτταμε στα επουράνια την κυριότητα του Χριστού δίνοντας στον Ιησού την δέουσα και αρμόζουσα τιμή που ανήκει μόνο σε εκείνον. Αυτό είναι εξαιρετικής σημασίας σε μια χώρα όπου οι περισσότεροι άνθρωποι στις προσευχές τους αξιοποιούν την Μαρία την μητέρα του Χριστού ως μέσον για το Θεό. Αργότερα περπατήσαμε γύρω από την Νάουσα και στα βουνά γύρω από το μικρό χωριό Κώστος προσευχόμενοι για τους ανθρώπους εκεί.

Την τρίτη μέρα βάλαμε ως στόχο τα χωριά

Μάρπησσα, Λογαρά, Πίσω Λιβάδι, Μάρμαρα, Πρόδρομο και Δρυό, προσευχόμενοι καθώς περπατούσαμε. Αυτά ήταν τα κοντινότερα χωριά στην βάση μας που ήταν στο Λογαρά.

Το νησί ήταν πλέον έτοιμο για το κήρυγμα. Το «Μόρνινγκ Σταρ» είχε αγκυροβολήσει στο γραφικό λιμάνι της Νάουσας, ένα ακμάζων τουριστικό χωριό τους καλοκαιρινούς μήνες. Συναντηθήκαμε στο σκάφος το πρωί για να μάθουμε μερικούς ύμνους και να συζητήσουμε την στρατηγική για τον απογευματινό ευαγγελισμό. Στις εννέα το βράδυ συναντηθήκαμε στη γέφυρα της Νάουσας και τραγουδήσαμε μερικούς χριστιανικούς ύμνους. Στη συνέχεια, ένας νεαρός Αμερικανός κήρυξε ένα κλασσικό μήνυμα του ευαγγελίου, για το οποίο γινόταν διερμηνεία στα ελληνικά, επιτρέποντας στους Έλληνες και στους αγγλόφωνους αλλοδαπούς να καταλάβουν ταυτόχρονα. Πολλοί από τους Έλληνες που περνούσαν, ούτε καν έδιναν σημασία σε ό,τι λέγαμε. Αντί να είναι ενθουσιασμένοι που ως χριστιανοί και εμείς προσεγγίζαμε τις χαμένες, μοναχικές και πονεμένες ψυχές του κόσμου, (μιας και δεν ήμασταν Ελληνορθόδοξοι Χριστιανοί) μας είχαν ταυτίσει με αιρετικούς ψεύτοδιδάσκαλους και εσφαλμένα μας παρομοίαζαν με τους Μάρτυρες του Ιεχωβά. Στο τέλος του ευαγγελιστικού μηνύματος, μέλη της ομάδας περπάτησαν ανάμεσα σε εκείνους που είχαν συγκεντρωθεί για να συζητήσουν και επακολούθησαν εποικοδομητικές συζητήσεις. Είχαμε κάνει ένα ξεκίνημα.

Εκείνη την βραδιά δεν μπόρεσα να κοιμηθώ, παρά το γεγονός ότι ήμουν πολύ κουρασμένη μετά το τέλος της τέταρτης μέρας του προγράμματος. Ενώ κηρύχτηκε το ευαγγέλιο, το μήνυμα που μεταδόθηκε ήταν κάτι που είχαν ξανακούσει οι

Έλληνες. Το μήνυμα του Ιησού Χριστού που σταυρώθηκε ως η τέλεια θυσία για την συγχώρεση των αμαρτιών μας και που αναστήθηκε από τους νεκρούς ώστε να έχουμε αιώνια ζωή με τον Χριστό και τον Πατέρα Θεό, εάν το πιστεύουμε.

Αυτό που δεν γνώριζαν ή που δεν τους είχε ειπωθεί είναι ότι μόνο με πίστη στο ολοκληρωμένο έργο του Ιησού Χριστού θα μπορούσαν να λάβουν συγχώρεση και αιώνια ζωή. Ότι δεν είναι αποτέλεσμα μιας ζωής αφιερωμένης στα καλά έργα, στην βοήθεια των φτωχών, στην επίσκεψη των ασθενών ή στην νοοτροπία ότι, εάν είναι καλοί και κάνουν καλά πράγματα τότε τελικά θα πάνε στον παράδεισο. Είναι τραγικό που οι άνθρωποί στις κηδείες των άλλων συνεχίζουν να προσπαθούν προσευχόμενοι να τους διασφαλίσουν θέση στον ουρανό, προσπάθεια που συνεχίζεται για πάντα με τα μνημόσυνα που διεξάγονται.

Δεν τους έχει δοθεί η εξήγηση ότι υπάρχει διαφορά ανάμεσα στην κενή θρησκευτική παράδοση και την ζωντανή προσωπική σχέση με τον Ιησού Χριστό διαμέσου της πνευματικής αναγέννησης που πρέπει να λάβει χώρα κάποια στιγμή στη ζωής τους. Οι περισσότεροι Έλληνες με τους οποίους είχα συζητήσει, πίστευαν ότι με το νηπιοβάπτισμα που τους έγινε σε βρεφική ηλικία, είχαν αναγεννηθεί, ενώ στην πραγματικότητα, τα βρέφη είναι παντελώς ανίκανα να πιστέψουν. Σε ερώτημα εάν νόμιζαν ότι θα πάνε στον παράδεισο, συνήθως απαντούσαν «Εξαρτάται από το πόσο καλός άνθρωπος είμαι».

Καθώς ήμουν ξαπλωμένη στο κρεβάτι, ένα ολοκληρωμένο μήνυμα του ευαγγελίου περνούσε από τις σκέψεις μου, ήταν σαν να κατέβαζα ένα αρχείο από το ιντερνέτ. Όταν ξύπνησα, το μόνο που μου απέμενε ήταν να το γράψω. Δεν έχω ξανά βιώσει παρόμοια εμπειρία έκτοτε. Τα λόγια φλεγόντουσαν μέσα στην ψυχή μου. Το μόνο που έπρεπε να κάνω ήταν να βρω τον Άλεξ Μακρή, να του μιλήσω και να του ζητήσω αν θα μπορούσα να συμμεριστώ το μήνυμα την επόμενη μέρα στις Λεύκες. Προς μεγάλη μου ανακούφιση, συμφώνησε παρά το γεγονός ότι είμαι γυναίκα που σε κάποιες εκκλησίες θα μπορούσε να είναι μεγάλο πρόβλημα. Κανονίσαμε να συναντηθούμε στις Λεύκες στην πλατεία το απόγευμα της επόμενης μέρας.

Κατά την άφιξη μας, διαπιστώσαμε ότι υπήρχαν αρκετοί άνθρωποί που τριγυρνούσαν. Εκείνη η εβδομάδα ήταν το αποκορύφωμα των καλοκαιρινών διακοπών. Χιλιάδες Έλληνες είχαν έρθει στην Πάρο από την Αθήνα για τις ετήσιες καλοκαιρινές διακοπές και για να επιστρέψουν στις ρίζες τους. Το δεκαπενταύγουστο, ο εορτασμός της υποτιθέμενης ανάληψης της Μαρίας στον ουρανό είχε πλέον τελειώσει. Οι πιο θεοσεβούμενοι ορθόδοξοι χριστιανοί είχαν ολοκληρώσει τις σαράντα μέρες νηστείας από το κρέας, με την περιορισμένη χρήση λαδιού, γαλακτοκομικών και ούτω καθεξής. Πλέον ήταν ελεύθεροι να τρώνε ό,τι επιθυμούσαν και το μπαλκόνι του κοντινού εστιατορίου ήταν γεμάτο. Θα άκουγαν κάθε λέξη. Ομάδες ανθρώπων όλων των ηλικιών κάθονταν στα πεζούλια γύρω από την πλατεία, τα παγκάκια ήταν γεμάτα και τα παιδιά έπαιζαν κάτω από τους ψηλούς ευκάλυπτους. Αυτό ήταν το χωριό στο οποίο ζούσα και προσευχόμουν τον πρώτο μου μήνα στην Πάρο το 1989, πριν από δεκαπέντε χρόνια.

Όταν ξεκινήσαμε με το πρώτο τραγούδι, «Κύριε μου σε υψώνω», ακολουθούμενο από το «Φωνάξτε στον Κύριο, Ιησού μου, Σωτήρα», η καρδιά μου εκτοξεύτηκε. Γι' αυτό έγιναν όλα, γι' αυτό είχα έρθει στην Ελλάδα. Επιτέλους είχαμε την υποστήριξη που χρειαζόμασταν για να κηρύξουμε το ευαγγέλιο στους Παριανούς. Ήμασταν μια ομάδα περίπου είκοσι ατόμων. Ο Άλεξ Μακρής θα έκανε την διερμηνεία στα ελληνικά και εγώ θα μιλούσα στα Αγγλικά. Και πάλι οι Έλληνες και ξένοι τουρίστες θα άκουγαν το μήνυμα ταυτόχρονα. Οπότε άρχισα να μιλώ:

«Πρωτοήρθα στην Πάρο τον Απρίλιο του 1989 και έμεινα στις Λεύκες. Λέγομαι Μπάρμπαρα, είμαι Αγγλίδα και ζω στην Πάρο τα τελευταία 14 χρόνια. Αγαπώ την Ελλάδα και ιδιαίτερα τους Έλληνες. Είστε τόσο ζεστοί, φιλόξενοί και καλοί. Ανοίγεται τα σπίτια σας στους ξένους και προσφέρεται υπέροχη φιλοξενία. Επειδή νοιάζομαι πάρα πολύ, θα ήθελα σήμερα να σας μιλήσω για τον αιώνιο προορισμό σας.

Η Καινή Διαθήκη μας λέει ότι «Όταν κάποιος ανήκει στο Χριστό είναι μια καινούρια δημιουργία. Τα παλιά πέρασαν· όλα έχουν γίνει καινούρια». Σήμερα θα ήθελα να σας ρωτήσω εάν το καινούργιο έχει έρθει στην ζωή σας, εάν μπορείτε να θυμηθείτε την μέρα που γίνατε καινούργια δημιουργία; Μπορείτε να θυμηθείτε την μέρα που πάψατε να επιθυμείτε τις πρόσκαιρες απολαύσεις της ζωής και δείξατε ενδιαφέρον για τα πράγματα του Θεού που βρίσκονται στον Ιησού και στην Βίβλο; Την μέρα που οι παλιές κακές συνήθειες έπαψαν να είναι τόσο ελκυστικές; Την μέρα που νιώσατε εσωτερική γαλήνη;

Αυτό δεν θα μπορούσε να είχε συμβεί όταν βαφτιστήκατε σε βρεφική ηλικία, γιατί τότε δεν είχατε παλιότερη ζωή που έπρεπε να γίνει καινούργια. Η αλλαγή στην ζωή μου έγινε όταν ήμουν τριάντα τριών ετών, τότε ήταν που ζήτησα από τον Ιησού να γίνει Κύριος και Σωτήρας μου. Έπειτα, μετανόησα με γνήσια μετάνοια από τις αμαρτίες μου, που ήταν αρκετές. Μετά από αυτό, άλλαξα αμέσως, ξαφνικά ήθελα να μελετώ την Βίβλο για να μάθω όσο το δυνατόν περισσότερα για τον Θεό και τον Ιησού Χριστό. Οι συνάδελφοι μου στο γραφείο που εργαζόμουν στο Λονδίνο, μπορούσαν να δουν αλλαγή σε εμένα. Και εάν το καλοσκεφτείτε, θα περιμένατε να δείτε κάποια αλλαγή στο άτομο που το Άγιο Πνεύμα του παντοδύναμου Θεού έρχεται να κατοικήσει.

Το κατά Ιωάννη Ευαγγέλιο μας λέει: «αν δε γεννηθεί κανείς ξανά, δεν μπορεί να δει τη βασιλεία του Θεού» που σημαίνει να γεννηθεί δεύτερη φορά, να γεννηθεί από το Άγιο Πνεύμα. «Σ' όσους όμως τον δέχτηκαν και πίστεψαν, σ' αυτούς έδωσε το δικαίωμα να γίνουν παιδιά του Θεού». Πρέπει να τον λάβουμε για να κληρονομήσουμε την αιώνια ζωή. Το έχετε κάνει αυτό;

Βλέπετε, όταν δεχόμαστε τον Ιησού, και πιστεύουμε ότι Αυτός είναι ο Υιός του Θεού, κληρονομούμε την αιώνια ζωή. Δεν είναι αρκετό να είμαστε καλοί άνθρωποι, να κάνουμε καλές πράξεις και να βοηθάμε ανθρώπους. Αυτά αναφέρονται στην Βίβλο ως «έργα» αλλά ποτέ κανείς δεν μπορεί να είναι αρκετά καλός. Γι' αυτό λέει ο Θεός, «Πραγματικά, με τη ΧΑΡΗ του σωθήκαμε δια της ΠΙΣΤΕΩΣ. Κι αυτό δεν είναι δικό σας κατόρθωμα αλλά δώρο Θεού. ΔΕ ΣΩΘΗΚΑΤΕ ΜΕ ΤΑ ΔΙΚΑ ΣΑΣ ΕΡΓΑ κι έτσι κανείς δεν μπορεί να καυχηθεί γι' αυτό» Προς Εφέσιους επιστολή 2:8-9. Δεν είναι το «Δες τι καλός άνθρωπος είμαι και όλα τα καλά πράγματα που κάνω». (Από την παραβολή του Τελώνη και φαρισαίου.)

Επιτρέψτε μου να σας βοηθήσω να το καταλάβετε. Ας υποθέσουμε ότι σκουπίζω τους δρόμους των Λευκών κάθε μέρα για ένα μήνα, που σίγουρα θα ήταν πολύ καλό, οι άνθρωποι του χωριού θα ήταν ευχαριστημένοι και εγώ θα προσέφερα βοήθεια.

Ας υποθέσουμε ότι στο τέλος του μήνα, πήγαινα στο δημαρχείο και ζητούσα να πληρωθώ. Εκείνοι δεν θα με πλήρωναν επειδή ουδέποτε υπέγραψα σχετική σύμβαση για να εκτελέσω το έργο. Εξαρχής θα έπρεπε να έχω υπογράψει σύμβαση με τον Δήμο.

Και στον πνευματικό τομέα, θα πρέπει πρώτα να υπογράψουμε συμβόλαιο με τον Θεό, και να έχουμε σχέση διαθήκης μαζί του. Έχουμε ανάγκη από πνευματική αναγέννηση διαμέσου της μετάνοιας, και να λάβουμε συγχώρεση στο όνομα του Ιησού.

Δεύτερον, θα πρέπει να εκτελέσουμε το έργο για να λάβουμε την ανταμοιβή, όχι όμως για να λάβουμε σωτηρία. Η σωτηρία έρχεται δια πίστεως και εξαιτίας του έργου του Ιησού πάνω στο σταυρό, δεν σχετίζεται με τα έργα μου. Τα καλά μου έργα θα καθορίσουν την ανταμοιβή μου όταν φτάσω στον ουρανό, αλλά δεν καθορίζουν το αν θα πάω στον ουρανό.

Είναι πολύ θλιβερό όταν ρωτάω Έλληνες φίλους αν πιστεύουν ότι θα πάνε στον παράδεισο και μου απαντούν «θα εξαρτηθεί από το πόσο καλός άνθρωπος είμαι». Ποιο είναι το νόημα, να έχεις Σωτήρα τον Ιησού Χριστό εάν δεν πιστεύεις ότι θα σε σώσει;

Κανείς δεν γνώριζε ότι το Σάμινα θα βυθιζόταν εκείνη την βραδιά του 2000. Ουδείς είναι σε θέση να γνωρίζει εάν θα βρεθεί σε δυστύχημα και θα πεθάνει. Ουδείς γνωρίζει πότε θα επιστρέψει ο Ιησούς και θα πάρει τους πιστούς στον ουρανό. Θα είσαι έτοιμος όταν σου συμβεί; Είσαι νέο κτίσμα εν

Χριστό Ιησού; Έχεις αναγεννηθεί από το Πνεύμα; Πιστεύεις στο όνομα του Ιησού που σημαίνει Σωτήρας;

Σε αυτό το σημείο μοιράσαμε μικρά φυλλάδια που εμπεριείχαν απλή προσευχή για τους ανθρώπους να προσευχηθούν και να διακηρύξουν την πίστη τους στον Ιησού τον γιό του Θεού, να τον λάβουν ως Κύριο και Σωτήρα τους και να λάβουν συγχώρεση για τις αμαρτίες τους.

Όλα τα χρόνια που βρίσκομαι στην Ελλάδα, αυτή ήταν η πρώτη φορά που έβλεπα ανθρώπους να παίρνουν φυλλάδια, και να τα διαβάζουν αντί να τα πετάνε στο δρόμο, όπως είχε συμβεί σε διάφορες άλλες περιστάσεις. Μερικοί άνθρωποι έκαναν το βήμα να έρθουν και να ζητήσουν το φυλλάδιο.

Καθώς ήμουν ξαπλωμένη στο κρεβάτι εκείνο το βράδυ, ένιωθα αυτό το υπέροχο αίσθημα ικανοποίησης που πηγάζει από την αντίληψη ότι είχα εκπληρώσει ότι μου είπε ο Θεός να κάνω. Η αποστολή του Ιησού σε όλους τους πιστούς είναι «Πηγαίνετε λοιπόν και κάνετε μαθητές μου όλα τα έθνη,» που βρίσκεται στο κατά Ματθαίον Ευαγγέλιο 28:19. Ήταν πραγματικά πολύ σπουδαίο και ιδιαίτερο που μου έδωσε το συγκεκριμένο μήνυμα να κηρύξω.

Μετά το πέρας της εκστρατείας, μόνο ένα άτομο από όλη την Πάρο είχε επικοινωνήσει με την Ελληνική Ιεραποστολική Ένωση για να ζητήσει δωρεάν Καινή Διαθήκη. Αυτό το άτομο ήταν μια κυρία από τις Λεύκες. Ποτέ δεν την συνάντησα. Εκείνη ζήτησε να παραμείνει ανώνυμη, και ζήτησε να παραδοθεί η Καινή διαθήκη στο φούρνο του χωριού. Με χαρά παρέδωσα την Καινή Διαθήκη, και ήμουν κατενθουσιασμένη που κάποιος άκουσε και ανταποκρίθηκε στο μήνυμα που μου έδωσε ο Θεός.

Είχαμε διαλέξει τρεις πόλεις στις οποίες θα κηρύτταμε τις τρείς διαδοχικές βραδιές. Η τελευταία βραδιά της εξόρμησης ήταν στην Παροικία, στο κεντρικό λιμάνι. Εκείνη την βραδιά μου ζητήθηκε να μην κηρύξω όπως έκανα στις Λεύκες αλλά να συμμεριστώ εν συντομία την μαρτυρία μου για το πώς αναγεννήθηκα και πως αυτό άλλαξε την ζωή μου. Επιθυμούσαν να δώσουν την ευκαιρία σε κάποιον νεαρό. Κατά κάποιο τρόπο η απλή και σύντομη μαρτυρία μου δεν ήταν εξίσου χρισμένη όπως την προηγούμενη βραδιά, ένιωθα περίεργα και δεν υπήρχε ροή. Το ευαγγέλιο κηρύχτηκε αλλά και πάλι όπως και την πρώτη βραδιά, δεν υπήρχε αναφορά στην σωτηρία δια πίστεως και όχι δια μέσου των έργων. Για τους Έλληνες και για πολλούς άλλους, πραγματικά πιστεύω ότι αυτό είναι το κλειδί για την σωτηρία τους. Πάντα πίστευαν ότι η πρόσβαση στον παράδεισο εξαρτάται από τα έργα που πράττουν και όχι το έργο που έκανε ο Ιησούς.

Οι τρείς μέρες κηρυγμάτων τελείωσαν, και πλέον ήταν καιρός για την διανομή των 950 Καινών Διαθηκών. Ομάδες εθελοντών είχαν κοπιάσει μέρες γεμίζοντας τις ειδικά εκτυπωμένες σακούλες αγάπης με Καινές Διαθήκες υπογεγραμμένες από τον Αρχιεπίσκοπο της Ορθόδοξης Εκκλησίας, με πολύχρωμα ειδικά φυλλάδια καθώς και με την εφημερίδα του ευαγγελίου. Αφήναμε τις τσάντες στις πόρτες, στα χερούλια, οπουδήποτε ζούσαν άνθρωποι. Δόξα στον Θεό που είχαμε τις κοπέλες από την Αμερική και την Μάρθα από την Αυστραλία για να βοηθήσουν. Χρειαστήκαμε περισσότερο από τρείς μέρες. Η Μάρθα κι εγώ περάσαμε το πρωί της τέταρτης μέρας διανέμοντας τις τελευταίες Βίβλους στον Λογαρά ως τις δύο η ώρα που εκείνη θα έφευγε. Ήθελα να σιγουρευτώ ότι όλοι οι γείτονες είχαν λάβει από μια σακούλα. Ευτυχώς μια επιπλέον ομάδα που ήταν στην Ίο, ήρθε στην Πάρο να μας βοηθήσει. Η Μπέθ, η Νικόλ, και η Λάουρα. Όταν τελειώσαμε, μας πλημμύρισε το συναίσθημα της ικανοποίησης από την πολύ καλή δουλειά που είχε γίνει. Είχαμε κάνει καινούργιες φιλίες, και μετά από χρόνια η Χόλλυ από την Χαβάη και η Μάρθα, θα επέστρεφαν στην Πάρο, για να μας επισκεφτούν.

10 ΒΑΦΤΙΣΕΙΣ

Καθώς περνούσαν τα χρόνια, ένα από τα πράγματα που δεν έπαυε να με εκπλήσσει ήταν ο αριθμός των βαπτίσεων που μας ζητούσαν άνθρωποι όλων των ηλικιών και των εθνικοτήτων να κάνουμε. Πολλοί άνθρωποι βαφτίστηκαν ως βρέφη όταν δεν ήταν ικανοί να πιστέψουν στον Ιησού σαν Υιό του Θεού ή να τον ομολογήσουν ως Κύριο. Έτσι όπως αντιλαμβάνομαι τα πράγματα, η ιδέα ότι ο νονός, ένα τρίτο πρόσωπο, μπορεί να πιστεύει για λογαριασμό σου, είναι ιδέα που δεν συμβαδίζει με την Αγία Γραφή και δεν εμφανίζεται ούτε μια φορά στην Καινή Διαθήκη. Μιας και είχα βαφτιστεί σε βρεφική ηλικία στην Πρεσβυτεριανή εκκλησία, συνέπασχα με τους ανθρώπους που είχαν καταλήξει σε αυτή την κατάσταση. Περίπου δύο μήνες αφότου δέχτηκα τον Χριστό στην ηλικία των τριάντα τριών ετών, επέλεξα να βαπτιστώ. Η καθυστέρηση οφειλόταν στο γεγονός ότι χρειάστηκα πολύ καιρό για να αρχίσω να πηγαίνω στην εκκλησία και να βαπτιστώ με την πρώτη διαθέσιμη ευκαιρία.

Ακόμα πιο φοβερό για μένα από τον αριθμό των ανθρώπων που βαφτίσαμε ήταν το πως κάποιοι μας βρήκαν ή το πως ήρθαν σε μας. Ένα τέτοιο παράδειγμα ήταν ένα ηλικιωμένο ζευγάρι από την Νότια Αφρική. Ήταν το πρωί μιας καυτής καλοκαιρινής μέρας όταν χτύπησε το τηλέφωνο στο σπίτι μου. Ήταν η Λόρνι από το βιβλιοπωλείο των μεταχειρισμένων βιβλίων στην κεντρική πόλη. Είχε κάποιον στο κατάστημα που ήθελε να μου μιλήσει. Το ζευγάρι συστήθηκε και είπε ότι είχαν διαβάσει το βιβλίο μου και θα ήθελαν να συναντηθούμε. Δεν συνηθίζω να πετάγομαι με το αυτοκίνητο στην πόλη όποτε μου ζητηθεί, αλλά ένιωσα ότι έπρεπε να το κάνω. Αν και έκανε πολύ ζέστη, πετάχτηκα με το αυτοκίνητο, και διένυσα την απόσταση των 15χλμ έως την Παροικία για να τους συναντήσω για καφέ.

Ήταν πιστοί χριστιανοί που πηγαίνανε τακτικά στην εκκλησία της πόλης τους στη Νότια Αφρική. Είχαν διαβάσει την πρώτη έκδοση του βιβλίου μου όπου αναφερόντουσαν αρκετές ιστορίες ανθρώπων που είχαν βαφτιστεί, και αισθάνθηκαν ότι έπρεπε ως ενήλικές να βαφτιστούν καθώς είχαν βαφτιστεί ως βρέφη. Χάρηκα ιδιαίτερα που το Άγιο Πνεύμα είχε χρησιμοποιήσει το βιβλίο μου για να τους μιλήσει τόσο ξεκάθαρα.

«Υπέροχα», τους απάντησα, «Θα μπορείτε να το κάνετε αυτό στην τοπική σας εκκλησία όταν επιστρέψετε στη Νότια Αφρική.»

«Το πρόβλημα είναι,» μου απάντησαν, «ότι στην εκκλησία μας βαπτίζουν μόνο τα βρέφη, οπότε δεν θα ήταν εφικτό για μάς στην τοπική μας εκκλησία. Ελπίζαμε ότι θα μπορούσες να μας βαφτίσεις εδώ στην Πάρο.»

Ξαφνιάστηκα λίγο, αλλά εάν ένιωθαν ότι αυτό έπρεπε να κάνουν, ποιά είμαι εγώ να τους στερήσω το βάπτισμα; Είμαι βέβαιη ότι ο Φίλιππος (Πράξεις 8:26-40) δεν θα έλεγε στον Αιθίοπα Ευνούχο: «Λυπάμαι αλλά θα πρέπει να λάβω πρώτα την συγκατάθεση των πρεσβύτερων.»

«Εάν αυτή είναι η πραγματική σας επιθυμία, τότε κανένα πρόβλημα, απλά να γνωρίζετε ότι βαπτίζω τους ανθρώπους μαζί με τον σύζυγο μου. Πότε αναχωρείτε από το νησί;»

«Αύριο!» απάντησαν, πληροφορία που δεν μας έδινε πολύ χρόνο.

«Εντάξει λοιπόν, υποθέτω πως θα μπορούσα εδώ και τώρα να μπω στο νερό πλήρως ντυμένη και να σας βαπτίσω, αλλά θα ήταν πολύ καλύτερα αν θα μπορούσατε σήμερα το μεσημέρι να έρθετε στην πλευρά του νησιού όπου μένουμε, και τότε ο Πίτερ και εγώ θα μπορούσαμε να σας βαπτίσουμε. Όμως, θα ήθελα πρώτα να σας διαβάσω μερικά εδάφια και κάποια από την Προς Ρωμαίους επιστολή, 6ο κεφάλαιο.»

Συμφωνήσαμε ότι θα έπαιρναν το λεωφορείο στις 14:00 το μεσημέρι για την πλευρά του νησιού όπου διαμέναμε. Θα έφταναν στις 15:00 όπου θα τους βαφτίζαμε, για να μπορέσουν να επιστρέψουν με το λεωφορείο των 17:00 και να προλάβουν να ετοιμάσουν τις βαλίτσες τους για το ταξίδι της επόμενης μέρας το πρωί. Και έτσι ακριβώς έγινε! Τους συναντήσαμε στη στάση του λεωφορείου, έπειτα καθίσαμε κάτω από το μεγάλο αλμυρίκι στην άκρη της παραλίας του Λογαρά και διαβάσαμε αρκετά εδάφια από την Αγία Γραφή, κάποια από τα οποία ήταν από την Προς Ρωμαίους επιστολή 6:3-7.

«Πραγματικά, το βάπτισμά μας σημαίνει τη συμμετοχή μας στο θάνατο και στην ταφή του Χριστού. Κι όπως ο Πατέρας Θεός με τη δύναμή του ανέστησε το Χριστό από τους νεκρούς, το ίδιο κι εμείς μπορούμε να ζήσουμε μια νέα ζωή.» Προς Ρωμαίους επιστολή 6:4.

Ο καθένας τούς επανέλαβε μετά από εμένα την προσευχή της μετάνοιας για να επιβεβαιώσει την πίστη του στον Ιησού Χριστό ως Κύριο και Σωτήρα και στη συνέχεια ο Πίτερ και εγώ τους βαφτίσαμε στο όνομα του Πατρός, του Υιού Ιησού Χριστού και του Αγίου Πνεύματος, φροντίζοντας να βυθιστούν πλήρως κάτω από το νερό, πριν τους βοηθήσουμε να βγουν στην επιφάνεια. Γέμισα με αίσθηση ταπεινοφροσύνης μόνο με την ιδέα ότι ο Θεός επέλεγε να μας χρησιμοποιήσει για να βαπτιστούν άνθρωποι που είχαν πιστέψει καιρό πριν από εμάς. Αν και έκτοτε δεν είχαμε νέα τους, λάβαμε ένα όμορφο γράμμα από την γειτόνισσα τους στην οποίαν είχαν δανείσει το βιβλίο μου και της είχαν αναφέρει για τα βάπτισμά τους. Ήταν όλα πολύ ενθαρρυντικά.

Δεν ήταν μόνο οι ηλικιωμένοι χριστιανοί που ζήτησαν να βαπτιστούν. Κάποιο χειμώνα, στα τέλη του Νοέμβρη, αποφασίσαμε να πάμε σε μια βραδιά χορωδίας στην καθολική εκκλησία στην κεντρική πόλη. Μια ομάδα νέων Αμερικανών ήταν μεταξύ αυτών που τραγουδούσαν και καθώς κουβεντιάζαμε μαζί τους στο τέλος του ρεσιτάλ, στην συζήτηση αναφέρθηκε ότι είχαμε εκκλησιαστική συνάντηση στο σπίτι μας την Κυριακή το πρωί. Ολόκληρη η ομάδα αποφάσισε να έρθει την επόμενη Κυριακή και έτσι ήρθε ο νεαρός Στείβεν, που ήταν περίπου είκοσι ετών, μαζί με πέντε από τους φίλους του από την Σχολή Καλών Τεχνών. Μου διαφεύγει τι είχα διδάξει εκείνη την ημέρα αλλά, στο τέλος της συνάντησης, ο Στείβεν με πλησίασε και είπε ότι αισθάνθηκε την προτροπή του Αγίου Πνεύματος για να βαφτιστεί. Ως συνήθως, του είπα πόσο θαυμάσια θα ήταν να βαφτιστεί όταν επιστρέψει στην τοπική του εκκλησία στην Αμερική.

«Όχι», απάντησε, «θέλω να το κάνω τώρα».

«Μα δεν θα λυπηθούν οι γονείς σου που δεν θα είναι παρόντες;» τον ρώτησα.

«Όχι, νομίζω ότι θα είναι πολύ ευχαριστημένοι» ήταν η απάντησή του. Οπότε πίσω πάλι στην κρύα θάλασσα, στα τέλη του Νοέμβρη για άλλη μια βάφτιση!

Άλλο ένα αίτημα έκπληξη ήρθε από έναν ηλικιωμένο άνδρα που διακονούσε νέους, ο οποίος ήταν στην εκκλησία τα περισσότερα χρόνια της ζωής του. Ήρθε με την Ελβετίδα φίλη μας την Άννα Μαρεί για να είναι μαζί μας την Κυριακή το πρωί. Ό ίδιος ήταν Ελβετός και είχε έρθει να την επισκεφθεί για περίπου μια εβδομάδα. Η επίσκεψή του συνέπεσε με εκείνη της ανιψιάς μου που έμενε μαζί μας και συνήθως θυσίαζε τον χρόνο της ηλιοθεραπείας για να είναι μαζί μας την Κυριακή το πρωί στην συνάθροιση λατρείας και να λάβει θεία κοινωνία. Για αρκετά χρόνια προσπαθούσα να την ενθαρρύνω να βαφτιστεί. Ήξερε ότι τόσο η μαμά της όσο και εγώ είχαμε βαφτιστεί ως ενήλικες, παρόλο που και οι δύο μας βαφτιστήκαμε σε βρεφική ηλικία όπως και εκείνη. Είχα την αίσθηση ότι σε αυτή την πρωινή συνάθροιση έπρεπε να χρησιμοποιήσω μια διδασκαλία για το βάπτισμα στο νερό από ένα χριστιανικό τηλεοπτικό σταθμό. Ο Τζέιμς Μερείτ δίδαξε για το βάπτισμα και επισήμανε με ξεκάθαρο τρόπο ότι η νηπιοβάπτιση δεν αναφέρεται πουθενά στην Καινή Διαθήκη. Είναι απίθανο να υπήρχαν βρέφη στην οικογένεια είτε του Ρωμαίου εκατόνταρχου είτε στην οικογένεια του Φιλιππίσιου δεσμοφύλακα. Αυτές οι δύο ιστορίες από τη Βίβλο που αναφέρονται στις «Πράξεις των Αποστόλων» χρησιμοποιούνται συχνά ως δικαιολογία για το νηπιοβαπτισμό. Ήλπιζα ότι ένα τόσο ξεκάθαρο και απλό μήνυμα θα μιλούσε στην καρδιά της ανιψιάς μου και ότι επιτέλους θα ζητούσε να βαφτιστεί.

Φανταστείτε πόσο έκπληκτη έμεινα όταν ρώτησα ποιός ή ποια επιθυμεί να βαφτιστεί και αμέσως ανταποκρίθηκε ο Ελβετός! Ένιωθε τον έλεγχο του Αγίου Πνεύματος για αρκετό καιρό σχετικά με το να βαφτιστεί. Δεν ήθελε να καθυστερήσει εωσότου επιστρέψει στην Ελβετία, καθώς αισθανόταν ότι θα ένιωθε ντροπή εάν βαφτιζόταν εκεί μετά από τόσα χρόνια στην διακονία. Έτσι λοιπόν, φορέσαμε τα μαγιό μας και κατεβήκαμε στην παραλία για το βάπτισμα. Η απογοήτευσή μου από τη σιωπή της ανιψιάς μου στο συγκεκριμένο θέμα ξεπεράστηκε εν μέρει με τη χαρά που μου προκάλεσε το αίτημα του Ελβετού κυρίου.

Άλλες φορές, μου ζητούσαν άνθρωποι που ζούσαν στην Πάρο να βαπτιστούν. Ένα τέτοιο τοπικό αίτημα μετατράπηκε σε διπλή βάφτιση. Συνέβη λίγα χρόνια μετά το ταξίδι μου στο Κολοράντο όταν η Έιμι και ο Ρόμπιν δεν μπόρεσαν να έρθουν στην Ελλάδα λόγω του αντί-αμερικάνικου αισθήματος που επικρατούσε. Όμως μπόρεσαν να ταξιδέψουν στην Ελλάδα όταν άρχισαν να ηρεμούν οι Έλληνες ως προς την Αμερική. Έφτασαν στην Πάρο με κάποιους φίλους από την εκκλησία τους, που στα ελληνικά μεταφράζεται Εκκλησία του Γολγοθά. Ο Κρις ήταν ο πάστορας της νεολαίας, και είχε έρθει με την σύζυγο του την Ντι. Για αρκετά χρόνια, βρισκόμουν για καφέ με μια κυρία, με την οποία ανέπτυξα ιδιαίτερη φιλία, και συχνά μιλούσαμε για τον Ιησού. Ήταν καθολική, και όπως πολλοί άλλοι είχε βαφτιστεί σε βρεφική ηλικία.

Χάρηκα ιδιαίτερα που το καλοκαίρι του 2002, αποφάσισε να βαφτιστεί ως ενήλικας. Εκείνη την περίοδο η μητέρα της είχε έρθει για επίσκεψη και εξέφρασε και εκείνη την επιθυμία της να βαφτιστεί. Το χάρηκα πολύ όταν πήγαμε σε ένα κοντινό, μικρό, προστατευμένο όρμο, καθίσαμε στην παραλία με τις Βίβλους μας και διαβάσαμε τα εδάφια για το βάπτισμα. Ο Πίτερ εργαζόταν, οπότε δεν μπορούσε να παραβρεθεί σε αυτό το ευτυχές γεγονός. Μαζί με τον Κρις, βαφτίσαμε πρώτα τη μία και μετά την άλλη. Ακόμα έχω τις εκτυπωμένες φωτογραφίες, τις τελευταίες πριν από την επέλαση της εποχής των ψηφιακών φωτογραφιών, όπου τότε δεν υπήρχαν ψηφιακές φωτογραφικές μηχανές μα ούτε η δυνατότητα λήψης αρχείων στο φάκελο του ηλεκτρονικού υπολογιστή με την ονομασία «Οι εικόνες μου». Πολλά χρόνια αργότερα, το 2014, ξέθαψα τις παλιές φωτογραφίες και τις πήρα μαζί μου στο σπίτι τους όταν επισκέφτηκα τη μητέρα της και τον αδελφό της, ο οποίος ζούσε στο νησί. Οι φωτογραφίες μας θύμισαν τις ευτυχισμένες στιγμές εκείνης της υπέροχης μέρας. Ήθελα να φυτέψω σπόρο στο μυαλό του αδελφού της ότι θα έπρεπε και αυτός να βαφτιστεί.

Φυσικά, ήταν πάντα απογοητευτικό όταν βαφτίζαμε ανθρώπους που ζούσαν στο νησί, οι οποίοι στη συνέχεια έπαυαν να λατρεύουν ή να βρίσκονται μαζί μας στις κυριακάτικες συναθροίσεις. Αναμφίβολα αυτό συχνά συμβαίνει σε πολλές μεγαλύτερες εκκλησίες, αλλά σε μια μικρότερη ομάδα, η απουσία είναι μάλλον πιο αισθητή. Είναι όμως υπέροχο, να βαφτίζεις ανθρώπους στο σώμα του Χριστού και να τους βλέπεις να συνεχίζουν να έρχονται στην ομάδα τις περισσότερες Κυριακές. Όταν βρισκόμασταν μαζί στο σπίτι μου, πάντα η αίσθηση ήταν αυτή της οικογενειακής συγκέντρωσης, εμπειρία που δεν βίωναν οι μεγαλύτερες ομάδες στο ίδιο βαθμό.

Πριν από χρόνια μια βουλγάρα κυρία ή Ελί, είχε έρθει να ζήσει στην Πάρο. Αφού εργάστηκε για πολλά χρόνια στο νησί, παντρεύτηκε έναν ντόπιο Έλληνα που γνωρίζαμε. Ήταν μια τόσο υπέροχη κυρία, λεπτή και ελκυστική, με όμορφα μακριά, καστανά μαλλιά, που κρεμόντουσαν πάνω από τους ώμους της. Εκτός από εξαιρετική μαγείρισσα που ήξερε όλα τα παραδοσιακά ελληνικά πιάτα και γλυκά, διατηρούσε το σπίτι της πεντακάθαρο και αψεγάδιαστο. Ο σύζυγός της πραγματικά βρήκε σύζυγο με χαρακτήρα ενάρετο όπως αναφέρεται στο βιβλίο των Παροιμιών 31. Με την πάροδο των ετών, η Ελί και εγώ γίναμε φίλες. Με βοηθούσε με τα ελληνικά μου και εγώ την βοηθούσα με τα αγγλικά της. Πηγαίναμε για περιπάτους μαζί και πίναμε καφέ κάποια απογεύματα στο σπίτι της, και συχνά ανταλλάσσαμε συνταγές για τα υπέροχα μπισκότα ή τα κέικ που έφτιαχνε για την επίσκεψή μου. Όποτε βρισκόμασταν, τις περισσότερες φορές μιλούσαμε για τον Κύριο και διαβάζαμε παραπομπές από τη Βίβλο μαζί. Ο αδελφός της στη Βουλγαρία είχε αναγεννηθεί και μια ομάδα συναντιόταν στο σπίτι του. Εκτιμώ ότι προσευχόταν για τη σωτηρία της, όπως έκανα και εγώ. Δύο φορές, η Ελί είχε σοβαρά προβλήματα υγείας και ήρθε σε εμένα με μεγάλη ανησυχία – μία φορά με μηνιγγίτιδα, μια πολύ σοβαρή ασθένεια – και η κατάσταση της όδευε από το κακό στο χειρότερο. Και τις δύο φορές προσευχηθήκαμε μαζί και αποδείχθηκε πως ήταν το σημείο καμπής στην ασθένεια όπου στην συνέχεια επακολούθησε η θεραπεία. Εκείνη ήξερε ότι ήταν εξαιτίας της απάντησης που λάβαμε στις προσευχές μας οπότε, δώσαμε όλη την δόξα στον Ιησού. Δυστυχώς, για αρκετά χρόνια, δυσκολευόταν να έρθει στις συναντήσεις μας την Κυριακή το πρωί, επειδή ο σύζυγός της, την ήθελε να τον συνοδεύει στις δουλειές του και να είναι μαζί του στο σπίτι και στον κήπο. Η ελληνική κουλτούρα διαφέρει κατά πολύ από αυτή των βορειοευρωπαίων που επιτρέπει σε μια παντρεμένη γυναίκα να ξοδεύει ελεύθερα μέρος του χρόνου της όπως αυτή επιθυμεί. Η αντίθεση σε σχέση με την ελευθερία που βίωσα στη δική μου συζυγική ζωή ήταν φανερά αξιοσημείωτη.

Η Ελί συνειδητοποίησε σε μια δύσκολή στιγμή της ζωής της ότι χωρίς την ενδυνάμωση του Αγίου Πνεύματος που είχε λάβει όταν ήρθε σε μια από τις συναντήσεις μας, δεν θα μπορούσε να αντιμετωπίσει τις προκλήσεις της καθημερινότητας. Η αλήθεια είναι ότι μελετούσε την Βίβλο της και προσευχόταν αλλά ήταν ολομόναχη και είχε πολύ περιορισμένη διδασκαλία του λόγου. Από εκείνη τη στιγμή, αποφάσισε να πάρει μια στάση και να έρχεται κάθε εβδομάδα στις συναντήσεις μας. Έβρισκε στήριγμα και παρηγοριά σε κάθε λέξη, κράταγε σημειώσεις και σταδιακά άρχισε να ανθίζει σαν ένα όμορφο τριαντάφυλλο. Δεν άργησε να έρθει η στιγμή που θα ζητούσε να βαφτιστεί. Μία ηλιόλουστη μέρα του Μάη μαζευτήκαμε σχηματίζοντας μια ωραία ομάδα ανθρώπων που περπάτησε μαζί στην παραλία για το βάπτισμα της. Ήταν η Ελβετίδα Άννα Μαρεί, η Τζένη από την Νέα Ζηλανδία, η Ντορίνα από την Αλβανία με την κόρη της Ρεσμίνα, καθώς κι ο Πίτερ και εγώ. Μετά το βάπτισμα στο νερό, βάλαμε τα χέρια μας επάνω της για να λάβει τη δωρεά του Αγίου Πνεύματος.

Ο σύζυγος της Ελί, όπως πολλοί Έλληνες που βαφτίζονταν ως βρέφη στην Ελληνική Ορθόδοξη Εκκλησία, δεν κατάλαβε ποτέ γιατί έπρεπε να έρχεται σε μας για Βιβλική μελέτη και διδασκαλία.

Γιατί δεν ήταν αρκετό να πηγαίνει στην Ορθόδοξη εκκλησία, να ανάβει ένα κερί, να φιλά μια εικόνα, και να κάνει το σταυρό της; Παρόλα αυτά, με το πέρασμα του χρόνου, διαπίστωνε αλλαγή στην σύζυγο του, είχε διαφωτιστεί το πνεύμα της και είχε ειρήνη στην καρδιά της. Δεν άργησε να αρχίσει κι ο ίδιος να μελετά την Καινή Διαθήκη στην Δημοτική.

Από τότε βαφτίσαμε πολλούς άλλους που ήρθαν στην εκκλησία μας στο Λογαρά. Υπήρχαν μερικοί που ουδέποτε είχαν βαφτιστεί, καθώς δεν είχαν μεγαλώσει σε χριστιανικά σπίτια. Όταν τελικά έφταναν στο σημείο να λάβουν τον Χριστό, πάντα τους διδάσκαμε τον σκοπό του βαπτίσματος και φροντίζαμε να επακολουθήσει κανονικό βάπτισμα, αρκεί να ήταν οι ίδιοι πρόθυμοι. Μερικοί από αυτούς τους ανθρώπους έχουν μετεγκατασταθεί σε άλλες εκκλησίες στην Ελλάδα ή και σε άλλες χώρες.

11 Η ΚΑΘΗΜΕΡΙΝ ΖΗΩΗ

Η ζωή μας στην Πάρο εξελίχτηκε σε ένα ενδιαφέρον μείγμα από καθημερινά συνηθισμένα ζητήματα της ζωής, και παράλληλα πνευματικά γεγονότα που λάμβαναν χώρα. Ακόμη και τα καθημερινά ζητήματα ήταν μια παράξενη συνύπαρξη των πολύ καλών στοιχείων του ελληνικού τρόπου ζωής, άλλα και των αγγλικών εθίμων.

Κάθε άνοιξη, πριν από την γιορτή του Πάσχα, γινόντουσαν πολλές δραστηριότητες, μέρος των οποίων ήταν το φρεσκάρισμα των λευκών τοίχων για να καλυφθούν τα ίχνη από τα βροχόνερα που είχαν τρέξει στους εξωτερικούς τοίχους από το συρματόπλεγμα, τις πέργκολές και τους σωλήνες αποστράγγισης. Με ιδιαίτερη προσοχή πραγματοποιούνταν το ξύσιμο των πράσινων βρύων που είχε περάσει στις βεράντες τους χειμερινούς μήνες για να επανέλθουν οι όμορφες πέτρινες βεράντες της Πάρου στην αρχική τους μορφή. Ο κήπος, που είχε γεμίσει με τριφύλλια τους χειμερινούς μήνες, έπρεπε να απογυμνωθεί από το καταπράσινό πέπλο του για να αποκαλυφθούν τα λουλούδια και τα μικρά φυτά που κρύβονταν κάτω από τη ζεστασιά τους που ήταν σαν χειμωνιάτικη κουβέρτα. Όλη αυτή η δραστηριότητα έπρεπε να πραγματοποιηθεί ενδιάμεσα από τα συνηθισμένα καθήκοντα της ζωής: το μαγείρεμα, το πλύσιμο των ρούχων και το καθαρισμό του σπιτιού. Τα μαγειρικά μου καθήκοντα περιλάμβαναν τον καθαρισμό και τον εκσπλαχνισμό ψαριών (κάτι που δεν έκανα ποτέ στην Αγγλία) και την αποξήρανση τους στον ήλιο με ρίγανη για να είναι έτοιμα για ψήσιμο. Κατά την διάρκεια του Μάρτιου και του Απρίλιου, έπρεπε να γίνουν αρκετές δουλειές πριν καταφθάσουν οι επισκέπτες του καλοκαιριού. Και αυτές οι υποχρεώσεις ήταν αρκετές για να γεμίσουν το καθημερινό πρόγραμμά των μηνών αυτών.

Όλα αυτά απείχαν παρασάγγας από τα όσα προσπαθούσα να πετύχω μια τυπική μέρα του Μαρτίου. Σε συνάρτηση με την εβδομαδιαία προετοιμασία του βιβλικού μαθήματος της Κυριακής και το χρόνο που αφιέρωνα για να συναντηθώ με τις χαμένες ψυχές, τα πράγματα είχαν μια δυσάρεστη συνήθεια να αναδύονται απροσδόκητα. Μερικές φορές, οι άνθρωποι χρειάζονταν τόση βοήθεια που όλα τα άλλα έπρεπε να μπουν σε αναμονή, ακόμα και οι εργασίες ελαιοχρωματισμού.

Ένα τέτοιο παράδειγμα ήταν η φίλη μου η Ντόρις. Φρόντιζε το άλογο κάποιου όταν παγιδεύτηκε ανάμεσα στο άλογο και το φράχτη και έπαθε κάταγμα ισχίου. Λάβαμε ένα τηλεφώνημα ότι βρισκόταν σε νοσοκομείο των Αθηνών και χρειαζόταν βοήθεια για το εξιτήριό της ώστε να γυρίσει σπίτι της. Κανένας από τους Γερμανούς φίλους της δεν μπορούσε να την βοηθήσει, οπότε έπρεπε να πάρω το βραδινό πλοίο για Πειραιά, και έπειτα ταξί για να φτάσω στο νοσοκομείο περίπου τα μεσάνυχτα. Έπρεπε να διανύσω έναν λαβύρινθο από διαδρόμους για να την βρω και να την ετοιμάσω για αναχώρηση έως τις 11:00 το πρωί της επόμενης μέρας. Δεδομένου ότι δεν μπορούσε να περπατήσει, γιατί το πόδι της έπρεπε να παραμείνει σε οριζόντια θέση, χρειαζόταν ασθενοφόρο να την μεταφέρει. Κοιτώντας πίσω, είναι εκπληκτικό ότι παρά τις δυσκολίες, κατάφερα να τα συντονίσω όλα, επικοινωνία στα ελληνικά, και ένα βουνό νοσοκομειακής γραφειοκρατίας. Μόνο με τη βοήθεια του Θεού μπόρεσα να τακτοποιήσω το πεντάωρο ακτοπλοϊκό ταξίδι προς την Πάρο. Ήταν πρόκληση να την ανεβάσω από το γκαράζ του πλοίου στις καμπίνες αλλά με τη βοήθεια του προσωπικού, καταφέραμε να επιβιβαστούμε και να αποβιβαστούμε στην Πάρο. Ένα άλλο ασθενοφόρο μας περίμενε στο λιμάνι το οποίο μας μετέφερε στο σπίτι μου για να μείνει κοντά μας εωσότου ανακάμψει. Το σπίτι της μπορεί να βρισκόταν σε μια πολύ γραφική τοποθεσία, αλλά ο δρόμος ήταν κατάλληλος μόνο για τα γαϊδούρια, τα τρακτέρ και τα Land Rover. Ήταν παντελώς ακατάλληλος για την διέλευση ενός ασθενοφόρου. Υπολογίζαμε ότι θα έμενε μαζί μας περίπου ένα μήνα.

Την επόμενη μέρα το πρωί, εξεπλάγην που βρήκα την Ντόρις σε μεγάλη δυσφορία. Είχε πόνο στο στήθος, δυσκολία στην αναπνοή και πυρετό. Σε τι οφειλόταν όλο αυτό αφού είχε πάθει κάταγμα ισχίου; Κάλεσα την Λόρνι, που ήταν νοσοκόμα στην Αγγλία. Από την περιγραφή των συμπτωμάτων, διέκρινε αμέσως την πιθανότητα μιας φλεβικής θρόμβωσης από το πόδι στους πνεύμονες. Έπρεπε να καλέσω αμέσως ένα ασθενοφόρο. Μετά από μια διανυκτέρευση στο κεντρικό νοσοκομείο της πόλης, οι ακτινογραφίες έδειξαν πνευμονική εμβολή και έπρεπε να λάβει φροντίδα σε νοσοκομείο των Αθηνών, γεγονός που σήμαινε άλλο ένα ακτοπλοϊκό ταξίδι . Όχι πάλι! Έτσι λοιπόν άρχισε άλλη μια εβδομάδα νοσηλείας σε νοσοκομείο. Εγώ κοιμόμουν στο πάτωμα ή σε μια καρέκλα δίπλα στο κρεβάτι της. Μεταξύ άλλων, με χρειαζόταν εκεί για να την βοηθάω με την πάπια όταν έπρεπε να κάνει την ανάγκη της. Κατά τη διάρκεια εκείνης της εβδομάδας είχαμε αρκετές ώρες μαζί και για να περάσει η ώρα κουβεντιάζαμε, έτσι μου παρουσιάστηκε η ιδανική ευκαιρία να της μιλήσω για να λάβει τον Ιησού ως Σωτήρα της. Η είδηση της άφιξη μιας από τις Γερμανίδες φίλες της από την Πάρο, ήταν για εμένα μεγάλη ανακούφιση καθώς είχα εξαντληθεί χωρίς κανονικό ύπνο. Επιτέλους μπορούσα να πάω σπίτι μου και να κοιμηθώ στο κρεβάτι μου!

Κάποιες μέρες αργότερα, η Ντόρις συνειδητοποίησε ότι τελικά έπρεπε να επιστρέψει στη Γερμανία, μια προοπτική την οποία δεν προσδοκούσε καθόλου. Η φίλη της στο νοσοκομείο κατάφερε να την πείσει και μαζί με τους υπόλοιπους φίλους της, και της διεκπεραίωσαν όλες τις απαραίτητες διαδικασίες. Η Ντόρις δεν επέστρεψε ποτέ για να ζήσει μόνιμα στην Πάρο. Μερικούς μήνες αργότερα, ήρθε μόνο ένα σύντομο χρονικό διάστημα για να μαζέψει κάποια από τα πράγματα της και να ξενοικιάσει το σπίτι της. Ήταν το τέλος μιας εποχής στη ζωή της.

Μετά από μερικές εβδομάδες ανάπαυσης, η επόμενη ψυχή με ανάγκες απαιτούσε την προσοχή μας. Ο Σουηδός φίλος μας έσπασε το χέρι του σε ένα ατύχημα με την μηχανή και χρειαζόταν βοήθεια. Ευτυχώς, αυτή τη φορά η Λόρνι θα πήγαινε αντί για μένα στην Αθήνα για να τον βοηθήσει. Θα μπορούσαμε τελικά να τελειώσουμε το βάψιμο πριν την άφιξη των επισκεπτών του καλοκαιριού και να έχουμε χρόνο για να απολαύσουμε την πολυτέλεια συγκομιδής των «κάρφων», των άγριων σπαραγγιών που φυτρώνουν στα βουνά και είναι έτοιμα για συγκομιδή από τα τέλη Απριλίου έως και τις αρχές Μαΐου.

Με κάποιο τρόπο καταφέραμε να διαχειριστούμε και τις εβδομαδιαίες Κυριακάτικες συναντήσεις μας και ήμασταν πολύ ευτυχείς που είχαμε μαζί μας δύο άνδρες από τις Φιλιππίνες που εργαζόντουσαν στον σταθμό παραγωγής ηλεκτρισμού. Ο Ουένσι ήταν επικεφαλής μιας ομάδας εργαζομένων που απαριθμούσε περίπου δέκα άτομα. Η εν λόγω ομάδα είχε σύμβαση για την εγκατάσταση της νέας τουρμπίνας στο σταθμό παραγωγής ηλεκτρικής ενέργειας της Πάρου στη περιοχή της Νάουσας. Αυτό δεν ήταν μια γρήγορη δουλειά και προϋπέθετε παραμονή αρκετών μηνών στο νησί.

Για την ακρίβεια είχαμε επισκεφτεί τον ηλεκτροπαραγωγικό σταθμό πριν από περίπου ένα χρόνο όταν λάβαμε σχετική πρόσκληση από έναν Πολωνό άνδρα που εργαζόταν εκεί τον οποίον είχαμε συναντήσει. Ένα από τα μέλη της ομάδας του Ουένσει, ο Νέιθαν, ήθελε να συμμετέχει στις συναντήσεις μας, οπότε όταν δεν υπήρχε κάποιο τεχνικό πρόβλημα, ήταν ελεύθεροι να διανύσουν την διαδρομή για να είναι μαζί μας τις περισσότερες Κυριακές. Ενώ ο Ουένσι προερχόταν από μια μεγάλη πόλη, ιδιαίτερο ενδιαφέρον είχαν οι ιστορίες του Νέιθαν για τη ζωή στα μικρά χωριά και στα νησιά. Έμαθα ότι οι πάστορες των εκκλησιών συχνά δεν είχαν αρκετά χρήματα για τις καθημερινές ανάγκες και πολλοί δεν είχαν παπούτσια. Εκατό ευρώ φαινόντουσαν αρκετά για να αγοραστούν παπούτσια για πολλούς ποιμένες εκεί, και ο Νέιθαν θα ήταν σε θέση να διαχειριστεί το δώρο που θέλαμε να στείλουμε και που προοριζόταν αποκλειστικά για την αγορά παπουτσιών. Ήταν πραγματικά εκπληκτικό: Όλες αυτές οι εθνικότητες με τις οποίες ερχόμασταν σε επαφή. Αργότερα μέσα στην χρόνια, θα χάναμε τον Ουένσι και τον Νέιθαν οι οποίοι θα μετακόμιζαν στην Χίο για να εργαστούν στον ηλεκτροπαραγωγικό σταθμό της Χίου. Είχαν περάσει πολλούς μήνες μακριά από τα σπίτια τους και τις οικογένειές τους, αλλά οι μισθοί στην Ελλάδα σίγουρα αξίζανε τον κόπο για κάποιο χρονικό διάστημα.

Τα προηγούμενα χρόνια, ομάδες γυναικών από την Κένυα, που καθάριζαν δωμάτια κοντά στη Νάουσα, μας επισκεπτόντουσαν. Αργότερα θα απολαμβάναμε τη δεκαετία των Νιγηριανών επισκεπτών: η Έυη, η Χάπι, ο Ραφ και ο Βίκτορ. Μερικές φορές αντιμετώπιζαν προβλήματα με τους εργοδότες τους οι οποίοι τους παρακρατούσαν μισθούς, γεγονός που σήμαινε ότι έπρεπε να προσευχόμαστε για τους μισθούς. Αρκετοί έστελναν σχεδόν όλα τους χρήματα στη Νιγηρία για να υποστηρίζουν άλλα μέλη της οικογένειας τους. Ήταν δύσκολη η ζωή γι 'αυτούς και χαιρόντουσαν ιδιαίτερα με τον εβδομαδιαίο χρόνο αναψυχής που απολάμβαναν στο δικό μας πηγάδι από όπου αντλούσαν ζωντανό νερό για μια ξερή και κουρασμένη γη. Προσευχόμασταν για την θεραπεία των μελών της οικογενείας τους, και βαφτίζαμε όσους δεν είχαν βαπτιστεί ως ενήλικες και γενικά προσπαθούσαμε να είμαστε όσο το δυνατόν περισσότερο υποστηρικτικοί.

Η Έυη ήταν λογοδοσμένη με έναν άνδρα στη Νιγηρία τον οποίον είχε επιλέξει η οικογένειά της. Εκείνη ούτε που τον είχε συναντήσει. Η πιθανότητα μιας τέτοιας κατάστασης είναι τελείως ξένη για τα δυτικοευρωπαϊκά μυαλά μας. Κάποια στιγμή ταξίδεψε στη Νιγηρία και στην βαλίτσα της είχε το νυφικό που ήταν ραμμένο στην Ελλάδα, και αρκετά ρούχα που είχαμε ξεθάψει από τις ντουλάπες μας. Ποτέ δεν είχα καταφέρει να πετάξω ένα βραδινό, σιφόν, λεμονί φόρεμα που είχα, αν και πλέον δεν έκλεινε επάνω μου. Όπως και οι περισσότερες γυναίκες, έτσι και εγώ πάντα ήμουν σίγουρη ότι κάποια μέρα θα χάσω βάρος και θα το φορέσω πάλι. Εκείνη η μέρα δεν ήρθε ποτέ και καθώς η μέση μου φάρδαινε με τα χρόνια, η ευκαιρία να ευλογήσω μια λεπτή, νεαρή γυναίκα που θα παντρευόταν, μου φαινόταν η τέλεια στιγμή να αλλάξει χέρια και να το απελευθερώσω. Φανταστείτε την έκπληξή μας όταν επέστρεψε, ήταν ακόμη ανύπαντρη, χωρίς άνδρα! Είχε αποφασίσει ότι απλά δεν μπορούσε να παντρευτεί τον συγκεκριμένο άνδρα, ανεξάρτητα από το γεγονός ότι τον είχε επιλέξει η οικογένειά της. Μετά από χρόνια, έφυγε από την Πάρο, επέστρεψε στην Αθήνα και παντρεύτηκε έναν νεαρό άνδρα που συνάντησε στη νιγηριανή εκκλησία. Όμως δεν θα πήγαιναν όλα καλά.

Ο σύζυγός της λαχταρούσε να είναι πάστορας και, για κάποιο λόγο, ήθελαν να πάνε στον Καναδά. Ήθελε να πάει στο Βιβλικό Κολλέγιο εκεί. Η εύρεση εργασίας ήταν δύσκολη υπόθεση στην Αθήνα και μετά από πολύ καιρό αναμονής, κινήθηκαν τα γρανάζια της ελληνικής γραφειοκρατίας, και τελικά η Έυη έλαβε τα χαρτιά που χρειαζόταν για να ταξιδέψει στον Καναδά, ή τουλάχιστον έτσι νόμιζε. Το σχέδιο ήταν ότι θα προπορευόταν εκείνη, θα έβρισκε εργασία, θα φρόντιζε τα παιδιά μιας οικογένειας και έπειτα θα την ακολουθούσε ο σύζυγος της. Η πτήση της είχε ανταπόκριση με Ελβετία. Φανταστείτε την έκπληξή μας όταν μάθαμε ότι κρατείτε στην Ελβετία και δεν της επιτρέπεται να ταξιδέψει στον Καναδά επειδή τα χαρτιά που της δόθηκαν και για τα οποία είχε πληρώσει δεν ήταν σωστά. Πέραν τούτου, ήταν έγκυος με το πρώτο τους παιδί, και γέννησε την κόρη τους στην περιοχή των παράνομων μεταναστών στην Ελβετία. Χρόνια αργότερα, από το Facebook μάθαμε ότι είναι ακόμα εκεί, μακριά από τον σύζυγό της και το όνειρό της ζωής στον Καναδά. Αυτό δεν είναι ένα μεμονωμένο περιστατικό και εάν έρθετε σε επαφή με πολλούς Αφρικανούς, Αλβανούς και άλλους μετανάστες όπως κάνουμε και εμείς, θα διαπιστώσετε ότι οι μετανάστες από χώρες εκτός Ευρωπαϊκής Ένωσης βιώνουν πολλές αδικίες ενόσω ζουν εδώ.

Ένας Αλβανός άνδρας που γνωρίζουμε ξόδεψε περισσότερα από 3.000 ευρώ, προσπαθώντας να αποκτήσει ασφαλιστική κάλυψη ΙΚΑ που δικαιούταν για την απασχόληση του. Αν και πλήρωνε δικηγόρους για τρία χρόνια, δεν κατάφερε να λάβει τα έγγραφά του. Αυτό κρατά απασχολημένους τους δικηγόρους και λειτουργεί εις βάρος των φτωχών μεταναστών, οι οποίοι στη συνέχεια καθυστερούν στην αποπληρωμή των ενοικίων τους. Η έλλειψη ασφαλιστικής κάλυψης, τους στερούσε το δικαίωμα να λαμβάνουν επίδομα ανεργίας κατά την διάρκεια του χειμώνα καθώς και επιδόματα τέκνων και άλλα οφέλη. Τελικά αφού θέσαμε το πρόβλημα στην αλυσίδα προσευχής, μετά από πολλούς μήνες, εγκρίθηκε το αίτημα του. Ο τυπικός ευρωπαίος συνταξιούχος που έρχεται για να ζήσει εδώ, και που δεν χρειάζεται να εργάζεται εδώ, συνήθως έχει παντελή άγνοια για τις αδικίες που συμβαίνουν στις ζωές εκείνων που είναι λιγότερο ευνοούμενοι γύρω του. Παρακολουθώντας διάφορα μουσικά και καλλιτεχνικά φεστιβάλ για τα οποία η Πάρος είναι γνωστή τους καλοκαιρινούς μήνες, οι συνταξιούχοι ζουν μια ζωή αποστασιοποιημένη από τις κακουχίες των οικογενειών γύρω τους. Δεν είναι ότι αυτές οι καταστάσεις δεν υπάρχουν σε άλλες χώρες, αλλά σε ένα μικρό νησί όπου όλοι γνωρίζονται με το μικρό τους όνομα, υπάρχει ανάγκη για βοήθεια. Ωστόσο, αυτό προϋποθέτει να γνωρίζουμε την γλώσσα με την οποία θα επικοινωνήσουμε, όμως από ότι φαίνεται, αρκετοί αλλοδαποί που έρχονται για να ζήσουν εδώ δεν μπορούν να πουν στα ελληνικά περισσότερο από "Καλημέρα" και "Καλησπέρα".

Φυσικά, δεν ήταν όλοι οι επισκέπτες της Κυριακάτικης εκκλησιαστικής συνάντησης άτομα που αγωνιζόντουσαν, πολλοί ήταν απλώς τουρίστες που διέρχονταν. Χάρη στην ύπαρξη του τοπικού αγγλόφωνου περιοδικού Paros Life, μπορούσαμε να καταχωρήσουμε διαφήμιση που ενημέρωνε τους ανθρώπους για τη τοποθεσία και την ώρα των συναντήσεων μας. Ποτέ δεν γνωρίζαμε ποιός θα περάσει από την πόρτα μας τις Κυριακές και ήταν υπέροχο να συναντάμε μια τόσο μεγάλη ποικιλία ανθρώπων.

Μια οικογένεια Αμερικανών ιεραποστόλων που εργάζονταν στο Κοσσυφοπέδιο, και που ήταν για διακοπές στην Πάρο το 2006, ήταν ο Καρλ και η Τζιλ με τα τρία τους μικρά παιδιά. Ένα άλλο ζευγάρι, ένας Νοτιοαφρικάνος πάστορας και η σύζυγός του, ο Κόρι και η Καρίν Ντουράντ, έφτασαν τους καλοκαιρινούς μήνες. Θυμάμαι ότι ήμουν πολύ αγχωμένη από την παρουσία ενός πάστορα σε σημείο που έκανα όλων των ειδών τα λάθη στη λατρεία και σε άλλες πτυχές της συνάντησης, αλλά ήταν πολύ ευγενικός μαζί μου και με ενθάρρυνε. Μερικούς επισκέπτες δεν τους ξαναβλέπαμε ποτέ, άλλοι διατηρούσαν επαφή και διαμόρφωναν ένα μεγάλο δίκτυο υποστήριξης και ενθάρρυνσης. Μετά από χρόνια μάθαμε μέσω του Facebook, ότι ο Ουένσι ο Φιλιππινέζος φίλος μας, είχε αρραβωνιαστεί και αργότερα παντρεύτηκε, μια όμορφη κοπέλα στην εκκλησία του. Η πρώτη του σύζυγος είχε πεθάνει πολύ νέα πριν έρθει εκείνος στην Πάρο, γεγονός που σήμαινε ότι θα έπρεπε να μεγαλώνει μόνος του την μικρή τους κόρη. Ευτυχώς, η κόρη του μπορούσε να ζήσει με τη μητέρα του, ενόσω εκείνος εργαζόταν μακριά από το σπίτι για να κερδίσει τα προς το ζην και να τις υποστηρίζει.

Το 2006, ήταν η χρονιά που ο Θεός πρώτο άρχισε να μου μιλά για το ότι οι εκκλησίες στα σπίτια αποτελούν μέρος του σχεδίου του για το μέλλον. Μετά από περισσότερα από δέκα χρόνια στην Πάρο, συχνά προσευχόμουν για το αν θα ήμασταν ποτέ σε θέση να αυξηθούμε αρκετά ώστε να χρειαστούμε ένα χώρο συνάντησης εκτός του σπιτιού μας. Κατά τη διάρκεια της περιόδου που βρισκόμουν στην Αθήνα με την Ντόρις στο νοσοκομείο, μπόρεσα να λείψω μερικές ώρες για να παραβρεθώ σε συνάντηση στο σπίτι ενός Έλληνα χριστιανού φίλου, που ομιλητής ήταν ένας Ολλανδός άνδρας ο οποίος μιλούσε για τις ομάδες χριστιανών που συναντιούνται σε σπίτια. Εξήγησε ότι υπήρχαν πολλές τέτοιες ομάδες στην Ολλανδία και ότι ιδιαίτερα στην Ινδία και την Κίνα, αυτό είναι πολύ συνηθισμένο. Πάντα πίστευα ότι ο λόγος που ο Θεός μου είπε να αγοράσω ένα τόσο μεγάλο οικόπεδο ίσως να ήταν για την οικοδόμηση χώρου συνάντησης, αλλά από τα όσα μου έλεγε, αυτό δεν ήταν μέρος του σχεδίου του. Σε κάποια μελλοντική περίοδο διωγμού, θα μπορούσε να αποτελέσει μεγάλο κίνδυνο η συνάντηση σε δημόσιους χώρους και τα σπίτια θα ήταν ένας ασφαλέστερος χώρος συνάντησης για προσευχή και μελέτη της Βίβλου.

Αυτό το θέμα της συνάντησης σε σπίτια είχε επιβεβαιωθεί από τον πάστορα Κόρι Ντουράντ όταν μας είχε επισκεφθεί και κατά την διάρκεια των επόμενων χρόνων, ο Θεός θα με οδηγούσε επανειλημμένα στο ίδιο μήνυμα για να με κρατήσει στη σωστή πορεία.

Πολλές φορές μετά τις Κυριακάτικες συναντήσεις, μαγείρευα και επιχειρούσα να προσφέρω στους περαστικούς επισκέπτες μεσημεριανό σπιτικό γεύμα. Άλλες φορές ήμασταν ελεύθεροι να χαλαρώσουμε. Ζώντας σε νησί, κανονίζαμε συχνά πικνίκ στην παραλία, μερικές φορές μόνοι μας μετά από την πρωινή συνάντηση της Κυριακής, άλλες φορές με φίλους που ήταν σε διακοπές. Μια χωριάτικη σαλάτα με φέτα, γεμιστά αμπελόφυλλα και νόστιμοι γίγαντες με σάλτσα ντομάτας ήταν όλα όσα χρειαζόμασταν για ένα υπέροχο, απλό γεύμα με ελάχιστη προετοιμασία. Αν ο Πίτερ είχε πιάσει ένα χταπόδι λίγες μέρες πριν, θα το μαγείρευα στον ατμό εωσότου γίνει τρυφερό και αυτό θα ήταν μια πρόσθετη απολαυστική λιχουδιά.

Με την πάροδο των χρόνων, μάθαμε πάρα πολλά για τα ελληνικά φαγητά και την ασυνήθιστη προετοιμασία που μερικά από αυτά προϋπόθεταν. Στα πρώτα μας χρόνια στην Πάρο, όταν γινόταν η συγκομιδή των σταφυλιών και το ποδοπάτημα τους για να γίνει το κρασί, ο γείτονάς μας, ο Μανώλης, μας έφερνε "μούστο" σε δοχείο των πέντε λίτρων. Ο μούστος ήταν ουσιαστικά το υπόλειμμα στο κάτω μέρος του δοχείου όπου γινόταν η σύνθλιψη των σταφυλιών. Είχε ένα βαθύ, σκοτεινό, πορφυρό χρώμα, αλλά μπορούσε να μετατραπεί σε δύο είδη νόστιμων γλυκών, εάν μας το μάθαιναν! Ο Μανώλης ήταν μάγειρας στο στρατό και του άρεσε να μας φέρνει πράγματα από το μικρό του «αγρόκτημα», με οδηγίες χρήσης. Εάν ήταν γάλα, έπρεπε να χρησιμοποιηθεί για το ρυζόγαλο, οι ντομάτες έπρεπε να γίνουν γεμιστά, αλλά ο μούστος των σταφυλιών, ήταν μια άλλη ιστορία. Πρώτον, έπρεπε να βράσει σε μια πολύ μεγάλη κατσαρόλα με κάρβουνο, ναι, κάρβουνο. Έπρεπε να χρησιμοποιηθεί το καμένο κάρβουνο όπου τα μεγαλύτερα κομμάτια τα τυλίγαμε σε ύφασμα και τα δέναμε με κορδόνι για να κρέμονται μέσα στο μούστο. Στην συνέχεια ένα θαύμα γινότανε. Το παχύρευστο μείγμα μετατρεπόταν σε ένα κρυστάλλινο, μωβ υγρό: η μούργα βυθιζόταν στο κάτω μέρος της κατσαρόλας και έτσι μπορούσαμε να αδειάσουμε με ευκολία το καθαρό υγρό. Μιλάμε για πέντε λίτρα, δηλαδή παραπάνω από ένα γαλόνι υγρού. Στη συνέχεια έπρεπε να το χυλώσουμε με αλεύρι, όπως γίνεται στην περίπτωση της Αγγλικής σάλτσας που ονομάζεται "Γκρεϊβι". Εάν χρειάζονται τρία κουταλάκια του γλυκού αλεύρι για μισό λίτρο σάλτσα, τότε για πέντε λίτρα μούστου, θα χρειαζόταν πολύ αλεύρι για να γίνει ένας λείος χυλός, χωρίς σβώλους. Φυσικά, δεν μου είπε κανείς πόσο αλεύρι να χρησιμοποιήσω, οπότε έπρεπε είτε να το μαντέψω η να υπολογίσω πόσες φορές να βάλω τρία κουτάλια του γλυκού αλεύρι. Εάν το πετύχαινα, τότε αφού έβραζα το παχύρρευστο μίγμα το αποτέλεσμα ήταν ένα γλυκό σαν τη κρέμα αραβοσίτου! Το τελικό αποτέλεσμα μπορούσε να σερβιριστεί σε πιάτα σε ατομικές μερίδες ώστε να διατηρηθεί για δύο μέρες. Χρειαζόμασταν περίπου είκοσι μέρες για να μπορέσουμε εμείς οι δύο να καταναλώσουμε όλη την ποσότητα, και συνήθως γεμίζαμε το ψυγείο. Η άλλη λύση ήταν να φτιαχτούν «παστίλιες» που μπορούσαν να διατηρηθούν και να καταναλωθούν κατά τη διάρκεια των χειμερινών μηνών. Αυτό από μόνο του ήταν δουλειά τριών ημερών.

Αρχικά ο παχύρρευστος χυλός από το μούστο των σταφυλιών άδειαζε σε μεγάλα ταψιά και σε ύψος περίπου πέντε χιλιοστών, συνεπώς δεν μαγειρεύαμε δείπνο στο φούρνο. Όσο διαρκούσε αυτή η διαδικασία χρησιμοποιούσα κάθε μεταλλικό ταψί και μεγάλη πιατέλα που υπήρχε στο σπίτι. Τα ταψιά με το χυλό έπρεπε να μείνουν στον ήλιο για να στεγνώσουν και έπρεπε να καλυφτούν με πανιά για να μην πλησιάζουν οι μύγες και οι γάτες. Μετά από δύο ή τρεις μέρες, ο χυλός αποκτούσε ελαστική υφή και μπορούσε να κοπεί σε τετράγωνα κομμάτια. Με μεγάλη υπομονή, κάθε τετράγωνο κομματάκι έπρεπε να βουτηχτεί σε σουσάμι και στη συνέχεια να αναποδογυριστεί για να στεγνώσει από την άλλη πλευρά και να μείνει για άλλες δύο ημέρες. Έπρεπε να ελπίζουμε ότι ενόσω διαρκούσε αυτή η παραδοσιακή Παριανή διαδικασία κανείς δεν έπρεπε για οποιονδήποτε λόγο να χρειαστεί νοσηλεία, η διαδικασία δεν έπρεπε να διακοπεί από ένα πρόωρο ταξίδι στην Αθήνα!

Ο γείτονάς μας, ο Μανώλης, ήταν συχνός επισκέπτης του σπιτιού μας. Ζούσε σε ένα μεγάλο δωμάτιο και έξω από αυτό υπήρχε ένα μαντρί κατσικιών. Είχε μια βρύση με κρύο νερό, το σπίτι δεν είχε τουαλέτα και ο Μανώλης ήταν απόλυτα ικανοποιημένος. Τα μαλλιά του στήθους του ξεπεταγόντουσαν από το πουκάμισο και συνήθως φορούσε ναυτικό καπέλο. Συχνά τον έβλεπαν να καβαλά το γαϊδούρι του με προορισμό το χωριό της Μάρπησσας. Η σύζυγός του, η Γιακομίνα ζούσε σε ένα πολύ ωραίο σπίτι στο χωριό με μοντέρνο μπάνιο και κουζίνα, αλλά ο Μανώλης προτιμούσε να ζει στα περίχωρα με τις κατσίκες του. Η Γιακομίνα με πολύ αγάπη του προετοίμαζε φαγητό και ο Μανώλης πήγαινε με το γαϊδούρι στο σπίτι της για να πάρει το φαγητό στον Λογαρά! Τα επόμενα χρόνια μετά το θάνατό του γαϊδουριού, συχνά τον πηγαίναμε με το αυτοκίνητο στο χωριό, καθώς η απόσταση ήταν μεγάλη για εκείνον να την περπατήσει επειδή είχε γεράσει.

Αρκετοί αγρότες εξακολουθούσαν να μετακινούνται με τα γαϊδούρια στο χωριό και στα χωράφια, αλλά καθώς περνούσαν τα χρόνια, ο πληθυσμός των γαϊδάρων μειωνόταν δραματικά. Στα πρώτα μας χρόνια, δεν ήταν καθόλου πρόβλημα για την τοπική κοινωνία να συγκεντρώσει δέκα ή περισσότερα γαϊδούρια για την ετήσια γιορτή της Ανάληψης ενθυμούμενοι την ανάληψη του Ιησού στον ουρανό σαράντα μέρες μετά την ανάστασή Του. Νεαρά κορίτσια με πολύχρωμα παραδοσιακά ελληνικά φορέματα περνούσαν από το λιμάνι του Πίσω Λιβαδιού πάνω σε γαϊδούρια που τα οδηγούσαν όψιμα παλικάρια με στολές. Είκοσι χρόνια αργότερα, η πομπή των κοριτσιών που κάθονταν στα γαϊδούρια είχε μειωθεί και απαριθμούσε μόλις ένα άτομο. Τα περισσότερα από τα γαϊδούρια απλώς πέθαιναν από γηρατειά και δεν τα αντικαθιστούσαν ποτέ. Ακούσαμε μια πολύ αστεία αλλά συνάμα τραγική ιστορία για την ασυνήθιστη κατάρρευση ενός γαϊδουριού της περιοχής. Ο ιδιοκτήτης του γαϊδουριού είχε ένα βαρέλι κρασί που βρισκόταν μέσα στο δωμάτιο που απολάμβανε την σιέστα του τα απογεύματα. Αφού απόλαυσε το μεσημεριανό φαγητό του και ξάπλωσε για να ξεκουραστεί, δεν αντιλήφθηκε ότι η βρύση του βαρελιού έσταζε κρασί. Όντας μια αρκετά ζεστή μέρα, ακόμα και το γαϊδούρι αναζητούσε κάποια σκιά στο πλάι του σπιτιού. Αφού βρήκε την πόρτα ανοιχτή και τον αγρότη να ροχαλίζει δυνατά, ο γάιδαρος ήταν πανευτυχής που μπορούσε να αναζωογονηθεί γλείφοντας το νόστιμο νέκταρ που έτρεχε στα σκαλοπάτια. Και έγλειφε και έγλειφε και έγλειφε εωσότου μέθυσε για τα καλά. Εκείνη την στιγμή, η προοπτική της ελευθερίας του φάνηκε ως μια θαυμάσια ιδέα, και με το πρόσθετο θάρρος από το κρασί, πήδησε πάνω από τον πέτρινο τοίχο, έπεσε και έσπασε το λαιμό του. Αυτό ήταν ένα γαϊδούρι λιγότερο από την γιορτή του επόμενου χρόνου!

Τα επόμενα χρόνια, η σύζυγος του Μανώλη αρρώστησε και πήγε στην Αντίπαρο να ζήσει μαζί με το γιο τους. Καμία προσπάθεια δεν ευδοκίμησε για να πείσει τον Μανώλη να πάει με την οικογένεια του, οπότε άρχισε να μαγειρεύει για τον εαυτό του, και συχνά χρειαζόταν βοήθεια για να πηγαίνει στο χασάπη ή στο σουπερμάρκετ του χωριού. Σπάνια ζητούσε από τους ντόπιους ή ακόμα και από τον αδελφό του να τον πάνε και νιώθαμε πολύ ευλογημένοι που ήταν ο γείτονας μας. Μας δέχτηκε, παρόλο που ήμασταν ξένοι. Ήταν σκέτη πρόκληση για μας να προσπαθούμε να μάθουμε την βαριά του Παριανή προφορά και συνειδητοποιήσαμε πόσο δύσκολη ήταν όταν είχαμε έναν Έλληνα επισκέπτη από την Αθήνα που μας ρωτούσε αν μπορούσαμε να τον καταλάβουμε επειδή εκείνος αδυνατούσε! Ο επισκέπτης εντυπωσιάστηκε όταν του είπαμε ότι καταλαβαίνουμε τουλάχιστον τα μισά από όσα λέει.

Από τη στιγμή που ο Μανώλης επέλεξε να ζήσει μόνος του, ο γιος του αποφάσισε να του εγκαταστήσει ένα τηλέφωνο, ένα ντους με πλακάκια και μια τουαλέτα, καθώς και ηλεκτρικό ρεύμα. Τουλάχιστον θα μπορούσε να τηλεφωνεί και να ελέγχει εάν ήταν εντάξει, ή τουλάχιστον θα μπορούσε να το κάνει εάν ο Μανώλης δεν έβγαζε κατά λάθος το δέκτη από την πρίζα, κάτι που συνέβαινε συχνά. Το να έχει ρεύμα σήμαινε ότι θα μπορούσε να έχει ψυγείο, τηλεόραση και φως μετά την δύση του ηλίου. Αυτή ήταν μια πολύ πιο ασφαλής επιλογή από το φωτιστικό λαδιού που άναβε, ειδικά μετά από ένα ή δύο ποτήρια από το σπιτικό κρασί που έφτιαχνε. Ακόμα και με όλες αυτές τις εξελίξεις, δεν ήταν καθόλου ασυνήθιστο, όταν τον επισκεπτόσουν στο σπίτι, να βρεις ένα ή δύο κατσίκια στο δωμάτιο του, ειδικά όταν η κατσίκα είχε γεννήσει. Καθισμένος σε ένα μικρό σκαμνί με ένα ποτήρι κρασί, ένα κομμάτι ψωμί που είχε κοπεί άτσαλα και ένα εξαιρετικό πολύ δυνατό Παριανό τυρί, αυτή ήταν μια μοναδική εμπειρία που δεν πρέπει να χάσει κανείς. Θεωρούσαμε τους εαυτούς μας αρκετά προνομιούχους που τον γνωρίζαμε.

Όταν ο Μανώλης πέθανε μετά από πολλά χρόνια, το καλοκαίρι του 2013, βρισκόμουν στην Αγγλία και συμμετείχα σε μια επανασύνδεση φοιτητών μετά από σαράντα χρόνια στο Μάντσεστερ και επισκεπτόμουν την οικογένεια μου. Ήταν απόλυτα υγιής όταν έφυγα, και πέθανε ανώδυνα επειδή δεν υπέφερε καμία ασθένεια. Ο Πίτερ έμαθε ότι είχε πεθάνει μια μέρα μετά την κηδεία . Είναι μια από τις πολλές απογοητεύσεις της ζωής στην Ελλάδα όπου οι κηδείες γίνονται μέσα σε 24-48 ώρες μετά το θάνατο. Εάν ζεις έξω από το χωριό, μπορεί να μην δεις την αφίσα που αναγγέλλει την κηδεία, εκτός και αν είναι μέρα για τα ψώνια! Κάποτε μας ενοχλούσε που κανείς δεν μας τηλεφωνούσε για να μας πει, αλλά μάθαμε ότι ήταν απλώς ο ελληνικός τρόπος ζωής, οπότε δεν το παίρνουμε προσωπικά. Δεν ήταν επειδή είμαστε ξένοι ακόμη και οι ντόπιοι έχουν κάποιο πρόβλημα με αυτό.

Μια άλλη πτυχή της ζωής σε ένα ελληνικό νησί είναι η διασκέδαση των επισκεπτών. Όταν ζεις σε ένα περιβάλλον που φαινομενικά είναι ότι πιο κοντινό στον παράδεισο κατά τη διάρκεια των καλοκαιρινών μηνών, δεν σου προκαλεί έκπληξη το γεγονός ότι έχεις συνεχή ροή επισκεπτών, μερικοί που μένουν στο σπίτι και κάποιοι σε κοντινά ενοικιαζόμενα δωμάτια. Εκτός από την πρόκληση του σχεδιασμού του μενού για την επίσκεψή τους που μπορεί να είναι από μία έως και τρεις εβδομάδες, υπήρχε το δίλημμα για το καθημερινό πρόγραμμα που έπρεπε να ακολουθηθεί με τους ανθρώπους που έρχονται μόνο για να σε επισκεφθούν. Θέλουν να δουν το νησί, να πάνε στην παραλία, να χαλαρώσουν σε καφετέριες και να φάνε σε τοπικές ταβέρνες. Για τον μόνιμο κάτοικο, η πρόκληση είναι να κάνει όλα αυτά τα πράγματα, καθώς και τα ψώνια, το μαγείρεμα, το πλύσιμο, το σιδέρωμα και την κηπουρική, διατηρώντας παράλληλα έναν αέρα ηρεμίας και να είναι διαθέσιμος από το πρωί έως την ώρα του ύπνου!

Ήταν ένα τέτοιο πρωινό, κατά τη διάρκεια της ετήσιας επίσκεψης της ανιψιάς μου, που της πρότεινα να πάμε στην παραλία Φάραγγα στη νότια πλευρά του νησιού. Θα έπρεπε να ήταν μια συνηθισμένη μέρα στην παραλία, αλλά από ότι φαίνεται τα εξωπραγματικά πράγματα συμβαίνουν σε εμένα όλη την ώρα.

Φτάσαμε νωρίς γύρω στις 11:00. και είδαμε μια όμορφη μηχανοκίνητη πολυτελή θαλαμηγό αγκυροβολημένη στον κόλπο. Ήταν αρκετά ήσυχα, οι περισσότεροι άνθρωποι που είχαν ξενυχτίσει στα πάρτι, δεν είχαν ξεχυθεί στην παραλία. Κάθισα κάτω από ένα δέντρο στο πίσω μέρος της παραλίας, σχεδιάζοντας να γράψω στην φίλη μου την Ντόρις. Η Τρέϊσι επέλεξε τη στάση τής κολώνας στον ήλιο δίπλα στην ακτογραμμή. Μετά από λίγο, δύο μέλη του πληρώματος με στολές, της θαλαμηγού, έφτασαν στην παραλία με μεγάλο ταχύπλοο. Έστησαν οκτώ ξαπλώστρες με ομπρέλες, πετσέτες, αντηλιακά και ένα θερμός με ποτά. Περίπου μισή ώρα αργότερα έφτασαν οι επισκέπτες: ήταν κυρίως ζευγάρια με μερικά παιδιά, και από την προφορά τους ήμουν σίγουρη ότι ήταν Αυστραλοί. Ένιωθα ότι έπρεπε να τελειώσω το γράμμα κάποια άλλη στιγμή και ότι θα έπρεπε να πλησιάσω την άκρη του νερού δίπλα τους, έτσι πήγα στην Τρεϊσι, άφησα την πετσέτα μου και βούτηξα στο νερό για να δροσιστώ. Ένας άνδρας, που θα μπορούσε να ήταν ο καπετάνιος, ήρθε να μας ρωτήσει εάν ενοχλούσαν.

«Όχι, καθόλου, μας είναι σχετικά ενδιαφέρον το θέαμα του ταχυπλόου.»

Μας πρόσφερε δύο κρύες μπύρες, τις οποίες δεχτήκαμε από ευγένεια και ως αντάλλαγμα σκέφτηκα να προσφέρω το βιβλίο μου στην κυρία που ήταν στην τελευταία καρέκλα της σειράς. Το όνομά της ήταν Σάντι. Άρχισε αμέσως να το διαβάζει και ένας άλλος άνδρας, που μας άκουσε να μιλάμε, ήρθε και μας είπε: «Κατά την διαμονή μας στην Αθήνα, ακούσαμε για μια Αγγλίδα κυρία που ζούσε στην Πάρο και που είχε αφήσει την εργασία της στην Αγγλία, αυτή η κυρία πρέπει να είστε εσείς!»

Πιθανώς να είχαν συναντηθεί με ένα άλλο ζευγάρι από την Αυστραλία με τους οποίους είχα επικοινωνία όταν ήταν στην Πάρο. Ζήτησαν από πού θα μπορούσαν να αγοράσουν περισσότερα βιβλία, οπότε τους έδωσα ένα δεύτερο αντίγραφο που είχα μαζί μου και έδωσα την ηλεκτρονική μου διεύθυνση.

Μετά από μια ώρα όταν αναχώρησαν για να επιστρέψουν στη θαλαμηγό τους, συνειδητοποίησα τη σειρά των γεγονότων που έπρεπε να έρθουν εις πέρας για να πραγματοποιηθεί αυτή η συνάντηση. Πρώτον, η Τρεϊσι έπρεπε να μένει μαζί μου αλλιώς δεν θα βρισκόμουν ποτέ σε αυτήν την παραλία εκείνη την ώρα της ημέρας, με γνώμονα ότι σπάνια πήγαινα στην συγκεκριμένη παραλία. Δεύτερον, είχαμε αρχικά προγραμματίσει να πάμε για φαγητό στην Αλυκή και στη συνέχεια στην παραλία, αλλά τα σχέδια που είχαμε άλλαξαν. Τρίτον, το αυτοκίνητό μας (το Subaru) είχε υπερθερμανθεί και εάν οι φίλοι μας Τζείν και Μπάρυ δεν είχαν φύγει από το νησί αφήνοντας μας το αυτοκίνητο τους, θα είχαμε μείνει πιο κοντά στο σπίτι και δεν θα βρισκόμασταν εκεί καθόλου. Τέταρτον, το πρόγραμμα της θαλαμηγού θα έπρεπε να περιλαμβάνει μια στάση σε μια σχετικά μικρή παραλία κατά τη διαδρομή από τη Σαντορίνη και τη Σέριφο πριν αναχωρήσει για Μύκονο. Πέμπτον, ο καπετάνιος έπρεπε να μου προσφέρει μπύρα για να μου δώσει την ευκαιρία να προσφέρω το βιβλίο μου και, τέλος έπρεπε να βρεθεί στη σωστή θέση στην Αθήνα για να συναντηθεί με το ζευγάρι που με ήξερε. Εάν όλο αυτό δεν ήταν έργο του Θεού τότε δεν ξέρω τι άλλο μπορεί να ήταν!

Με τον Πίτερ συνήθως καθόμασταν στην καφετέρια του Γρηγόρη που βρίσκεται στην άκρη του Λογαρά. Σε μια τέτοια μέρα το 2006 πήραμε μια παρορμητική απόφαση που θα επηρέαζε άμεσα την ελευθερία μας τα επόμενα χρόνια. Καθώς απολαμβάναμε ένα ποτό μετά από τη ζέστη της ημέρας, η Άννα Φυσιλάνη από την διπλανή ταβέρνα ήρθε κρατώντας ένα πανέμορφο, λευκό κουτάβι λίγων εβδομάδων. Όταν ο προηγούμενος σκύλος μας ο Αμπεί πέθανε σε ηλικία περίπου δεκαπέντε ετών, αποφασίσαμε ότι δεν θα είχαμε άλλο σκυλί. Ήταν πολύ επώδυνη η απώλεια του και όντως είχε σημαντικό αντίκτυπο στην καθημερινή ζωή, καθώς το βγάζαμε για βόλτα, το εκπαιδεύαμε να συμπεριφέρεται σωστά με τους επισκέπτες και ούτω καθεξής. Για να ταξιδέψουμε οπουδήποτε έπρεπε προηγουμένως να συνεννοηθούμε με τους γείτονες ή τους φίλους για να ταΐζουν και να εξασκούν το σκυλί, γεγονός που δημιουργούσε ένα αυξανόμενο αίσθημα υποχρέωσης, δεδομένου ότι ποτέ δεν ήταν επί αμοιβής η εξυπηρέτηση.

Πάντα πίστευα ότι εάν ποτέ αλλάζαμε γνώμη, θα ήθελα να έχω ένα λευκό σκυλί, πιθανώς ένα Λαμπραντόρ, επειδή είναι τόσο ευγενική ράτσα και είναι καλά με τα παιδιά. Παρ 'όλα αυτά, ρωτήσαμε την Άννα εάν ήθελε σπίτι για το μικρούλη, εκείνη επέμενε ότι δεν του έψαχνε και ότι θα το κρατούσε. Ήταν ένα από δέκα κουτάβια που βρέθηκαν παρατημένα σε ένα κουτί στο χώρο στάθμευσης αυτοκινήτων του Λογαρά. Αυτό δεν είναι ιδιαίτερα ασυνήθιστο φαινόμενο στην Ελλάδα. Βρέθηκαν σπίτια και για τα δέκα κουτάβια, αλλά μια κυρία, η Ρούλα, είχε πάρει δύο μόνο και μόνο επειδή χρειαζόντουσαν σπίτι. Η Άννα μας πρότεινε να την ρωτήσουμε αν ήταν διατεθειμένη να χαρίσει το ένα. Ήμασταν τόσο ενθουσιασμένοι που μπορούσαμε να πάμε να τα δούμε, που τρέξαμε εκείνο το απόγευμα, αντί να προσευχηθούμε πριν κινηθούμε.

Η Ρούλα ήταν γειτόνισσα μας κατά την διάρκεια των δύο ετών που μέναμε στο χωριό. Όταν φτάσαμε στο σπίτι της, βρήκαμε την κόρη της να παίζει με τα δύο κουτάβια. Τα δύο ήταν πανομοιότυπα, ήταν αρσενικά με μαύρο τρίχωμα και ναι η μητέρα της ήταν πανευτυχής να μας χαρίσει το ένα. Όταν επέλεξα ένα, το κοριτσάκι είπε: «Αχ, όχι αυτό είναι το αγαπημένο της μαμάς μου», οπότε με χαρά τον αντάλλαξα με τον άλλον και φύγαμε. Ένιωσα την ίδια χαρά που είχα νιώσει όταν πρώτο έφερα τον Αμπεί στο σπίτι, τόσο μικρό, γλυκό και αβοήθητο. Από μικρός συμμετείχε τακτικά στο χρόνο που αφιέρωνα για την μελέτη της Βίβλου καθώς κούρνιαζε στα πόδια μου. Τον έπαιρνα μαζί μου στην παραλία και χρησιμοποιούσα το ίδιο φουλάρι που είχα χρησιμοποιήσει για τον Αμπεί πριν από δεκαπέντε χρόνια όταν τον έδενα επάνω στο στήθος μου. Όλοι τον αγαπούσαν, ειδικά τα παιδιά. Ο Παύλος και η Μαριάννα, δύο παιδιά που έμεναν εκεί για τις διακοπές τους τον περίμεναν καθημερινά. Με το που τον έβλεπαν, ξόδευαν ώρες μαζί του παίζοντας στην παραλία. Αποφασίσαμε να τον ονομάσουμε Σαμ, ένα δημοφιλές όνομα σκύλων στην Αγγλία. Για μένα το όνομα του είχε ρίζες στο όνομα Σαμουήλ που σημαίνει "Τον ζήτησα από τον Κύριο" και αναφερόταν στην ιστορία της Άννας στην Παλαιά Διαθήκη που ήταν άτεκνη και είχε ζητήσει από τον Κύριο να της δώσει ένα γιό. Αρκετό καιρό πριν βρούμε τον συγκεκριμένο, είχα ζητήσει από τον Κύριο αν μπορούμε να έχουμε ένα άλλο μικρό σκυλί.

Όμως, τα πράγματα δεν ήταν όλα ρόδινα. Αφού τακτοποιήσαμε τον Σαμ, μετά από μερικές εβδομάδες, θεωρήσαμε ότι θα ήταν καλό να τον αφήσουμε μόνο του για λίγες ώρες βγαίνοντας έξω με φίλους να δειπνήσουμε. Τον βάλαμε στη δυτική πλευρά στο κρεβάτι του και κλείσαμε την πόρτα για να μην το σκάσει. Ανάμεσα στα πολλά πράγματα που ήταν αποθηκευμένα στη δυτική πτέρυγα του σπιτιού ήταν ένα σύνθετο που συνήθως ήταν μέσα στο σπίτι αλλά το καλοκαίρι το βγάζαμε έξω από την τραπεζαρία για να δημιουργήσουμε χώρο για τα τρία κρεβάτια των επισκεπτών μας. Εάν η μαμά του Πίτερ ερχότανε με δύο από τις αδελφές του, χρειαζόμασταν τρία κρεβάτια για να τους κοιμίσουμε. Η τραπεζαρία μπορούσε εύκολα να μετατραπεί σε κρεβατοκάμαρα για τους καλοκαιρινούς μήνες επειδή σχεδόν πάντοτε τρώγαμε έξω στη βεράντα.

Στα ράφια του σύνθετου φυλάσσονταν τα καλύτερα κρυστάλλινα κρασοπότηρα. Ουδέποτε φαντάστηκα ότι μπορούσε να προκληθεί κάποιο πρόβλημα. Ήταν ένα μικρό κουτάβι, το σύνθετο ήταν δύο μέτρα σε ύψος και οι κάτω πόρτες ήταν από ξύλο και όχι από γυαλί. Φτάσαμε στο σπίτι στις 22:00 και όταν ακουμπήσαμε το πόδι στο δάπεδο της αποθήκης, συνθλιβόταν το γυαλί κάτω από τα πόδια μας. Ανοίξαμε το φως και αντικρίσαμε μια σκηνή απόλυτης καταστροφής και ένα τρομαγμένο μικρό Σαμ να τρέμει από το κεφάλι ως τα πόδια. Καταλάβαμε ότι ο Σαμ αναστατώθηκε που τον είχαμε αφήσει μόνο του για πρώτη φορά και πηδούσε πάνω στην πόρτα στην προσπάθεια του να βγει έξω. Το πρόβλημα ήταν ότι ήταν πολύ μικρός και δεν ήξερε σε ποιά πόρτα να πηδήξει. Πιθανότατα, είχε πηδήξει πάνω στο σύνθετο και το γυάλινο ράφι, που κρατιόταν από τα πλαϊνά κλιπάκια ηλικίας τριάντα ετών, κατέρρευσε. Τα σπασμένα κομμάτια από τα γυάλινα ποτήρια κρασιού είχαν καταλήξει στο έδαφος, και αναμφίβολα η πρόσκρουση τους με το έδαφος προκάλεσε εκκωφαντικό θόρυβο στα αυτιά του μικρού κουταβιού. Έτρεξα να σηκώσω τον μικρό Σαμ, για να ελέγξω τις πατούσες του και να δω εάν αιμορραγούσε. Από θαύμα την γλύτωσε και δεν είχε κοπεί. Δεν ξέρω πώς, αλλά με κάποιο τρόπο δεν είχε τόση σημασία που όλα τα ποτήρια είχαν χαθεί, ακόμα κι αν ήταν από πολύ ακριβό κρύσταλλο Στιούαρτ. Αυτά αποτελούσαν μέρος της ζωής μου που είχε παρέλθει και μάλλον ήταν κάπως επιδεικτικό σε ένα νησί, όπου αρκετοί άνθρωποι χρησιμοποιούσαν φτηνά ποτήρια. Σίγουρα δεν θα τα αντικαθιστούσα με παρόμοια κρυστάλλινα ποτήρια.

Μετά από μερικά χρόνια, και καθώς ο Σαμ είχε ενηλικιωθεί, συνειδητοποιήσαμε ότι η εμφάνιση του ήταν ίδια με του Αμπεί με εξαίρεση το χρώμα. Είχε την ίδια μύτη, τα ίδια μάτια και την ίδια γενειάδα, τα ίδια μαλλιά και ήταν περίπου το ίδιο μέγεθος. Μετά από δύο χρόνια χωρίς σκύλο, είχα πει στον Θεό ότι πραγματικά δεν ήθελα ένα Λαμπραντόρ ή ένα Σπανιέλ, ήθελα απλώς ένα σκυλί σαν τον Αμπεί, που μου έλειπε τόσο πολύ. Ε λοιπόν εδώ ήταν, και ο αδελφός του που είχα αρχικά επιλέξει δεν του έμοιαζε καθόλου. Ο Σαμ ήταν το ένα από τα δέκα κουτάβια που ήταν κλασσικό Γκριφόν ή για την ακρίβεια ένα "Wirehaired Pointing Griffon". Ο Σαμ ποτέ δεν είχε τον ίδιο ήπιο χαρακτήρα με τον Αμπεί. Από την φύση του ήταν πολύ πιο κυριαρχικός και μερικές φορές αρκετά δύσκολος για να ελεγχθεί. Κάθε φορά που επισκεπτόταν κάποιος το σπίτι, χαιρόταν τόσο πολύ που καθόταν δίπλα του καθ 'όλη τη διάρκεια της επίσκεψης ή ακόμα χειρότερα, ξάπλωνε κάθετα και μπρούμυτα στα πόδια του. Ακόμα και για εκείνους που τους αρέσουν τα σκυλιά, ήταν υπερβολική αγάπη. Πολλοί Έλληνες επισκέπτες, δεν έβλεπαν με καλό μάτι την ιδέα του σκύλου ως μέλος της οικογένειας που ζει μέσα στο σπίτι. Δεν είχαμε άλλη λύση από το να βγάλουμε τον Σαμ έξω στη δυτική πτέρυγα και να τον αφήσουμε να εκφράσει την διαμαρτυρία του. Όταν οι επισκέπτες έφευγαν, του επιτρεπόταν η είσοδος μέσα στο σπίτι και εκείνος έτρεχε με χαρά.

Ο Σεπτέμβρης μπήκε με κρότο: η πρώτη βροχή έφθασε με μια καταπληκτική καταιγίδα όπου βροντές και αστραπές αναπηδούσαν ανάμεσα στην

Πάρο και την Νάξο. Η Χέλεν και ο Τζων, οι Ελληνοαυστραλοί φίλοι μας, κατέφτασαν στο νησί για να περάσουν λίγο χρόνο στο σπίτι τους που βρίσκεται στην Νάουσα. Ο Τζων είχε γεννηθεί στην Πάρο και αφού έφυγε σε νεαρή ηλικία για να βρει δουλειά στην Αυστραλία, γνώρισε και νυμφεύτηκε με την Χέλεν, μια ιθαγενή Αυστραλή με καταγωγή από τους Αβορίγινες. Αρχικά είχε εργαστεί στην κατασκευή δρόμων στην έρημο κάτω από τον καυτό ήλιο. Πλέον τα παιδιά τους είχαν μεγαλώσει και έμεναν στην Αυστραλία, συνεπώς θα ήταν απίθανο να ζήσουν μόνιμα στην Πάρο, αλλά ο Τζων ακόμα είχε μερικά αδέλφια και αδελφές που ζούσαν στο νησί. Κατά τη διάρκεια των επισκέψεών τους, πάντοτε συμμετείχαν στις Κυριακάτικες συναντήσεις μας, αλλά εκείνη την εποχή δεν είχαμε μεσοβδόμαδες συναντήσεις. Η Χέλεν πρότεινε να βρισκόμαστε μεσοβδόμαδα για προσευχή ενόσω ο Τζων δούλευε στον κήπο και έφτιαχνε πράγματα στο σπίτι. Σε αυτό το σημείο της πορείας μου με τον Θεό, οι συναντήσεις προσευχής δεν είχαν προοπτική. Ήταν σαν να έφερνα μπροστά στον Θεό για προσευχή μια λίστα αγορών κι αυτό ήταν κουραστικό. Χρειαζόμουν κάποιον να με διδάξει ότι η προσευχή σήμαινε περισσότερα από αυτό.

Αρχίσαμε να συναντιόμαστε στην κεντρική πόλη, για να μην κουράζονται οι κυρίες περνώντας από τα βουνά για να φτάσουν στο σπίτι μας δύο φορές την εβδομάδα. Η Λόρνι διέθετε ένα βιβλιοπωλείο μεταχειρισμένων βιβλίων που κατά την διάρκεια της μεσημεριανής σιέστας ήταν κλειστό για να το χρησιμοποιούμε ως χώρο προσευχής. Σιγά-σιγά, καθώς περνούσαν οι εβδομάδες, μάθαμε ότι μπαίναμε στην παρουσία του Θεού διαμέσου της προσκύνησης του και στη συνέχεια του παραθέταμε όχι μόνο τα αιτήματά μας αλλά και τις ευχαριστίες μας, καθώς και τα ερωτήματά μας και κάθε μας ανάγκη για να αισθανόμαστε την αγάπη Του. Πριν αρχίσουν όλα αυτά, η ομαδική προσευχή ήταν ελάχιστη τις Κυριακές και περιοριζόταν σε ό τι κάναμε ατομικά κατά την διάρκεια της εβδομάδας. Αρχίσαμε να μαθαίνουμε τη δύναμη της προσευχής με ομοθυμία, την αυξανόμενη δύναμη που έχει η ομαδική προσευχή σε αντίθεση με την ατομική. Για την Χέλεν, η προσευχή ήταν αυτό που κλήθηκε να κάνει. Με τα χρόνια σταδιακά απελευθερώθηκε από τις πολλές εκκλησιαστικές δραστηριότητες για να περνάει περισσότερο χρόνο στην εκζήτηση του Θεού. Εγώ, παράλληλα εργαζόμουν αδιάκοπα για τον Θεό, ευαγγελίζοντας, διδάσκοντας τις Κυριακές, αλλά δεν ξόδευα αρκετό χρόνο αναζητώντας την παρουσία Του και τη στρατηγική Του μέσα από την προσευχή. Καθώς τα χρόνια περνούσαν, εστίασα στην εκζήτηση του Θεού και η προσευχή και η παρουσία του, έγιναν τα πάντα για μένα.

Αρχικά, η ομάδα προσευχής για τις κυρίες ήταν η Λόρνι, η Ελβετίδα Άννα Μαρεί και εγώ. Κάποιοι χριστιανοί στις διακοπές τους στην Πάρο, μάθαιναν για τις συναντήσεις προσευχής μέσω του βιβλιοπωλείου και εμείς καλωσορίζαμε κι άλλους στις συναντήσεις μας. Για άγνωστο σε εμάς λόγο, σπάνια είχαμε άντρα στην συνάντηση προσευχής. Δεν είναι ότι δεν ήταν ευπρόσδεκτοι, αλλά σπάνια ερχόντουσαν. Ήταν σαν να νόμιζαν ότι η προσευχή ήταν κάτι που έκαναν οι γυναίκες, ενώ εκείνοι συνέχιζαν με τα πρακτικά πράγματα της ζωής. Αργότερα, όταν η Λόρνι έφυγε από το νησί, η Τζένη από τη Νέα Ζηλανδία ενσωματώθηκε στην ομάδα και έτσι είχαμε και πάλι τον πυρήνα των τριών ατόμων.

12 ΈΝΑΣ ΙΔΙΑΙΤΕΡΟΣ ΑΠΟΧΑΙΡΕΤΙΣΜΟΣ

Καθόμουν έξω στην βεράντα της δυτικής πτέρυγας. Ήταν μια ευχάριστα ζεστή μέρα του Οκτώβρη, η ζέστη της οποίας δεν συγκρινόταν με την ανυπόφορη ζέστη του Αυγούστου, όπου μετακινείσαι σταδιακά από τη σκιά του δέντρου σε αυτήν της πέργκολάς και έπειτα στην σχετικά δροσερή κρεβατοκάμαρα. Τα πουλιά τιτίβιζαν χαρούμενα στην μπουκαμβίλια, ικανοποιημένα που επιτέλους βρήκαν σκουλήκια στο φρέσκο-σκαμμένο χώμα. Ο Τάσος, ο γιος του γείτονα μας, είχε βάλει για δουλειά το αχρησιμοποίητο για πολύ καιρό άροτρο, και μόλις είχε σκάψει το επίπεδο και κατάξερο χώμα των χωραφιών όπου δεν υπήρχε ούτε χορταράκι επειδή δεν είχε πέσει σταγόνα νερού τους τελευταίους πέντε μήνες.

Είχε αργήσει να βρέξει στην Πάρο το 2007, παρόλο που σε όλη την ηπειρωτική Ελλάδα έβρεχε για εβδομάδες. Όταν τελικά, έβρεξε η κατάξερη γη ήπιε απεγνωσμένα το νερό. Χιλιάδες στρέμματα δάσους της όμορφης Πελοποννήσου είχαν μετατραπεί σε κατακαμένες εκτάσεις με χαρακτηριστικό τους μαύρους κορμούς δέντρων. Για πολλές εβδομάδες μας ξεγελούσαν τα πολλά υποσχόμενα σύννεφα που έφερνε ο άνεμος αλλά δεν έπεφτε ούτε σταγόνα βροχής, αφήνοντας την γη σκονισμένη και κατάξερη. Τελικά ήρθε η βροχή για την οποία είχαμε προσευχηθεί τόσο πολύ. Καθώς ήμασταν ξαπλωμένοι, ακούσαμε τις μεγάλες και δυνατές σταγόνες να σφυροκοπούν την σκεπή της καλαμωτής πέργκολας. Η κατασκευή της δυτικής πλευράς του σπιτιού ακολουθούσε τα αρχιτεκτονικά πρότυπα της Πάρου και των υπολοίπων κυκλαδίτικων νησιών σε αντίθεση με την κατασκευή του υπόλοιπου σπιτιού που ήταν από ενισχυμένο αντισεισμικό μπετόν. Τα δύο δωμάτια είχαν απευθείας πρόσβαση στον εξωτερικό χώρο και ολόκληρη η τουαλέτα αλλά και η ντουζιέρα θα είχαν πλημμυρίσει από την ξαφνική νεροποντή, συνεπώς η όποια νυχτερινή επίσκεψη στην τουαλέτα θα έπρεπε να αναβληθεί για αρκετό χρονικό διάστημα. Αυτή δεν ήταν η απαλή, ήρεμη και σταθερή βροχή που ελπίζαμε να ξεδιψάσει το έδαφος, αλλά μια κατακλυσμική νεροποντή που έπεφτε με ορμή στις λευκές σανίδες της πέργκολας που μας προστάτευε όλο το καλοκαίρι από την άγρια ζέστη. Ο σκύλος μας, ο Σαμ και η μόλις δώδεκα εβδομάδων ασπρόμαυρη γατούλα μας η Αλέξις φωλιάσανε πάνω στο μαξιλάρι πού ήταν στο πόδι του κρεβατιού, ζεστά και ασφαλής σε αντίθεση με πολλές αδέσποτες γάτες που αναζητούσαν καταφύγιο από το παράξενο υγρό που έπεφτε από τον ουρανό. Οι επισκέπτες μας στο κεντρικό σπίτι ήταν πολύ καλύτερα προστατευμένοι από τη βροχή από ότι ήμασταν εμείς.

Θα έπρεπε να ήταν μια χαρούμενη και ειρηνική

μέρα αλλά ένιωθα ένα βάρος επάνω μου καθώς γνώριζα ότι η μητέρα μου που ήταν χίλια μίλια μακριά στην Αγγλία, νοσηλευόταν στο νοσοκομείο εδώ και τριάντα οχτώ ημέρες. Είχε περιπρωκτικό απόστημα, ή κοινώς φλεγμονή κάπου στο πεπτικό σύστημα του σώματος της. Ήταν ογδόντα έξι χρονών και η καρδιά της ήταν αδύναμη από τότε που υποβλήθηκε σε επέμβαση αορτοστεφανιαίας παράκαμψης πριν από δεκαπέντε χρόνια και οι γιατροί ήταν απρόθυμοι να προβούν σε χειρουργική επέμβαση με πλήρη νάρκωση. Δύο φορές, προσπάθησαν να αποστραγγίσουν το απόστημα εξωτερικά αλλά οι επιστημονικές και ιατρικές πιθανότητες επιτυχίας ήταν πολύ μικρές.

Κανόνισα να επικοινωνήσω τηλεφωνικά απευθείας με την πτέρυγα όπου νοσηλευόταν η μητέρα μου την ώρα που θα ήταν η αδελφή μου εκεί για να διαχειριστεί τις πρακτικές λεπτομέρειες της κλήσης.

«Μαμά γεια σου, η Μπάρμπαρα είμαι.» Ήταν καλό που επιτέλους μπόρεσα να ακούσω την φωνή της επειδή συχνά ήταν υπό την επήρεια της μορφίνης για να μην υποφέρει από τον πόνο που προκαλούσε το απόστημα. Αυτή την φορά ήταν πλήρως άγρυπνη. Αρχικά της είπα πόσο την αγαπώ και ότι προσευχόμαστε να λάβει εξιτήριο από το νοσοκομείο. Έπειτα κέντρισα την συζήτηση σε ζητήματα ασυγχωρησίας που έπρεπε να τακτοποιήσει για να σιγουρέψουμε ότι δεν εμποδιζόταν η θεραπεία της. Από την συζήτηση μου ήταν ξεκάθαρο ότι είχε τακτοποιήσει όλα τα ζητήματα που έπρεπε, και αυτό με γέμισε με αίσθηση ανακούφισης.

Παρόλα αυτά δεν φαινόταν να ανταποκρίνεται η κατάσταση της στις προσευχές μου, ώστε να βγει από το νοσοκομείο. Ήμουν διχασμένη από τις ευθύνες μου στην Πάρο και την αίσθηση ευθύνης που ένιωθα προς την μητέρα μου. Η πραγματικότητα είναι ότι νοσηλευόταν για πολύ μεγάλο χρονικό διάστημα. Τελικά ένιωθα ότι ο Κύριος μου έδωσε το πράσινο φως για να την επισκεφθώ, οπότε μια μέρα του Νοέμβρη ταξίδεψα στην Αγγλία. Την επόμενη μέρα πήγα στο νοσοκομείο οπλισμένη με ένα μικρό μπουκάλι λαδιού και τη Βίβλο μου. Ένιωθα ότι έπρεπε να την χρίσω με έλαιο και να προσευχηθώ την προσευχή της πίστης από το βιβλίο του Ιακώβ. Είχα υπόψη μου την υπόσχεση του Θεού ότι η προσευχή που προσφέρεται με πίστη θα έκανε τον άρρωστο άνθρωπο καλά.

Κατά την άφιξη μου στο νοσοκομείο, σοκαρίστηκα από την στάση του σώματός της, είχε κουλουριαστεί σε εμβρυϊκή στάση, και ήταν πολύ αδύνατη. Είχα ρωτήσει τον γιατρό αν υπήρχε πιθανότητα εξιτηρίου εκείνη την εβδομάδα, και η απάντηση του ήταν κατηγορηματική: «Καμία περίπτωση για αυτή την εβδομάδα ίσως την επόμενη». Πάντα προσπαθούν να δώσουν ελπίδα στους ανθρώπους. Εξήγησα στην μητέρα με απαλό και ευγενικό τρόπο ότι θα ήθελα να προσευχηθώ μαζί της και εκείνη απάντησε: «Αυτό θα ήταν υπέροχο». Κατόπιν διάβασα το απόσπασμα από το βιβλίο του Ιακώβ και την έχρισα με έλαιο. Τις επόμενες δύο ώρες ανέκτησε αρκετά τις δυνάμεις της για να σηκωθεί από το κρεβάτι και να καθίσει στην καρέκλα. Παρά την αρχική αρνητική εκτίμηση του γιατρού, μετά από δύο μέρες, ανέκαμψε με θαυματουργικό τρόπο ώστε έλαβε εξιτήριο. Μετά από περισσότερο από ένα μήνα στο νοσοκομείο, μια προσευχή ήταν αρκετή να την βγάλει από την κατάσταση της.

Την βοηθήσαμε με ασφάλεια να τακτοποιηθεί

στην μονάδα φροντίδας ηλικιωμένων όπου η Μάργκαρετ είχε μεταφέρει τα ρούχα, τις φωτογραφίες και τα προσωπικά της αντικείμενα για να γίνει ο χώρος πιο οικείος. Κάθε μέρα της παραμονής μου την επισκεπτόμουν για αρκετές ώρες και χαιρόμουν που την έβλεπα ξανά στα πόδια της, περπατώντας από δωμάτιο σε δωμάτιο. Η συγκριτική πρόοδος, σε σχέση με την κατάσταση της στο νοσοκομείο όπου μετά βίας εναλλασσόταν μεταξύ κρεβατιού και καρέκλας, ήταν θεαματική. Υπήρχαν καθημερινές ψυχαγωγικές δραστη-ριότητες και φυσιοθεραπεία μία φορά την εβδομάδα για να ανακτηθεί η κινητικότητα των αρθρώσεων και να ενισχυθούν οι μυς. Όλα γινόντουσαν μέσα στα πλαίσια προγράμματος παιχνιδιών με μπάλες από σφουγγάρι και με μπαστούνια για να αποκατασταθεί η κινητικότητά τους. Το προσωπικό ήταν χαρισματικό στην ενσωμάτωση και την βοήθεια των πιο απρόθυμων ηλικιωμένων. Αισθανόμουν αρκετά ικανοποιημένη από την εν λόγω μονάδα φροντίδας ηλικιωμένων επειδή η μητέρα μου μπορούσε να είναι ευτυχισμένη και να απολαμβάνει την παρέα των άλλων. Ένιωθε πολύ μοναχικά στον προηγούμενο χώρο που έμενε, και ήταν φανερό ότι αδυνατούσε να μείνει μόνη της.

Είχα ακόμα τέσσερις μέρες για την πτήση της επιστροφής στην Πάρο. Μετά από ένα ευχάριστο πρωινό με τη μαμά και σε συνέχεια του μεσημεριανού γεύματος στην τραπεζαρία με τους άλλους κατοίκους της μονάδας, θεώρησα ότι είναι πλέον ιδανική η στιγμή να πάω στην πόλη για τα Χριστουγεννιάτικα ψώνια. Θα μπορούσα να βρω για όλους πολύ καλύτερα δώρα στην Αγγλία από ότι στην Πάρο και, δεδομένου ότι δεν θα χρειαζόταν να τα ταχυδρομήσω, θα είχα την δυνατότητα να αγοράσω κάποια πιο ογκώδη αντικείμενα. Ήταν μια υπέροχη εμπειρία για μένα να περιπλανιέμαι στο εσωτερικό του μεγάλου εμπορικού κέντρου του Γούλβερχαμπτον και ενώ ήταν ακόμα Νοέμβρης, τα καταστήματα ήταν πλήρως στολισμένα. Το τοπικό πολυκατάστημα Μπείτεις, μου φαινόταν σαν παραμυθένιο κάστρο σε σχέση με τα μικρά καταστήματα της Πάρου, τα φώτα αναβόσβηναν στο σκοτάδι καθώς έβγαινα φορτωμένη με πακέτα. Ήμουν καθόλα έτοιμη να επιβιβαστώ στο λεωφορείο για να κατευθυνθώ πίσω στο διαμέρισμα της μητέρας μου όπου έμενα.

Αφού πέρασαν μερικά λεπτά από την ώρα που έφτασα σπίτι, χτύπησε το τηλέφωνο και ήταν ο ανιψιός μου. Η μονάδα φροντίδας ηλικιωμένων τον ενημέρωσε ότι η μητέρα μου έπεσε. Εκείνη φαινόταν καλά, αλλά απλώς ήθελαν να μας ενημερώσουν. Δυστυχώς, στις 13:00 το μεσημέρι της επόμενης μέρας, μας κάλεσαν για να μας ενημερώσουν ότι την είχαν μεταφέρει στο νοσοκομείο για προληπτικό έλεγχο. Η Μάργκαρετ και εγώ ήμασταν έτοιμες να μεταβούμε στην μονάδα όταν λάβαμε το τηλεφώνημα, συνεπώς η μόνη μας επιλογή ήταν να την περιμένουμε. Περιμέναμε και περιμέναμε, αλλά η δεύτερη κλήση που θα επιβεβαίωνε την επιστροφή της δεν ήρθε ποτέ. Το λογαριάσαμε φρόνιμο να οδηγήσουμε προς το νοσοκομείο, μια διαδρομή που η Μάργκαρετ ήλπιζε να μην χρειαστεί να ξανά κάνει. Εντοπίσαμε την μαμά στα επείγοντα περιστατικά, όπου πληροφορηθήκαμε ότι είχε κάταγμα ισχίου που χρήζει άμεση χειρουργική επέμβαση για αντικατάσταση ισχίου για να μπορέσει να ξανά περπατήσει. Η επέμβαση είχε προγραμματιστεί για την επόμενη μέρα το πρωί.

Αποφασίσαμε να πάμε εκκλησία και να την αφήσουμε στα χέρια του Θεού. Δεν μπορούσαμε να κάνουμε τίποτα εκεί. Εξάλλου, έως την λήξη της συνάντησης λατρείας, η επέμβαση θα είχε ολοκληρωθεί. Της έδωσαν μόνο πενήντα τις εκατό πιθανότητες επιβίωσης λόγω της αδύναμης καρδιάς και της προχωρημένης ηλικίας. Δεν επιθυμούσα να την δω να υποφέρει άλλο. Ήταν δυσαρεστημένη, εξαντλημένη και κουρασμένη και η μόνη της επιθυμία ήταν να πεθάνει και να πάει στον ουρανό για να είναι με τον μπαμπά. Όταν ερωτήθηκα στο τέλος της συνάντησης για την κατάσταση της μητέρας μου, άρχισα να κλαίω. Ήμουν πεπεισμένη ότι επρόκειτο να πεθάνει και ότι δεν θα την έβλεπα ξανά. Ως αν να ήταν το παρασκευιάτικο γεύμα μας, το τελευταίο μας.

Τελικά ήταν σχεδόν το τελευταίο μας γεύμα. Η μαμά τα κατάφερε, αλλά μετά την επέμβαση ήταν σε πλήρη σύγχυση. Δεν μπορούσε να διακρίνει πού ήταν, γιατί πονούσε το πόδι της και γιατί δεν της είχαν φέρει το πρωινό ή το μεσημεριανό γεύμα. Φυσικά είχε φάει και τα δυο γεύματα, αλλά η καθημερινότητα για εκείνη είχε γίνει πλέον άθλος. Υπέφερε πολύ για τις επόμενες τρείς εβδομάδες. Η εκτίμηση του νοσοκομείου ήταν ότι μπορεί να συνεχίσει να ζει έτσι για χρονικό διάστημα από δύο εβδομάδες έως και τρείς μήνες. Από το δέρμα της έβγαινε υγρό εξαιτίας της νεφρικής ανεπάρκειας και είχε προσβληθεί από νοσοκομειακή λοίμωξη. Αυτή τη φορά, δεν ένιωθα ότι έπρεπε να προσεύχομαι για τη θεραπεία της. Ήταν μίζερη και απλώς ήθελε να πεθάνει. Προ καιρού είχε χάσει την θέληση για ζωή, χωρίς τον μπαμπά. Μου φαινόταν πιο φρόνιμο να προσευχηθώ ο Κύριος να την πάρει κοντά του εάν ήταν ο καιρός της να φύγει.

Όταν απεβίωσε, τον Δεκέμβριο, εγώ είχα επιστρέψει στην Πάρο. Μη γνωρίζοντας για πόσο καιρό θα μείνει στη ζωή, επέστρεψα με την προγραμματισμένη πτήση. Ο Πίτερ ήταν περισσότερο από έτοιμος να με δεχθεί πίσω και η αδελφή μου θα ήταν καθημερινά στο πλευρό της. Η τελετή ταφής είχε προγραμματιστεί για της 28 του μήνα. Εγώ θα ταξίδευα πάλι στην Αγγλία δύο μέρες νωρίτερα. Ήξερα ότι ήταν το τέλος μιας εποχής, ένα κεφάλαιο της ζωής μου είχε έρθει στο τέλος του. Δεν είχα πλέον ούτε μαμά ούτε μπαμπά. Αν και ένιωθα πολύ λυπημένη για την απώλεια της, παράλληλα αισθανόμουν τεράστια ανακούφιση. Ήταν πάντα δύσκολο να απαντώ στην ερώτηση της μαμάς: «Πιστεύεις ότι θα ξαναγυρίσεις κάποια στιγμή για να ζήσεις στην Αγγλία;».

Μετά από αρκετά χρόνια θυσίας, μεγαλώνοντας τα δύο της παιδιά, πάντα είχε την προσδοκία ότι θα μας έχει και τις δύο κοντά της καθώς μεγάλωνε. Όπως και οι περισσότερες μητέρες, λαχταρούσε να δει τα εγγόνια και τα δισέγγονα της, αλλά εγώ δεν της είχα χαρίσει κανένα. Ευτυχώς, είχε δύο εγγόνια από τη Μάργκαρετ. Ένιωθα ότι ήταν απίθανο για εμένα να ξανά γυρίσω στην Αγγλία. Ο Θεός με είχε φέρει στην Ελλάδα και εγώ μετά βεβαιότητας δεν είχα καμία επιθυμία επιστροφής. Μου ήταν αδιανόητο ότι θα με επέστρεφε πίσω στην Αγγλία και πραγματικά ένιωθα ευλογημένη που μου δόθηκε η ευκαιρία να φύγω.

13 ΚΑΡΚΙΝΟΣ ΠΑΛΙ

Όλα ξεκίνησαν προς τα τέλη του 2009. Προς το τέλος του Οκτωβρίου, το καλοκαίρι έφτανε στο τέλος του και η αδερφή μου με την κόρη της είχαν μόλις επιστρέψει πίσω μετά από την ετήσια καλοκαιρινή επίσκεψή τους. Ένιωσα ότι χρειαζόμουν λίγο χρόνο μακριά από τους εναπομείναντες τουρίστες απλούστατα για να ηρεμήσω. Ήθελα απελπισμένα να περάσω λίγο χρόνο με τον Θεό και με χαρά ο Πίτερ με άφησε να έχω λίγο χρόνο για τον εαυτό μου. Αποφάσισα να περάσω δέκα μέρες μόνη μου, χωρίς να με απασχολούν τα ζητήματα της καθημερινότητας. Ο Πίτερ μπορούσε να μαγειρέψει για τον εαυτό του χωρίς κανένα πρόβλημα. Κατά τη διάρκεια αυτών των ημερών, πέρασα το μεγαλύτερο μέρος του χρόνου μου διαβάζοντας τη Γραφή, και συλλογιζόμουν το λόγο του Θεού. Πολλές φορές οι σκέψεις μου περιστρέφονταν γύρω από την υπόσχεση του Θεού για αποκατάσταση του μαστού μου. Πέρασαν δεκαπέντε χρόνια από τότε που έφτασε στο λιμάνι του Πειραιά το πλοίο που ονομάζεται «Αποκατάσταση», την ίδια μέρα που προσευχήθηκα για αποκατάσταση.

Ορισμένες κυρίες στο νησί με πληροφόρησαν ότι ο νέος εξοπλισμός μαστογραφίας στο κέντρο υγείας της Πάρου ήταν πλέον σε λειτουργία μετά από μια σημαντική καθυστέρηση που οφειλόταν στην προσπάθεια ανεύρεσης χειριστή. Θα πίστευε κανείς ότι μια νοσοκομειακή θέση σε ένα νησί θα ήταν μια ελκυστική πρόταση ιδιαίτερα όταν συγκρίνεται με το χάος της Αθήνας, αλλά αλήθεια είναι πως είναι το ακριβώς αντίθετο. Οι περισσότεροι νέοι ιατροί έλκονται από μεγάλα νοσοκομεία που διαθέτουν καλύτερες υποδομές και καλύτερες προοπτικές εξέλιξης. Οι περιορισμένοι μισθοί σε συνάρτηση με την υποχρέωση πληρωμής ενοικίου για την διαμονή καθιστούσαν την Πάρο οικονομικά μη ελκυστική. Οι περισσότεροι, έτσι κι αλλιώς, έχουν τις οικογένειές τους στην Αθήνα.

Αρκετές φίλες είχαν προγραμματίσει ραντεβού και, για κάποιο λόγο, αποφάσισα να πάω κι εγώ. Εξάλλου είχαν περάσει δεκαπέντε χρόνια από την επέμβαση μου και υπό φυσιολογικές συνθήκες, μια ετήσια μαστογραφία θα ήταν το ελάχιστο που θα μπορούσα να κάνω. Με γνώμονα ότι ήμουν πάρα πολύ σίγουρη για την θεραπεία μου, δεν το πολύ σκέφτηκα. Θεώρησα ότι ήταν μια καλή ευκαιρία να επιβεβαιώσω σε όλους ότι είχα θεραπευτεί. Αναπολώντας το παρελθόν, πάντα έλεγα ότι εάν πιστεύω ότι είμαι θεραπευμένη, γιατί να πάω για να κάνω εξετάσεις; Δεν θα ήταν αυτό δήλωση αμφιβολίας;

Το αποτέλεσμα δεν ήταν καθόλου αυτό που περίμενα. Ο γιατρός κύκλωσε μια ύποπτη περιοχή και με παρότρυνε να πάω στο τμήμα μαστογραφίας ενός μεγάλου αντικαρκινικού νοσοκομείου στην Αθήνα, που ονομάζεται «Άγιος Σάββας». Αν και η είδηση μου προκαλούσε κάποια ανησυχία, αισθάνθηκα βέβαιη ότι ήταν απλός ινοαδενικός ιστός, όπως είπε ένας γιατρός πριν δύο χρόνια όταν έκανα κάποιες αιματολογικές και ιατρικές εξετάσεις.

Πριν κλείσω ραντεβού στο νοσοκομείο, έλαβα τηλεφώνημα από μια Χριστιανή φίλη στη Γλυφάδα. Μου είπε ότι ο διεθνούς φήμης ευαγγελιστής Μπένι Χίνν, θα βρίσκεται στην Αθήνα στις 11 Νοεμβρίου. Η Άννα θα πήγαινε στη συνάντηση με την εκκλησία της και θα το χαιρόταν πολύ εάν έμενα κοντά της. Σκέφτηκα ότι θα ήταν ιδανικό να κλείσω το ραντεβού στο νοσοκομείο την προηγούμενη μέρα από την συνάντηση του Μπένι Χίνν. Ενδεχομένως να ήταν καιρός για την αποκατάσταση μου, εξάλλου οι γιατροί που θα με εξέταζαν θα έβλεπαν ότι έχω μόνο ένα μαστό. Ο Πίτερ δεν μπορούσε να καταλάβει γιατί ήμουν τόσο ενθουσιασμένη με την ιδέα της αποκατάστασης του αριστερού μου μαστού. Το μόνο που ήθελε ήταν να διευθετηθεί ο όγκος στο δεξί μαστό.

Κανόνισα να μείνω με την Πόπη και τον Τόμας την πρώτη βραδιά. Είχαν μόλις αποκτήσει το πολύ-αναμενόμενο πρώτο τους παιδί. Όταν ήταν στην Πάρο για τις καλοκαιρινές διακοπές τους, δεν είχαμε πολύ χρόνο μαζί, επειδή όλοι προσπαθούσαν να κάνουν τις καθημερινές σπιτικές δουλειές πριν από το μεσημεριανή ζέστη όπου θα έπεφταν για τον μεσημεριανό τους ύπνο. Με πήρε από το πλοίο και με έφερε στο σπίτι τους. Καθώς συζητούσαμε, της είπα ότι δεν υπάρχει θέμα ανησυχίας. Επικεντρώθηκα στη συνάντηση του Μπένυ Χίνν, στον Ιησού, και στην αποκατάσταση μου.

Κανένας δεν ήταν πιο έκπληκτος από εμένα όταν ο ηλικιωμένος και πολύ έμπειρος γιατρός είπε μετά από την εξέταση ότι το ύποπτο σημείο στην μαστογραφία ήταν ουσιαστικά καρκινικός όγκος. Εξάλλου δεν είναι το ογδόντα τοις εκατό των όγκων του μαστού καλοήθεις; Ναι, συμφώνησε ότι έτσι είναι, αλλά μια ώρα αργότερα είχαμε τα αποτελέσματα και είχε δίκιο, ήταν και πάλι καρκίνος. Απλά δεν μπορούσε η είδηση να χωρέσει στο νου μου. Κάθε μέρα τα τελευταία δεκαπέντε χρόνια, ο Πίτερ και εγώ, όταν προσευχόμασταν πριν από το φαγητό, ευχαριστούσαμε τον Θεό για τη θεραπεία μου και λέγαμε ότι «με τις πληγές του Ιησού έχω θεραπευτεί». «Στο όνομα του Ιησού, ο καρκίνος δεν θα επιστρέψει ποτέ ξανά». Όταν ήμουν τελικά μόνη μου έξω από το νοσοκομείο, μίλησα με εξουσία στο σώμα μου και διέταξα το καρκίνο να φύγει στο όνομα του Ιησού.

Καθώς επέστρεφα στο σπίτι της Πόπης, έβρεχε πάρα πολύ. Ήλπιζα να κάνω κάποια χριστουγεννιάτικα ψώνια, αλλά, με τη βροχή και το πνεύμα μου φορτισμένο από την κακή αναφορά του γιατρού, δεν είχα καθόλου διάθεση. Σε ένα περίπτερο του δρόμου, βρήκα μια τέλεια, μικρή, δερμάτινη τσάντα, που ήταν ακριβώς αυτό που ήθελε η αδελφή μου και έτσι εγκατέλειψα τα υπόλοιπα ψώνια.

Μετά το μεσημεριανό γεύμα με την Πόπη, αποφασίσαμε ότι ένας μεσημεριανός ύπνος θα έκανε καλό σε όλους μας. Ξάπλωσα στο κρεβάτι που ήταν παράλληλα με τα μεγάλα συρόμενα τζάμια που ανοίγανε στη βεράντα και κοίταξα τον ουρανό. Παρόλο που ακόμα έβρεχε, ο ήλιος είχε διαπεράσει τα σύννεφα και ένα όμορφο ουράνιο τόξο διαμορφώθηκε στον ουρανό. Και τι φοβερή υπενθύμιση ήταν αυτή για τις υποσχέσεις της διαθήκης του Θεού προς εμένα. Ήταν ο θεραπευτής μου, ο απελευθερωτής μου, και ο σωτήρας μου καθώς υποσχέθηκε ότι ποτέ δεν θα με εγκαταλείψει. Είχε επίσης στείλει τον υπηρέτη του, τον Μπένυ Χίνν, στην Ελλάδα την κατάλληλη στιγμή για να μου διακονήσει.

Την επόμενη μέρα ξεκίνησα το μεσημέρι. Ήθελα να είμαι εκεί πολύ πριν φτάσουν τα πλήθη, παρόλο που η έναρξη της συνάντησης ήταν στις 19:00. Οι πόρτες ήταν προγραμματισμένες να ανοίξουν στις πέντε, αλλά εγώ περίμενα οι άνθρωποι να αρχίσουν να σχηματίζουν ουρές από νωρίς και ήθελα να είμαι εκεί στις 14:30. Ήταν ένας μακρύς περίπατος με απότομες κατηφόρες έως το σταθμό του ηλεκτρικού και εγώ δεν ήξερα πολύ καλά το δρόμο. Αλλά και από το σταθμό προορισμού το περπάτημα ήταν αρκετά μακρινό. Η οποιαδήποτε ιδέα για επίσημη ενδυματολογία έπρεπε να εγκαταλειφθεί. Θα έπρεπε να ντυθώ με τζιν και αθλητικά για να διασφαλίσω την άνεση μου αλλά και να μπορέσω να κρύψω τα χρήματα στις κάλτσες. Στην Αθήνα υπήρχαν αρκετοί κλέφτες και πορτοφολάδες. Όταν έφτασα, αισθάνθηκα ότι ήμουν πολύ λιτά ντυμένη. Όλοι οι υπόλοιποι φορούσαν το καλύτερα τους κοστούμια, ή ένα επίσημο φόρεμα.

Προς μεγάλη μου έκπληξη, είχαν το όνομά μου στη λίστα των παρευρισκόμενων και με συνόδευσαν στην τρίτη σειρά μπροστά. Πριν από μια εβδομάδα με πληροφόρησαν ότι γίνεται κράτηση μόνο για ομάδες των δεκαπέντε ατόμων και άνω. Ο Θεός προπορεύτηκε και μου το κανόνισε. Όλο το υπόλοιπο μεσημέρι, καθώς οι ηχολήπτες εργαζόντουσαν και οι ταξιθέτες έλεγχαν τις θέσεις, ήμουν σε θέση να κάθομαι ήσυχα και να προσεύχομαι για το τι θα έκανε ο Θεός. Αισθανόμουν θερμότητα επάνω στα στήθη μου, στο λαιμό μου και στο κεφάλι μου: το Άγιο Πνεύμα εργαζόταν ήδη στο σώμα μου. Κατά τις 16:00 το μεσημέρι, είχαν κλείσει τις πόρτες στα πλήθη που συγκεντρωνόταν έξω και από ότι φαινόταν, ήμουν η μόνη εκεί μέσα που δεν ήταν μέρος του προσωπικού. Με άφησαν να απολαμβάνω την παρουσία του Θεού. Όταν ξεκίνησε η συνάντηση, η πίστη μου ήταν ανεβασμένη στα ύψη και ήμουν έτοιμη για οτιδήποτε είχε ο Θεός κατά νου.

Μετά τη λατρεία και το κήρυγμα, ο Μπένυ Χίνν ζήτησε να έρθουν μπροστά εκείνοι που μπορούσαν να αισθάνονται ότι ο Θεός θεραπεύει το σώμα τους. Ήμουν σαν σφαίρα που απελευθερώθηκε, έκανα το γύρο της αρένας για να φτάσω στην ουρά που σχηματίστηκε στην άλλη πλευρά. Ο ταξιθέτης με ρώτησε από τι έχω θεραπευτεί;

«Λοιπόν, διαγνώσθηκα χθες με έναν όγκο στο στήθος μου και τώρα αισθάνομαι θερμότητα σε όλο μου το στήθος.» Προωθήθηκα στο μπροστινό μέρος της σειράς, και πριν το καταλάβω, ήμουν η πρώτη στη σκηνή. Επανέλαβα τη δήλωση που είχα κάνει σχετικά με τη διάγνωση και τη θερμότητα που ένιωθα σε όλο το μου το στήθος. Πριν προλάβω να πω το οτιδήποτε για το άλλο μου στήθος και για την υπόσχεση αποκατάστασης μέσα από το σημάδι που έλαβα, το σημάδι με το πλοίο που ονομάζεται ΑΠΟΚΑΤΑΣΤΑΣΗ, έπεσα στο έδαφος όταν ο Μπένυ Χίνν προσευχήθηκε για μένα. Θυμάμαι που με σήκωσαν οι βοηθοί του αλλά και πάλι κατέληξα στο έδαφος, οπότε θεώρησα ότι ήταν μια καλή ευκαιρία να ελέγξω το στήθος μου. Καθώς περνούσα τα δάχτυλα μου με προσοχή γύρω από το κάτω μέρος του στήθους μου, δεν μπορούσα να νιώσω καθόλου τον όγκο.

«Έφυγε», αναφώνησα, και ο Μπένυ Χίνν γέλασε και απάντησε: «Είμαι σίγουρος ότι έχει φύγει». Και αυτό ήταν! Συνέχισαν στον επόμενο, και εγώ χαρούμενη επέστρεψα πίσω στο κάθισμά μου. Ήμουν τόσο ανακουφισμένη που ο όγκος είχε εξαφανιστεί. Έπειτα με φρίκη διαπίστωσα ότι μπορούσα να το ξανά αισθανθώ. Δηλαδή έφυγε και ξανά επέστρεψε επειδή ήμουν σίγουρη ότι είχε φύγει; Όχι, αυτό είναι γελοίο. Μόλις επιβεβαίωσα ότι είχε φύγει. Ήξερα αρκετά για να μην μετατρέψω την ομολογία της θεραπείας, σε ομολογία αμφιβολίας. Τώρα, θα έπρεπε να πιστεύω ότι: «Ο Θεός . . . δημιουργεί με το λόγο του τα όντα από το μηδέν» Ρωμαίους 4ο κεφάλαιο.

Οι άνθρωποι στο τέλος της συνάντησης με πλησίασαν σχολιάζοντας: «Τι Θαυμάσια νέα, δόξα στον Θεό που έλαβες την θεραπεία σου!» Στο μυαλό μου, εγώ δεν ένιωθα θεραπευμένη και η μάχη μόλις είχε αρχίσει. Ο λόγος του Θεού λέει ότι είμαι θεραπευμένη. Καθώς περπατούσα στο δρόμο με την Άννα, ήμουν πολύ ήσυχη. Τώρα, θα έπρεπε να δω αν πραγματικά πίστευα τα όσα δίδασκα τα τελευταία δεκαπέντε χρόνια, δηλαδή να στέκεσαι με πίστη πριν την φανέρωση.

Για τον επόμενο μήνα, προσευχόμουν κάθε μέρα τα εδάφια της θεραπείας, και ευχαριστούσα τον Θεό για τη θεραπεία μου, παρόλο που ο όγκος ήταν ακόμα εμφανής. Ήξερα ότι το νοσοκομείο θα μου τηλεφωνούσε περίπου ένα μήνα μετά την βιοψία, οπότε ένιωθα ότι έπρεπε να λάβω την φανέρωση της θεραπείας μου προτού δεχθώ το τηλεφώνημα τους. Ο Πίτερ επέμενε ότι αν δεν είχε υποχωρήσει ο όγκος έως την στιγμή που θα μου τηλεφωνούσαν, θα έπρεπε να πάω να χειρουργηθώ. Εάν μπορούσα να βγάλω από το μυαλό μου την απειλή της τηλεφωνικής κλήσης του νοσοκομείου, θα μου ήταν πολύ πιο εύκολο να επαναπαυτώ στην προσευχή. Ένιωθα ότι ήμουν υπό τεράστια πίεση.

Ακριβώς στις 11 Δεκεμβρίου, το νοσοκομείο μου τηλεφώνησε για την εγχείρηση. Αλλά εγώ, δεν μπορούσα να την προχωρήσω. Ήμουν τόσο σίγουρη ότι θεραπευτικά, με γνώμονα ότι αισθάνθηκα όλη αυτή τη θερμότητα πάνω μου στη συνάντηση του Μπένι Χίνν και εν συνεχεία πραγματικά πίστευα ότι ο όγκος είχε υποχωρήσει. Δεν θα μπορούσαν να ήταν όλα άσκοπα. Είπα στην κυρία στο τηλέφωνο ότι ακολουθούσα άλλη αγωγή για τη θεραπεία μου (που σήμαινε Ιησούς και προσευχή) και ότι δεν μπορούσα να έρθω εκείνη την δεδομένη περίοδο. Εκείνη προφανώς θα νόμιζε ότι εννοούσα ότι ακολουθούσα μία άλλη θεραπευτική αγωγή σε άλλο νοσοκομείο. Με ρώτησε τι θα ήθελα να κάνω, και της είπα, «Βάλε με στο πρόγραμμα του Ιανουαρίου». Σκεφτόμουν ότι, μέχρι τότε, ο όγκος θα είχε υποχωρήσει, ίσως θα έπρεπε να της πω «Καλέστε με πάλι τον Ιανουάριο». Οι λέξεις είναι πολύ σημαντικές και στο Κατά Μάρκον Ευαγγέλιο 11 λέει: «Ότι λες γίνεται, και θα σου γίνει αυτό που ζητάς».

Έπρεπε τώρα να πω στον Πίτερ τι έκανα. Ένιωθα πολύ ένοχη επειδή είχε πει ότι έπρεπε να πάω όταν θα μου τηλεφωνούσαν. Κατά τη διάρκεια του γεύματος, δεν είπα τίποτα. Αν και έβρεχε, εγώ έβγαλα το σκύλο για την συνηθισμένη του βόλτα. Πλέον δεν ένιωθα ελεύθερη παρόλο που η έννοια του νοσοκομείου είχε φύγει από πάνω μου, ένιωθα ένοχη. Περίμενα ότι ο Πίτερ θα ήταν έξαλλος μαζί μου. Θα πρέπει να του πω ότι τηλεφώνησαν.

Ξεκίνησα με το, «Πίτερ, πρέπει να σου πω κάτι! Το νοσοκομείο τηλεφώνησε σήμερα και τους είπα ότι δεν ήμουν έτοιμη». Είχα δίκιο, θύμωσε!

«Και πόσο καιρό νομίζεις ότι θα περιμένεις πριν. . .»

Στο τέλος, συμφώνησα να τηλεφωνήσω στο

νοσοκομείο και να δω πως διαχειρίστηκαν την απάντησή μου. Αν και ήταν αργά και δεν είχα τον αριθμό του συγκεκριμένου γραφείου στο νοσοκομείο, με σύνδεσαν με το σωστό γραφείο. Από ότι φάνηκε, είχαν προγραμματίσει να με καλέσουν στις 10 Ιανουαρίου. Με αυτό, ο Πίτερ φάνηκε ότι είχε κατευναστεί. Τώρα, είχα χρόνο να προσευχηθώ και να περιμένω από τον Θεό. Ο Θεός είχε κάνει το έργο του για να μου δώσει το χρόνο που χρειαζόταν να λάβω τη φυσική φανέρωση της θεραπείας. Ο όγκος θα εξαφανιζόταν και δεν θα χρειαζόμουν εγχείρηση.

Κάθε Κυριακή στις εβδομάδες που επακολουθούσαν, δίδασκα για την πίστη, τη θεραπεία, την αρχή της προσκύνησης του Θεού, πριν δούμε το θαύμα μας, κραυγάζοντας με κραυγές νίκης και θριάμβου στη μάχη και την θεραπευτική δύναμη του Ιησού καθώς λαμβάνουμε τον άρτο και τον οίνο της θείας κοινωνίας. Μια υπέροχη ειρήνη με πλημμύρισε μετά από την ψυχική αναταραχή του προηγούμενου μήνα. Παρόλα αυτά ο ζωντανός προσωπικός λόγος, «ρήμα», του Θεού δεν ήρθε ποτέ. Ένας λόγος, «ρήμα», είναι ζωντανός και ενεργός λόγος που φανερώνεται. Το «ρήμα» στα ελληνικά είναι η εκφώνηση, είναι κάτι που μιλιέται. Οι ημέρες προχώρησαν και τα Χριστούγεννα ήρθαν και πέρασαν και η 10η Ιανουαρίου πλησίαζε τάχιστα.

Κοιτάζοντας πίσω, το πρόβλημά μου ήταν ότι, εκείνη τη στιγμή, πίστευα μόνο σε μια υπερφυσική απομάκρυνση του όγκου. Ο T.L. Osborne, ένας σπουδαίος ευαγγελιστής με διακονία θεραπείας, επισημαίνει ότι ένας από τους λόγους για τους οποίους κάποιοι αποτυγχάνουν να λάβουν τη θεραπεία τους είναι επειδή εκτιμούν ότι ο Θεός δεν μπορεί να θεραπεύει με φυσικά και ιατρικά μέσα και αναζητούν μόνο την υπερφυσική θεραπεία. Αυτό πιθανώς να ήταν το πρόβλημά μου εκείνη την δεδομένη στιγμή. Ο Θεός θα μου εξηγούσε γιατί επέτρεπε όλα αυτά να συμβούν, αλλά όχι εκείνη την δεδομένη στιγμή.

Η τηλεφωνική κλήση του νοσοκομείου έφτασε στην ώρα της όπως έπρεπε και ταπεινά δέχτηκα την προσφορά τους για ένα κρεβάτι εγχείρησης. Η Λόρνι είχε προσφερθεί να ταξιδέψει μαζί μου και να με διευκολύνει με το λαβύρινθο της γραφειοκρατίας που σχετιζόταν με την νοσηλεία στο νοσοκομείο. Εξακολουθούσα να πιστεύω ότι θα ακυρωνόταν η εγχείρηση την τελευταία στιγμή και ότι ο όγκος θα εξαφανιζόταν. Υποψιάζομαι ότι ήταν περισσότερο ελπίδα παρά πίστη.

Όταν πλέον φτάσαμε στο νοσοκομείο του Αγίου Σάββα, όλη μου η πίστη είχε εξανεμιστεί και ένιωθα σαν φοβισμένο κουνέλι. Αυτή ήταν η έκφραση που χρησιμοποίησε ο Γιόνγκι Τσό ο πάστορας της μεγαλύτερης εκκλησίας στον κόσμο στην Κορέα. Είχε προσευχηθεί για δύο μήνες για τα οικονομικά για να χτίσει μια εκκλησία και τα χρήματα δεν είχαν εμφανιστεί. Καθώς πλησίαζε η προθεσμία πληρωμής, είπε ότι αισθανόταν σαν φοβισμένο κουνέλι! Για εκείνον, η διάνοιξη έφτασε στο τέλος του τριμήνου. Για μένα, ο χρόνος είχε σχεδόν εξαντληθεί.

Το δωμάτιο του νοσοκομείου μου φαινόταν ολοκαίνουργιο. Ήταν σε μια νέα πτέρυγα και είχε μόνο τέσσερα κρεβάτια, καθώς και ένα ιδιωτικό μπάνιο. Ήμουν η πρώτη στο δωμάτιο – τα υπόλοιπα κρεβάτια ήταν άδεια – αλλά όταν τακτοποιήθηκα, ήρθαν άλλες τρεις κυρίες. Μια σειρά από εξετάσεις ήταν προγραμματισμένες για εμάς πριν από το χειρουργείο. Και για να γίνουν όλες αυτές οι εξετάσεις, έπρεπε να διασχίσουμε μακρινούς διαδρόμους και να ανεβούμε σκαλοπάτια, ακολουθώντας οδηγίες μόνο στα ελληνικά, γεγονός που δυσκόλευε τον εντοπισμό τμημάτων με περίεργα και αστεία ονόματα. Για δύο μέρες, εξέταζαν το αίμα μου, την καρδιά μου και έκαναν σπινθηρογραφήματα οστών. Μου έκαναν ένεση με ραδιενεργό υγρό και με πήγαν σε ένα μικρό δωμάτιο με μια τουαλέτα όπου μου δόθηκε η οδηγία να πιω ενάμιση λίτρο νερό. Οι άλλοι στο δωμάτιο συζητούσαν για τις τύψεις που ένιωθαν από τα τρία πακέτα τσιγάρου που κάπνιζαν καθημερινά και για τον καφέ που έπιναν. Εγώ από την άλλη, δεν μπορούσα να καταλάβω τι σχέση είχε ο καφές με τον καρκίνο. Σχολίαζαν: «Αχ και να το ήξερα, αλλά ήμουν νέα τότε», ως αν να ήταν αυτό δικαιολογία για όλα τα προηγούμενα παραπτώματα και για την άγνοια.

Άδραξα την ευκαιρία να επισημάνω ότι ενώ τα τσιγάρα ήταν ένας παράγοντας, ήταν επίσης σημαντικό, σε μια τέτοια στιγμή, να ζητήσουμε τη συγχώρεση του Θεού για οποιαδήποτε αμαρτία στη ζωή μας, ειδικά εάν είχαμε ξεκόψει κάποιον ή κάποια από την ζωή μας εξαιτίας της ασυγχωρησίας. Αυτό ήταν ένα ιδιαίτερα συνηθισμένο φαινόμενο ανάμεσα στα μέλη των οικογενειών στην Ελλάδα. Είναι σημαντικό να ζητήσουμε όλοι από τον Θεό να μας συγχωρήσει οποιαδήποτε αμαρτία στη ζωή μας, η οποία μπορεί να είχε ανοίξει την πόρτα στην ασθένεια. Αρχικά, αυτό συνέβαλε στον τερματισμό της συζήτησης και έπειτα ένας άνδρας σχολίασε ότι είναι άσοφο να είμαστε ακραίοι στην θρησκεία μας. Σε αυτό το σημείο, η άφιξη ενός άλλου ηλικιωμένου κυρίου αναζωπύρωσε τη συζήτηση. Άρχισε να αναφέρεται σε όλες τις ανήθικες σχέσεις που έκανε σε νεαρή ηλικία, και ότι κατά την άποψη του επειδή ήταν τότε νεαρός σε ηλικία όλα δικαιολογούνται! Ωστόσο, το να συνεχίζεις να ζεις έτσι στα πενήντα σου θα ήταν αμαρτία! Το πώς οι άνθρωποι δικαιολογούν την συμπεριφορά τους με κάνει να χαμογελώ μέσα μου, ως αν η αμαρτία δεν είναι αμαρτία όταν είσαι νέος παρά μόνο όταν ξεπεράσεις τα πενήντα. Όταν με κάλεσαν για το σπινθηρογράφημα, εκείνοι συνέχιζαν να συζητούν, εγώ είχα τελειώσει το ενάμιση λίτρο νερό. Καθώς βρισκόμουν ξαπλωμένη στο κρεβάτι για μια απολύτως ανώδυνη εξέταση, με κατέβαλε η ολοκληρωτική αίσθηση αποτυχίας και δάκρυα έτρεχαν στο πρόσωπό μου. Όλα όσα πίστευα, και όλα όσα είχα διδάξει είχαν καταλήξει σε αυτό;

Όταν με επισκέφτηκε ο χειρουργός μετά από τρεις μέρες, η δεύτερη σκέψη μου ήταν να τον ρωτήσω εάν είχε τα αποτελέσματα από το σπινθηρογράφημα. «Ω ναι, όλα είναι καλά», μου είπε. Οπότε όλα τα αποτελέσματα των εξετάσεων ήταν θετικά, ο καρκίνος δεν είχε εξαπλωθεί πουθενά αλλού στο σώμα μου και είχε περιοριστεί στον όγκο. Υπήρχε ακόμα χρόνος για ένα θαύμα!

Η Λόρνι και εγώ δεν είχαμε ιδέα πότε είχαν προγραμματίσει το χειρουργείο μου. Η κυρία στο επόμενο κρεβάτι ήρθε, χειρουργήθηκε και πήρε εξιτήριο δύο μέρες αργότερα. Μου φαινόταν ότι θα έμενα κολλημένη εκεί το Σαββατοκύριακο. Ίσως να μην ήταν τόσο τραγικά τα πράγματα. Η κυρία που μόλις έφυγε, ήταν δασκάλα από άλλο νησί. Διάβαζα ένα βιβλιαράκι στα ελληνικά για τον Ιησού που θεραπεύει και της είχα δώσει το ίδιο βιβλιαράκι για να το διαβάσει την πρώτη μέρα που νοσηλευτήκαμε. Την επόμενη μέρα, με ενδιέφερε να μάθω αν είχε διαβάσει κάποια από τις εξήντα σελίδες, έτσι είπα κάτι για την πίστη στη θεραπεία πριν την φανέρωση. Είπα ότι, όσον αφορά την ασθένεια του καρκίνου, η θεραπεία δεν πρέπει να περιορίζεται μόνο στο μαστό αλλά θα πρέπει να εμπερικλείει όλο το σώμα. αλλά μάλλον δεν είχε προχωρήσει τόσο πολύ στο βιβλίο.

«Ω, ναι», μου είπε, «διάβασα ολόκληρο το βιβλίο χθες το βράδυ!» Στη τέταρτη σελίδα υπήρχε μια προσευχή για την αποδοχή του Χριστού και εκείνη είχε προσευχηθεί να δεχθεί τον Χριστό, ως Σωτήρα της πιστεύοντας ότι ο Ιησούς είναι Υιός του Θεού. Δίδασκε παιδιά ηλικίας 6-12 ετών και, στην Ελλάδα, αυτό περιλάμβανε και το μάθημα των θρησκευτικών.

Την Παρασκευή το πρωί, είχαμε στήσει καρτέρι στους διαδρόμους του νοσοκομείου, ελπίζοντας να πετύχουμε τον χειρούργο στις περιοδείες του, καταφέραμε να μάθουμε ότι ήμουν προγραμματισμένη για χειρουργείο την Τρίτη το πρωί. Τρίτη με Πέμπτη γινόντουσαν τα χειρουργεία, οπότε ήμουν προγραμματισμένη για την επόμενη διαθέσιμη ημερομηνία Η πρόβλεψη του καιρού για το Σαββατοκύριακο ήταν θυελλώδης άνεμοι, οπότε ήταν αδύνατο να μπορέσω να επιστρέψω στην Πάρο την Δευτέρα. Σκεφτήκαμε ότι θα ήταν καλύτερο για την Λόρνι να επιστρέψει στην Πάρο πριν ξεσπάσει η θύελλα και εγώ θα εκμεταλλευόμουν την ευκαιρία για να απολαύσω ποιοτικό χρόνο με τον Θεό. Όλες οι υπόλοιπες κυρίες είχαν τελειώσει ή είχαν κάπου να μείνουν στην Αθήνα για το Σαβββατοκύριακο, οπότε θα ήμουν εντελώς μόνη. Αποφάσισα να μην δεχθώ την προσφορά της Πόπης, να μείνω μαζί της στον Πειραιά. Δεν αισθάνθηκα ότι θα ήμουν τόσο κοινωνική οπότε καλύτερα να καθόμουν εκεί που ήμουν στην ηρεμία μου με τον Θεό. Δεν με πείραζε καθόλου, ήμουν έτοιμη για ησυχία και ηρεμία. Είχα μουσική λατρείας σε ένα MP3 player, μαζί με τριάντα ώρες διδασκαλίας της μισής ώρας η κάθε μία με θέμα «Ο Θεός θέλει να υγιαίνεις». Το φαγητό του νοσοκομείου ήταν εξαιρετικά καλό, δύο μαγειρευτά γεύματα την ημέρα: κοτόπουλο με ψητές πατάτες, ψάρι στο φούρνο, μακαρόνια με κιμά και παστίτσιο ήταν μερικά από τα γεύματα που είχα φάει, όλα σερβίρονταν μαζί με μια υγιεινή σαλάτα, φρούτο και γιαούρτι.

Μια μεγάλη έκπληξη ερχόταν το Σαββατοκύριακο. Η Χέλεν και ο Τζον από την Αυστραλία μπήκαν στα ξαφνικά μέσα από την πόρτα για να προσευχηθούν και να με ενθαρρύνουν. Η κόρη τους μόλις είχε ξεκινήσει μια νέα εργασία στην Ελβετία το φθινόπωρο, και αποφάσισαν να ταξιδέψουν στην Ελβετία και στην Ελλάδα, οπότε ήταν κοντά μου ακριβώς την στιγμή που χρειαζόμουν την υποστήριξή τους. Εξήγησα στην Χέλεν τα εδάφια από τους Ψαλμούς που μου δόθηκαν: Ψαλμός 124:7-8 «Η ζωή μας τους ξέφυγε, σαν το πουλί απ' των κυνηγών τα δίχτυα . . Η βοήθειά μας έρχεται στ' όνομα του Κυρίου». Καθώς μιλούσα, η παρουσία του Θεού ήταν πολύ δυνατή και ένιωθα εκείνες τις πολύ γνωστές ανατριχίλες από το κεφάλι μου έως και τη μέση μου καθώς ήμασταν καθιστές στο κρεβάτι.

Δεδομένου ότι ήμουν στην Αθήνα την Κυριακή, ήταν μια ιδανική ευκαιρία να επισκεφθώ την εκκλησία του Λυμπέρη για μια πλήρη κυριακάτικη συνάθροιση. Ο Τζων και η Χέλεν προσφέρθηκαν ευγενικά να περάσουν να με πάρουν αν και η διαδρομή με ενδιάμεση στάση στο νοσοκομείο δεν τους ήταν βολική. Θα ήταν μια ευκαιρία να προσκυνήσουμε και να προσευχηθούμε μαζί και να σιγουρευτώ ότι έχω διαχειριστεί τα πνεύματα της ασθένειας του καρκίνου που έπρεπε να εκδιωχθούν. Πριν αρχίσει η συνάθροιση, ο

Λυμπέρης εκμεταλλεύτηκε την ευκαιρία να με διδάξει ξανά τη διαφορά μεταξύ πίστης και ελπίδας. Νόμιζα ότι γνώριζα καλά τη διαφορά και μου είπε ότι μόνο με την πίστη και όχι μόνο με την ελπίδα θα μπορούσα να λάβω τη θεραπεία μου. Ήταν λιγότερο από ενθαρρυντικό το ότι μου έλεγε ότι δεν έχω πίστη αλλιώς θα είχα λάβει την φανέρωση της θεραπείας μου. Το περίεργο ήταν ότι, αν και δεν ήμουν σίγουρη ότι ο όγκος θα απομακρυνόταν υπερφυσικά χωρίς την εγχείρηση, ποτέ δεν είχα αμφιβάλλει ούτε για ένα λεπτό ότι θεραπεύτηκα από το καρκίνο και ότι το υπόλοιπο σώμα μου ήταν καλά. Άλλοι φίλοι με καρκίνο μιλούσαν από φόβο για την αβεβαιότητα του μέλλοντος, αν θα ζούσαν. Δεν γνώριζα επακριβώς ποια διαδρομή θα έπαιρνε η θεραπεία. Θα ήταν με τον υπερφυσικό τρόπο, ή θα περνούσε από τα χέρια ενός χειρούργου;

Στην πραγματικότητα θα έπρεπε να το γνωρίζω, επειδή στις αρχές Νοεμβρίου, ενώ ήμουν στα βουνά γύρω από το Αυκουλάκι στην Πάρο, ο Κύριος μου μίλησε όταν είχα κάτσει πάνω σε ένα βράχο και προσευχόμουν. Είχα ακούσει εκείνη την εσωτερική φωνή που μου έλεγε ότι έπρεπε να πάω για εγχείρηση επειδή υπήρχαν δύο άνθρωποι που έπρεπε να σωθούν. Αν δεν πήγαινα στο νοσοκομείο, θα είχαν χαθεί. Ήμουν σίγουρη ότι η δασκάλα ήταν μια από τους δύο. Αναμφίβολα, την επόμενη εβδομάδα, θα μάθαινα ποιο θα ήταν το δεύτερο άτομο και δεν άργησα να το μάθω.

Η Χριστίνα ήταν μια Ελληνίδα κυρία στο απέναντι κρεβάτι. Την είχα πρωτοδεί την Παρασκευή το πρωί πριν φύγει η Λόρνι. Φαινόταν πολύ φοβισμένη και είχε μαύρους κύκλους κάτω από τα μάτια της, φαινόταν αδύναμη και κουρασμένη. Της είχαν δείξει ποιό είναι το κρεβάτι της, αλλά έφυγε το Σαββατοκύριακο για να είναι με την οικογένειά της στην Αθήνα. Ζούσε στην ηπειρωτική Ελλάδα περίπου 200 χιλιόμετρα από την Αθήνα. Τη Δευτέρα, επέστρεψε για να κάνει διάφορες εξετάσεις και αποφάσισε ότι θα έμενε στο νοσοκομείο. Και πάλι θα είχα κάποια παρέα. Οι κυρίες που ήταν στα άλλα κρεβάτια ζούσαν κοντά και δεν θα τα χρησιμοποιούσαν παρά μόνο μετά την εγχείρηση τους. Για τη Δευτέρα το βράδυ, θα ήταν μόνο η Χριστίνα και εγώ.

Μιλήσαμε λίγο κατά τη διάρκεια της μέρας. Ο Πίτερ είχε ταξιδέψει για να είναι μαζί μου και ο σύζυγος της Χριστίνας ήταν μαζί της. Αφού έφυγαν οι άντρες και φορέσαμε τις πιτζάμες μας για την νύχτα τότε ξεκίνησε η ουσιαστική συζήτηση. Ο Πίτερ κοιμόταν στο σπίτι της Μαρουσώς, που είναι γειτόνισσα μας στον Λογαρά. Είπα στην Χριστίνα ότι πίστευα στον Ιησού που κάνει θαύματα και ότι δεν πιστεύω ότι θα χρειαστώ την εγχείρηση. Εκείνη μου ανοίχτηκε στη συνέχεια και μου ανέφερε δύο θεραπείες που έλαβε μέσω της προσευχής. Είχε όγκο στο κεφάλι της και είχε χριστεί με λάδι από μια συγκεκριμένη μονή και ο όγκος εξαφανίστηκε. Αργότερα, είχε πληγή στο πόδι της, ανάμεσα στα δάχτυλα των ποδιών της, η οποία δεν θα θεραπευόταν και οι γιατροί δεν κατάφεραν να βρουν κάποια λύση. Το πόδι είχε πρηστεί υπερβολικά έως και το γόνατό της. Και πάλι, είχε χριστεί με λάδι και το πόδι της θεραπεύτηκε πλήρως. Όντας Ελληνίδα, φρόντισε να δώσει δόξα στους αγίους των εκκλησιών από όπου τις έφεραν το λάδι. Αυτή ήταν μια τέλεια ευκαιρία για μένα να της εξηγήσω ότι ο Ιησούς πέθανε στο σταυρό για τη συγχώρεση μας και τη θεραπεία μας, όχι κάποιος άγιος. Σύμφωνά με την επιστολή του Ιακώβου στην Καινή Διαθήκη στην εκκλησία έχουμε την οδηγία να χρίσουμε τους άρρωστους με λάδι στο όνομα του

Κυρίου για θεραπεία, είναι ξεκάθαρο ότι η θεραπεία προέρχεται από τον Ιησού όχι μέσω του οιοδήποτε αγίου, είτε ήταν άνδρας ή γυναίκα. Της εξήγησα ότι ο Ιησούς ήταν αυτός που την θεράπευσε και ότι πρέπει να του αποδώσουμε τη δόξα. Καταλάβαινε στην εντέλεια τα όσα της έλεγα και δεν έφερνε καμία αντίρρηση. Στη συνέχεια έβγαλε από την τσάντα της ένα βιβλίο χειρόγραφων προσευχών που ήθελε να μου δείξει. Οι προσευχές ήταν γραμμένες με μεγάλα γράμματα από μαύρο μαρκαδόρο επειδή είχε πολύ κακή όραση. Με την σειρά μου της άνοιξα ένα βιβλιαράκι που ήταν στα Ελληνικά και που είχε συγγράψει ο Λυμπέρης για να της δείξω την σχετική προσευχή ώστε να λάβει τον Χριστό Σωτήρα και Θεραπευτή της. Δεδομένου ότι τα γράμματα ήταν πολύ μικρά για να μπορέσει να τα διαβάσει, της διάβασα κάθε σειρά δυνατά και εκείνη επαναλάμβανε προσευχόμενη μετά από μένα. Σαν να ήθελε να σιγουρευτεί ότι δεν θα ξεχάσει αυτό που είχε προσευχηθεί, φρόντισε να γράψει με προσοχή την κάθε λέξη στο πολύτιμο βιβλίο των προσευχών της. Αγκαλιαστήκαμε και φιληθήκαμε και στη συνέχεια της εξήγησα περισσότερα. Ζητήσαμε από τον Ιησού να θεραπεύσει τους μαστούς μας και την όρασή της, ώστε να μπορέσει να διαβάσει τη Βίβλο. Εάν είχα ακούσει σωστά τον Ιησού εκείνη την ημέρα στο Αυκουλάκι, τότε μόλις είχε δείξει τον δρόμο της σωτηρίας στο δεύτερο από τα δύο άτομα που μου είχε πει. Και εάν αυτός ήταν ο λόγος για τον οποίον ο Ιησούς είχε επιλέξει το δρόμο του νοσοκομείου για την θεραπεία μου, αντί για την θεραπεία με υπερφυσικό τρόπο, τότε όσον αφορά εμένα, όλα είναι καλά.

Ο Πίτερ έφτασε παγωμένος και κουρασμένος, νωρίς το πρωί της επόμενης μέρας. Το διαμέρισμα όπου έμενε δεν είχε θερμανθεί και ήταν άδειο για εβδομάδες. Έξω έκανε τσουχτερό κρύο. Με έντυσαν ή μάλλον με ξέντυσαν για το χειρουργείο και μου είχαν ήδη φτιάξει το κρεβάτι αφού φρόντισαν να αλλαχτούν τα σεντόνια. Αυτή ήταν μια μεγάλη πρόοδος του νοσοκομείου σε σχέση με το πώς ήταν πριν από δεκαπέντε χρόνια, τότε δεν μπορούσαν να μου δώσουν καθαρά σεντόνια μέρες μετά την εγχείρηση. Επί τέλους ήρθε το φορείο στο δωμάτιο.

«Μπάρμπαρα Γκίλις;»

«Ναι, εγώ είμαι.»

Παρέδωσα τον εαυτό μου στην αναπόφευκτη εγχειρητική διαδικασία. Πρέπει να ήταν πολύ παράξενο το θέαμα, όταν ήμουν επάνω στο φορείο καθοδόν προς το χειρουργείο επειδή κρατούσα ένα χαρτί Α4 με χειρόγραφο μήνυμα για τον χειρουργό γραμμένο επάνω στα ελληνικά και στα αγγλικά: «ΟΓΚΟΣ ΜΟΝΟ, ΟΧΙ ΟΛΟ ΤΟ ΜΑΣΤΟ!»

Δεν θα άφηνα τίποτα στην τύχη του. Ο χειρούργος μας είχα επισκεφθεί την προηγούμενη μέρα και ρώτησε αν ήθελα να αφαιρεθεί ολόκληρο το στήθος ή απλά ο όγκος; Τι ερώτηση ήταν αυτή! Νόμιζα ότι οι γιατροί τα αποφάσιζαν αυτά με βάση την εμπειρία τους, αλλά από ότι φαίνεται, άλλαξαν οι καιροί από το 1994 που υποβλήθηκα στο πρώτο χειρουργείο. Ήμουν αρκετά εκνευρισμένη τότε που αφαίρεσαν όλο το μαστό χωρίς να με ρωτήσουν. Τουλάχιστον τώρα μου δόθηκε η επιλογή. Ήξερα ότι μερικοί άνθρωποι θεωρούν την απομάκρυνση ολόκληρου του μαστού μια ασφαλέστερη Ιατρική επιλογή προκειμένου να αποφευχθεί η οποια- δήποτε πιθανότητα επανεμφάνισης των όγκων. Αλλά είχα περάσει την εμπειρία της ολοκληρωτικής μαστεκτομής, όπου αφαιρέθηκε ολόκληρος ο μαστός και παραμορφώθηκε το σώμα μου, και βίωσα τον πόνο στο χέρι μου εξαιτίας της απώλειας των λεμφαδένων και των μυών. Η εναλλακτική λύση θα ήταν μια πιο εύκολη λύση. Πήγα στο κλιμακοστάσιο του νοσοκομείου για να είμαι μόνη μου και να προσευχηθώ για να πάρω την απόφασή μου. Ήταν οι μόνος χώρος στο οποίον θα μπορούσα να είμαι εντελώς μόνη. Ποια επιλογή θα επέλεγα; Μήπως ο Θεός είχε προτίμηση; Μήπως ήταν καλύτερη η μια επιλογή από την άλλη; Σκέφτηκα ότι, «Εάν ό όγκος ήταν στο πόδι μου και μου έλεγε η μια επιλογή είναι να μου κόψει το πόδι κάτω από το γόνατο και η άλλη είναι απλώς να αφαιρέσει τον όγκο». Ξεκάθαρα θα επέλεγα να αφαιρεθεί ό όγκος. Ούτως ή άλλως ήμουν σίγουρη ότι ήμουν θεραπευμένη. Θα ήμουν ευχαριστημένη με την αφαίρεση του όγκου και μόνο. Αποφασισμένη, επέστρεψα στο θάλαμο, και ενημέρωσα τον Πίτερ για την απόφασή μου και περίμενα τον χειρούργο να επιστρέψει, αλλά δεν ήρθε ποτέ.

Η μέρα πέρασε, και τελικά ξημέρωσε το πρωί της επέμβασης και ακόμα δεν είχα την ευκαιρία να επικοινωνήσω με τον χειρουργό ή με οποιονδήποτε άλλον την απόφασή που πήρα.

«Και εάν με βάλουν κάτω από την επήρεια του αναισθητικού πριν μπορέσω να τους το πω; Θα ήταν συγκλονιστικό να ξυπνήσω από την νάρκωση και να ανακαλύψω ότι είχαν αφαιρέσει και το δεξιό μαστό!»

Αυτή ήταν η ιστορία για το πώς κατέληξα να κρατώ το χαρτί με το μήνυμα «Όγκος μόνο» όταν με φόρτωσαν στο φορείο και με πέρασαν μέσα από την καταπακτή στο χώρο του χειρουργείο ωσάν να ήμουν το Κυριακάτικο κοτόπουλο στο φούρνο που περίμενε να το χαράξουν. Περίμενα στο διάδρομο, καθώς έξι ή περισσότερες ξεχωριστές ομάδες ιατρών χειρουργούσαν μέσα σε ταυτόχρονα χειρουργεία. Τι υπέροχο μέρος. Καθώς έβγαζαν τον έναν από το χειρουργείο ήρθε η σειρά μου.

«Ω Θεέ, γιατί όλα αυτά;» ρώτησα, αλλά υποθέτω πως μου το είχε πει ήδη. Αρκετοί από την ομάδα του χειρουργείου ήταν ήδη παρόντες. Η αναισθησιολόγος είχε εκπαιδευτεί στην Αγγλία και κουβεντιάζαμε στα αγγλικά καθώς με συνέδεε με διάφορα μηχανήματα. Και ναι, θα σιγουρευόταν ότι ο χειρούργος ήξερε ότι ήταν απλώς μια αφαίρεση όγκου και όχι μια πλήρης και ριζική χειρουργική επέμβαση για την αφαίρεση ολόκληρου του μαστού. Και αυτό ήταν! Δεν θυμόμουν τίποτα παραπάνω, εωσότου ολοκληρώθηκε το χειρουργείο και με γυρνούσαν με το φορείο πίσω στο κρεβάτι μου. Κοιμόμουν όλο το απόγευμα και προς μεγάλη μου έκπληξη, οι νοσοκόμες ήρθαν να με ντύσουν και να με βγάλουν από το κρεβάτι για να περπατήσω. Πόσο είχαν αλλάξει οι καιροί! Οι νοσοκόμες να με ντύνουν αντί για τον Πίτερ που δυσκολευόταν να το κάνει. Μεγάλη πρόοδο σε σχέση με τον καιρό που πέρασε. Πολλοί άνθρωποι είναι αρνητικοί ως προς την φροντίδα που δέχονται στα Ελληνικά νοσοκομεία, αλλά αυτή η εμπειρία ήταν εξαιρετική. Ίσως το νοσοκομείο «Ο Άγιος Σάββας» να ήταν το μοναδικό που ήταν τόσο καλό.

Την Πέμπτη έλαβα εξιτήριο για να πάω σπίτι μου, μόλις δύο μέρες μετά την επέμβαση.

«Καλή επιλογή, Μπάρμπαρα!» Σκέφτηκα. Δόξα στον Θεό, που επέμενα να αφαιρεθεί μόνο ο όγκος.

Οι κυρίες που έκαναν μαστεκτομή, εξακολουθούσαν να εξασκούνται πάνω-κάτω στο διάδρομο, μεταφέροντας τις σακούλες αίματός όπου μαζευόταν το αίμα από τους σωλήνες αποστράγγισης που ήταν κάτω από το σημείο που βρισκόταν ο μαστός. Ακόμα ένιωθα γυναίκα, και όχι σαν ένα νεαρό αγόρι. Είχα ακόμα μαστό και θηλή! Δεν νομίζω ότι ένας άνδρας θα μπορούσε να καταλάβει το πώς ένιωθα, αλλά σίγουρα μια γυναίκα θα το καταλάβαινε. Όσον αφορά εμένα, ένας μαστός ήταν καλύτερος από κανέναν μαστό. Για τις άλλες γυναίκες, το σημαντικότερο είναι να έχουν την ηρεμία που προέρχεται από την αφαίρεση και των δυο μαστών. Ήμουν ευγνώμων που μου δόθηκε η επιλογή. Αλλά δεν γνώριζα ότι σε αυτό το στάδιο η αγωγή μου είχε αρκετό δρόμο ακόμα.

Ξεπέρασα τα γραφειοκρατικά γυμνάσια που σχετίζονται με το εξιτήριο από το νοσοκομείο, και την πρόκληση των επόμενων εβδομάδων όπου έπρεπε να γίνει μεταφορά του όγκου από το ένα νοσοκομείο σε ένα άλλο εντός Αθηνών για να γίνουν οι αναλύσεις. Για τους Αθηναίους αυτό ήταν σχετικά εύκολη υπόθεση, αλλά όταν ζεις σε νησί, τότε τα πράγματα είναι σχεδόν αδύνατα. Με τη βοήθεια του τμήματος εθελοντών του νοσοκομείου, κατάφερα να αποφύγω ένα διήμερο ταξίδι στην Αθήνα επειδή προσφέρθηκαν να μου μεταφέρουν τον όγκο κυριολεκτικά στην άλλη γωνία. Με τον χειρούργο της επέμβασης, κανόνισα ραντεβού για τον Μάρτιο. Σε αντίθεση με πολλούς Έλληνες γιατρούς, ο συγκεκριμένος ήταν γνωστός ως ένας από τους λιγοστούς που δεν δέχονται «φακελάκι»: και ως γνωστόν, το περιεχόμενο αυτού του φακέλου ήταν καθοριστικό για την λήψη καλύτερης φροντίδας ή σε κάποιες άλλες περιπτώσεις μηδενικής φροντίδας. Πλέον είναι παράνομο, αλλά είναι τόσο βαθιά ριζωμένο στην ελληνική κουλτούρα, που έβλεπα ακόμα τις κυρίες να ξεγλιστρούν χρήματα στις τσέπες των γιατρών όταν έκαναν τους γύρους τους. Σε όλες τις επισκέψεις μας στο νοσοκομείο ούτε ο Πίτερ, ούτε εγώ, έπρεπε να πληρώσουμε το οτιδήποτε επιπλέον σε γιατρό, αν και γνωρίζαμε ιστορίες ανθρώπων που έπρεπε να το κάνουν. Άκουσα την ιστορία κάποιου που πλήρωσε 3.000 ευρώ μόνο και μόνο για να σιγουρευτεί ότι θα λάβει ιατρική φροντίδα και στη συνέχεια επακολούθησε ο επίσημος λογαριασμός του νοσοκομειακό επειδή δεν είχε ιατροφαρμακευτική κάλυψη.

Ο χειρουργός μου είπε ότι ο όγκος ήταν κακοήθης, παρόλα αυτά, η περαιτέρω θεραπεία θα περιοριζόταν μόνο σε ορμονοθεραπεία, δηλαδή θα έπαιρνα ένα χάπι καθημερινά. Τουλάχιστον δεν θα χρειαζόταν η χημειοθεραπεία, γεγονός που με χαροποίησε και το γιόρταζα εωσότου φτάσω σπίτι. Ένα άλλο ραντεβού κλείστηκε με έναν ογκολόγο για την επόμενη Δευτέρα, οπότε έπρεπε να κάνω ένα ακόμη ταξίδι με το πλοίο και είχα περισσότερα γραφειοκρατικά εμπόδια να ξεπεράσω. Ήμουν ευγνώμων που είχαμε ιατροφαρμακευτική κάλυψη από τα πολλά χρόνια εργασίας του Πίτερ και ως σύζυγος του, καλυπτόμουν και εγώ. Ο ογκολόγος ήταν επαγγελματίας, αλλά ήταν εξαιρετικά αυστηρός, «Φυσικά και θα πρέπει να ακολουθήσετε αγωγή με χημειοθεραπεία, ήταν κακοήθης ο όγκος!»

Η θεραπεία θα ήταν για 1-2 ώρες κάθε τρεις εβδομάδες και θα διαρκούσε έξι μήνες. Έπειτα, θα χρειαζόμουν πέντε εβδομάδες ακτινοθεραπείας. Έπρεπε να επιστρέψω στην Πάρο, να με εξετάσει ο καρδιολόγος για να επιβεβαιώσει ότι η καρδιά μου ήταν αρκετά δυνατή να ανταπεξέλθει στην χημειοθεραπεία, και να επιστρέψω την ερχόμενη Δευτέρα.

Καθ' όλη την διάρκεια δεν ήμουν σίγουρη ότι θα ήθελα να ακολουθήσω την προτεινόμενη αγωγή. Είχα αρνηθεί τη χημειοθεραπεία το 1994 και ήμουν μια χαρά ζωντανή. Ο Πίτερ είπε ότι ήρθε η ώρα να σκέφτομαι μεγάλα πράγματα! Να ζητήσω από τον Θεό να αποκαταστήσει το μαστό μου και αν δεν υπήρχε αποκατάσταση μέχρι τη Δευτέρα, τότε να προχωρούσα με τη θεραπεία. Κάποιος άλλος θεώρησε ότι η χημειοθεραπεία ήταν αποδεκτή στην περίπτωση του μη χειρουργήσιμου εγκεφαλικού όγκου, αλλά όχι στην περίπτωση του καρκίνου του μαστού όταν ο όγκος έχει αφαιρεθεί. Η Λόρνι, ο Θεός να την ευλογεί, ήταν έκπληκτη που λάμβανα υπόψη την ιδέα της χημειοθεραπείας.

Τηλεφώνησα στην Τζανέτ, την χριστιανή φίλη μου στον Καναδά, η οποία είναι κορυφαία επιστήμων στον τομέα της καρκινικής έρευνας. Ποια θα ήταν η συμβουλή της, ως χριστιανή που πιστεύει στην υπερφυσική θεραπεία και ως επαγγελματίας στον τομέα του καρκίνου;

«Λοιπόν», μου είπε, «Αν ήμουν εγώ στην θέση σου, θα ακολουθούσα την αγωγή της χημειοθεραπείας. Εάν μόνο ένα κύτταρο αποσπαστεί από τον όγκο και προσκολληθεί κάπου αλλού στο σώμα σου, τότε μπορεί να περάσουν 5-10 χρόνια εωσότου το συνειδητοποιήσεις, αλλά η χημειοθεραπεία θα το εξολοθρεύσει και θα το σκοτώσει.»

Το σχόλιό της με έκανε να συνειδητοποιήσω το μέγεθος του θαύματος με το οποίο θεραπεύτηκα πριν από δεκαέξι χρόνια χωρίς χημειοθεραπεία ή ακτινοθεραπεία. Καθώς κοιμόμουν ελαφρά στον καναπέ το Σάββατο πριν από το ταξίδι, και πάλι άκουσα αυτή τη μικρή, εσωτερική φωνή.

«Σου έχω προμηθεύσει το καλύτερο καρκινικό νοσοκομείο στην Ευρώπη, σου έδωσα ιατροφαρμακευτική κάλυψη, σου προμήθευσα ένα κοντινό μέρος για να μένεις δωρεάν, απλά ακολούθησε την αγωγή της χημειοθεραπείας και εμπιστέψου με.»

Παρά το γεγονός ότι αυτός ήταν σαφέστατα ξεκάθαρος λόγος από τον Θεό, είχα ακόμα τις αμφιβολίες μου. Πράγματι ήταν ο Θεός που μου μιλούσε; Καθώς επιβιβαζόμουν στο πλοίο για να πάω στην Αθήνα, ένας φίλος, ο Χάρης και η μητέρα του, μπήκαν στην κυλιόμενη σκάλα μπροστά μου. Τα λόγια της με βοήθησαν πολύ. Εκείνη είπε,

«Εάν ο Θεός δεν σου πει ξεκάθαρα, να μην κάνεις χημειοθεραπεία, τότε θα πρέπει να την κάνεις.»

Αυτό ασφαλώς φαινόταν ως επιβεβαίωση των όσων είχα ακούσει και φάνηκε ότι εμπεριείχε σοφία. Ήταν επίσης η πεμπτουσία των όσων είχε είπε ο Πίτερ: «Κάνε το».

Η αλήθεια είναι ότι δεν φοβόμουν τόσο την χημειοθεραπεία, ο φόβος μου ήταν από την φρίκη της απώλειας των μαλλιών μου. Ναι, θα μπορούσα να φορέσω περούκα αλλά, τελικά, θα έπρεπε να την αφαιρώ και να πηγαίνω στο κρεβάτι μου καραφλή. Πως θα φαινόμουν στα μάτια του Πίτερ, μια γυναίκα που της λείπει το ένα στήθος, το άλλο της είναι τραυματισμένο και που είναι καραφλή; Έχοντας αυτό κατά νου, ανακουφίστηκα και γέμισα από ευγνωμοσύνη όταν ανακάλυψα ότι μπορούσα να ακολουθήσω την θεραπεία με ονομασία «το κρύο καπάκι » που θα παρεμπόδιζε την απώλεια των μαλλιών μου. Θα έπρεπε να πληρώσω 90 ευρώ ανά συνεδρία, αλλά το σύστημα υγείας θα μου επέστρεφε περίπου τα μισά. Ακόμα κι αν έπρεπε να πληρώσω 50 ευρώ ανά συνεδρία και χρειαζόμουν οκτώ συνεδρίες, τα 400 ευρώ θα άξιζαν για να γλυτώσω από την καράφλα. Αυτό που δεν είχα συνειδητοποιήσει ήταν ότι θα παράτεινε την διάρκεια αγωγής με χημειοθεραπεία, καθώς θα επέτεινε το χρόνο που απαιτείται για την έναρξη και την λήξη της κάθε συνεδρίας. Το καπέλο ήταν σαν μια ενισχυμένη μπαλακλάβα. Το διατηρούσαν στον καταψύκτη και στη συνέχεια το τοποθετούσαν στο κεφάλι και το στερέωναν κάτω από το πηγούνι. Εάν νομίζατε ότι πονούσε το χέρι σας όταν κρατάγατε ένα κοτόπουλο από την κατάψυξη, τότε φανταστείτε τι θα αισθανόσασταν στο κεφάλι σας. Ήταν δύσκολο να ξεχωρίσω εάν αισθανόμουν πόνο ή απλά έντονη δυσφορία από το κρύο. Μερικές φορές έτρεμα τόσο πολύ που με τύλιγαν με μια κουβέρτα για να μείνω ζεστή. Όταν το πρώτο καπέλο ήταν στο κεφάλι μου για περίπου 15 λεπτά, την στιγμή που άρχιζε να θερμαίνεται λίγο και αισθανόμουν λιγότερο άβολα, το έβγαζαν και το αντικαθιστούσαν με ένα άλλο από την κατάψυξη. Η ιδέα ήταν ότι η κρύα επιφάνεια της κεφαλής θα κρατούσε το αίμα που περιέχει τις χημικές ουσίες μακριά από τους ψυχρούς θύλακες της τρίχας στην επιφάνεια του δέρματος, εμποδίζοντας έτσι την πτώση των μαλλιών. Άξιζε πραγματικά την δυσφορία, και το κόστος; Ναι, για εμένα άξιζε. Μιλώντας με τις άλλες γυναίκες, κάποιες όχι όλες, έλεγαν πως δεν τους ενοχλούσε η καράφλα. Μια κυρία είπε ότι ντρεπόταν να την δει ο σύζυγός της καραφλή, και ότι ποτέ δεν άφηνε τα παιδιά της να την δουν χωρίς περούκα, για να μην τους τρομάξει.

Για τις τέσσερις πρώτες συνεδρίες, η χημειοθεραπεία δεν μου προκάλεσε πόνο, εγώ προσευχόμουν για να μην νιώσω άρρωστη ή ζαλισμένη. Άκουσα την ιστορία ενός ατόμου που ήταν τόσο ζαλισμένος που έπεσε και έσπασε το ισχίο του. Τα κατάγματα δεν είναι ασυνήθιστα με τη χημειοθεραπεία. Δύο μέρες μετά τη θεραπεία, δεν είχα σχεδόν καθόλου όρεξη και το στομάχι μου ήταν κάπως ανακατεμένο, αλλά κατά τη διάρκεια της θεραπείας μπορούσα να φάω ένα σάντουιτς και στη συνέχεια να ευχαριστηθώ με ένα παγωτό.

Τελικά, την Κυριακή μετά την πρώτη χημειοθεραπεία, άκουσα τον Θεό με τρόπο αδιαμφισβήτητο. Είχα μόλις ακούσει ένα κήρυγμα για την πίστη του Μπείλες Κόνλι, βασισμένο στην προς Εβραίους 11. Εκείνος κήρυττε από τον Ησαΐα 53: «Αυτός, όμως, φορτώθηκε τις θλίψεις μας κι υπέφερε τους πόνους τους δικούς μας.». Όταν έφτασε στο τέλος, εγώ καθόμουν εκεί και σκεπτόμουν: «Γιατί λοιπόν κάνω χημειοθεραπεία; Τι αποτυχία πίστης!» Ξαφνικά, ο Θεός μου μίλησε: «Είδες ποιός ήταν ο λόγος στην περίπτωση του πρεσβύτερου της εκκλησίας του Γιόνγκι Τσό που νοσηλευόταν και στην περίπτωση της Τζέιν Ντάρναλ, την καθηγήτρια σου στο βιβλικό κολλέγιο, όταν ήταν στο νοσοκομείο. Η ΣΩΤΗΡΙΑ ΤΩΝ ΨΥΧΩΝ ΕΙΝΑΙ ΠΙΟ ΣΗΜΑΝΤΙΚΉ ΑΠΟ ΤΗΝ ΔΙΚΗ ΣΟΥ ΑΝΕΣΗ. Θα βάλω ανθρώπους δίπλα σου σε κάθε σου ταξίδι, με το πλοίο, στην αίθουσα αναμονής του νοσοκομείου, στους γείτονες της πολυκατοικίας. Η άνεση του Παύλου δεν ήταν η προτεραιότητα μου: Προτεραιότητα μου ήταν το κήρυγμα στις ψυχές που ήταν στις φυλακές και στο πλοίο εν μέσω του ναυαγίου στη Μάλτα. Η άνεση του Υιού μου δεν ήταν προτεραιότητα. Έπρεπε να πληρώσει το τίμημα. Τα θαύματα δεν είναι ο μοναδικός τρόπος με τον οποίον θεραπεύω – για πολλούς, το μονοπάτι είναι μακρύτερο και πιο αργό. Είσαι θεραπευμένη, δεν υποφέρεις από ασθένεια. Χρησιμοποιώ τη διαδικασία θεραπείας μέσω της αγωγής για να σου δώσω ανείπωτες ευκαιρίες»

Κατάλαβα ακριβώς τι εννοούσε ο Θεός, όταν αναφέρθηκε στον πρεσβύτερο στην εκκλησία του Γιόνγκι Τσό και την Τζέιν Ντάρναλ, και οι δύο ήταν χριστιανοί που κατονομάζονται σε βιβλία που είχα διαβάσει πρόσφατα. Και οι δύο ήταν άνθρωποι που δίδασκαν την υπερφυσική θεραπευτική δύναμη του Ιησού, αλλά και οι δύο είχαν καταλήξει στο νοσοκομείο και μέσω αυτού ο Θεός τους χρησιμοποίησε για να φτάσει στους ανθρώπους του νοσοκομείου.

Και έτσι λοιπόν ήταν η ρουτίνα μου από τον Μάρτιο έως τον Μάιο, έκανα ένα ταξίδι στην Αθήνα κάθε τρεις εβδομάδες. Όταν τελικά έφτασα στο τέλος Μαΐου, δηλαδή στο τέλος του πρώτου κύκλου, ανακουφίστηκα όταν με ενημέρωσαν ότι θα έκανα ένα διάλειμμα από τη χημειοθεραπεία, όμως θα έκανα ακτινοθεραπεία για τριάντα συνεδρίες καθημερινά και στη συνέχεια θα ξανάρχιζα τη χημειοθεραπεία με ένα δεύτερο κύκλο τεσσάρων θεραπειών. Ακόμη και με το κρύο καπάκι, τα μαλλιά μου είχαν αραιώσει δραματικά και ήμουν πολύ πρόθυμη να τους δώσω χρόνο να ανακάμψουν πριν από τις επόμενες τέσσερις συνεδρίες.

Για την ακτινοθεραπεία θα έπρεπε να είμαι στο νοσοκομείο στην Αθήνα, από Δευτέρα έως Παρασκευή, και για έξι εβδομάδες. Έτσι λοιπόν, για όλο τον Ιούνιο και τον Ιούλιο δεν θα βρισκόμουν στην Πάρο. Ενώ όλοι οι άλλοι θα κατέβαιναν στο νησί για να κάνουν τα μπάνια τους και την ηλιοθεραπεία τους, εγώ θα ήμουν στο διαβόητο καλοκαιρινό νέφος της Αθήνας. Δεν είχε σημασία. Δεν ήμουν σε θέση να με χτυπάει ο ήλιος στο κεφάλι αλλιώς τα μαλλιά μου θα έπεφταν. Κατά τη διάρκεια της ακτινοθεραπείας, δεν μπορούσα ούτε να εκθέσω το δέρμα μου στον ήλιο.

Χάρη στην καλοσύνη της γειτόνισσάς μας, την Μαρουσώ, είχα ένα διαμέρισμα στην Κυψέλη όπου έμενα, το οποίο ήταν μια σύντομη διαδρομή με το λεωφορείο και το τρόλεϊ από το νοσοκομείο. Όταν οι περίφημες απεργίες της Αθήνας ήταν σε πλήρη εξέλιξη, εγώ περπατούσα από και προς το νοσοκομείο ακόμα και μετά τη θεραπεία. Η Άννα, η φίλη και η γειτόνισσα της Μαρουσώς, ήταν η προσωποποίηση της καλοσύνης. Συχνά μου έφερνε ένα πιάτο φαγητού, γνωρίζοντας ότι με τις μετακινήσεις προς το νοσοκομείο θα είχα λίγο χρόνο και ελάχιστο ενθουσιασμό για την μαγειρική. Το κόστος ενός ξενοδοχείου για έξι εβδομάδες θα ήταν υπερβολικό και τα καταλύματα ξενώνων που προσφέρονται από το νοσοκομείο δεν θα συγκρίνονταν με το δικό μου διαμέρισμα. Είχα πολλές ευκαιρίες κατά τη διάρκεια της ημέρας στο νοσοκομείο για να μοιραστώ το ευαγγέλιο και να δείξω αγάπη και καλοσύνη σε ασθενείς που συναντούσα με βαριά περιστατικά. Έπειτα, το βράδυ, ήταν καλό που είχα χρόνο μόνη μου με τον Θεό για να με ενδυναμώσει για μια άλλη μέρα στη ζούγκλα της Αθήνας. Ευτυχώς, ήμουν σε θέση να επιστρέψω στον Πίτερ και στην Πάρο κάθε σαββατοκύριακο.

Τελικά έφτασε το τελευταίο εμπόδιο. Έμεναν ακόμη τέσσερις συνεδρίες χημειοθεραπείας. Αυτό θα διαρκούσε έως τα τέλη του Οκτωβρίου – αυτή η προοπτική δεν ήταν καθόλου ευχάριστη, αλλά τουλάχιστον έφτανε στο τέλος. Μια θαυμάσια ευκαιρία μου παρουσιάστηκε από τους επισκέπτες των τελευταίων μηνών. Οι φίλοι μας από την Νότια Αφρική Χέιντρι και Ρόαν, μας επισκέφτηκαν τον Ιούλιο. Είχαν κάνει κράτηση για να πάνε στο Ισραήλ, ένα μέρος που ήθελα να επισκεφτώ εδώ και αρκετά χρόνια. Μου είπαν ότι ένιωθαν πως ο Θεός ήθελε να πάω μαζί τους. Αυτό θα προϋπόθετε να γίνει κάποιο θαύμα! Πρώτον, δεν θα έπρεπε να έρχονται σε σύγκρουση οι ημερομηνίες του ταξιδιού με το πρόγραμμα της χημειοθεραπείας. Δεύτερον, ο Πίτερ πάντα έλεγε ότι είναι πολύ επικίνδυνο να πάω στο Ισραήλ και έτσι ο Θεός θα έπρεπε να κινηθεί στην καρδιά του για να μπορέσω να πάω. Τρίτον, το κόστος του ταξιδιού, και της διαμονής, ήταν τεράστιο, θα ήταν σχεδόν 2000 ευρώ.

Καθώς ταξίδευα στην Αθήνα για το πρώτο ραντεβού του Αυγούστου με τον ογκολόγο, το ερώτημα ήταν αν θα με ξεκινούσε εκείνη την εβδομάδα με τη πρώτη εκ των τεσσάρων συνεδριών χημειοθεραπείας. Εάν το έκανε, τότε το ταξίδι για το Ισραήλ θα μπορούσε να προγραμματιστεί ανάμεσα στην δεύτερη και την τρίτη συνεδρία, αν δεν το έκανε, δεν θα μπορούσα να πάω. Ήταν πολύ χαρμόσυνα τα νέα από τον ογκολόγο, ήθελε να ξεκινήσει τη χημειοθεραπεία εκείνη την Τετάρτη, οπότε το ταξίδι θα ήταν εφικτό εάν ο Θεός ξεπερνούσε τις αντιρρήσεις του Πίτερ και προμήθευε τα χρήματα. Ο Πίτερ, συνειδητοποιώντας τι σήμαινε αυτό το ταξίδι για εμένα και πιστεύοντας ότι θα μου έκανε καλό να ταξιδέψω, συμφώνησε ότι εάν αισθανόμουν έτοιμη, θα μπορούσα να πάω. Όσον αφορά το κόστος του ταξιδιού, μας είχε δοθεί δώρο 1850 ευρώ, πριν από δύο χρόνια, με τις εξής οδηγίες: Να τα χρησιμοποιήσουμε όπως θα θέλαμε, είτε για κάτι προσωπικό είτε για την διακονία της εκκλησίας. Ήλπιζα να το χρησιμοποιήσω για να φτιάξουμε ένα μεγάλο δωμάτιο επάνω για να συναντιόμαστε τις Κυριακές, αλλά με το πέρασμα του χρόνου δεν υπήρχαν αρκετοί άνθρωποι για να χρειαστούμε ένα μεγαλύτερο χώρο συνάντησης. Πάντα είχαμε αρκετά για να εισφέρουμε γενναιόδωρα σε συγκεκριμένες διακονίες και ανθρώπους που είχαν ανάγκη χωρίς τη χρήση του δώρου, οπότε το ποσό ήταν ακόμα διαθέσιμο. Δεδομένου ότι το κόστος της περιοδείας ήταν 1000 ευρώ, 350 ευρώ ήταν το αεροπορικό εισιτήριο και 500 ευρώ ήταν για τις δέκα μέρες διαμονής, το συνολικό ποσό ήταν ακριβώς 1850 ευρώ. Φάνηκε ότι ο Θεός είχε προμηθεύσει προ καιρού για το ταξίδι μου. Είχα υπηρετήσει τον Θεό και την ομάδα στην Πάρο είκοσι χρόνια χωρίς να παίρνω ποτέ μισθό. Στην τρέχουσα αδύναμη μου κατάσταση, ήμουν έτοιμη να ευλογηθώ. Ένιωσα πλήρη ειρήνη για να χρησιμοποιήσω το δώρο για το ταξίδι.

Είχα προγραμματισμένη τη δεύτερη συνεδρία χημειοθεραπείας την Τετάρτη, την Πέμπτη ξεκουράστηκα στο διαμέρισμα και την Παρασκευή έφυγα το βράδυ για το αεροδρόμιο της Αθήνας.

«Ιερουσαλήμ, σου έρχομαι!»

14 ΕΝΑ ΤΑΞΙΔΙ ΣΤΟ ΙΣΡΑΗΛ

Η ευκαιρία να ξεφύγω από την ατελείωτη ρουτίνα των νοσοκομειακών ραντεβού και των σχετικών γραφειοκρατικών διαδικασιών ήταν παρόμοια με την προοπτική της όασης στην έρημο για έναν διψασμένο άνθρωπο! Ήταν μια ευκαιρία να ξεκουραστώ συναισθηματικά και να γεμίσω με την ειρήνη του Θεού μακριά από τη ρουτίνα της καθημερινής ζωής. Όπως πολλοί χριστιανοί, λαχταρούσα να περπατήσω εκεί που περπάτησε ο Ιησούς, αλλά κυρίως, ανυπομονούσα να δω την Ιερουσαλήμ. Ήθελα να δω τους τοίχους και τις πύλες, να δω τους ανθρώπους να προσεύχονται στο Τείχος των Δακρύων, να περπατήσω στους δρόμους και να δω πώς ζουν οι Εβραίοι εκεί τη σήμερον ημέρα. Το χρονοδιάγραμμα του ταξιδιού ήταν τέλειο καθώς θα ήμουν εκεί για το Ρος Χασάνναχ, το εβραϊκό νέο έτος. Είχα παρατείνει την διαμονή μου κατά δύο ημέρες για να ζήσω την εμπειρία του Γιόμ Κιπούρ, την εθνική ημέρα μετάνοιας, προσευχής και νηστείας.

Η πτήση μου προσγειώθηκε νωρίς το πρωί του

Σαββάτου στο αεροδρόμιο Μπεν Γκουριόν όταν ήταν ακόμα σκοτεινά. Θα βρισκόμουν με ανθρώπους από πολλές άλλες χώρες, συμπεριλαμβανομένης της Νορβηγίας, της Γερμανίας και ιδιαίτερα της Νότιας Αφρικής καθώς η οικογένεια που διοργάνωνε την εκδρομή ήταν Νοτιοαφρικανοί. Είχαν κανονίσει να μας παραλάβει από το αεροδρόμιο ένα Σερούτ, το όνομα στα Εβραϊκά για το μικρό λεωφορείο, και να μας πάει στο κέντρο της Ιερουσαλήμ. Θα μέναμε σε ένα σπίτι στην οδό Γιάφο, που είναι ένας κεντρικός δρόμος ακριβώς απέναντι από την πλατεία Σιών, ένα δημοφιλές νυχτερινό κέντρο για τους καλλιτέχνες του δρόμου. Η πρόσβαση στην Παλιά Πόλη μέσω της Πύλης Τζάφα απείχε μόλις δεκαπέντε λεπτά με τα πόδια. Ο ιδιοκτήτης του σπιτιού ήταν ο Γκέριτ και η Μάρτυ, και το σπίτι τους μπορούσε να φιλοξενήσει περίπου είκοσι άτομα. Τα υπνοδωμάτια ήταν φιλόξενα, καθαρά και ευχάριστα, τα μπάνια ήταν κοινά αλλά των ανδρών ήταν ξεχωριστά από των γυναικών, και μου έφερνε αναμνήσεις από τα σχολικά ταξίδια του μακρινού παρελθόντος. Τα περισσότερα γεύματά μας συμπεριλαμβάνονταν στο κόστος διαμονής, γεγονός που μας εξοικονομούσε χρήματα και χρόνο από το να τρώγαμε έξω.

Η εκδρομή θα ξεκινούσε την Κυριακή, γιατί το Σάββατο είναι η ιερή μέρα της εβδομάδας για τους Εβραίους. Όλη η πόλη ήταν ήσυχη: δεν υπήρχαν αυτοκίνητα, εκτός από τους τουρίστες που ταξίδευαν από και προς το αεροδρόμιο, τα καταστήματα και τα εστιατόρια ήταν κλειστά. Ήταν μια εντελώς νέα εμπειρία. Η Χέιντρι και ο Ρόαν είχαν προγραμματίσει να επισκεφθούμε το μεσημέρι το σπίτι ενός εβραίου ραβίνου (ιερέα). Κάθε Σάββατο, ο ραβίνος και η οικογένειά του είχαν το σπίτι τους ανοιχτό για τους επισκέπτες. Οι περισσότεροι άνθρωποι που ήταν εκεί, ήταν εβραϊκής καταγωγής αγόρια, σε εφηβική ηλικία οι οποίοι σπούδαζαν στην Ιερουσαλήμ για να μάθουν τα εβραϊκά, αλλά φυσικά υπήρχαν και άλλοι, εκ των οποίων μερικοί ήταν αλλοδαποί.

Περπατώντας προς το σπίτι τους, δεν συναντήσαμε κανένα αυτοκίνητο. Μόνο μερικοί Ορθόδοξοι Εβραίοι, κυκλοφορούσαν στο δρόμο. Τα φώτα των φαναριών άλλαζαν από πράσινο σε κόκκινο, αλλά δεν υπήρχαν οχήματα για να σταματήσουν. Μου έκανε εντύπωση το διαφορετικό ύφος ένδυσης των ανδρών, όλοι ντυμένοι στα μαύρα αλλά με διαφορετικό στυλ και με περίεργα καπέλα. Μερικοί άνδρες είχαν μακριές γενειάδες και οι φαβορίτες τους ήταν πολύ μακριές και με μπούκλες.

Έξω από το σπίτι του ραβίνου, μια ομάδα είκοσι ατόμων περίπου περίμενε να λάβει την πρόσκληση για να μπει μέσα. Μας υποδέχτηκαν θερμά και μας κατεύθυναν σε ένα τραπέζι λίγο πιο πέρα από το τραπέζι μιας ομάδας νεαρών ανδρών. Επάνω στα τραπέζια υπήρχε καροτοσαλάτα και πατζαροσαλάτα. Ως είθισται στην Εβραϊκή παράδοση, μας έφεραν μπολ με νερό για να ξεπλύνουμε τα χέρια μας πριν από το φαγητό. Δεν θα μπορούσα παρά να θυμηθώ τις ιστορίες από την Καινή Διαθήκη που αφορούσαν σε συζητήσεις με τους Φαρισαίους για το πλύσιμο των χεριών. Καθώς τρώγαμε, διάφοροι άνδρες στέκονταν για να μοιραστούν ιστορίες και διδασκαλίες στα εβραϊκά ή αγγλικά. Γινόταν διερμηνεία των Εβραϊκών σε όσους από εμάς δεν καταλάβαιναν την Εβραϊκή γλώσσα. Πρέπει να ήμασταν περίπου εκατό άτομα, ίσως και λίγοι παραπάνω, στριμωγμένοι στα μακρόστενα τραπέζια. Η σύζυγος και οι γιοι του ραβίνου σέρβιραν το φαγητό, που είχε προετοιμαστεί την προηγούμενη μέρα.

Ο πρώτος άνδρας που μας μίλησε είπε πόσοι νέοι Ισραηλινοί εγκατέλειπαν το Ισραήλ και τον Ιουδαϊσμό και πήγαιναν στην Ινδία. Εβραίοι καθηγητές είχαν σταλεί στην Ινδία για να τους επαναφέρουν στις ρίζες τους και αυτή η προσπάθεια ήταν πολύ επιτυχημένη. Ο κύριος λόγος που ανέφεραν οι νέοι, για την εγκατάλειψη του ιουδαϊσμού, ήταν για να απαλλαχτούν από όλους τους περιορισμούς, τους νόμους και τους κανόνες της Παλαιάς Διαθήκης. Βεβαιώθηκα για το πόσο εύκολο και καλό είναι να μην βρίσκεται ο άνθρωπός κάτω από το Νόμο, και να είναι μέρος της Καινής διαθήκης με τον Κύριο Ιησού.

Τραγουδήσαμε τραγούδια του Σαμπάτ από το βιβλίο των ψαλμών. Η ατμόσφαιρα ήταν σαν να τραγουδούσαμε ελληνικά τραγούδια, αλλά έτσι είναι η λατρεία στα εβραϊκά. Ο ραβίνος Μορδεκάι μας μίλησε για το 30ο κεφάλαιο του Δευτερονομίου για το πώς έκανε ο Κύριος περιτομή στις καρδιές του λαού Του για να τον αγαπούν με όλη τους την καρδιά. Προς μεγάλη μου έκπληξη, κάλεσε όποιον ήθελε να μιλήσει να το κάνει ενθαρρύνοντας ιδιαίτερα εμάς που ήμασταν στο τραπέζι των επισκεπτών. Δεν είχα πρόθεση να μιλήσω. Λανθασμένα υπέθεσα ότι οι γυναίκες δεν θα είχαν τη δυνατότητα να μιλήσουν. Τι θα μπορούσα να πω σε μια τέτοια ομάδα ανθρώπων; Εν πάση περιπτώση, από την στιγμή που έφτασα, ήμουν ανεξήγητα συγκινημένη και δάκρυα έτρεχαν στα μάγουλά μου.

Έμεινα έκπληκτη όταν ο ραβίνος Μορδεκάι είπε: «Για να δούμε, πού είναι αυτή η Αγγλίδα κυρία που είναι εδώ για πρώτη φορά;»

«Σκεφτόμουν ότι θα ήταν πολύ μεγάλη αγένεια

να αρνηθώ μια τέτοια ευγενική πρόσκληση, οπότε ύψωσα προσευχή προς τον ουρανό ζητώντας καθοδήγηση από το Άγιο Πνεύμα για το τι θα μπορούσα να πω σε μια τέτοια συγκέντρωση. Είπα ότι ήταν τιμή και ευλογία για μένα να βρίσκομαι μαζί τους και ότι αυτή ήταν η πρώτη φορά που επισκεπτόμουν το Ισραήλ. Συνέχισα λέγοντας: «Υπάρχουν πολλά μέρη τα οποία ευελπιστώ να επισκεφθώ κατά την διάρκεια των δύο εβδομάδων που θα είμαι εδώ, και ότι μια χώρα δεν είναι μόνο τα εδάφη της αλλά το πιο σημαντικό, είναι οι άνθρωποι της. Για μένα, το να βρίσκομαι εδώ μαζί σας σήμερα είναι πολύ πιο ξεχωριστό από τα μέρη που θα επισκεφτώ.»

Τους είπα ότι εξ όσων γνωρίζω είμαι Αγγλίδα και όχι Εβραία, αν και το όνομα του πατέρα μου ήταν Ρούμπεν. Ζούσα στην Ελλάδα, όχι στην Αγγλία, επειδή ο Κύριος με είχε καλέσει εκεί. Όπως ο Αβραάμ, είχα αφήσει το σπίτι μου και την οικογένειά μου μη γνωρίζοντας που θα ζήσω στην Ελλάδα ή τι θα έκανα εκεί, ήξερα όμως ότι ο Κύριος ήταν πιστός και θα με καθοδηγούσε και θα μου προμήθευε σε εκείνη την γη. Τόνισα ότι ο Κύριος ήταν απόλυτα πιστός και ότι μπορούσαμε να Τον εμπιστευόμαστε πλήρως σε οτιδήποτε μας καλέσει να κάνουμε.

Υπήρχαν πολλά περισσότερα που θα μπορούσα να είχα πει για τον τρόπο με τον οποίο μας καθοδηγεί ο Κύριος, το πού, πότε και πώς όσον αφορά το κάλεσμα του Θεού στην ζωή μου για την Ελλάδα, αλλά μου φαινόντουσαν πάρα πολλά για την πρώτη επίσκεψη και σίγουρα θα υπήρχαν και άλλοι που θα ήθελαν να μιλήσουν. Κάθισα και ένιωθα την καρδιά μου να χτυπάει γρήγορα και περίμενα να ακούσω τι θα έλεγαν οι άλλοι. Για την ώρα ή σύνδεση είχε γίνει. Την επόμενη φορά που θα τούς επισκεπτόμουν, ίσως η Χείντρι και ο Ρόαν να μην ήταν εκεί για να με οδηγήσουν στο σπίτι. Η διαδρομή προς το σπίτι τους ήταν πολύ ξεκάθαρη στο μυαλό μου. Μια μέρα, ήλπιζα να επιστρέψω εκεί και να τους πω περισσότερα για το πόσο πιστός είναι ο Θεός μας.

Έτσι όπως εξελίχθηκαν τα πράγματα το επόμενο Σαμπάτ-Σάββατο ήμασταν πάλι εκεί. Αυτή τη φορά, ήμουν εκεί για να ακούσω και να μην μιλήσω. Ένας νεαρός Εβραίος είπε στην ιστορία του ότι όταν ήταν στρατιώτης στον ισραηλινό στρατό, δημιουργήθηκε στο δέρμα του ένα πολύ περίεργο εξάνθημα που εξελίχθηκε σε πληγές.

Όταν ήρθε με άδεια σπίτι του, το εξάνθημα ήταν σε τόσο άσχημη κατάσταση που έπρεπε να πάει στο νοσοκομείο και δεν του επιτρεπόταν να επιστρέψει στη μονάδα του. Στις 08:05 το πρωί την ίδια ώρα που θα επέστρεφε στη μονάδα του, το δωμάτιο όπου θα έμενε βομβαρδίστηκε και αρκετοί στρατιώτες σκοτώθηκαν. Ευτυχώς, οι σύντροφοί του είχαν σταλεί για να εκτελέσουν μια εργασία και έτσι σώθηκαν. Ο Θεός ενεργεί με απρόσμενους τρόπους και μπορεί να χρησιμοποιήσει ακόμα και μια ασθένεια για να προστατεύσει ή να καθοδηγήσει κάποιον. Μου θυμίζει την ιστορία ενός Αμερικανού επιχειρηματία, το λάστιχο του αυτοκίνητου του κλάταρε, καθώς ήταν στο δρόμο προς το αεροδρόμιο την πρωινή ώρα αιχμής. Όταν άλλαξε το λάστιχο και έφτασε στο αεροδρόμιο, εκνευρισμένος και ενοχλημένος, διαπίστωσε ότι το αεροπλάνο του είχε ήδη αναχωρήσει. Αργότερα μέσα στην ημέρα έμαθε ότι όλοι οι επιβάτες στην πτήση που έχασε είχαν σκοτωθεί εξαιτίας της συντριβής του αεροπλάνου. Συνειδητοποίησε ότι ο Θεός χρησιμοποίησε ένα κλαταρισμένο λάστιχο για να του σώσει τη ζωή. Έφυγα από το σπίτι του ραβίνου έχοντας πολλά να σκεφτώ.

Ξεκινήσαμε την πρώτη μέρα της εκδρομής μας με μια πρωινή βόλτα γύρω από την Παλιά Πόλη της Ιερουσαλήμ. Η απόσταση με τα πόδια από το σπίτι του Γκέριτ και της Μάρτυ ήταν πολύ κοντινή ως την πύλη Τζάφα. Στη συνέχεια προχωρήσαμε προς την πύλη Σιών. Στην Πύλη Σιών, προσέξαμε ότι τα τείχη ήταν γεμάτα τρύπες από σφαίρες, μια υπενθύμιση της κατάληψης των Ιεροσολύμων το 1967 κατά τη διάρκεια του πολέμου των Έξι Ημερών.

Μία από τις εκκλησίες που επισκεφθήκαμε ήταν η Εκκλησία του Παναγίου Τάφου. Κατά την άφιξή μου εκεί νόμιζα ότι είχα γυρίσει πίσω στην Ελλάδα. Εκεί ήταν η έδρα του Ελληνορθόδοξου Πατριάρχη Ιεροσολύμων και η εκκλησία έσφυζε από Έλληνες. Γύρω από την πέτρα πάνω στην οποία άλειψαν το σώμα του Ιησού πριν την ταφή - που στην πραγματικότητα χρονολογείται μόνο από το 1810, ήταν προσκυνητές και τουρίστες που έτριβαν την πέτρα με υφάσματα και μαντήλια. Ήταν ένα ακόμη παράδειγμα των ανθρώπων που αντικατέστησαν την έλλειψη οικειότητας με τον Θεό ή και την παρουσία του Αγίου Πνεύματος, που θα έπρεπε να κατοικεί μέσα τους, με αρχαία αντικείμενα.

Μια άλλη εκκλησία που επισκεφθήκαμε ήταν η Μονή της Κοίμησης, αφιερωμένη στη Μαρία τη μητέρα του Ιησού Χριστού, αντί να είναι αφιερωμένη στον Χριστό. Αυτή η εκκλησία υποτίθεται ότι χτίστηκε στο σημείο όπου η Μαρία «είχε κοιμηθεί», που είναι η χριστιανική έκφραση για τα άτομα που πάνε στον ουρανό. Οι Έλληνες ποτέ δεν αναφέρονται στους ανθρώπους που έχουν πεθάνει ως αποθανόντες, γεγονός που αυξάνει το βαθμό δυσκολίας του αλλοδαπού στην κατανόηση της συνομιλίας. Όταν λένε για κάποιον ότι «Έφυγε», θα πρέπει να έχεις αίσθηση ποιο είναι το υπόβαθρο της συνομιλίας για να καταλάβεις εάν εννοούν ότι έφυγε στην Αθήνα ή στον Ουρανό. Πολύ συχνά δεν είναι τόσο προφανές, ειδικά όταν αναφέρονται σε άτομα νεαρής ηλικίας.

Ο ηγέτης της ομάδας μας ο Γκέριτ, βρήκε μια ήσυχη γωνιά και άρχισε να μας διδάσκει. Ήμασταν μόνο δώδεκα άτομα στην ομάδα, γεγονός που έκανε την συζήτηση πιο οικεία. Το θεμέλιο όλων των διδασκαλιών κατά την διάρκεια της εκδρομής ήταν οι βασικές Εβραϊκές ρίζες της Χριστιανικής πίστης.

Για να κατανοήσει ο άνθρωπος σήμερα γιατί ο Ιησούς έπρεπε να πεθάνει και να χύσει το αίμα Του ως θυσία για τις αμαρτίες μας, είναι απαραίτητο να καταλάβει τις θυσίες της Παλαιάς Διαθήκης: το αίμα του ζώου που θυσιαζόταν, κάλυπτε (ή εξιλέωνε) την αμαρτία του ατόμου. Αυτή η θυσία των ζώων έπρεπε να επαναλαμβάνεται συνεχώς. Ο Ιησούς, όμως, έπρεπε να πεθάνει μόνο μία φορά για την συγχώρεση των αμαρτιών μας με το αίμα Του. Αυτός είναι ο λόγος για τον οποίο ονομάζεται Ο Αμνός της Θυσίας του Θεού. «Ο Αμνός του Θεού ο αίρων την αμαρτία του κόσμου.» Ιωάννης 1:29

Η λέξη «αμαρτία» θεωρείται ξεπερασμένη από πολλούς ανθρώπους που θεωρούν ότι είναι «καλοί άνθρωποι». Ο Ιησούς, αντίθετα, είπε ότι ουδείς είναι καλός εκτός από τον Θεό. Η καλύτερη ερμηνεία της αμαρτίας είναι ως μία πράξη ανυπακοής σε κάποιο θεϊκό νόμο. Αμαρτάνουμε όταν γνωρίζουμε το καλό που πρέπει να κάνουμε και δεν το πράττουμε. Είμαστε όλοι αμαρτωλοί που έχουν ανάγκη από συγχώρεση. Απλώς, κάποιοι άνθρωποι ακόμα δεν το έχουν αντιληφθεί.

Καθώς περπατούσαμε γύρω από την εκκλησία, ο Γκέριτ επεσήμανε διάφορα σύμβολα και σταυρούς στα ψηφιδωτά δάπεδα και στην οροφή που θεωρούνται από πολλούς ανημέρωτους ανθρώπους ότι είναι χριστιανικά σύμβολα. Στην πραγματικότητα, πολλά από αυτά προέρχονται από τη Βαβυλωνία πριν από την εποχή του Χριστού και έχουν τις ρίζες τους στη λατρεία του Νίμροντ, της Σεμίραμις και του γιού τους, Ταμούζ. Η Σεμίραμις λατρευόταν ως «μητέρα του Θεού» και ως «θεά της γονιμότητας». Ο Νίμροντ αναφέρεται στο βιβλίο της Γένεσης, το πρώτο βιβλίο της Παλαιάς Διαθήκης, και περιβάλλεται από παγανιστική ειδωλολατρία, σε αντίθεση με τον Αβραάμ που προσκυνούσε τον αληθινό Θεό.

Ο κύκλος με το σταυρό μέσα, που το βλέπαμε παντού στις εκκλησίες που επισκεπτόμασταν, ήταν αρχικά σύμβολο του Ταμούζ. Ο κύκλος αντιπροσωπεύει τον ήλιο, που σχετίζεται με τη λατρεία του θεού του ήλιου. Η σύλληψη του Ταμούζ έγινε Μάρτιο ή Απρίλιο και η γιορτή του Ίσταρ ή της Εσθήρ γιόρταζε τη γονιμότητα. Οι αρχαίοι λαοί χρησιμοποιούσαν το αβγό και το κουνέλι ως σύμβολα γονιμότητας για προφανείς λόγους. Άλλη μια τρομακτική πρακτική των Βαβυλωνίων ήταν η θυσία των παιδιών τους στους θεούς Μόλεχ, Ίσις και Οσίρης. Στη συνέχεια, χρησιμοποιούσαν το αίμα των παιδιών για να χρωματίσουν τα αβγά κόκκινα. Όταν ήρθα να ζήσω στην Ελλάδα τότε ανακάλυψα τα κόκκινα αβγά για το Πάσχα και μου είπαν ότι τα αβγά συμβόλιζαν τη νέα ζωή και ότι το κόκκινο είναι το αίμα του Ιησού. Από θρησκευτικής απόψεως, όλα ακούγονται πολύ σωστά, αλλά, στην πραγματικότητα, οι ρίζες του εθίμου βρίσκονται στον Βαβυλωνιακό παγανισμό. Οπότε τη σήμερον ημέρα, κατά τον εορτασμό του Πάσχα, έχουμε παγανιστικά κόκκινα αβγά και παγανιστικά αβγά σοκολάτας και κουνελάκια ενώ ο εορτασμός θα έπρεπε να αφορά τον θάνατο και την ανάσταση του Κυρίου μας Ιησού Χριστού!

Οι Βαβυλώνιοι έψηναν ψωμάκια με σταφίδες, τα οποία τα έχουμε προσαρμόσει σε ζεστά ψωμάκια σε σχήμα σταυρού στο πάνω μέρος και τα οποία τα σερβίρουμε το Πάσχα. Επομένως είναι λογικό η Αγγλική λέξη Ίστερ, που είναι η ονομασία της γιορτής του Πάσχα, να προέρχεται από τη θεά Ιστάρ. Τουλάχιστον οι Έλληνες χρησιμοποιούν το σωστό όνομα για το Πάσχα, που προέρχεται από την Εβραϊκή λέξη Πέρασμα, αντί για μια λέξη που βασίζεται σε μια παγανιστική θεότητα.

Εννέα μήνες αργότερα, στα τέλη του Δεκέμβρη, η εικοστή πέμπτη μέρα είχε επιλεχτεί για τον εορτασμό της γέννησης του Ταμούζ. Τότε η παράδοσή περιελάμβανε κοπή δέντρων τη νύχτα της 24ης Δεκεμβρίου και την διακόσμηση αυτών με χρυσό και ασήμι. Επειδή θεωρούσαν τον Ταμούζ θεότητα, πάντα γιορτάζονταν τα γενέθλια του με εξωφρενικά μεθύσια και όργια. Συνεπώς εκεί βρίσκονται οι πραγματικές ρίζες των χριστουγεννιάτικων δέντρων και γι' αυτό γιορτάζουμε την ημέρα των Χριστουγέννων στις 25 Δεκεμβρίου. Οι βοσκοί στο Ισραήλ συνήθως τον Δεκέμβριο μήνα δεν «επιβλέπουν ή φυλάνε τα κοπάδια τους τη νύχτα». Τότε ο καιρός είναι πολύ κρύος! Ο Ιησούς πιθανότατα γεννήθηκε την εποχή του Πάσχα, τον Μάρτιο ή τον Απρίλιο μήνα.

Το φεστιβάλ του Δεκεμβρίου είναι επίσης γύρω από την χρονική περίοδο του χειμερινού ηλιοστασίου. Επειδή οι μέρες συνεχώς μίκραιναν έως τις 21 Δεκεμβρίου, ο ήλιος εθεωρείτο ότι έχανε τη δύναμή του και έπρεπε να αναγεννηθεί. Έως ότου αυτό έρθει εις πέρας, άναβαν κούτσουρα (όπως αυτά που ανάβουμε εκείνη την εποχή) και έβαζαν φώτα στα δέντρα, καθώς γιόρταζαν την παράταση της περιόδου ηλιοφάνειας μετά την 21η Δεκεμβρίου. Διατηρούσαν τα δέντρα για επτά μέρες και μετά, άναβαν κεριά για να γιορτάσουν την αναγέννηση του ήλιου την 1η Ιανουαρίου.

Ο Γκέριτ συνέχισε να εξηγεί πώς, το 325 μ.Χ., ο Ρωμαίος αυτοκράτορας Κωνσταντίνος ήθελε να ενισχύσει την αυτοκρατορία του και προσπάθησε να το πετύχει μέσω της θρησκευτικής ιδεολογίας. Πολύ απλά κοίταξε το κυκλικό διάγραμμα που αντιπροσώπευε τον αριθμό των ανθρώπων από διάφορες θρησκευτικές ομάδες στην αυτοκρατορία του και παρατήρησε ότι ο Χριστιανισμός είχε το μεγαλύτερο μερίδιο. Έβγαλε τον ιουδαϊσμό από τη λατρεία και έφερε τη λατρεία του θεού του ήλιου την Κυριακή! Άλλαξε την ημέρα της λατρείας από την πρωταρχική μέρα του Εβραϊκού Σαββάτου (δηλαδή από τη δύση του ηλίου την Παρασκευή έως και την δύση του την επόμενη μέρα) στην Κυριακή. Στις παραδοσιακές εκκλησίες, ένα μεγάλο μέρος των όσων βλέπουμε σήμερα είναι ο Βαβυλωνιακός παγανισμός που παρουσιάζεται ως Χριστιανισμός. Οι εικόνες που σήμερα απεικονίζουν τη Μαρία να κρατά το μωρό Ιησού είναι ίδιες με εκείνες που χρησιμοποιήθηκαν για να απεικονίσουν την Σεμίραμις που κρατούσε το μωρό Ταμούζ. Η βασίλισσα του ουρανού, η οποία λατρευόταν από τους Ιουδαίους στο βιβλίο του Ιερεμία στην Παλαιά Διαθήκη, ήταν πιθανότατα η Αστάρτη ή η Ίσταρ. Ναι, ο Ιησούς σταυρώθηκε την ημέρα της Εβραϊκής γιορτής για το Πάσχα (Πέρασμα) και αναστήθηκε από τους νεκρούς την τρίτη μέρα, αλλά στον σύγχρονο δυτικό Χριστιανισμό συνήθως γιορτάζεται σε μια μέρα που ονομάζεται στα αγγλικά Ίστερ για την παγανιστική θεά Ίσταρ.

Όλα αυτά ήταν πρωτάκουστα σε μένα, λαμβάνοντας υπόψη ότι εκείνη την δεδομένη στιγμή ήμουν χριστιανή για περίπου είκοσι πέντε χρόνια, αναρωτήθηκα πόσοι άλλοι χριστιανοί, ειδικά Έλληνες, γνώριζαν αυτό το ιστορικό υπόβαθρο των θρησκευτικών παραδόσεων. Αυτό ήταν ένα αρκετά ενδιαφέρον ξεκίνημα για την πρώτη μέρα διδασκαλίας στην εκδρομή.

Η Δευτέρα ήταν μια συναρπαστική μέρα. Ξυπνήσαμε από τα χαράματα και κατευθυνθήκαμε οδικώς στη Γαλιλαία όπου θα μέναμε δύο βραδιές σε ένα ξενοδοχείο στην Τιβεριάδα, στη θάλασσα της Γαλιλαίας. Καθώς άρχισε να κατηφορίζει το μικρό λεωφορείο από την Ιερουσαλήμ στη Νεκρά Θάλασσα, δεν είχα ξαναδεί σε όλη μου τη ζωή ένα τόσο άγονο τοπίο. Δεν ήταν άμμος ερήμου. Ήταν μίλια ατελείωτα από γυμνά βράχια, χωρίς κανένα δέντρο ή θάμνο. Διαβάζοντας τις γραφές για τους πειρασμούς του Ιησού στην έρημο, είχα φανταστεί ένα τοπίο άγονο με μερικούς θάμνους εδώ ή εκεί. Δεδομένου ότι είχε να βρέξει από την άνοιξη, προς το τέλος του καλοκαιριού, δεν υπήρχε ούτε ίχνος χόρτου. Που και που βλέπαμε ομάδες Βεδουίνων αλλά όχι σε μεγάλες σκηνές με χαλιά, αντιθέτως ήταν σε παρατημένα χαμόσπιτα από ξύλο με μεταλλικές λαμαρίνες επικάλυψης. Τα αγροτικά φορτηγάκια και τα κατσίκια ήταν φαινομενικά πιο πρακτικά από τις καμήλες, αν και είδαμε κάποιες έξω από ένα σημείο που πουλούσαν πήλινα δοχεία!

Καθώς πλησιάζαμε στα ανατολικά σύνορα με την Ιορδανία, στρίψαμε αριστερά σε έναν κεντρικό αυτοκινητόδρομο για να πορευτούμε πάλι προς το βορρά. Καλύψαμε πολλά μίλια με τον Ιορδάνη ποταμό στα δεξιά μας. Παραδόξως, στο νότο, που είναι η ισραηλινή πλευρά του ποταμού Ιορδάνη, η γη είναι άγονη και σχεδόν ακατοίκητη, όμως, στην ιορδανική πλευρά του ποταμού, μπορούσαμε να δούμε καταπράσινα χωράφια και πολλές πόλεις. Αυτό οφείλεται στο γεγονός ότι σε εκείνο το σημείο η Ιορδανία δεν δίνει στο Ισραήλ πρόσβαση στο νερό του ποταμού Ιορδάνη καθώς αυτό το σημείο του ποταμού βρίσκεται στην Ιορδανία και όχι στο Ισραήλ.

Όταν περάσαμε από την Ιεριχώ, που τώρα ελέγχεται από τους παλαιστίνιους, είδαμε τις πύλες, τα εμπόδια και τα σημεία ελέγχου. Από εκεί που ήμασταν, στον αυτοκινητόδρομο, δεν υπήρχε κανένα σημάδι των αρχαίων τειχών της πόλης, όπως το είδε ο Ιησούς του Ναυή, ήταν απλώς μια επίπεδη πεδιάδα και ένα σύμπλεγμα από σύγχρονα κτήρια. Διαβάζοντας τους τουριστικούς οδηγούς, κατάλαβα ότι μια από τις κύριες πηγές εσόδων της Ιεριχώ ήταν ο χριστιανικός τουρισμός. Ένα τελεφερίκ πηγαίνει τους χριστιανούς προσκυνητές μέχρι το λόφο των πειρασμών, όπου στην κορυφή του είναι ένα Ελληνορθόδοξο μοναστήρι με πανοραμική θέα της περιοχής. Εκείνη τη χρονιά από ότι είδα, η Ιεριχώ που βρίσκεται σε κοντινή απόσταση από τη Νεκρά Θάλασσα, είχε ανακηρυχθεί ο πιο δημοφιλής προορισμός για τους παλαιστίνιους τουρίστες, δυστυχώς δεν είχαμε χρόνο να την επισκεφτούμε, καθώς κατευθυνόμασταν προς τη Γαλιλαία.

Που και που βλέπαμε από πρώτο χέρι τα κιμπούτς γεμάτα από καλλιέργειες μπανάνας και λαχανικών, τα οποία πλέον καλλιεργούνται για εμπορικούς σκοπούς. Απείχε πολύ από το όραμα των χίπηδων για τα κιμπούτς τη δεκαετία του 1960, όπου εργάζονταν σε αυτά για το φαγητό τους και για να ζήσουν σε ένα ζεστό μέρος.

Η πρώτη μας στάση ήταν στο Εθνικό πάρκο Beit She'an, ένας αρχαιολογικός χώρος που εάν το συγκρίναμε με την Κόρινθο, θα την καθιστούσε ασήμαντη. Υπό την κυριαρχία των Φιλισταίων, έπειτα του Βασιλιά Δαβίδ του Ισραήλ και της Ιουδαίας, των Ασσύριων, των Ελλήνων, των Ρωμαίων και εν συνεχεία των Αράβων, η αρχιτεκτονική της ήταν ένα συναρπαστικό μείγμα από διαφορετικά στυλ. Πολλά από αυτά είχαν επιζήσει το σεισμό του 749 μ.Χ. και στα οποία είχαν πραγματοποιηθεί εκτεταμένες εργασίες αποκατάστασης. Το αμφιθέατρο ήταν τόσο υπέροχο που θα μπορούσε να φιλοξενήσει ένα σύγχρονο δραματικό έργο με ένα τεράστιο ακροατήριο. Δεν χρειαζόντουσαν ενισχυτές, καθώς, όταν ο Γκέριτ στάθηκε στη σκηνή και εμείς καθίσαμε στα καθίσματα στην πάνω πτέρυγα, μπορούσαμε εύκολα να τον ακούσουμε να μιλάει. Τι φοβερή ακουστική!

Ο Γκέριτ μας ανέφερε ότι οι περισσότερες σύγχρονες εκκλησίες οργανώνονται με βάση αυτή τη ρωμαϊκή ιδέα για την εκκλησία ως θέατρο με έναν ή περισσότερους «ηθοποιούς» μπροστά και το υπόλοιπο «ακροατήριο» να κάθεται, παρατηρώντας ή μαθαίνοντας. Αντιθέτως, η εβραϊκή σχολή σκέψης ακολουθούσε το μαθητικό τρόπο, όπου μοιράζονταν δάσκαλοι και μαθητές τη ζωή τους μαζί, όπως έκανε ο Ιησούς με τους μαθητές του.

Στη συνέχεια, επισκεφθήκαμε το Σπήλαιο του Γεδεών – το Ma'ayan Harod, ή πηγή του Ηρώδη. Εκεί ήταν που ο Θεός επέλεξε μόνο 300 από τους 10,000 άντρες του Γεδεών (Κριτές 7:3) για να πολεμήσουν τους Μαδιανίτες. Ήταν για εμάς σκέτη απόλαυση να καθόμαστε στον ήλιο πάνω στο καταπράσινο γρασίδι δίπλα στην πηγή, και να ακούμε την διδασκαλία της Βίβλου. Φυσικά, έπρεπε να υποχωρήσω στη σκιά λόγω των τριχοθυλάκων μου και της χημειοθεραπείας. Δεν ήθελα να πέσουν τα μαλλιά μου, τουλάχιστον όχι εν μέσω εκδρομής.

Έπειτα ήταν το Megiddo, η πεδιάδα στην οποία θα γίνει η τελική μάχη μεταξύ του λαού του Θεού και των εθνών, η μάχη του Αρμαγεδδώνα. Ήταν εκπληκτικό που ήμασταν πάνω στο Όρος Καρμέλ, με το άγαλμα του Ηλία φορώντας χιτώνα και συλλογιζόμασταν τις βιβλικές προφητείες, με θέα την πεδιάδα του Megiddo.

Τέλος, κατευθυνθήκαμε προς το ξενοδοχείο μας στη Θάλασσα της Γαλιλαίας. Ήταν μια κουραστική μέρα, αλλά έπρεπε να κάνουμε μια στάση στο Yardenit, που είναι ο χώρος της βάφτισης του Ιησού. Βρισκόταν στο σημείο που ο ποταμός Ιορδάνης ρέει από τη Θάλασσα της Γαλιλαίας και ήταν στα νότια της πόλης Τιβεριάδας όπου θα μέναμε. Δεν μου άρεσε καθόλου: το είχαν εκμεταλλευτεί εμπορικά στο έπακρο με καταστήματα με είδη δώρων και καφέ. Παρόλα αυτά, πολλοί άνθρωποι επέλεγαν να βαφτιστούν εκεί στο Ισραήλ και, για τους πιστούς που δεν είχαν βαπτιστεί ποτέ ως ενήλικες, ήταν καλό να το κάνουν. Για μένα, που βαπτίστηκα στην ηλικία των τριάντα τριών, όταν πίστεψα στον Χριστό και τον δέχθηκα ως Σωτήρα Μου, αυτό μου ήταν αρκετό. Είχα βαφτιστεί ως βρέφος, αλλά ήταν απλώς μια τελετουργία και σίγουρα δεν είχα λάβει το Άγιο Πνεύμα εκείνη την εποχή. Χωρίς την πίστη στον Ιησού, εκείνη η νηπιοβάπτιση ελάχιστα θα με ωφελούσε εκτός από το βρέξιμο της κεφαλής μου. Δεν ήταν καν βάπτισμα με πλήρη βύθιση κάτω από το νερό, οπότε σε καμία περίπτωση δεν συμβόλιζε τον θάνατο, την ταφή και την ανάσταση του Χριστού.

Αφού τακτοποιηθήκαμε στο ξενοδοχείο μας, πήγαμε κατευθείαν στην ακτή για ένα ταξίδι με το σκάφος στη Θάλασσα της Γαλιλαίας πριν από την δύση του ηλίου. Το παλιό ξύλινο αλιευτικό σκάφος ήταν αρκετά μεγάλο για να χωρέσουν πενήντα άτομα, έτσι η ομάδα μας που απαριθμούσε είκοσι άτομα, επιβιβάστηκε πολύ εύκολα. Τα μέλη του πληρώματος ήταν και αυτοί μουσικοί και ο Ντάνιελ Καρμέλ ήταν και ψαράς και οδηγός λατρείας. Καθώς πλέαμε με ένα απαλό αεράκι να φυσά, ο Ντάνιελ έπαιζε τα πλήκτρα. Τραγούδησε πολλά γνωστά λατρευτικά τραγούδια της εποχής εκείνης, τόσο στα εβραϊκά όσο και στα αγγλικά. Το να ακούς τον ύμνο "Μεγάλε Θεέ" να υμνείται στα Εβραϊκά ήταν μια αξέχαστη εμπειρία. Τώρα μπορώ να το τραγουδήσω τακτικά με τμήματα στα εβραϊκά, "Gadol Adonai", που σημαίνει "Μεγάλε Θεέ".

Χάρηκα πολύ όταν έμαθα ότι είχα ένα δωμάτιο μόνη μου στο ξενοδοχείο. Μετά από ένα δείπνο Kosher, (τελετουργικά καθαρό), διάλεξα να πάω νωρίς για ύπνο. Οι άλλοι μπορούσαν να μιλούν όλη νύχτα, εάν το ήθελαν, αλλά την επόμενη μέρα θα χρειαζόμουν όλη μου την δύναμη για τους προγραμματισμένους μακρινούς περιπάτους, που θα ήταν κατά μήκος ποταμών και καταρρακτών. Εξάλλου είχα ανάγκη από λίγο χρόνο μόνη μου με τον Ιησού, στου οποίου τη πατρίδα περπατούσα. Ήρθα να αναζητήσω Εκείνον και όχι μόνο τη γη Του.

Ο Βορράς του Ισραήλ είναι ιδιαίτερα όμορφος στα μάτια κάποιου που ζει σε ένα Ελληνικό νησί που είναι ξερό έξι μήνες το χρόνο. Οι καταρράκτες του Banias ήταν χάρμα οφθαλμών, ο ποταμός Ιορδάνης έπεφτε με ορμή από τους καταρράκτες και στη συνέχεια έρεε μέσα από πανέμορφα δάση με το φως του ήλιου να λάμπει μέσα από τα φύλλα. Ήταν ένας τόπος όπου θα ήθελα να μείνω μόνη μου για ώρες με τη Βίβλο μου, απολαμβάνοντας την παρουσία του Θεού, αλλά είχαμε ένα πλήρες πρόγραμμα. Αυτή η επιθυμία θα έπρεπε να μπει σε λίστα αναμονής για κάποια άλλη στιγμή στο μέλλον. Το καταφύγιο πουλιών στην κοιλάδα Hula μου έδειξε ότι το χορτάρι τύπου pampas μεγαλώνει στο φυσικό του περιβάλλον, όπου είναι σε κοντινή απόσταση από μια λίμνη και περιβάλλεται από νερό. Καθόλου περίεργο που το δικό μας χορτάρι στον κήπο ξεραίνεται από τον Ιούνιο μέχρι και τον Οκτώβρη, ανεξάρτητα που του ρίχνουμε από ένα κουβά νερό ανά τακτά χρονικά διαστήματα. Τα μεταναστευτικά πουλιά δεν ήταν εκεί τον Σεπτέμβριο, αλλά η ταινία 3-D των πουλιών με ηχητικά εφέ και με τα νερά που ανάβλυζαν ήταν τόσο καλό ως αν να ήταν πραγματικό. Και αυτό ήταν κάτι ακόμα που θα ήθελα να ξαναδώ τον Νοέμβριο αν μου δινόταν η ευκαιρία να επισκεφτώ το μέρος, τότε που τα πουλιά μεταναστεύουν από τη Βόρεια Ευρώπη στην Αφρική.

Μια άλλη μέρα, περπατήσαμε στην κορυφή των τειχών της Ιερουσαλήμ, σημειώνοντας τις πύλες, ειδικά τη Χρυσή Πύλη που είναι κλειδωμένη και περιμένει τον ερχομό του Μεσσία. Είδαμε τον Θόλο του Βράχου, αλλά με ενδιέφερε πολύ η μεγάλη ανοιχτή περιοχή στα βόρεια του θόλου, ευθυγραμμισμένη με τη Χρυσή Πύλη: ένα πιθανό σημείο για να ξαναχτιστεί ο εβραϊκός ναός, σύμφωνα με τη προφητεία της Βίβλου.

Προς το τέλος της εκδρομής, μετακομίσαμε στη Μασάντα, το αρχαίο οχυρό στα νότια της Νεκράς Θάλασσας, που βρίσκεται πάνω σε ένα απομονωμένο οροπέδιο. Αυτό το βραχώδες οροπέδιο που ήταν τεράστιο και επίπεδο, ήταν το σημείο στο οποίο βρισκόταν η πόλη του καταφυγίου σε ύψωμα πάνω από την πεδιάδα. Χάρηκα ιδιαίτερα που υπήρχε ένα τελεφερίκ και δεν ζήλευα καθόλου τις γενναίες ψυχές που είχαν αποφασίσει να περπατήσουν το μονοπάτι που ήταν σε σχήμα ζιγκ-ζαγκ ως την κορυφή.

Οι ημέρες της εκδρομής πέρασαν πάρα πολύ γρήγορα. Καθώς οι περισσότεροι από τους υπόλοιπους της ομάδας έφυγαν προς το αεροδρόμιο, ήμουν έτοιμη να αλλάξω ξενοδοχείο και να πάω σε εκείνο που ήταν κοντά στο μουσείο και το Κνεσέτ (βουλή), που περιβάλλεται από ήσυχα πάρκα και κήπους. Εδώ θα βίωνα το Yom Kippur, την εθνική ημέρα νηστείας. Ήθελα να ξεκουραστώ στο κρεβάτι μου με τη Βίβλο μου και να επικεντρωθώ εντελώς στο Θεό, και να μην αποσπάται η προσοχή μου από τα τρόφιμα ή τους ανθρώπους. Ήταν σαν να είχε σιωπήσει ολόκληρο το έθνος: κανένα αυτοκίνητο στους δρόμους, δεν υπήρχαν πολλοί άνθρωποι τριγύρω, μια συνολική ηρεμία. Τι φοβερή ιδέα! ένα ολόκληρο έθνος να προσεύχεται ταυτόχρονα. Τι δύναμη!

Η Χέιντρι εξασκούσε το φλάουτο της με την ορχήστρα για την γιορτή του ICEJ (Διεθνής Χριστιανική Πρεσβεία των Ιεροσολύμων) που είναι η γιορτή των Σκηνών. Αργότερα μέσα στην μέρα, όταν έληξε η νηστεία μετά τη δύση του ηλίου, θα πηγαίναμε μαζί στη Συναγωγή στο κέντρο της Ιερουσαλήμ. Ανυπομονούσα να δω πως θα ήταν. Θα υπήρχαν τραγούδια; Θα υπήρχαν εικόνες ή φωτογραφίες από Βιβλικές ιστορίες; Θα κάλυπταν οι γυναίκες τα κεφάλια τους; Θα ήταν οι γυναίκες σε ξεχωριστή περιοχή από τους άνδρες; Αναρωτιόμουν πως θα ήταν η προσευχή και αν θα ήμουν σε θέση να τη καταλάβω. Στην Ιερουσαλήμ, είχα αγοράσει ένα λευκό λινό φόρεμα με ένα μικρό ταιριαστό σακάκι για να καλύψω τους ώμους μου. Ήταν πολύ σημαντικό να μην είναι γυμνοί οι ώμοι. Μου είχαν πει ότι πολλοί ντυνόντουσαν στα λευκά για να συμβολίσουν την αγνότητα μετά την μετάνοια και τη νηστεία. Ήμουν καθαρή και δικαιωμένη επειδή είχα καθαριστεί με το αίμα του Ιησού. Το μικρό λευκό σακάκι ήταν καλυμμένο με χαριτωμένα ασημένια στρασάκια, και με έκανε να αισθάνομαι θηλυκιά και όμορφη μετά από μήνες στο νοσοκομείο όπου δεν αισθανόμουν καθόλου όμορφη.

Δεν θα απογοητευόμουν από την εμπειρία. Οι γυναίκες ήταν σε ξεχωριστό μπαλκόνι πάνω από τους άντρες. Πολλές παντρεμένες γυναίκες κάλυπταν το κεφάλι τους, αλλά όχι οι νεότερες γυναίκες. Ναι, μπορούσα να καταλάβω την προσευχή καθώς το βιβλίο προσευχής ήταν γραμμένο στα αγγλικά και στην διπλανή σελίδα ήταν στα Εβραϊκά. Τώρα πλέον έχω το δικό μου εβραϊκό βιβλίο προσευχής και έχω μάθει πολλά. Δεν έλλειπε από την προσευχή το χιούμορ: μια προσευχή των ανδρών είναι να ευχαριστήσουν τον Θεό που δεν γεννήθηκαν γυναίκες!

Η υμνωδία ήταν υπέροχη. Αρχικά σκέφτηκα να μείνω μόνο μία ώρα και έπειτα να αναζητήσω λίγο φαγητό μετά την νηστεία, αλλά η λατρεία ήταν τόσο εμπνευσμένη που έμεινα μέχρι το τέλος. Τι εμπειρία. Έτσι είχε μεγαλώσει ο Ιησούς, προσευχόμενος τακτικά στη συναγωγή.

Τι υπέροχο τελείωμα στο ταξίδι μου. Ήταν καιρός να επιστρέψω στον κόσμο των γιατρών και στην έβδομη χημειοθεραπεία. Ωστόσο, το τέλος όλων των θεραπειών πλησίαζε: μόνο άλλες δύο συνεδρίες χημειοθεραπείας έως το τέλος του Οκτώβρη, και έπειτα όλα τελείωναν ευτυχώς. Τα θετικά αποτελέσματα μιας σειράς από αιματολογικές εξετάσεις έφτασαν τον Δεκέμβρη και ήμουν έτοιμη να μπω στην καινούργια χρονιά δηλαδή στο 2011 γνωρίζοντας ότι ο Ιησούς με είχε σώσει. Ήμουν ζωντανή, σε φόρμα, δυνατή και υγιής.

Προσμέναμε το επόμενο ταξίδι μας στο Βέλγιο. Είχαμε αποφασίσει να επισκεφτούμε τη μαμά του Πίτερ και τις τέσσερις αδελφές του. Η μαμά του ήταν ογδόντα έξι ετών, οπότε όταν μου άφησε το μοναδικό κρεβάτι που είχε στο διαμέρισμα για να κοιμηθεί στον καναπέ, διαμαρτυρήθηκα έντονα. Άλλα η διαμαρτυρία μου ήταν άκαρπη. Ήταν αποφασισμένη να με ευλογήσει μετά από τα όσα είχα περάσει. Ο Πίτερ θα κοιμόταν σε ένα πτυσσόμενο κρεβάτι στο πλευρό μου και εκείνη θα ήταν μια χαρά στο καναπέ. Ευτυχώς ήταν μόνο για λίγες μέρες.

15 ΟΛΑ ΤΑ ΕΘΝΗ

Το 2011 ήταν η χρονιά με τις μπούκλες. Τα μαλλιά μου, που ήταν μια ζωή ολόισια, μάκρυναν με μπούκλες. Το χάρηκα πολύ επειδή εξαιτίας της χημειοθεραπείας και της αραίωσης που επήλθε στα μαλλιά μου, τώρα πλέον είχα καινούργια μαλλιά και μάλιστα σγουρά. Ήταν επίσης η χρονιά της εικοστής επετείου του γάμου μας, οπότε, όλες οι φωτογραφίες που βγάζαμε ήταν με σγουρά μαλλιά. Αποφασίσαμε να κάνουμε κάτι ξεχωριστό, και να πάμε στην Σαντορίνη για λίγες μέρες στις αρχές Μαΐου. Βρισκόμαστε τόσο κοντά στη Σαντορίνη, μόλις τρεις ώρες με πλοίο, αλλά σίγουρα είχαν περάσει πάνω από είκοσι πέντε χρόνια από την τελευταία μου επίσκεψη.

Τράβηξα τουλάχιστον τριακόσιες φωτογραφίες στις πέντε μέρες που ήμασταν εκεί, η ποικιλία χρωμάτων των ηφαιστειακών πετρωμάτων με συνεπήρε. Αυτά τα χρώματα αντικατοπτριζόντουσαν σε κάθε πόρτα, τοίχο και παράθυρο των σπιτιών και των πολυτελών ξενοδοχείων που βρισκόντουσαν στην καλντέρα. Οι τοίχοι στο χρώμα της ώχρας και οι πόρτες σε βαθυκόκκινο ή πράσινο χρώμα ήταν ασυνήθιστο θέαμα για μας από την Πάρο και ήταν μια δροσερή χρωματική πανδαισία στην θέα της Οίας, ένα χωριό στα βόρεια της Σαντορίνης. Κατά την άποψη μου, το νησί θα έπρεπε να είναι το όγδοο θαύμα του κόσμου.

Την βραδιά της επετείου μας είχαμε προγραμματίσει να παρακολουθήσουμε το εντυπωσιακό ηλιοβασίλεμα επάνω στον κρατήρα και στη συνέχεια να φάμε ένα υπέροχο δείπνο στο εστιατόριο Έλλις με την υπέροχη θέα. Το είχα επιλέξει όχι επειδή είχε ενδιαφέρον μενού που ήταν αναρτημένο απ' έξω, αλλά για τα εξαιρετικής ποιότητας τραπεζομάντηλα, τα ωραία μαχαιροπίρουνα και τα όμορφα γυάλινα ποτήρια, συνδυασμός που ήταν αρκετά δύσκολος να βρεθεί στην Πάρο. Ήλπιζα να φορέσω ένα υπέροχο πράσινο σμαραγδί φόρεμα και να φαίνομαι θηλυκιά για αλλαγή, αντί να φορέσω παντελόνια, όπως συνηθίζεται από τις σημερινές γυναίκες. Αλλά δεν ήταν γραφτό να γίνει. Ο καιρός δεν ήταν ο συνηθισμένος για τον μήνα Μάιο, που χαρακτηρίζεται για τον καθαρό μπλε ουρανό και την ηλιοφάνεια. Πυκνά, σκοτεινά, σύννεφα κάλυπταν το νησί και τον κρατήρα, τα οποία τα έφερνε με ορμή ένας δυνατός αέρας. Ο ήλιος ως αμυδρός λευκός δίσκος στον ορίζοντα, ματαίωσε το κόκκινο ηλιοβασίλεμα που είχαμε φανταστεί. Θα έπρεπε να γίνει σε κάποιο άλλο ταξίδι. Στο εστιατόριο δειπνήσαμε υπό τους ήχους κλασσικής μουσικής, καθώς ο ήλιος έδυε. Όλα ήταν εξαιρετικά όσο και το υπόλοιπο της βραδιάς. Με πλημμύρισε μία αίσθηση ευγνωμοσύνης για τον υπέροχο σύζυγο που μου έδωσε ο Θεός και τα είκοσι χρόνια που μοιραστήκαμε. Ήμουν βέβαιη ότι είχαμε να μοιραστούμε ακόμη πολλά στο μέλλον.

Τώρα που είχε τελειώσει η θεραπεία, μπορούσαμε να συνεχίσουμε τις ζωές μας και μπορούσα να προχωρήσω για τον σκοπό τον οποίο ο Θεός με κάλεσε στην Ελλάδα. Μόλις ένα μήνα πριν, η Κάρεν από την Ελληνική Ιεραποστολική Ένωση μας είχε επισκεφτεί. Μου υπενθύμισε τον Κώστα Μακρή, τον ιδρυτή της Ελληνικής Ιεραποστολικής Ένωσης, και το πόσο σπουδαία και σημαντική ήταν η επιρροή του στο κάλεσμα που είχα για την Ελλάδα. Είχε χαρίσει μια Καινή Διαθήκη σε έναν έφηβο, και για αυτήν του την πράξη είχε καταδικαστεί σε ποινή φυλάκισης τρεισήμισι ετών! Ήξερα ότι ο Θεός με έφερε στην Ελλάδα για ένα σκοπό σπουδαιότερο από τα όσα είχαν συμβεί μέχρι στιγμής. Η ζωή μου σε ένα νησί με σταθερή ροή τουριστών, πάντα μου παρείχε πολλές ευκαιρίες για ευαγγελισμό, σε πολλούς ανθρώπους που πίστευαν στην φιλοσοφία του New Age, αρκετοί από τους οποίους δεν είχαν ιδέα γιατί χρειαζόντουσαν τον Ιησού.

Ήξερα ότι η παραλία του Λογαρά, όπου είναι το σπίτι μας, ήταν ένα υπέροχο σημείο για οικογενειακές διακοπές. Η Σαντορίνη δεν ήταν γνωστή για τις όμορφες παραλίες, ενώ στην παραλία του Λογαρά, υπήρχαν αρκετά καλά παραλιακά εστιατόρια και δέντρα για σκιά από την ζέστη του μεσημεριού. Για πολλά χρόνια τρώγαμε αρκετά συχνά στο εστιατόριο Φυσιλάνη καθώς γνωρίζαμε πολύ καλά την οικογένεια που το διαχειρίζεται. Επίσης είχαμε γίνει φίλοι με έναν από τους Αλβανούς σερβιτόρους. Ήταν εξαιρετικά δημοφιλής στους πελάτες επειδή είχε χάρισμα στις ξένες γλώσσες που τον διευκόλυναν να μιλάει ελληνικά, αγγλικά, γαλλικά, γερμανικά, ιταλικά, ισπανικά και λίγα σουηδικά. Η λίστα των γλωσσών ήταν σχεδόν ατελείωτη. Προφανώς, τον βοήθησε το γεγονός ότι γνώριζε πολλούς ανθρώπους από διαφορετικές εθνικότητες που του έκαναν μαθήματα. Χαρήκαμε ιδιαίτερα όταν μάθαμε ότι είχε παντρευτεί και είχε ένα κοριτσάκι. Σοκαριστήκαμε όταν μάθαμε ότι η σύζυγός του, είχε πάθει κάταγμα που ήταν ιδιαίτερα σοβαρό και την είχαν μεταφέρει σε νοσοκομείο των Αθηνών όπου τοποθέτησαν στο πάνω μέρος του μηρού της μεταλλική πλάκα για να κρατήσει τα δύο κόκκαλα ενωμένα. Όταν την επισκέφτηκα, διαπίστωσα ότι ήταν μια κοπέλα γεμάτη ζωή, με ίσια σκουρόχρωμα μακριά μαλλιά, και ένα ζεστό πλατύ χαμόγελο, με την οποία μπορούσα να επικοινωνήσω εύκολα. Προς μεγάλη μου έκπληξη, ανακάλυψα ότι μιλούσε αρκετά καλά την αγγλική γλώσσα. Μου αποκάλυψε ότι σε μικρή ηλικία, όταν ζούσε στην Αλβανία, είχε δεχθεί τον Χριστό και είχε βαφτιστεί. Κάποιοι Αμερικανοί ιεραπόστολοι είχαν ξεκινήσει μια εκκλησία σε μια πόλη κοντά στο χωριό της και τόσο η ίδια όσο και ο αδελφός της είχαν βαφτιστεί. Την ρώτησα αν ήθελε να προσευχηθώ για το πόδι της για να θεραπευτεί και με μεγάλη χαρά δέχτηκε την προσφορά μου.

Εκείνη την περίοδο, περπατούσε με πατερίτσες και όταν άρχισε να περπατάει χωρίς τις πατερίτσες, χώλαινε πολύ άσχημα και πονούσε πολύ. Σε μεταγενέστερη επίσκεψη της στο νοσοκομείο για να ελεγχθεί το κόκαλο, ο γιατρός ήταν έκπληκτος που μπορούσε έστω να περπατήσει. Της είπε ότι πολλοί άνθρωποι με το ίδιο κάταγμα κατέληγαν σε αναπηρική καρέκλα, άρα είχε βελτιωθεί αρκετά. Η προσευχή πραγματικά είχε αποδώσει.

Κατά τη διάρκεια των επόμενων μηνών, επισκεπτόμουν τακτικά την οικογένεια και, αν και σπάνια ερχόντουσαν να είναι μαζί μας τις Κυριακές, η κοπέλα κατάφερε να έρθει σε μερικές από τις μεσημεριανές συναντήσεις προσευχής. Θυμόταν πολλά από τα τραγούδια λατρείας που ακούγαμε, από τότε που πρωτοπήγαινε στην εκκλησία σε μικρή ηλικία, και είχαμε μεγάλες ελπίδες για αυτήν και για όλη της την οικογένεια. Όταν, μια Κυριακή του Δεκέμβρη, η νεαρή γυναίκα και η κόρη της ήρθαν μαζί με την αδελφή της και τη μητέρα της, ήλπιζα ότι είχαμε μια πνευματική αναζωπύρωση. Αλλά δεν ξαναήρθαν για αρκετό καιρό. Τελικά, ο σύζυγός της κατέφτασε μια Κυριακή προς τα τέλη του 2012 και δέχθηκε τον Χριστό και έλαβε θεία κοινωνία μαζί μας. Ήταν τόσο ενθουσιασμένος που συμμερίστηκε τα νέα με όλη του την οικογένειά. Φυσικά τον ενθαρρύναμε να βαπτιστεί.

Λίγο αργότερα ανακάλυψα ότι η νεαρή γυναίκα χρησιμοποιούσε το Facebook για να κρατήσει επαφή με την Ντάνα και τον Λάρρυ Στάκυ, οι Αμερικανοί ιεραπόστολοι που είχαν ασχοληθεί με την ίδρυση της εκκλησίας στην Κορυτσά της Αλβανίας. Η κοπέλα και ο αδελφός της ήταν μέλη της ομάδας λατρείας στο κοντινό χωριό Σεκέρας. Μετά από δεκαοκτώ χρόνια στην Αλβανία η Ντάνα και ο Λάρρυ επέστρεψαν στην Αμερική το 2011, αλλά η κόρη τους, ο σύζυγός της και τα δύο τους παιδιά συνέχισαν να υπηρετούν τον Κύριο στην Αλβανία. Το ζευγάρι κάλεσε την Ντάνα και τον Λάρρυ να επισκεφτούν την Πάρο την επόμενη φορά που θα ταξίδευαν στην Αλβανία από τις ΗΠΑ. Ένιωσα ότι έπρεπε να επικοινωνήσω μαζί τους για να κάνω μια πρώτη επαφή και να ρωτήσω εάν οι ίδιοι ή κάποιοι άλλοι από την Αλβανική ομάδα θα ενδιαφερόντουσαν να έρθουν και να μας βοηθήσουν να κάνουμε μαθητεία στους πολύτιμους Αλβανούς. Όλα ήταν μια χαρά όταν δίδασκα την κοπέλα και την αδελφή της στα αγγλικά, αλλά, οι γονείς τους είχαν περιορισμένη γνώση της

Ελληνικής γλώσσας και προφανώς θα ήταν καλύτερα να διδαχτούν στην γλώσσα τους.

Χάρηκα ιδιαίτερα όταν έμαθα ότι δεν ήταν απλώς πρόθυμοι να έρθουν, αλλά ίσως να μπορούσαν να φέρουν μαζί τους δύο ή τέσσερα άτομα από την εκκλησία της Κορυτσάς για να βοηθήσουν με τον ευαγγελισμό και το κήρυγμα. Το ερώτημα ήταν, κατά πόσο ήταν διαθέσιμοι, Ιούνιο μήνα, για επισκέψεις ή συναντήσεις; Και αυτό ήταν μεγάλο θέμα. Τους καλοκαιρινούς μήνες, το φυσιολογικό ήταν για τους άνδρες να δουλεύουν δύο δουλειές: οικοδομικές εργασίες ή ελαιοχρωματισμοί την ημέρα και σερβιτόροι τη νύχτα. Οι γυναίκες καθάριζαν όλη μέρα και το βράδυ είχαν λίγο χρόνο για να προετοιμάσουν το φαγητό και να κάνουν δουλειές του σπιτιού. Παρ 'όλα αυτά προχωρήσαμε και προετοιμάσαμε ένα πρόγραμμα για την πενθήμερη επίσκεψη και αρχίσαμε να μαθαίνουμε τα ονόματα του Αλβανού πάστορα, της συζύγου του και του γιου τους, που ήταν έτοιμοι να έρθουν για επίσκεψη.

Φανταστείτε το σοκ που υπεστήκαμε όταν λάβαμε ηλεκτρονική αλληλογραφία την ημέρα που θα έπρεπε η Ντάνα και ο Λάρρυ να πετάνε προς την Αλβανία, λέγοντάς ότι η Ντάνα ήταν στο χειρουργείο στην Αμερική και ότι είχαν χάσει το αεροπλάνο και τα εισιτήρια. Μετά από αυτό το γεγονός, φαινόταν ότι ο συνδετικός κρίκος για αυτήν την επίσκεψη είχε χαθεί, και χωρίς την παρουσία τους θα μας ήταν πολύ δύσκολο να πραγματοποιήσουμε τις συναντήσεις. Είχα αποθαρρυνθεί τελείως. Απλά μου φαινόταν ότι όλες οι προσπάθειες για ευαγγελισμό που είχαμε επιχειρήσει στο νησί είτε είχαν αποβεί άκαρπες είτε ακυρώθηκαν πριν λάβουν χώρα. Μήπως δεν ακούγαμε από τον Θεό ποια είναι η στρατηγική του για την Πάρο, ή μήπως υπήρχε κάποιο πνευματικό οχυρό που θα έπρεπε να καθαιρέσουμε πρώτα; Θα χρειαζόντουσαν μερικά χρόνια ακόμα για να το καταλάβουμε.

Ο Θεός μου είχε υποσχεθεί ότι θα χρησιμοποιήσει τη διαδικασία θεραπείας του καρκίνου του μαστού για να μου δώσει αμέτρητες ευκαιρίες για τη σωτηρία ανθρώπων. Σε ένα άλλο ταξίδι επιστροφής με το πλοίο από την Αθήνα για εξετάσεις, γνώρισα τρεις πολύ ενδιαφέροντες και πολύ ασυνήθιστους Έλληνες. Εκείνοι ζούσαν στον Καναδά και επισκέπτονταν την Ελλάδα από καιρό εις καιρόν. Ξεκίνησα μια συζήτηση με τις δύο ηλικιωμένες Ελληνίδες κυρίες που αποδείχθηκαν πολύ καλές χριστιανές. Η Λούλα ήταν μια ώριμη πιστή γυναίκα που γνώριζε τον Ιωνάθαν Μακρή της Ελληνικής Ιεραποστολικής Ένωσης και ακόμη είχε μαζί της την ίδια Καινή Διαθήκη, την οποία είχαμε διανείμει τις πρώτες μέρες. Έκανε Βιβλικές μελέτες στην Ελληνική Ορθόδοξη Εκκλησία στην πόλη της στον Καναδά. Φαινόταν ότι η Ορθόδοξη Εκκλησία στον Καναδά ήταν αρκετά ικανοποιημένη με τις ηλικιωμένες γυναίκες να διδάσκουν γυναίκες και παιδιά. Προσευχηθήκαμε μαζί για την αδελφή της, τον αδελφό της και για το έθνος του Ισραήλ. Η αδελφή της ήταν επίσης γυναίκα πίστης και έτσι συμφωνήσαμε να συναντηθούμε στην Πάρο για την επόμενη συνάντηση προσευχής.

Η Λούλα μου έστειλε τη γραπτή μαρτυρία της, μια πολύ συγκινητική ιστορία αγάπης, προδοσίας και συγχώρεσης που αποφασίσαμε να συμμεριστούμε με άλλους ανθρώπους, ελπίζοντας ότι αν υποφέρουν από παρόμοιες καταστάσεις, θα τους βοηθούσε να βρουν τις απαντήσεις που έψαχναν. Ακολουθεί η συγκινητική ιστορία της, και το πώς επηρέασε τον πατέρα της:

«Λέγομαι Λούλα και γεννήθηκα στη Βρίνα της Ολυμπίας Κρέστενας. Τελείωσα το Γυμνάσιο στην Κρέστενα και πέρασα στις εξετάσεις που έδωσα για να μπω στο πανεπιστήμιο, με προοπτική να γίνω καθηγήτρια μέσω της Αρσακείου Ακαδημίας Πατρών. Ωστόσο, το 1958, πήρα την απόφαση να μεταναστεύσω από την πατρίδα μου και να μετακομίσω στην όμορφη πόλη του Βανκούβερ, στην δυτική ακτή του Καναδά.

Λίγο αργότερα, έφερα τον άντρα με τον οποίο πολύ σύντομα θα παντρευόμουν, από την Ελλάδα και παντρευτήκαμε τον Ιανουάριο του 1962. Ο Θεός μας έδωσε δύο όμορφα παιδιά, μια κόρη το 1964 και έναν γιο το 1966, παρόλο που οι γιατροί είχαν πει ότι δεν ήμασταν σε θέση να αποκτήσουμε παιδιά λόγω της διάγνωσής μου με ενδομητρίωση. Ο Θεός, ο μεγαλύτερος γιατρός, απάντησε στις προσευχές μου.

Το 1974, μετακομίσαμε από το Βανκούβερ σε μια άλλη όμορφη πόλη δίπλα στην ακτή. Εκεί αγοράσαμε ένα ακίνητο και ανοίξαμε ένα συνεργείο αυτοκινήτων και ένα πρατήριο καυσίμων καθώς ο σύζυγός μου δεν ήταν μόνο μηχανικός αυτοκινήτων, αλλά εθεωρείτο ειδικός στον τομέα του και γνώριζε πολύ καλά τα εισαγόμενα αυτοκίνητα.

Η ζωή ήταν όμορφη. Δουλέψαμε σκληρά, αλλά ανταμειφθήκαμε. Αγαπούσαμε τους ανθρώπους και ήμασταν και οι δύο άνθρωποι της προσφοράς. Στην πραγματικότητα, πολλές φορές δεν χρέωνε τους ανθρώπους για την δουλειά που έκανε στα αυτοκίνητά τους, εάν συνειδητοποιούσε ότι πιεζόντουσαν οικονομικά. Αλλά ο Θεός πάντοτε μας τα επέστρεφε με τον δικό Του τρόπο. Η Βίβλος λέει: «Δίνετε, για να σας δώσει κι εσάς ο Θεός.».

Στο ίδιο ακίνητο κτίσαμε ένα μοτέλ με 24

μονάδες. Η κόρη μας είχε μόλις αποφοιτήσει με πτυχίο Ψυχολογίας από το Πανεπιστήμιο της Βρετανικής Κολομβίας. Έγινε διευθύντρια στο μοτέλ και συντόνιζε τις σχετικές καθημερινές λειτουργίες, την επίπλωση, τα συστήματα, τις προσλήψεις και την λειτουργία της επιχείρησης. Το Βανκούβερ φιλοξενούσε την παγκόσμια έκθεση 1986 και το μοτέλ χτίστηκε για να επωφεληθεί από το πλήθος των επισκεπτών της έκθεσης.

Μια από τις καθαρίστριες ήταν μια κυρία ινδικής καταγωγής, παντρεμένη με δύο παιδιά. Είχε προβλήματα με τον σύζυγό της. Αρκετές φορές μας έλεγε πόσο συχνά της συμπεριφερόταν άσχημα. Μια μέρα, ο σύζυγός μου ήρθε και μου είπε, «Λούλα, θα πρέπει να βοηθήσουμε αυτή τη γυναίκα». Οπότε συναντήθηκα μαζί της, της μίλησα και προσπάθησα να την παρηγορήσω. Την ενθάρρυνα να αναζητήσει επαγγελματική βοήθεια και να επιχειρήσει να σώσει το γάμο της. Της αγόρασα μία Αγία Γραφή στην μητρική της γλώσσα, των Σιχ και μάλιστα την πήγα σε μια εκστρατεία πιστών γυναικών για να λάβει υποστήριξη.

Ο σύζυγός μου είχε δεχθεί τον Κύριο στην καρδιά του και είχαμε βαφτιστεί μαζί στον ποταμό Ιορδάνη στους Αγίους Τόπους. Παρόλα αυτά, δεν άργησε να με χωρίσει για να είναι με αυτήν! Εκείνη με πλήγωσε πολύ! Δεν μπορούσα να το πιστέψω! Πραγματικά νόμιζα ότι η ζωή είχε ΤΕΛΕΙΩΣΕΙ! Δεν πέρασε ΠΟΤΕ από το μυαλό μου ότι θα συνέβαινε αυτό σε μένα. Νόμιζα ότι ήμασταν τόσο ασφαλείς.

Σύντομα έπεσα σε βαθιά κατάθλιψη. Δεν έτρωγα, δεν έπινα και κρατούσα τον πόνο για τον εαυτό μου. Τα παιδιά μου έβλεπαν τον πόνο μου και υπέφεραν μαζί μου. Η κόρη μου είπε: «Μαμά, πρέπει να δεις έναν σύμβουλο, δεν μπορείς να συνεχίζεις έτσι», είπα, «Όχι ακόμα, όχι ακόμα». Μια μέρα, μέσα στην απογοήτευση της μου είπε: «Αν δεν κλείσεις από μόνη σου ένα ραντεβού, θα φροντίσω να σου κλείσω εγώ και να σε σύρω εκεί».

Μια μέρα, ήμουν μόνη στο σπίτι, έφτιαξα ένα φλυτζάνι καφέ, κάθισα στο σαλόνι και άνοιξα την τηλεόραση. Το κανάλι έδειχνε ένα χριστιανικό πρόγραμμα που σχεδόν τελείωνε. Άκουσα τη γυναίκα που μιλούσε να λέει: «Υπάρχει κάποιος εδώ που θα ήθελε να ζητήσει κάτι από τον Θεό; Απλά ζήτα του». Σκέφτηκα μέσα μου: «Τι να του ζητήσω; Αυτός είναι ο μόνος που ξέρει τι περνάω». Εκείνη την στιγμή γονάτισα και είπα:« Ιησού, είσαι ο μόνος που ξέρεις τι περνάω. Σε παρακαλώ βοήθησέ με. Σε ευχαριστώ. Πιστεύω ότι θα με βοηθήσεις να βγω από αυτή την κατάσταση". Είχα πιάσει πάτο. Τα δάκρυα έρρεαν από το πρόσωπό μου σαν ποτάμι. Ένιωθα το σώμα μου σαν μια μάζα κρέατος χωρίς κόκκαλα ή μυς. Δεν ξέρω πόσο έμεινα γονατισμένη εκεί, αλλά όταν σηκώθηκα ήμουν διαφορετικός άνθρωπος. Μία υπέροχη ειρήνη με κατέκλυζε. Κοίταξα έξω και ξαφνικά όλα ήταν πιο όμορφα. Τα δέντρα, τα λουλούδια, τα πουλιά και το τιτίβισμα τους, όλα ζωντάνεψαν στα μάτια μου. Υπήρχε μια όμορφη, γλυκιά ειρήνη στην καρδιά μου. Δεν ήξερα τι μου συνέβαινε. Το μόνο που ήξερα ήταν ότι είχα ζητήσει από τον Ιησού να με βοηθήσει και με βοήθησε.

Άνοιξα τη Βίβλο και ο Θεός με οδήγησε στο Κατά Ιωάννη Ευαγγέλιο 3:3, στην ιστορία του Ιησού και του Νικόδημου, όπου ο Ιησούς απάντησε στον Νικόδημο: «Πρέπει να αναγεννηθείς για να μπεις στη βασιλεία του Θεού». Μέσα από τους γονείς μας γεννήθηκε η σάρκα μας σε αυτόν τον κόσμο, αλλά αργότερα θα πρέπει να γεννηθούμε από το Άγιο Πνεύμα όταν το προσκαλέσουμε στην καρδιά μας.

Παρόλο που από νεαρή ηλικία δίδασκα στο Κατηχητικό τα παιδιά, στην πραγματικότητα δεν γνώριζα τον Ιησού. Στην εκκλησία μας διδαχθήκαμε τον σωστό τρόπο, αλλά δεν μας τονίστηκε η σπουδαιότητα της οικίας σχέσης με τον Ιησού, μα ούτε μάθαμε για τις υποσχέσεις Του. Οι υποσχέσεις του περιλαμβάνουν το: «Πάντα θα είμαι μαζί σας, θα σας κρατώ από το χέρι και όταν έρθει η ώρα να φύγετε από αυτόν τον κόσμο, θα είστε μαζί μου στη δόξα μου». Μια πολύ όμορφη υπόσχεση και διαβεβαίωση που μας δίνει ο Ιησούς.

Όταν ο Ιησούς άλλαξε τη ζωή μου, ήθελα όλοι γύρω μου να έχουν αυτό που βρήκα, ειδικά οι γονείς μου επειδή ήταν ηλικιωμένοι. Ήταν καλοί άνθρωποι, που πήγαιναν στην εκκλησία και ήταν πιστοί. Χρειαζόντουσαν αυτό που είπε ο Ιησούς στον Νικόδημο να αναγεννηθούν πνευματικά. Οπότε, προσπάθησα να το εξηγήσω στον πατέρα μου, αλλά ήταν δύσκολο να το καταλάβει. Είπε: «Εγώ σε δίδαξα για την θρησκεία και τώρα θέλεις να μου την μάθεις εσύ;!» Του είπα, «Πατέρα, η θρησκεία μας είναι καλή, αλλά σου μιλώ για τον Ιησού. Τον χρειαζόμαστε στη ζωή μας.» «Χρειαζόμαστε το Άγιο Πνεύμα, να το προσκαλέσουμε στις καρδιές μας, χρειαζόμαστε να γραφτεί το όνομα μας στο Βιβλίο της Ζωής».

Τα καλά έργα από μόνα τους δεν θα μας σώσουν. Όταν ο Ιησούς είναι στις καρδιές μας, έχουμε αγάπη, επειδή ο Θεός είναι αγάπη και με την αγάπη Του στις καρδιές μας θα κάνουμε τα καλά έργα και θα αγαπάμε ο ένας τον άλλον. Είναι η αγάπη του Θεού μέσα μας και όχι μόνο η αγάπη μας που θα μας βοηθήσει να βοηθήσουμε τους άλλους.

Αφού έφυγαν οι γονείς μας για την Ελλάδα, αισθανόμουν πολύ άσχημα επειδή οι γονείς μου δεν γνώριζαν προσωπικά τον Κύριο. Αλλά ο Θεός είχε ένα σχέδιο και Εκείνος μας δίνει τις επιθυμίες της καρδιάς μας. Δόξα στο άγιο όνομα του! Ο πατέρας μου αρρώστησε στην Ελλάδα και οι τρεις μας, ο αδελφός μου, η μικρότερη αδελφή μου και εγώ, τρέξαμε για να είμαστε μαζί του στην Ελλάδα. Είχε μια κήλη και, σύμφωνα με τους γιατρούς, ήταν επικίνδυνο γι 'αυτόν να χειρουργηθεί επειδή φοβόντουσαν ότι πιθανώς δεν θα ανέκαμπτε από την νάρκωση. Αφού έμεινα κοντά του αρκετές εβδομάδες, φτάσαμε στην τελευταία εβδομάδα πριν την αναχώρηση μας για τον Καναδά. Ταξίδεψα στην Πάτρα για να δω τη θεία μου, την αδελφή του πατέρα μου, και την επόμενη μέρα ταξίδεψα με το λεωφορείο πίσω στον πατέρα μου. Ενώ ήμουν στο λεωφορείο, άκουσα μια φωνή να μου λέει: «Πήγαινε τον πατέρα σου στον γιατρό». Είπα στον πατέρα μου ότι, αφού σύντομα θα ταξιδέψουμε πίσω στον Καναδά, θα ήταν καλή ιδέα να δούμε τον τοπικό γιατρό και να πάρουμε μια δεύτερη γνώμη.

Μετά από λίγη ώρα και αφού έγιναν κάποιες εξετάσεις, ο γιατρός είπε κατηγορηματικά: «Αυτός ο άνθρωπος χρειάζεται άμεση χειρουργική επέμβαση». Του έκλεισε ραντεβού για χειρουργείο την επόμενη μέρα. Είπα στον πατέρα μου: «Αύριο, πηγαίνεις για χειρουργείο και μιας και είσαι ηλικιωμένος, μήπως θα ήθελες να προσευχηθούμε για να ζητήσουμε από τον Ιησού να έρθει στην καρδιά σου;». Θυμάσαι τι έχει πει; «Ναι γλυκιά μου». Γρήγορα πήγαμε στο μικρό υπνοδωμάτιο δίπλα στην κουζίνα και ζήτησα από τον πατέρα μου να επαναλάβει τα λόγια που θα έλεγα που είναι η προσευχή του αμαρτωλού:

1. Ουράνιε Πατέρα, είμαι αμαρτωλός, σε παρακαλώ συγχώρεσέ με.
2. Ιησού πιστεύω σε εσένα. Έχυσες το αίμα σου στο σταυρό και με έπλυνες από τις αμαρτίες μου.
3. Με πίστη, σε προσκαλώ να έρθεις στην καρδιά μου.
4. Σε ευχαριστώ Αμήν.

Όταν σταμάτησα, ο πατέρας μου συνέχισε αναφωνώντας δυνατά και με ενθουσιασμό την Προσευχή του Κυρίου. Δόξα στο άγιο όνομα Του. Έγινε η εγχείρηση και όλα κύλησαν ομαλά. Δίπλα στο κρεβάτι του πατέρα μου υπήρχε ένας άλλος άνδρας που είχε κάνει την ίδια εγχείρηση. Ήταν νεότερος από τον πατέρα μου, και η ζωή του είχε τα χάλια της και όλα του φταίγανε. Ήταν θυμωμένος, αναστατωμένος και έβριζε. Είπα, «Ιησού τα λόγια δεν είναι αρκετά για να σου εκφράσω την ευγνωμοσύνη μου για την ειρήνη του Θεού που βλέπω στην καρδιά του πατέρα μου". Τίποτα δεν είναι καλύτερο από την ειρήνη και την αγάπη που νιώθουμε όταν ο Θεός ζει στις καρδιές μας. Εάν έχουμε τα πάντα αλλά δεν έχουμε τον Θεό στις καρδιές μας, τότε δεν έχουμε τίποτα. Όλα τα πράγματα στον κόσμο δεν μπορούν να γεμίσουν το κενό στην καρδιά μας ούτε πλούτη ούτε χρήματα ούτε ναρκωτικά ούτε γυναίκες ούτε άνδρες. Αυτά τα πράγματα μας δίνουν ευχαρίστηση για πολύ λίγο, αλλά η αγάπη του Θεού είναι για πάντα.

Δεν μπορούμε να ευχαριστήσουμε τον Ιησού αρκετά για αυτό που έκανε για εμάς. Ο Αδάμ εκδιώχθηκε από τον κήπο της Εδέμ εξαιτίας της επαναστατικότητάς του και της αμαρτίας του. Ο Ιησούς, ο δεύτερος «Αδάμ», μας άνοιξε και πάλι την πόρτα του παραδείσου για να εισέλθουμε. Και πού είναι το κλειδί; Το κλειδί είναι στην καρδιά μας και είναι η πίστη στον Θεό.

Αργότερα, ο σύζυγός μου διαγνώστηκε με καρκίνο. Συμφώνησε να έρθει ο ιερέας στο σπίτι του για να τον ευλογήσει και να λάβει θεία κοινωνία. Έπειτα οδήγησα τον ιερέα στην έξοδο και στη συνέχεια, καθώς μάζευα τα πράγματα μου για να φύγω, άκουσα μια φωνή να μου λέει: «Προσευχήσου, προσευχήσου, προσευχήσου».

Ζήτησα από τον πρώην σύζυγό μου και την σύντροφό του αν ήθελαν να ενώσουμε τα χέρια και να προσευχηθούμε μαζί. Συμφώνησαν να το κάνουν. Οδηγούσα την προσευχή και είπα: «Όλοι έχουμε κάνει λάθος πράγματα και χρειαζόμαστε να ζητήσουμε από τον Θεό να μας συγχωρήσει». Ενώ προσευχόμασταν και κλαίγαμε, ένιωθα νερά να τρέχουν σαν ποτάμι στον ώμο μου. Από την δεξιά μου πλευρά, η σύντροφός του είχε γύρει το κεφάλι της στον ώμο μου και δεν μπορούσε να σταματήσει τα κλάματα. Ο Θεός συγχώρησε τον καθένα από εμάς και εκείνο το ποτάμι από δάκρυα άνοιξε την πόρτα για την αγάπη και την ειρήνη να έρθουν στην καρδιά μας. Με την αγάπη του Θεού, στραφήκαμε ο ένας προς τον άλλον, αγκαλιαστήκαμε και φιλήσαμε ο ένας τον άλλον. Ήταν μια υπέροχη στιγμή στην παρουσία του Θεού. Τι φοβερή ειρήνη! Τι σπουδαίος καθαρισμός! Τόσα πολλά δάκρυα, μόνο Εκείνος μπορεί να το κάνει αυτό! Σε ευχαριστώ, Ιησού.»

Καθώς τελείωσα το διάβασμα της μαρτυρίας της Λούλας, έτρεχαν δάκρυα από τα μάτια μου. Ήταν δάκρυα θλίψης εξαιτίας του πόνου που είχε υποφέρει και δάκρυα χαράς που είχε δει τα αγαπητά της πρόσωπα να οδεύουν με ασφάλεια στο μονοπάτι της σωτηρίας. Τι προνόμιο ήταν να συναντήσω μια τόσο υπέροχη κυρία και που είχα την δυνατότητα να ακούσω την θαυμαστή ιστορία συγχώρεσης.

Μια άλλη ιστορία για την οδηγία του Θεού που με οδηγεί σε εκείνους που επιθυμεί να τους μιλήσω, έλαβε χώρα στο πλοίο, όταν συνάντησα έναν άνδρα που ταξίδευε στην Πάρο για να συναντήσει τη φίλη του. Εκείνη διεύθυνε ένα ξενοδοχείο στην κεντρική πόλη και εκείνος ήθελε με την ευκαιρία να δείξει το νησί στην οικογένειά του. Ήταν ένας πολύ γοητευτικός, εμφανίσιμος και ωραίος Έλληνας. Από τη συζήτηση κατάλαβα ότι ήταν αρκετά πλούσιος. Δεν εξεπλάγην καθόλου από το σχόλιο του ότι πολλοί άντρες στην θέση του, αντιμετωπίζουν πολλούς πειρασμούς!

Η συζήτηση μαζί του έρρεε πολύ εύκολα, προφανώς ο Θεός είχε ανοίξει πόρτα. Άρχισε να κάνει πολλές ερωτήσεις, του τύπου,

«Γιατί έπρεπε να πεθάνει ο Ιησούς;»

«Γιατί ο Αβραάμ σχεδόν έπρεπε να θυσιάσει το γιο του;»

«Γιατί ο Ιώβ έχασε σχεδόν τα πάντα;»

Γνώριζε αρκετές από τις ιστορίες της Βίβλου και ήταν πραγματικά υπέροχο να απαντώ τις ερωτήσεις του. Διαβάσαμε μαζί στα Ελληνικά από την Καινή Διαθήκη κατά Ματθαίον Ευαγγέλιο 24 για την επιστροφή του Ιησού στις έσχατες ημέρες.

Στη συνέχεια, είδαμε στην Αποκάλυψη του Ιωάννη 21 ποιό είναι το μέλλον των πιστών και των απίστων και αξιοποιήσαμε την Προς Γαλάτας επιστολή 5 ως βαρόμετρο για τον έλεγχο της πνευματικής κατάστασης του. Ήταν πλέον καιρός να χρησιμοποιήσω την προσευχή που βρίσκεται στο 2ο κεφάλαιο του αρχικού μου βιβλίου «Προς την Ελλάδα και τα νησιά». Καθώς διάβαζε δυνατά την προσευχή της μετάνοιας, βούρκωσαν τα μάτια του. Από εδώ και στο εξής, χρειαζόταν την βοήθεια του Θεού για να παραμείνει δυνατός, να γίνει η αλήθεια που πιστεύει η πραγματικότητα που ζει, και να ξεπεράσει τους πειρασμούς.

Σε γενικές γραμμές, μιλούσα σε όλους αυτούς τους ανθρώπους όχι μόνο εξαιτίας της ανάγκης τους για σωτηρία, αλλά επειδή πραγματικά ενδιαφερόμουνα για τις καταστάσεις που αντιμετώπιζαν: θέματα υγείας, οικονομικά ζητήματα και συζυγικά προβλήματα. Στην Ελλάδα, όταν χαιρετιούνται οι άνθρωποι συχνά λένε «Υγεία πάνω απ' όλα», που υποδηλώνει ότι η υγεία είναι το σημαντικότερο πράγμα στη ζωή, και χωρίς αυτήν δεν μπορεί να υπάρξει πραγματική απόλαυση της ζωής. Τα τελευταία χρόνια αντί να συμφωνήσω μαζί τους, απαντώ «σωτηρία πάνω απ 'όλα, ή υγεία έρχεται δεύτερη». Ιδιαίτερα με τους Έλληνες, αυτός ήταν ένας τρόπος να ανοιχτεί μια συζήτηση, και ταυτόχρονα να δηλωθεί μια σημαντική αλήθεια. Η αντίληψη ότι η υγεία είναι το σημαντικότερο, θα ήταν αμφισβητήσιμη εάν ζούσε ένα άτομο όλη του την ζωή απολαμβάνοντας τέλεια υγεία και έπειτα πέθαινε και περνούσε μία αιωνιότητα στην κόλαση. Η ζωή είναι σχετικά σύντομη όταν συγκρίνεται με την ατελείωτη αιωνιότητα.

Σε αυτό το σημείο, δεν είχα υπόψη μου πόσοι γνωστοί μου άνθρωποι θα λάμβαναν διάγνωση με καρκίνο όλων των ειδών. Ήταν ως αν να είχε εξαπλωθεί μια επιδημία. Πραγματικά πίστευα ότι το όνομα του Ιησού ήταν το κλειδί για τη θεραπεία τους, και το μόνο που χρειαζόταν να κάνω ήταν να τους το εξηγήσω. Αυτό που μόλις πέρασα ήταν μία εκπαίδευση για να κατανοήσω το πόνο τους, ειδικά όσον αφορά την χημειοθεραπεία που προσπάθησα τόσο πολύ να αποφύγω.

Ακριβώς έτσι ήταν η κατάσταση μερικών φίλων που ήταν Άγγλοι συνταξιούχοι, οι οποίο ερχόντουσαν τακτικά στην Πάρο, μία ή δύο φορές το χρόνο. Ο άντρας από ένα γνώριμο ζευγάρι είχε διαγνωστεί με καρκίνο. Για χρόνια, είχαμε απολαύσει την παρέα τους, ενώ κάθονταν στο τοπικό καφενείο μας στο πίσω μέρος της παραλίας του Λογαρά με τη δύση του ηλίου. Αυτός και η σύζυγός του είχαν πολλές ενδιαφέρουσες ιστορίες. Κάποτε, σε δείπνο με πολλούς άλλους Άγγλους φίλους, τον ρώτησα τι νόμιζε ότι συνέβαινε στους ανθρώπους όταν πέθαιναν. Είπε ότι υπέθετε πως ήταν ακριβώς όπως όταν σβήνουν τα φώτα, απλά το τέλος, τίποτα παραπάνω. Υποθέτω πως είναι πιθανό να λάβει κάποιος τον Ιησού ως Σωτήρα του, αλλά να μην διδαχθεί τίποτα για το τι συμβαίνει όταν πεθαίνει κανείς. Ωστόσο, πραγματικά πίστευα ότι όλοι όσοι είχαν λάβει συγχώρεση και είχαν το Άγιο Πνεύμα μέσα τους, θα είχαν καταλάβει ότι θα πάνε στον ουρανό για να είναι μαζί με τον Ιησού όταν πεθάνουν. Η Βίβλος αναφέρει «θα κυριαρχήσει η χάρη με τη σωτηρία, που οδηγεί στην αιώνια ζωή μέσω του Ιησού Χριστού, του Κυρίου μας.» και «Ο Χριστός, που βρίσκεται ανάμεσά σας αποτελεί την ελπίδα της συμμετοχής σας στη μελλοντική δόξα». Αυτό είναι η πεμπτουσία του ευαγγελίου; Η συζήτηση ήταν σίγουρα μια ένδειξη ότι μάλλον θα πρέπει να του μιλήσω περαιτέρω, αλλά πιθανότατα όχι σε αυτό το δείπνο.

Όσες φορές και να βρισκόμασταν στο καφενείο, η κατάλληλη ευκαιρία δεν παρουσιαζόταν ποτέ, οπότε επειδή νοιαζόμουν πολύ, θεώρησα φρόνιμο να του γράψω ένα γράμμα. Τον προέτρεψα ότι, όπως όλοι μας, ίσως θα χρειαζόταν και εκείνος να τακτοποιήσει τα ζητήματα του με τον Θεό και να μετανοήσει. Με το γράμμα του συμπεριέλαβα το Ευαγγέλιο του Λουκά και το Ευαγγέλιο του Ιωάννη καθώς και το βιβλίο του Ντέιβιντ Ουάτσον με τίτλο «Είναι κανείς εκεί;» Το οποίο μου φάνηκε πολύ αποτελεσματικό στο παρελθόν. Ανέφερα επίσης ότι ο Ιησούς επιστρέφει σύντομα για να μεταφέρει τους πιστούς στον ουρανό και ότι όλοι πρέπει να είμαστε σίγουροι ότι είμαστε έτοιμοι να τον συναντήσουμε στα σύννεφα.

Ο φίλος μας τελικά πέθανε. Εάν ήταν ασφαλής με τον Χριστό πριν διαβάσει την επιστολή μου, τότε θα ήταν μια καλή προετοιμασία για την αναχώρησή του προς τη δόξα. Σε περίπτωση που δεν ήταν ασφαλείς στην βασιλεία του Θεού, τότε θα του είχε δοθεί άλλη μια ευκαιρία να ακούσει για την προσφορά του Χριστού που είναι δωρεάν και να λάβει σωτηρία. Εγώ απλώς είχα κάνει το χρέος μου, κάνοντας αυτό που όλοι οι Χριστιανοί πρέπει να κάνουν για τους άρρωστους φίλους τους.

Αυτό που δεν ήξερα εκείνη την εποχή ήταν ότι άλλοι τρείς από αυτήν την ομάδα των οχτώ φίλων θα πέθαιναν επίσης σε πολύ σύντομο χρονικό διάστημα. Είχα στείλει την επιστολή σε έναν άνδρα πού ίσως να μπορούσε να επωφεληθεί από το εκ νέου άκουσμα του φρέσκου μηνύματος του ευαγγελίου. Όμως ο Θεός γνώριζε εκ των προτέρων το τι θα συνέβαινε. Η επιστολή διαβάστηκε και συζητήθηκε και από τους οκτώ. Σε περίπτωση που το χρειαζόντουσαν, αυτό θα έδινε στον καθέναν άλλη μια ευκαιρία.

Παρόλα αυτά ο καθ' ένας από τους καρκινοπαθείς για τους οποίους προσευχήθηκα, τελικά πέθαινε, και εγώ ήμουν προβληματισμένη. Ποιο είναι το κλειδί που λείπει;

Με παρηγορούσε το γεγονός ότι κάποιοι άνθρωποι λάμβαναν τον Χριστό πριν πεθάνουν. Έτσι ακριβώς ήταν η περίπτωση μιας τετραμελούς Ελληνικής οικογένειας, όταν αρρώστησε με καρκίνο στα πνευμόνια ο σύζυγος και πατέρας της οικογενείας. Εγώ γνώριζα καλά την μεγαλύτερη κόρη επειδή την βοηθούσα με τις προετοιμασίες τις για τις εξετάσεις της Αγγλικής γλώσσας στο CAMBRIDGE PROFICIENCY, και έτσι μπόρεσα να τους επισκεφθώ και να τους διδάξω για την θεραπευτική δύναμη του Ιησού διαμέσου του γραπτού και προφορικού λόγου. Αρκετές φορές, μαζευόμασταν γύρω από το τραπέζι τις κουζίνας και διαβάζαμε εδάφια της Καινής Διαθήκης μαζί. Με γνώμονα ότι η υπόλοιπή τους οικογένεια ήταν πολύ μεγάλη, συνήθως υπήρχαν κι άλλοι επισκέπτες όταν ήμουν εγώ εκεί, οπότε και εκείνοι άκουγαν τις ιστορίες μου για τον Ιησού που θεράπευε άλλους για τους οποίους προσευχόμουν, και συνειδητοποιούσαν ότι και οι ίδιοι θα έπρεπε να μετανοήσουν.

Μερικές εβδομάδες αφότου αρχίσαμε να προσευχόμαστε, ειδοποιηθήκαμε ότι ο όγκος είχε συρρικνωθεί από 8 εκατοστά σε 2.3 και ήμασταν όλοι εκστατικοί από χαρά. Σκεφτόμασταν ότι δεν θα μεσολαβούσε πολύς καιρός για να εξαφανιστεί τελείως ο όγκος. Οι πιο ιδιαίτερες μέρες ήταν εκείνες που καθόμασταν γύρω από το τραπέζι της κουζίνας μαζί και προσευχόμασταν την προσευχή της μετάνοιας για να λάβουν τον Χριστό ως σωτήρα. Από τις πρώτες μου στιγμές με τις δύο κόρες, τις είχα οδηγήσει να προσευχηθούν την προσευχή της μετάνοιας. Η μεγαλύτερη αδελφή είχε διαβάσει το βιβλίο μου, οπότε κατανοούσε πολύ καλά την ανάγκη της για αναγέννηση από το Άγιο Πνεύμα κάποια στιγμή, λαμβάνοντας τον Χριστό ως Σωτήρα. Έπειτα, λίγο αργότερα μετά από την είδηση της συρρίκνωσης του όγκου, μπόρεσα να καθίσω με τον πατέρα και την μητέρα και να τους οδηγήσω σε προσευχή μετάνοιας και σωτηρίας.

Παρόλα αυτά, αντιμετώπιζα δυσκολία όλους

αυτούς τους μήνες να τους βοηθήσω να καταλάβουν ότι πρέπει να κρατάμε τα μάτια μας στον Ιησού και να προσευχόμαστε στον Πατέρα, τον Γιό και το Άγιο Πνεύμα χώρια. Ο Ιησούς πέθανε στον σταυρό για την σωτηρία μας και την θεραπεία μας, και όχι η Παρθένος Μαρία (ή Παναγία όπως αποκαλείται στην Ελλάδα) μα ούτε οι άγιοι, συμπεριλαμβανομένων και των αγίων από τους οποίους παίρνουν τα ονόματα τους. Εάν ένα άτομο προσεύχεται στον Ιησού για την θεραπεία του, και στην Μαρία και τους αγίους, τότε ποιός θα λάβει την δόξα για την θεραπεία; Ο Θεός το ξεκαθάρισε στο βιβλίο του Ησαΐα 42:8, «Τη δόξα μου δεν θα τη δώσω σε άλλον, ούτε τη φήμη μου στα είδωλα». Ο Ιησούς και μόνον αυτός είναι που μας θεραπεύει και λαμβάνει την δόξα. Δεν χρειάζεται καμία βοήθεια από την μαμά του! Είναι εκείνος Ο Θεός.

Τελικά αυτός ο μοναδικός άνδρας πέθανε. Ήταν πολύ γαλήνιο το γεγονός δεδομένου ότι είχε λάβει τον Χριστό πριν πεθάνει και είχε συγχωρέσει εκείνους που τον είχαν πληγώσει κατά την διάρκεια της ζωής του. Έφυγε ειρηνικά. Ήμουν ευγνώμων για τον ρόλο που μπόρεσα να παίξω, αλλά παρ' όλα αυτά ήταν μεγάλη απώλεια για εμένα και την οικογένεια του.

Καθώς πλησίαζε το καλοκαίρι προς το τέλος του, ήταν καιρός να θυμηθώ ότι η ζωή μου δεν είχε να κάνει μόνο με την προσευχή για άλλους. Θα έπρεπε να υπάρχουν στιγμές ξεκούρασης και απόλαυσης μερικών εκ των πλεονεκτημάτων της ζωής σε ελληνικό νησί.

Ένα από αυτά ήταν η δυνατότητα επίσκεψης άλλων νησιών σχετικά φθηνά και εύκολα. Τα χρόνια που δεν μπορούσαμε να κάνουμε διακοπές είχαν τελειώσει καθώς ο Πίτερ είχε πλέον βγει στη σύνταξη. Μερικά ταξίδια προς το τέλος του καλοκαιριού ήταν η πιο ελκυστική πρόταση καθώς ήταν ευκαιρία να απομακρυνθούμε από τους πάντες και από τις υπευθυνότητες μας, μια ευκαιρία να απολαύσουμε ποιοτικό χρόνο μαζί. Πηγαίνοντας για ρομαντικό δείπνο για δυο, ήταν σχεδόν αδύνατον καθ' όλη την διάρκεια του καλοκαιριού, καθώς υπήρχαν πάρα πολύ άνθρωποί τριγύρω που γνωρίζαμε και που θα ήθελαν να βγούμε μαζί για φαγητό.

Κα γι 'αυτό το λόγο αρχίσαμε την προσπάθεια να επισκεπτόμαστε άλλα νησιά κάθε χρόνο, προς τα τέλη του Σεπτέμβρη και τις αρχές Οκτώβρη πριν αλλάξει ο καιρός και αρχίσουν οι βροχές του χειμώνα. Η ιδέα μου για τις διακοπές είναι αρκετός χρόνος ξεκούρασης, όπου βρίσκομαι ξαπλωμένη παρέα με ένα καλό βιβλίο αντλώντας τις απαλές ακτίνες του ηλίου. Λίγη περιήγηση του νησιού και επίσκεψη των αξιοθέατων σημείων αλλά κατά προτίμηση δύο ή τρεις ώρες κάθε φορά, όχι ολοήμερα τρεχάματα.

Χρόνια ήθελα να πάω στην Αμοργό. Ακόμη και το όνομά του νησιού διέγειρε την αγάπη και τον ρομαντισμό και είχα ακούσει ότι η Αμοργός είναι τώρα αυτό που ήταν η Πάρος πριν από είκοσι πέντε χρόνια. Βρήκαμε ένα υπέροχο δωμάτιο ακριβώς δίπλα στο λιμάνι, για να είμαστε κοντά στα εστιατόρια για το δείπνο μας και να μην χρειάζεται να ανεβούμε μια μεγάλη ανηφόρα για το δωμάτιο μας την ώρα του ύπνου. Είχαμε δύο μπαλκόνια, ένα πολύ μεγάλο που ήταν τέλειο σημείο για να απολαμβάνουμε το πρωινό μας. Οι ταιριαστές κουρτίνες και τα κλινοσκεπάσματα είχαν ένα εκπληκτικό τιρκουάζ χρώμα που αντανακλούσε το χρώμα της θάλασσας. Η Αμοργός πρέπει να έχει τα πιο υπέροχα γαλάζια νερά του Αιγαίου, ειδικά στην περιοχή κάτω από το περίφημο μοναστήρι της

Χοζοβιώτισσας.

Το μοναστήρι κρέμεται επισφαλώς στην άκρη ενός γκρεμού, και δεν βρίσκεται ούτε στην κορυφή μα ούτε στο κάτω μέρος του βράχου, το πώς κατάφεραν να το κτίσουν είναι μια πρόκληση για τη φαντασία. Ο βράχος είναι τόσο απότομος που είναι δύσκολο να συλλάβει ο ανθρώπινος νους, το πώς μπορούσαν, πριν από την κατασκευή των σκαλοπατιών, τα γαϊδουράκια να κουβαλάνε πέτρες και ξύλινα δοκάρια. Ακόμη και σήμερα, έχουν ένα σύστημα τροχαλιών και ένα καλάθι για να ανεβάζουν τα ψώνια, ίσως αυτό να δίνει μια ιδέα. Μια επίσκεψη απαιτεί γερά πόδια και μια καλή καρδιά με γνώμονα ότι για να φτάσουμε εκεί έπρεπε να ανεβούμε περίπου 300 ή παραπάνω σκαλοπάτια. Οι ιερείς είναι πολύ φιλόξενοι και υποδέχονται όσους κάνουν την προσπάθεια. Το πλάτος όλου του κτιρίου ήταν μόνο πέντε μέτρα, αφού ανεβήκαμε και άλλα σκαλοπάτια μέσα από στενούς πέτρινους διαδρόμους, μας υποδέχτηκαν στο σαλόνι τους. Οι τοίχοι είναι διακοσμημένοι όχι μόνο με τους πιο λαμπρούς πίνακες προηγούμενων ιερέων αλλά και πίνακες ηρώων του παρελθόντος, στρατιωτών ή διοικητών που προστάτευσαν το νησί και το μοναστήρι από πειρατές. Ενώ η ώρα ήταν έντεκα το πρωί, μας σέρβιραν ρακόμελο σε μικρά ποτήρια ως μέρος της φιλοξενίας. Είναι ένα είδος ρακής για το οποίο είναι φημισμένη η Αμοργός, παράγεται από ζυμωμένα σταφύλια που αναμιγνύονται με τοπικό μέλι.

Έμαθα αργότερα ότι το κτίριο αποτελείται από οκτώ ορόφους και σχεδόν εκατό δωμάτια, αν και κατά την επίσκεψή μας φάνηκαν πολύ λιγότερα. Σε παλιότερες εποχές υπήρχαν πολύ περισσότεροι άνθρωποι που ήθελαν να ζήσουν μια ζωή απομόνωσης και αποχής από τον γάμο. Τη στιγμή της επίσκεψής μας υπήρχαν μόνο τρεις ιερείς που ζούσαν εκεί με πλήρη απασχόληση, ένας από τους οποίους ήταν εκεί για περισσότερο από σαράντα χρόνια. Προφανώς υπήρχαν δωμάτια όπου κοιμόντουσαν οι μοναχοί, τραπεζαρίες, φούρνοι και αποθηκευτικοί χώροι, αλλά δεν τους είδαμε στην επίσκεψή μας. Είχαν προχωρήσει στη δημιουργία ενός μικρού κήπου για τα λαχανικά σε μια βραχώδη γωνιά και μάζευαν τα βροχόνερα σε πηγάδια, με το σκεπτικό ότι θα τους ήταν δύσκολο να το μεταφέρουν με το γαϊδούρι.

Μετά το πέρας της επίσκεψής μας, βγήκαμε στην εκθαμβωτική λιακάδα και στην ζέστη που ήταν εντυπωσιακή σε αντίθεση με την δροσιά μέσα στην μονή που είχε πέτρινα τοιχώματα. Εξεπλάγην με το πλήθος των θάμνων κάπαρης που κρεμόντουσαν από τα βράχια, καθώς είχα προσπαθήσει ανεπιτυχώς για αρκετά χρόνια να καλλιεργήσω θάμνους κάπαρης στον κήπο μας. Προφανώς, η φύση είναι πολύ καλύτερη σε αυτά τα πράγματα! Καθώς κατεβαίναμε το μονοπάτι, μια βουτιά στα καταγάλανα νερά του κόλπου φαινόταν ως μια καλή ιδέα πριν κατευθυνθούμε στο χωριό για το μεσημεριανό γεύμα μας ή τουλάχιστον έναν παγωμένο καφέ.

Σε αντίθεση με τα ταξίδια όπως αυτό της Αμοργού, το 2013, αποφασίσαμε να δούμε πως ήταν η ζωή των συνταξιούχων στην Πάρο. Στο κοντινό χωριό της Μάρπησσας υπήρχε ένας σύλλογος συνταξιούχων που στα ελληνικά λέγεται «ΚΑΠΗ». Είχαν τακτικές εκδρομές δύο φορές το χρόνο, συνήθως τον Μάιο και τον Οκτώβριο, όπου πήγαιναν ένα μακρινό ταξίδι πιο μακριά από ότι θα μπορούσαμε να κανονίσουμε μόνοι μας αξιοποιώντας τα πλοία της γραμμής. Οργανώθηκε ένα ταξίδι για την Θεσσαλονίκη και την

Αλεξανδρούπολη, στα βόρεια και ανατολικά της Ελλάδας. Δεδομένου ότι μπορούσαμε να ταξιδέψουμε εκτός τουριστικής σεζόν, ο σύλλογος είχε κάνει κράτηση με φανταστικά μειωμένες τιμές σε ξενοδοχεία τεσσάρων και πέντε αστέρων. Ήμασταν σε θέση να απολαύσουμε το ταξίδι με το πλοίο, όλη τη μεταφορά με πούλμαν και τέσσερις διανυκτερεύσεις με πρωινό με κόστος λιγότερο από 200 ευρώ. Ήταν μια εκπληκτική προσφορά.

Είχαμε ακούσει ότι οι ντόπιοι το διασκέδαζαν σε αυτά τα ταξίδια και, απ' ό,τι είδαμε όντως το γλεντούσαν. Μετά το ταξίδι των τεσσερισήμισι ωρών με το πλοίο, το πούλμαν μόλις έβγαινε από τον Πειραιά την στιγμή που έβγαλαν το πρώτο κουτί με μπισκότα. Κατά την διάρκεια των έξι ωρών ταξιδιού απολαύσαμε συνεχή ροή από μπισκότα, τυρόπιττες, και ακούγαμε τα τραγούδια τους και τα ανέκδοτα τους και τις ιστορίες τους. Και πόσο γενναιόδωροι ήταν όλοι! Όταν ξεκίνησαν να χορεύουν πάνω και κάτω στο διάδρομο του λεωφορείου, ξέραμε ότι βιώναμε μια πραγματικά αυθεντική ελληνική εκδρομή! Ήμασταν οι μόνοι δυο ξένοι στο λεωφορείο, οπότε ήταν εξίσου καλό που μιλούσαμε και καταλαβαίναμε αρκετά καλά την ελληνική γλώσσα. Σε μόλις πέντε μέρες επισκεφθήκαμε πάρα πολλά μέρη. Είδαμε τον τόπο όπου η Λυδία, η πρώτη Χριστιανή στην Ελλάδα, βαφτίστηκε όταν ο Απόστολος Παύλος ήρθε στην Ελλάδα από την σημερινή Τουρκία. Φτάνοντας πίσω στο λεωφορείο, ανακαλύψαμε ότι ήμασταν οι τελευταίοι που επιβιβάστηκαν και οι φωνές των συνεπιβατών που έλεγαν «Λείπουν οι ξένοι!» είχαν προηγηθεί της εισόδου μας!

Η κοντινή αρχαία πόλη των Φιλίππων ήταν ένα καταπληκτικό μέρος, μια ολόκληρη πόλη αρχαιολογικών ερειπίων τόσο μεγάλη που θα μπορούσα με χαρά να ξοδέψω όλη μου την μέρα εκεί. Επίσης στο πρόγραμμά, είχαμε να επισκεφτούμε ένα εργοστάσιο μεταξιού, όπου μάθαμε πως έκτρεφαν τους μεταξοσκώληκες και πως γινόταν η συγκομιδή. Το δώρο μου από τον Πίτερ σε αυτή την επίσκεψη ήταν ένα όμορφο πράσινο και μπλε μεταξωτό φουλάρι. Αργότερα εκείνη την ημέρα, επισκεφθήκαμε το εθνικό πάρκο στις δασώδεις βουνοπλαγιές, όπου μπορούσαμε να πάμε στα παρατηρητήρια για να δούμε τις φωλιές των αετών. Η ταινία που είδαμε για τους αετούς ήταν πολύ εμπνευσμένη, η φύση στο καλύτερο της.

Δεν ήταν μόνο τα ταξίδια που απολαμβάναμε ως μέλη του συλλόγου των συνταξιούχων. Είχα πρόγραμμα γυμναστικής για να διατηρηθούμε σε φόρμα δύο φορές την εβδομάδα, χρησιμοποιώντας ελαφριά βάρη, για να μην πάθουν τα χέρια μας χαλάρωση, επίσης το πρόγραμμα περιλάμβανε κάμψεις και τεντώματα πάνω σε στρώματα γυμναστικής. Για τις άλλες κυρίες ήταν απλώς ένα πρόγραμμα για να διατηρηθούν σε φόρμα, για μένα αυτό ήταν και ένα μάθημα ελληνικών.

Επίσης υπήρχαν πολλά γεύματα όλο το χρόνο καθώς και το γεύμα Χριστουγέννων στην Αλυκή, που κόστιζε μόνο πέντε ευρώ, αλλά ήταν τόσο καλό όσο ο μπουφές των γάμων. Περιλάμβανε ζωντανή μουσική με μπουζούκι, χορό και, σε μια περίπτωση, μια ομάδα ανθρώπων που τραγουδούσαν παραδοσιακά νησιώτικα τραγούδια. Από τη στιγμή που μπήκα στο πρόγραμμα γυμναστικής με τις κυρίες και πήγαινα στα ταξίδια, δεν ήμασταν πλέον ξένοι που καθόμασταν στην περιφέρεια, αλλά μέλη της κοινότητας του χωριού. Αυτό ήταν πολύ σπουδαίο για εμάς.

Πριν το τέλος του 2013, ήμουν ευγνώμων προς

τον Θεό που φύλαξε την ζωή της φίλης μου της Μαρίας από ένα τρομερό ατύχημα κοντά στο σημείο που μέναμε. Ένας νεαρός Αυστραλός άνδρας οδηγούσε ένα τετράτροχο μηχανάκι, χτύπησε άσχημα και ήταν σε κώμα. Η Μαρία ήταν πολύ ανήσυχη με την ιδέα ότι μπορεί να είχε συμβάλλει στο ατύχημα παρόλο που οι μάρτυρες είπαν ότι βρισκόταν στη δική της πλευρά του δρόμου όταν ο νεαρός άνδρας μπήκε μπροστά της. Ήταν με την αρραβωνιαστικιά του, που ευτυχώς βρισκόταν σε ξεχωριστή μηχανή, και μαζί με μια ομάδα φίλων από την Αυστραλία. Πόσο προσευχόμασταν για τη ζωή αυτού του νεαρού άνδρα! Για εβδομάδες βρισκόταν σε κώμα, το δυνατό, μυώδες σώμα του μαράζωνε καθώς τον τάιζαν με ορό κάθε μέρα. Σε μία από τις συναντήσεις προσευχής που κάναμε κάθε Πέμπτη, ένιωσα έντονα μέσα μου ότι θα έπρεπε να τον προστάξω να ξυπνήσει στο όνομα του Ιησού και, δόξα στον Θεό, επειδή ξύπνησε εκείνη την μέρα. Ενημερωθήκαμε μέσω της Μαρίας που ήταν σε επαφή με την οικογένεια του.

Εκείνη την περίοδο, έπρεπε να ταξιδέψω στην Αθήνα για να κάνω κάποιες εξετάσεις. Μετά από αρκετή προσευχή, ένιωσα ότι έπρεπε να τον επισκεφτώ, και ευτυχώς το νοσοκομείο του δεν ήταν μακριά από το δικό μου. Κατά την άφιξή μου στο νοσοκομείο, ανακουφίστηκα όταν έμαθα ότι μου επιτρεπόταν η επίσκεψη και η πρόσβαση στο δωμάτιό του όπου βρισκόταν και η αρραβωνιαστικιά του, και η μητέρα του, που είχε ταξιδέψει από την Αυστραλία. Τους εξήγησα ότι είμαι φίλη της Μαρίας, της κυρίας που οδηγούσε το αυτοκίνητο, και ότι προσευχόμασταν για τον Λούκ. Επίσης τους είπα ότι ήθελα να είμαι βέβαιη ότι ο Λούκ είχε την ευκαιρία να λάβει τον Χριστό αν δεν ήταν ήδη πιστός. Με διαβεβαίωσαν ότι ήταν πιστοί και ότι πήγαιναν τακτικά σε εκκλησία, οπότε με χαρά δέχτηκαν να θέσω τα χέρια μου επάνω του και να προσευχηθώ για την πλήρη αποκατάσταση της υγείας του. Είχε σπάσει το πόδι του και το περπάτημα ήταν προς το παρόν εκτός συζήτησης. Προσευχήθηκα μαζί του και ευλόγησα εκείνον καθώς και την αρραβωνιαστικιά του και τη μητέρα του. Μήνες αργότερα, η Μαρία μου έδειξε φωτογραφίες στο Facebook του σπιτιού του και του τόπου όπου εργαζόταν και ότι ήταν τελικά σε θέση να επιστρέψει στη εργασία του. Καθώς η οικογένεια του έκανε έκκληση για χρήματα μέσω του Facebook για να καλυφτούν τα έξοδα νοσηλείας και η απώλεια εσόδων, αναρωτήθηκα αν κάποιος από αυτούς είχε σκεφτεί να βοηθήσει τη Μαρία. Το αυτοκίνητό της έπρεπε να διαγραφεί και, με τους μισθούς στην Ελλάδα, θα της ήταν δύσκολο να μπορέσει να μαζέψει τα απαραίτητα χρήματα για να αγοράσει άλλο αυτοκίνητο. Καθώς έβλεπα τις φωτογραφίες του υπέροχου σπιτιού που αγόρασαν στην Αυστραλία και τα σύγκρινα με το μικρό διαμέρισμα που νοίκιαζε η Μαρία για τον εαυτό της και τα παιδιά της, ένιωσα ότι ήταν κρίμα που ούτε ένα ευρώ από την οικονομική βοήθεια που έλαβαν δεν ήρθε στο διάβα της Μαρίας. Αποφάσισα ότι ήταν καλύτερο να μην τους ζητήσω. Κάναμε ό, τι μπορούσαμε για να βοηθήσουμε και αφήσαμε τα υπόλοιπα στον Θεό. Στο τέλος, έλαβε κάποια χρήματα από την ασφαλιστική εταιρεία της τετράτροχης μηχανής. Ο Θεός είναι τόσο πιστός.

Σαν να μην έφταναν όλα αυτά μέσα σε ένα χρόνο, ο αδελφός της έπαθε καρδιακή προσβολή, εγκεφαλικό επεισόδιο και ρήξη αορτής. Ήταν θαύμα που δεν είχε πεθάνει αμέσως, αλλά ο Θεός με τη χάρη και το έλεός Του επέλεξε να ζήσει. Όταν έφτασε τελικά στο νησί, είχε χάσει τη μνήμη του και μέχρι σήμερα δεν αναγνωρίζει τη σύζυγό του. Ξέρει την αδελφή του, τον αδελφό του και τη μητέρα του, αλλά η σύζυγός του, που μπήκε στη ζωή του πιο πρόσφατα, χάθηκε από τη μνήμη του. Δεν ήταν επίσης σε θέση να εργαστεί εξαιτίας της καρδιακής προσβολής.

Μπορεί να φαίνεται ότι είναι μια τρομερή τραγωδία και φυσικά είναι, αλλά το πώς ο Θεός εργάστηκε για το καλό σε αυτή την περίπτωση ίσως να βοηθούσε όλους μας στην κατανόηση του γιατί, μερικές φορές, ο Θεός δεν σταματά αυτά τα φοβερά πράγματα από το να συμβούν.

Ο Γιώργος, όπως και οι περισσότεροι Πολωνοί εργάτες στο νησί, εργαζόταν στην οικοδομή. Αυτός και οι άλλοι στην ομάδα του δούλευαν σκληρά όλη μέρα και απολάμβαναν μερικές μπύρες στο τέλος της εργάσιμης μέρας. Οι Πολωνοί είναι επίσης γνωστοί για την αγάπη τους για τη βότκα. Μιας και το χοιρινό ήταν ένα από τα φθηνότερα και πιο γευστικά κρέατα για ψήσιμο στη σχάρα, συχνά καθόντουσαν και έψηναν λουκάνικα και μπριζόλες για το δείπνο τους. Ήταν πολύ καλή διασκέδαση, αλλά όχι σοφή, ήταν μάλλον μια σιωπηρή καταστροφή που περίμενε να συμβεί. Όλο αυτό το λίπος και το αλκοόλ σε τακτική βάση πήγαινε γυρεύοντας προβλήματα. Ενώ πολλοί Πολωνοί είναι Καθολικοί και μεγαλώνουν στην Καθολική Εκκλησία, όπως είναι και οι Έλληνες στην Ορθόδοξη Εκκλησία, απλά το να πηγαίνει κανείς στην εκκλησία μόνο στις μεγάλες γιορτές δεν τον κάνει χριστιανό. Μόνο ο Θεός ξέρει ποιό θα ήταν το μέλλον του Γιώργου αν είχε πεθάνει εκείνη την μέρα.

Ως αποτέλεσμα αυτού του γεγονότος, ήμουν σε θέση να πάω στο σπίτι τους και να τον επισκεφτώ αρκετές φορές. Από την πρώτη μου επίσκεψή μπόρεσα να μοιραστώ αρκετές ιστορίες θεραπείας και να τους εξηγήσω την ανάγκη τους για μετάνοια και για να λάβουν συγχώρεση. Ήταν μια θαυμάσια βραδιά που καθόμουν έξω και προσευχόμουν με τον Γιώργο, τη σύζυγό του Πάουλα, τη Μαρία και τη μαμά της. Είμαι βέβαιη ότι εάν έφτανε στο τέλος της η ζωή του Γιώργου πάνω σε αυτόν τον πλανήτη, και εάν συνέχιζε στην πίστη του, θα τον υποδεχόταν με ανοιχτές αγκάλες ο Ιησούς, ο Κύριος και Σωτήρας του. Έτσι, μπορεί να μην ήταν τα πράγματα, πριν από την καρδιακή του προσβολή. Οι άνθρωποι που σχηματίζουν αλυσίδα προσευχής σε όλο τον κόσμο συνεχίζουν να προσεύχονται για την αποκατάσταση της μνήμης του Γιώργου, παρόλο που οι γιατροί λένε ότι από ιατρικής απόψεως, γίνεται όλο και πιό απίθανο με το πέρασμα του χρόνου.

Και πάλι, τι θα ήταν καλύτερο; Να ζήσουμε μια ξέγνοιαστη ζωή χωρίς τραγωδίες ή προβλήματα υγείας και στη συνέχεια να αποχωριστούμε αιώνια από τον Χριστό, επειδή δεν δεχτήκαμε τον Χριστό Σωτήρα μας ή να υποφέρουμε με κάποιο τρόπο που ανοίγει τα μάτια μας προς τον Θεό που μας αγαπά και στον οποίον θα μπορέσουμε να ζητήσουμε σωτηρία και θεραπεία; Υποθέτω ότι όλοι θα προτιμούσαμε να παραλείψουμε τον πόνο και να λάβουμε τον Χριστό, ενώ όλα είναι καλά στη ζωή μας, αλλά πόσοι άνθρωποι το πράττουν στην πραγματικότητα;

Το ερώτημα αυτό ίσχυε επίσης για την περίπτωση ενός Άγγλου άνδρα που ζούσε στο νησί. Η θεραπεία του ήταν μια θεαματική θεραπεία που πρέπει να συμπεριληφθεί για να φανερώσει το μεγαλείο του Θεού ακόμη και όταν ο άνθρωπος αυτός είναι εντελώς αδιάφορος προς τον Θεό ή προς την βοήθεια Του. Ο άνθρωπος αυτός ζούσε στην Πάρο εδώ και αρκετά χρόνια, αλλά ποτέ δεν τον γνώρισα μιας και ήταν κλεισμένος στον εαυτό του. Όταν ήρθε η καταστροφή δεν είχα πρόσβαση σε εκείνον για να μπορέσω να τον βοηθήσω άμεσα.

Έμαθα ότι είχε κάποια προβλήματα δυσπεψίας και ότι είχε πάρει φάρμακα πολύ ισχυρά που δεν έπρεπε να τα παίρνει με άδειο στομάχι. Μια μέρα, την ίδια χρονιά με εκείνη που περνούσε η Μαρία τις δοκιμασίες της, το στομάχι του έσπασε και τον έστειλαν εσπευσμένα σε νοσοκομείο των Αθηνών, όπου πέρασε αρκετούς μήνες στην εντατική. Τον χειρούργησαν τέσσερις φορές. Γνώριζα για την κατάστασή του μέσω ενός φίλου του, που μας ζήτησε να προσευχηθούμε για αυτόν. Προσευχόμασταν τακτικά και με πεποίθηση παρόλο που μου είπαν ότι ήταν δηλωμένος άθεος. Η ιδέα ότι μπορεί να πέθαινε σε αυτή την κατάσταση ήταν αδιανόητη. Κάθε εβδομάδα τον υψώναμε σε προσευχή, μεσιτεύοντας για την ίδια του την ζωή. Όταν τον επισκέφθηκα στο νοσοκομείο, έμαθα από την αδελφή του ότι οι γιατροί είχαν πει ότι είχε μόνο πέντε τοις εκατό πιθανότητες επιβίωσης. Αφού τα κατάφερε, τότε ανακαλύψαμε ότι η περίπτωση του ήταν μοναδική τα τελευταία επτά χρόνια. Εξαιτίας της σύνδεσης που είχε με την αδελφή του και τον ξάδελφο του που τον επισκέφτηκαν καθ' όλη την διάρκεια της κρίσης, ήμουν σε θέση να τους δώσω ένα αντίγραφο του πρώτου μου βιβλίου και συνεχίζω να προσεύχομαι ότι κάποια μέρα θα λάβει ο καθένας τον Χριστό. Η επιλογή είναι δική τους, αλλά τουλάχιστον τώρα εκείνος έχει μια δεύτερη ευκαιρία. Χωρίς την προσευχή και την χάρη του Θεού, όλα θα ήταν μάταια.

16 ΕΠΙΣΚΕΨΗ ΣΤΟ ΦΑΛΝΤΙ-ΜΠΡΕΝΙΝ

Το 2014, κάτι ξεχωριστό σημάδεψε και άλλαξε με ξεκάθαρο τρόπο την πνευματική ατμόσφαιρα της Πάρου. Για περίπου πέντε χρόνια, τρεις από εμάς προσευχόμασταν κάθε Πέμπτη για τους ανθρώπους και τις καταστάσεις στο νησί, καθώς και για το έθνος της Ελλάδας. Μερικές φορές, συμμετείχαν πιστοί που επισκέπτονταν το νησί, άλλες φορές ερχόντουσαν οι ντόπιοι του νησιού, οι οποίοι δυσκολεύονταν να έρθουν τακτικά εξαιτίας των εργασιακών τους δεσμεύσεων. Παρ 'όλα αυτά, εμείς οι τρεις αλλοδαπές γυναίκες σχηματίζαμε τον πυρήνα της ομάδας προσευχής και ήμασταν ευγνώμονες για οποιαδήποτε επιπρόσθετη υποστήριξη. Έως εκείνη την στιγμή, είχα μείνει στην Πάρο είκοσι πέντε χρόνια, η Ελβετίδα Άννα Μαρεί είκοσι χρόνια και η Τζένη από τη Νέα Ζηλανδία πολύ περισσότερο από όλες μας, τριάντα επτά ολόκληρα χρόνια. Είχε έρθει στα νιάτα της, ερωτεύτηκε έναν όμορφο Έλληνα, παντρεύτηκε και πλέον είχε δύο μεγάλους γιους που ζούσαν στη Νέα Ζηλανδία.

Προς το τέλος του 2013, ένιωσα ότι τρία άτομα δεν ήταν αρκετά για να φέρουν εις πέρας το έργο στην Πάρο, έπρεπε να ζητήσουμε βοήθεια. Δεδομένου ότι οι χριστιανοί που ήξεραν πώς να προσεύχονται ήταν λίγοι στην Πάρο, έπρεπε να ζητήσουμε εξωτερική βοήθεια. Έτσι, τον Νοέμβρη του 2013, ξεκινήσαμε μια παγκόσμια αλυσίδα προσευχής με χριστιανούς που είχαν επισκεφτεί την Πάρο ή που είχαν ζήσει εδώ για κάποιο χρονικό διάστημα. Τα αποτελέσματα αυτής της προσπάθειας δεν ήταν τίποτα λιγότερο από θαυματουργικό!

Περίπου εκείνη την εποχή συνειδητοποίησα την πνευματική μάχη που λαμβάνει χώρα πάνω από τις γεωγραφικές περιοχές για να εμποδιστεί η προσευχή και να μπει εμπόδιο σε όλες τις προσπάθειες του ευαγγελισμού. Υπήρχαν μέρη στον κόσμο, όπως η Αργεντινή, όπου, για χρόνια, οι ευαγγελίστηκες προσπάθειες δεν έφεραν σχεδόν καθόλου καρπό, μέχρις ότου μια ομάδα πολεμιστών προσευχής άρχισαν να μεσιτεύουν και να κατακλύζουν την περιοχή με προσευχή.

Καθώς διάβαζα δύο από τα βιβλία του Πίτερ Βάγκνερ, το «Πνευματικός Πόλεμος» και η «Βασίλισσα του Ουρανού», άρχισα να καταλαβαίνω τι συνέβαινε πάνω από την Πάρο. Άρχισα επίσης να κατανοώ τους πιθανούς κινδύνους των όσων κάναμε. Υπό το πρίσμα αυτό, με ενδιέφερε ιδιαίτερα ένα βιβλίο που ονομαζόταν «Υψηλού Επιπέδου Πόλεμος, ασφαλείς από αντεπιθέσεις» Έχοντας πολεμήσει δύο φορές τον καρκίνο, οτιδήποτε μπορούσε να προσφέρει μια βοήθεια για να κρατήσει εμένα και τους υπόλοιπους ζωντανούς, ήταν άξιο διερεύνησης. Κατά την ανάγνωση αυτού του βιβλίου, συνειδητοποίησα ότι η συγγραφέας είχε δεσμούς με την Ελλάδα, καθώς σχολίασε ότι ενδιαφέρεται ιδιαίτερα για την Ελλάδα.

Αποφάσισα να ψάξω στο Google το εξής: «Άννα Μέντεζ Φέρελ και η Ελλάδα» και εξεπλάγην που ανακάλυψα το όνομα μιας διακονίας στην Αθήνα την οποία δεν είχα ακουστά τα τελευταία είκοσι χρόνια και ούτε είχα ξανακούσει κάποιον να αναφέρεται σε αυτήν. Ήταν το Κέντρο Προσευχής Σαλόμ της Αθήνας. Αφού το διερεύνησα περαιτέρω, μου φάνηκε ότι επιτέλους είχα βρει μια διακονία με ομοϊδεάτες χριστιανούς. Ήταν υπό την ηγεσία ενός ζευγαριού Ελλήνων, του Γιώργου και της Εύης Μαρκάκη, και θεώρησα φρόνιμο ότι τουλάχιστον έπρεπε να βρεθούμε. Αφού έπρεπε να πάω στην Αθήνα αρχές Μαρτίου για την ετήσια μαστογραφία, κανονίσαμε να συναντηθούμε αργότερα εκείνη την μέρα. Ήταν πολύ ευγενείς και προθυμοποιήθηκαν να με φιλοξενήσουν το βράδυ στο σπίτι τους που είναι προς το αεροδρόμιο και με γνώμονα ότι ο πλησιέστερος σε εκείνους σταθμός μετρό ήταν στην ίδια γραμμή που θα έπαιρνα για το νοσοκομείο, τα πράγματα δεν θα μπορούσαν να ήταν πιο ευνοϊκά.

Αφού τελείωσα με το ραντεβού στο νοσοκομείο, έφτασα στο σπίτι τους γύρω στις δύο το μεσημέρι, την ώρα που οι περισσότεροι Έλληνες τρώνε το μεσημεριανό τους. Η μαμά της Εύης είχε μαγειρέψει μια καταπληκτική σπανακόπιτα και επίσης είχαν κοτόπουλο στο φούρνο. Ήμασταν πέντε άτομα, μεταξύ των οποίων ένας νεαρός Γερμανός επισκέπτης, ο Εμμανουήλ, που έμμενε μαζί τους για αρκετές εβδομάδες. Μετά το μεσημεριανό γεύμα, ο Γιώργος μου διέθεσε την αμέριστη προσοχή του, και απάντησε σε αρκετές από τις ερωτήσεις που μάζευα τα τελευταία δέκα χρόνια, με γνώμονα ότι δεν είχα κάποιον να μου τις απαντήσει στην Πάρο. Μιλήσαμε για το ότι οι πάντες στην εκκλησία είναι Βασίλειον ιεράτευμα και έκανα πολλές ερωτήσεις για τον πνευματικό πόλεμο. Μετά από αρκετές ώρες διδασκαλίας, φύγαμε μαζί με τη σύζυγό του και τον Εμμανουήλ, για να πάμε οδικώς στην προσευχή που ήταν στην Αθήνα στην βραδινή συνάντηση της Δευτέρας. Κατά τη διάρκεια της διαδρομής, ο Εμμανουήλ με ρώτησε τι είδους διακονία είχα.

«Πραγματικά δεν αισθάνομαι ότι έχω κάποια συγκεκριμένη διακονία», του απάντησα. «Μοιράζομαι τη μαρτυρία μου με τους τουρίστες που συναντώ στην παραλία ή σε καφετέριες και χρησιμοποιώ βιβλία για να κηρύττω το ευαγγέλιο σε εκείνους. Έχουμε μια μικρή εκκλησιαστική ομάδα που συναθροίζεται στο σπίτι μας, σε ένα περιβάλλον κατάλληλο για την διδαχή των μη-ελληνόφωνων κατοίκων καθώς και των επισκεπτών. Όλα είναι κάπως απογοητευτικά. Μερικές φορές λέω ότι υποφέρω από θεία δυσαρέσκεια». Στο άκουσμα της απάντησης μου, ο Γιώργος, ο οποίος οδηγούσε εκείνη τη στιγμή, δικαίως με επέπληξε σοβαρά. «Ποτέ μην αποκαλείς οτιδήποτε που κάνει ο Θεός ότι είναι μικρό ή ασήμαντο, μην υποτιμάς το έργο Του».

Του είπα ότι απλά μιλούσα με ταπεινοφροσύνη, για να μην καυχηθώ με οποιοδήποτε τρόπο, αλλά μου απάντησε ότι αυτή είναι ψευδής ταπεινοφροσύνη και παντελώς ακατάλληλη. Απαντώντας, τους ανέφερα ότι ο Θεός μας είχε οδηγήσει σε πολλούς ανθρώπους για να τους βαφτίσουμε, ιδιαίτερα το ζευγάρι από την Νότια Αφρική που με βρήκε από το πρώτο μου βιβλίο «Προς την Ελλάδα και τα νησιά», τον Ελβετό που δίδασκε ομάδες νεολαίας και τον Αμερικανό νεαρό στην χορωδία της σχολής καλών τεχνών στην Πάρο. Ο Γιώργος είχε δίκιο, πολλοί άνθρωποι έλαβαν τον Χριστό και στη συνέχεια εγκαταστάθηκαν σε εκκλησίες όπου ζούσαν και άλλοι είχαν θεραπευτεί. Η αρνητική μου αντίληψη προερχόταν από τα χρόνια που συχνά ήμασταν μόνο τέσσερα έως έξι άτομα στην συνάθροιση της Κυριακής και από την συχνή κριτική που δεχόμουν από άτομα σε άλλες εκκλησίες που δεν κατανοούσαν επαρκώς το ρόλο των γυναικών στην διακονία ή που δεν είχαν υπόψιν τους ρόλους τους γυναικών στην πρώτη εκκλησία. Τακτικά σχόλια, όπως το «Ως γυναίκα, δεν πρέπει να βαπτίζω τους ανθρώπους» ή «ως γυναίκα, δεν πρέπει να μοιράζω τα στοιχεία της Θείας Κοινωνίας» με είχαν καταβάλλει. Η φλόγα που καιγόταν μέσα μου όταν πρωτοήρθα στην Ελλάδα είχε κάπως εξασθενήσει. Μία διδασκαλία αργότερα μέσα στην χρονιά, τελικά θα έφερνε μια σωστή βιβλική ερμηνεία των παρεξηγουμένων εδαφίων της Καινής Διαθήκης για το ρόλο των γυναικών στην Προς Κορινθίους επιστολή και στην επιστολή Προς Τιμόθεο.

Η συνάντηση εκείνη τη νύχτα δεν ήταν ακριβώς όπως την περίμενα. Εγώ περίμενα να ξοδέψουμε ώρες στην προσευχή και να μεσιτεύσουμε για το έθνος της Ελλάδας, που από μόνο του είναι στην πραγματικότητα πολύ σκληρή δουλειά. Αντιθέτως, μπήκαμε σε μια εντελώς αναζωογονητική περίοδο ωραίας λατρείας υπό την ηγεσία του Εμμανουήλ παίζοντας το αρμόνιο, όπου ξεκίνησε με τον ύμνο «Θαυμάσιος Θεός». Έπειτα υπήρχε χρόνος προφητικής διακονίας με τον Γιώργο, και την Εύη και την ομάδα που προφήτευε πάνω σε διαφορετικούς ανθρώπους στην συνάθροιση, συμπεριλαμβανομένου και εμού. Αγγίχτηκα πάρα πολύ από την Εύη που γονάτισε μπροστά μου και με ευχαρίστησε που εγκατέλειψα τη δική μου χώρα και την οικογένειά μου για να υπηρετήσω τον Θεό στην χώρα της. Οι προφητείες ήταν τόσο ενθαρρυντικές που, όταν ήταν ώρα να φύγω, ένιωθα αρκετά αναζωογονημένη. Χρόνια κόπωσης, απλά ξεπλύθηκαν από πάνω μου και η ελπίδα είχε αναδυθεί και πάλι καθώς απολαμβάναμε την παρουσία του Αγίου Πνεύματος. Αυτή δεν θα ήταν η τελευταία φορά που θα συναθροιζόμουν με τον Γιώργο και την Εύη. Ωστόσο, θα υπήρχε μια άλλη σύνδεση, που και αυτή θα μου παρείχε και κάποια νέα κατεύθυνση.

Ήταν το καλοκαίρι πριν από το ξεκίνημα της αλυσίδας προσευχής, που μου δόθηκε ένα βιβλίο το οποίο ήταν πολύ ιδιαίτερο για μένα σχετικά με την οδηγία του Θεού. Το βιβλίο είχε τον τίτλο «Η έκχυση της Χάρης» από τον Ροΐ Γκόντγουιν και μου δόθηκε από ένα ζευγάρι που γνώριζα στην Πάρο. Είχαν ένα σπίτι στην ύπαιθρο και, όπως πολλά ελληνικά σπίτια, οι γάτες είχαν μαζευτεί κοντά τους επειδή ήταν μια καλή πηγή φαγητού. Περιτριγυρισμένοι από χωράφια με αρκετά κοτέτσια που είχαν σταθερή ροή από πίτουρα, υπήρχαν πολλά ποντίκια και αρουραίοι στο περιβάλλον. Μια γάτα – ή αρκετές γάτες – ήταν απαραίτητη για να διατηρηθεί υπό έλεγχο ο πληθυσμός των ποντικών. Ο Πίτερ προσφέρθηκε ευγενικά να ταΐσει τις γάτες κατά τη διάρκεια του χειμώνα, έτσι είχαμε γίνει φίλοι, και δειπνούσαμε μαζί από καιρό εις καιρόν. Σε μια παρόμοια περίπτωση, η Μαίρη μου έδωσε το βιβλίο, που σχετιζόταν με ένα τόπο στο Εθνικό Πάρκο της Ουαλίας που ονομαζόταν Φάλντι-Μπρένιν , που σημαίνει "Το μαντρί του Βασιλιά".

Πολλά εξαιρετικά θαύματα είχαν συμβεί εκεί, λόγω της παρουσίας του Θεού εξαιτίας της καθημερινής προσκύνησης και προσευχής που λάμβανε χώρα. Οι άνθρωποι άρχιζαν με μια απλή προσευχή ευχαριστίας για το φαγητό τους και ξαφνικά θα περνούσαν ώρες, θα είχαν χάσει τον προγραμματισμένο περίπατο τους και θα είχαν φτάσει μεσάνυχτα. Παρόλο που διάβασα πολλά βιβλία που σχετίζονται με τέτοιες εκχύσεις του Αγίου Πνεύματος σε όλο τον κόσμο και άκουσα για πολλά άλλα από τα χριστιανικά τηλεοπτικά κανάλια, σπάνια ένιωθα την οδηγία να πάω στην πραγματικότητα και να επισκεφτώ τα συγκεκριμένα μέρη. Αυτό το συγκεκριμένο βιβλίο με είχε αγγίξει σε τέτοιο βαθμό που το 2013, δίδαξα στην Κυριακάτικη ομάδα μας τα πράγματα που συνέβαιναν εκεί. Την επόμενη Κυριακή, αφού ταξίδεψα στην εκκλησία της αδελφής μου στην Αγγλία, εξεπλάγην που άκουσα από τον Ρόμπ τον πάστορα της εκκλησίας να αναφέρεται στο Φάλντι-Μπρένιν. Δεν κήρυξε εκείνη την Κυριακή, αλλά, στο τέλος της συνάθροισης, ένιωσε ότι έπρεπε να μοιραστεί την δραματική ιστορία της θαυματουργικής θεραπείας του Ρόι Γκόντγουιν. Δεν είχα ακούσει ποτέ την ιστορία καθώς δεν αναφερόταν στο βιβλίο που διάβασα. Ο Ρόι Γκόντγουιν είχε τροχαίο ατύχημα με την οικογένειά του και είχε πολύ σοβαρό σπάσιμο στο πόδι του. Τα κόκκαλα είχαν σπάσει σε τόσα πολλά κομμάτια που οι γιατροί είπαν ότι δεν μπορούσαν να τα επανενώσουν και ότι θα έπρεπε να του ακρωτηριάσουν το πόδι. Ο Ρόι Γκόντγουιν ζήτησε χρόνο για να προσευχηθεί γι 'αυτό και ο Κύριος του είπε να μην επιτρέψει τον ακρωτηριασμό επειδή επρόκειτο να τον θεραπεύσει. Ο Ρόι αρνήθηκε τον ακρωτηριασμό και, κατά τη διάρκεια των δύο μηνών που ήταν στο νοσοκομείο, ο Κύριος θεράπευσε εντελώς το πόδι του. Έμεινα έκπληκτη που ο πάστορας Ρόμπ μοιράστηκε αυτή την ιστορία την επόμενη Κυριακή από εκείνη που δίδαξα για το Φάλντι-Μπρένιν , οπότε μου φάνηκε και αυτό ως επιβεβαίωση ότι ο Θεός με οδηγεί να πάω εκεί.

Με εξέπληξε πολύ το γεγονός ότι ο Χαλ και η Μαίρη, που μου έδωσαν το βιβλίο, είχαν και ένα εξοχικό σπίτι στην Ουαλία, λίγα μίλια από το Φάλντι-Μπρένιν ! «Το νοικιάζουμε όλο το χρόνο αλλά εάν πας εκεί σε περίοδο εκτός σεζόν, τότε θα σε φιλοξενήσουμε δωρεάν». Ο Μάρτης ήταν μια ήσυχη περίοδος για εκείνους όποτε θα μπορούσαν να με φιλοξενήσουν τότε. Ήταν πολύ γενναιόδωρο από μέρους τους.

Και κάπως έτσι έγινε, έκανα περιήγηση στο διαδίκτυο για να δω πως είναι οι θερμοκρασίες τον Μάρτιο στην Ουαλία. Υποφέρω από το κρύο στην Ελλάδα όταν η θερμοκρασία πέφτει κάτω από 15 βαθμούς κελσίου, μετά το καλοκαίρι που συνήθως είναι μεταξύ 28-35 βαθμών, οπότε γνώριζα ότι δεν θα μπορούσα να διαχειριστώ και τόσο καλά τους 5 βαθμούς κελσίου. Το Φάλντι-Μπρένιν ήταν ένα παλιό πετρόχτιστο αγρόκτημα που είχε μετατραπεί σε χώρο διαμονής και προσευχής οπότε δεν προσδοκούσα να έχει καλή θέρμανση. Ο μισός λόγος για την επίσκεψη μου ήταν για να μπορέσω να απολαύσω την παρουσία του Θεού στην ύπαιθρο της Ουαλίας, καθώς πολλοί άνθρωποι είχαν ιδιαίτερες στιγμές με τον Θεό, καθήμενοι απλώς στους πρόποδες του μεγάλου ξύλινου σταυρού που βλέπει προς την κοιλάδα. Ήθελα να πάω εκεί, μια εποχή του χρόνου, που δεν θα τουρτούριζα από το κρύο. Με τις θερμοκρασίες του Μαρτίου να κυμαίνονταν μεταξύ 2-10 βαθμών, ήξερα ότι δεν υπήρχε καμία μα καμία πιθανότητα να πάω τότε! Θα παγώσω σε τέτοιες καιρικές συνθήκες. Το πιο σύντομο θα ήταν τον Μάη όπου οι θερμοκρασίες είναι μεταξύ 5-16 βαθμών κελσίου, ή προτιμότερο τον Ιούνιο που θα ήταν 9-19 βαθμούς. Αυτό θα μπορούσα να το αντέξω. Απλά Θα έπρεπε να μην εκμεταλλευτώ την προσφορά της δωρεάν διαμονής στο Νιούπορτ και να δω τι θα μπορούσα να βρω τοπικά. Τα καταλύματα στο Φάλντι-Μπρένιν ήταν κρατημένα όλο το χρόνο, μια καλή ένδειξη για το πόσο περιζήτητος ήταν αυτός ο χώρος. Τελικά, έψαξα στην λίστα των Bed and Breakfast αγροτόσπιτων που διέθετε το Φάλντι-Μπρένιν και εντόπισα ένα διαμάντι. Η Λίλουεν Μακάλιστερ είχε κερδίσει το βραβείο των ΑΑ Bed and Breakfast της χρονιάς και αφού της έκανα κράτηση ενός δωμάτιου για την εβδομάδα, συνειδητοποίησα ότι αναφέρεται στο βιβλίο «Η Έκχυση της Χάρης». Το θέμα στο Φάλντι-Μπρένιν είναι να προσεύχεσαι ευλογίες πάνω στους ανθρώπους, συμπεριλαμβανομένων εκείνων στο τοπικό σχολείο, στα αγροκτήματα και στις επιχειρήσεις. Λόγο του θαυμάσιου ξενώνα, του υπέροχου πρωινού, καθώς και της προσευχής των ευλογιών, της είχαν απονεμηθεί πέντε αστέρια καθώς και το βραβείο του ιδιοκτήτη της χρονιάς. Θα μάθαινα όταν έφτανα εκεί για ποιό συγκεκριμένο λόγο το κέρδισε. Είχα κάνει κράτηση για έξι νύχτες, επειδή ήθελα να έχω αρκετό χρόνο για να απολαύσω την παρουσία του Θεού. Προγραμμάτισα να ταξιδέψω εκεί την Κυριακή, 1 Ιουνίου, για να είμαι έτοιμη για πέντε Ουράνιες μέρες από Δευτέρα έως και Παρασκευή. Έπειτα θα αποσχιζόμουν για να επιστρέψω στον πραγματικό κόσμο και να επισκεφθώ την αδελφή μου και την ανιψιά μου πριν επιστρέψω στην Ελλάδα.

Καθόμουν στο τραίνο, και πριν φτάσω στο Φάλντι-Μπρένιν , άκουσα τον Θεό να μου μιλάει ξεκάθαρα:

«Σε πάω σε αυτό τον τόπο το Φάλντι-Μπρένιν για να σε προετοιμάσω, και να σε οικοδομήσω για αυτό που επακολουθεί, για να σε κάνω μέρος μιας ομάδας πολεμιστών»

Έφτασα στο αγρόκτημα Έρ Λόν, της Λίλουεν, περίπου στις τρεις το μεσημέρι. Ήταν πολύ ευγενικό εκ μέρους της να με συναντήσει στο σταθμό και έτσι δεν χρειαζόταν να ψάξω ταξί. Το δωμάτιό μου ήταν σκέτη απόλαυση, με κεντημένες μαξιλαροθήκες, κάλυμμα παπλώματος, ταιριαστές κουρτίνες και ταπετσαρίες, τεράστιες ντουλάπες σε υπέροχο λευκό χρώμα, εντοιχισμένες μονάδες, και το πιο σημαντικό από όλα, κεντρική θέρμανση και βραστήρα για ζεστά ροφήματα.

Είχα προγραμματίσει να περάσω την υπόλοιπη μέρα χαλαρώνοντας, αλλά ο Θεός είχε άλλο σχέδιο. Μετά από ένα υπέροχο σάντουιτς, κέικ και καφέ στο σαλόνι, η Λίλουεν επέμενε να με πάει οδηγώντας στο Φάλντι-Μπρένιν, «μιας και ήρθες για αυτό το λόγο», όπως το έθεσε. Με χαρά δέχτηκα την προσφορά της και περάσαμε από τους ένδοξους επαρχιακούς δρόμους με το κομψό μαύρο BMW της. Όταν με άφησε, φρόντισε με περίσσια ευγένεια να με ρωτήσει τι ώρα θα ήθελα να με συναντήσει για την επιστροφή.

Ο χώρος ήταν όμορφος, με παλιά πέτρινα κτίρια, άρτια διατηρημένους κήπους και γκαζόν, και ήταν πολύ οικείος. Βρήκα το δρόμο προς το μικρό, στρογγυλό, πέτρινο παρεκκλήσι: εκεί ήταν που πολλοί άνθρωποι είχαν υπέροχες στιγμές με τον Θεό. Όταν έφτασα, βρήκα μια ομάδα Αμερικανών. Ανάμεσα στις τακτικές ώρες προσευχής αυτή η ομάδα προσκυνούσε τον Θεό και διακονούσε ο ένας τον άλλον. Η μεγαλύτερη σε ηλικία κυρία της ομάδας, που ήταν Γερμανίδα αλλά ζούσε στην Αμερική, άρχισε να προφητεύει σε διάφορα μέλη της ομάδας. Απλώς κάθισα ήσυχα, και απολάμβανα τα όσα συνέβαιναν γύρω μου μέσα στην παρουσία του Θεού. Τότε με πλησίασε και άρχισε να προφητεύει επάνω μου. Παρακαλώ σημειώστε ότι αυτή η κυρία ουδέποτε με είχε συναντήσει πριν από εκείνη τη στιγμή.

«Αυτό που σου έχω υποσχεθεί θα πραγματοποιηθεί. Ο Θεός θα σε πάει σε μέρη όπου εσύ απλώς ΘΑ ΠΕΡΠΑΤΑΣ, ΘΑ ΠΡΟΣΕΥΧΕΣΑΙ, ΚΑΙ ΘΑ ΧΡΙΕΙΣ ΜΕ ΕΛΑΙΟ. Είχες πιστότητα. Υπάρχουν άνθρωποι που ο Θεός θα σου δείξει, τους οποίους θα διεκδικήσεις για τη Βασιλεία του Θεού. Μην υποτιμάς αυτό που είναι μέσα σου».

Αυτό που δεν γνώριζε η εν λόγω κυρία, ήταν ότι πριν από περίπου δύο μήνες, σε έναν από τους συνηθισμένους περιπάτους της μιας ώρας που έκανα καθημερινά μέσα στο χωριό και στην απέναντι πλευρά των χωραφιών, αισθάνθηκα τον Θεό να μου λέει ότι πρέπει να περπατώ γύρω από το χωριό και να προσεύχομαι για τους ανθρώπους. Εκείνη τη στιγμή δεν ήμουν σίγουρη ότι ο Θεός μου μιλούσε, ίσως να ήταν σκέψεις του μυαλού μου. Γι 'αυτό είχα ζητήσει από τον Θεό εάν ήταν από Εκείνον η οδηγία, να μου την επιβεβαιώσει με κάποιο τρόπο. Εάν αυτό δεν ήταν επιβεβαίωση του Θεού, τότε δεν ξέρω τι άλλο μπορεί να ήταν. Πόσο Θαυμάσιο! Σκεπτόμενη τις λεπτομέρειες που προηγήθηκαν, είδα ότι ο Θεός έπρεπε να με οδηγήσει εκεί, να μου δείξει ποιά εβδομάδα να πάω, να οργανώσει την άφιξη μου εκεί ώστε να φτάσω μία μέρα νωρίτερα από ότι είχα προγραμματίσει, και να φέρει αυτή την κυρία από την Καλιφόρνια εκείνη την δεδομένη στιγμή. Καθώς έφευγε η ομάδα από το παρεκκλήσι αργότερα εκείνο το απόγευμα, κατάλαβα ότι θα βρισκόντουσαν σε αυτόν τον χώρο μόνο εκείνη την ημέρα, και εάν περίμενα μέχρι τη Δευτέρα, θα έχανα την συνάντηση με την κυρία και την απάντηση του Θεού στο αίτημά μου. Εξίσου ενδιαφέρον με την προφητεία, ήταν ότι ο σύζυγός της ήρθε να καθίσει μαζί μου. Πήρε το χέρι μου, και το βρήκα πολύ γλυκό από μέρους του. Ένα από τα πράγματα που μου είπε ήταν ότι η σύζυγος του, η Μάρλις ήταν μέλος της ομάδας που είχε ταξιδέψει στο Όρος Έβερεστ, όπως αναφέρεται στο ίδιο το βιβλίο του Πίτερ Βάγκνερ που είχα διαβάσει νωρίτερα. Ήμουν έκπληκτη! Τι υπέροχη κυρία είχε στείλει ο Θεός για να προφητεύσει πάνω μου. Αγγίχτηκα πάρα πολύ. Πλέον είχα καταλάβει εν μέρει το γιατί ο Θεός με οδήγησε σε αυτόν τον τόπο εκείνη την δεδομένη στιγμή. Αργότερα, θα συνέβαιναν και άλλα κατά την διάρκεια της εβδομάδας.

Ο λόγος που επέλεξα να έρθω την πρώτη εβδομάδα του μήνα ήταν επειδή την πρώτη Τρίτη κάθε μήνα, στο Φάλντι-Μπρένιν διοργανώνεται μια ημέρα προσευχής που περιλαμβάνει λατρεία, διδασκαλία, προσευχή, διακονία και καλή κοινωνία. Η συνάντηση πραγματοποιείται σε μια μεγάλη εκκλησιαστική αίθουσα στην κοιλάδα, ανάμεσα σε καταπράσινα λιβάδια όπου οι αγελάδες βόσκουν ειρηνικά κοντά στο ποτάμι που αργοκυλά. Είχα αρνηθεί την προσφορά της Λίλουεν να με πάει στην φάρμα επειδή ήταν ωραία διαδρομή για περπάτημα. Δεν είχα ιδέα πως έμοιαζε ο Ρόι Γκόντγουιν και έμεινα έκπληκτη όταν ανακάλυψα ότι ήταν ένας μετριόφρων κύριος που βρισκόταν μπροστά και που έπαιζε πιάνο στην λατρεία. Κάλεσε όλους όσους ήταν εκεί από χώρες εκτός του Ηνωμένου Βασιλείου να σταθούν και να συστηθούν. Υπήρχαν μερικοί από τη Σιγκαπούρη, τη Μοζαμβίκη και άλλοι από πολύ μακρινά μέρη, όπως και εγώ από την Ελλάδα. Όταν συστήθηκα και ανέφερα ότι έρχομαι από την Ελλάδα, ο Ρόι είπε αμέσως: «Μάλιστα! πρέπει να συναντήσετε αυτό το ζευγάρι εκεί που θα πάει στην Ελλάδα». Στη συνέχεια, πρόσθεσε, «Θα έλεγα, να έρθετε και οι τρεις μπροστά για να προσευχηθούμε για σας».

Οπότε αυτό και έγινε. Ο Θεός ήθελε όλοι οι παρευρισκόμενοι που αριθμούσαν περίπου διακόσια άτομα, να προσευχηθούν για τους τρεις μας και για την Ελλάδα. Μου φάνηκε ότι είχα συγχρονιστεί σωστά με το χρονοδιάγραμμα του Θεού, ακόμα κι αν έπρεπε να με κάνει να αισθάνομαι ότι ο Μάρτιος ήταν πολύ κρύος για μια επίσκεψη. Το ζευγάρι ήταν προγραμματισμένο να ταξιδέψει στην Ελλάδα το επόμενο Σάββατο. Θα επιζητούσαν την οδηγία του Θεού σχετικά με το πού ήθελε να ξεκινήσουν τον Οίκο Προσευχής TransMed. Το TransMed ήταν ένα όραμα για την εγκατάσταση Ιεραποστολικών Οίκων Προσευχής γύρω από τη Μεσόγειο. Είχαν μόνο μια επαφή στην Κρήτη και πριν από έξι μήνες, είχα το όνομα μιας και μόνο επαφής εκεί, αλλά δεν είχα το τηλέφωνο τους. Όμως, επειδή μία από τις κυρίες της εκκλησιαστικής μας ομάδας είχε ταξιδέψει στην Κρήτη για να εργαστεί εκεί το καλοκαίρι, μπορούσα να μοιραστώ μαζί τους πολλά ονόματα και αριθμούς τηλεφώνων από εκκλησίες εκεί. Ένιωθα ότι ήμουν ένας αγγελιοφόρος που έστειλε ο Θεός για να τους βοηθήσει στη δημιουργία ενός Οίκου Προσευχής σε εκείνο το νησί. Εάν είχα ακούσει σωστά από τον Θεό για το ταξίδι μου στην Ουαλία και εάν έπρεπε να είμαι μέλος μιας «ομάδας πολεμιστών», τότε μου έφερνε τις κατάλληλες επαφές και μου έδειχνε την στρατηγική που έπρεπε να ακολουθήσω.

Το υπόλοιπο της ημέρας πέρασε ευχάριστα με άριστη διδασκαλία από διάφορους ομιλητές. Μια κυρία από την Ουαλία, η Δρ. Ριαννόν Λόιντ συμμερίστηκε μια πολύ συγκινητική διδασκαλία σχετικά με την «Θεραπεία, τη συγχώρεση και τη συμφιλίωση» με βάση το έργο της στη Λιβερία, τη Ρουάντα, το Κονγκό και την Κένυα. Επανειλημμένα, όποτε ο Θεός της έδινε εντολή να μεταβεί σε μέρη που μαστιζόντουσαν από διαμάχες, τον ρωτούσε τι θα μπορούσε να κάνει μόνη της μια γυναίκα σε τέτοια μέρη. Σε μία τέτοια περίπτωση ο Θεός της απάντησε: «Μπορώ να σε χρησιμοποιήσω, και ας είσαι μια γυναίκα μόνη, επειδή εμπιστεύεσαι την οδηγία μου σαν μικρό παιδί».

Ο Θεός ψάχνει κάποιον αρκετά αφελή ώστε να κάνει αυτό που οι άλλοι ήξεραν ότι δεν θα μπορούσε να γίνει. Η ταπεινοφροσύνη της ήταν συγκινητική. Ο Θεός την είχε χρησιμοποιήσει για να φέρει σε συμφιλίωση φαινομενικά απελπιστικές καταστάσεις. Η ικανότητα του Θεού να χρησιμοποιεί μία γυναίκα μόνη ήταν μεγάλη πηγή ενθάρρυνσης για μένα. Η όλη διδασκαλία ήταν διαθέσιμη δωρεάν στο διαδίκτυο στο lerucher.org, οπότε εκείνο το βράδυ, όταν επέστρεψα στο δωμάτιό μου, ήμουν σε θέση να χαλαρώσω και να μάθω περισσότερα για το καταπληκτικό έργο της στο mini-laptop μου. Κάθισα με τα πόδια μου πάνω στο σώμα του καλοριφέρ, είχα χουχουλιάσει, και απολάμβανα την ελευθερία από τα καθημερινά ζητήματα της ζωής που απαιτούν τον χρόνο μας κατά την διάρκεια μίας κανονικής μέρας στο σπίτι.

Την εβδομάδα που ήμουν στο Φάλντι-Μπρένιν πέρασα ώρες στο παρεκκλήσι, αναπαυόμενη στην παρουσία του Θεού. Έχουν ένα καθημερινό ρυθμό προσευχής με τέσσερις συνεδρίες που ξεκινούν στις 9:30, 12:45, 17:00 και 22:00. Η Λίλουεν με πήγαινε κάθε μέρα το πρωί με το αυτοκίνητο για να είμαι έγκαιρα στην συνάντηση των 09:30. Είχα αποφασίσει να μην νηστέψω, αφού το πρωινό της ήταν ένας από τους κύριους λόγους που είχε κερδίσει τα πέντε αστέρια του διαγωνισμού ΑΑ. Κάθε πρωί μου έφερνε ένα όμορφο, και εξαιρετικά μεγάλο μπολ με φρέσκια φρουτοσαλάτα με ποικιλία από περισσότερο από δέκα είδη φρούτων: φράουλες, σμέουρα, σταφύλια και δαμάσκηνα, μεταξύ άλλων. Η φρουτοσαλάτα ήταν αρκετή για δύο άτομα, αλλά έτρωγα με χαρά το μεγαλύτερο μέρος της. Υπήρχαν επίσης δημητριακά και όλα αυτά πριν από το παραδοσιακό αγγλικό πρωινό με μπέικον και αυγά, λουκάνικα, μανιτάρια και ντομάτες. Μέρα παρά μέρα, επέλεγα τον καπνιστό μπακαλιάρο – κάτι που δεν μπορείς να βρεις στην Πάρο – το οποίο ήταν πάντα το αγαπημένο μου. Και οι δύο επιλογές σερβίρονται με μια ζεστή κανάτα καφέ, τοστ, μαρμελάδα, και φρέσκια κρέμα. Ήταν σαν να ήμουν στο παράδεισο. Ήταν πολύ καλό που δεν έτρωγα πολύ την υπόλοιπη μέρα, αλλιώς θα είχα βάλει ακόμα περισσότερο κιλά από ότι είχα ήδη καταφέρει.

Φτάνοντας στο παρεκκλήσι κάθε πρωί, ήμασταν συνήθως μια ομάδα που απαριθμούσε δέκα έως και είκοσι πέντε άτομα. Λατρεύαμε, διαβάζαμε παραπομπές από την Αγία Γραφή, και προσευχόμασταν μαζί. Μερικές φορές οι προσευχές ήταν για άτομα, άλλες φορές για έθνη και, φυσικά, για την Ουαλία. Και μόνο που τους άκουγα, έμαθα πώς να προσεύχομαι ευλογίες πάνω σε άτομα, ομάδες ανθρώπων, κυβερνήσεις και έθνη.

Στη συνέχεια, πέρναγα τα πρωινά μου στο παρεκκλήσι, σιωπηλά, συνήθως μόνη με τον Θεό. Μετά από μια σύντομη προσευχή το μεσημέρι στις 12:45, πήγαινα στο σαλόνι της καφετέριας που είχε υπέροχη θέα στην κοιλάδα και στον ξύλινο σταυρό.

Συνάντησα πολλούς ανθρώπους από διαφορετικά έθνη και άρχισα να κατανοώ ότι πολλοί άνθρωποι ή ζευγάρια είχαν ξεκινήσει τον καθημερινό ρυθμό της προσευχής με μόλις δύο ή τρία άτομα. Δεν υπήρχε καμία προϋπόθεση ότι έπρεπε να είναι μια μεγάλη ομάδα. Ένα ζευγάρι με το οποίο συναντήθηκα, μου ανέφερε πώς κάνουν την πρωινή προσευχή τους στο κρεβάτι με το φλιτζάνι του τσαγιού, πριν ακόμη σηκωθούν, και στη συνέχεια τη νυχτερινή προσευχή στο κρεβάτι με το φλιτζάνι του κακάο. Μια κυρία που έμενε μόνη της ακολουθούσε καθημερινά τον ρυθμό προσευχής, οπότε προσευχηθήκαμε μαζί ότι ο Θεός θα έστελνε κάποιον να προσευχηθεί μαζί της. Αυτό έδειχνε ότι ο Θεός θα μπορούσε να χρησιμοποιήσει κάποιον με αυτόν τον τρόπο ακόμα κι αν ήταν μόνος.

Το μεσημέρι, όταν δεν έβρεχε, κατέβαινα περπατώντας προς το σταυρό για να κάτσω και να απολαύσω την ύπαιθρο, αλλά οι άνθρωποι μερικές φορές σχολίαζαν πως πάντα ντυνόμουν με ένα μεγάλο μάλλινο σακάκι, και με μαύρο μπερέ, καθώς εκείνοι περνούσαν από δίπλα μου ντυμένοι με πολύ πιό ελαφριά ρούχα. Αυτό που δεν γνώριζαν ήταν ότι φορούσα εσωθερμικά εσώρουχα! Ήταν 28 βαθμούς κελσίου όταν έφυγα από την Ελλάδα και εκεί η θερμοκρασία ήταν μόνο 16 βαθμούς – ήταν σαφώς πιό κρύα για μένα!

Κάθε μέρα μπορούσα να συμμετέχω στην απογευματινή προσευχή στις 17:00, πριν με συναντήσει η Λίλουεν ή ο σύζυγό της για να με πάνε πίσω στο αγρόκτημα το βράδυ. Οι έξι ημέρες ήταν απλά ένδοξες. Παρόλο που δεν μπορούσα να βρω κράτηση στο Φάλντι-Μπρένιν, γεγονός που σήμαινε ότι έχανα την κοινωνία με τους άλλους επισκέπτες κατά την διάρκεια των γευμάτων, μπορούσα να περάσω περισσότερο χρόνο μόνη μου με τον Θεό μένοντας στο αγρόκτημα. Ήμουν πανευτυχής.

Επειδή ήρθα σε επαφή με το ζευγάρι που θα ταξίδευε στην Κρήτη, έπειτα οδηγήθηκα προς ένα άλλο ζευγάρι του Φάλντι-Μπρένιν το οποίο θα τους συναντούσαν όταν έφταναν εκεί. Ο Σάιμον και η Κέιτι ταξίδευαν με ένα σκάφος στα ελληνικά νησιά και απλώς προσευχόντουσαν ευλογίες πάνω στους ανθρώπους και τα νησιά. Ήρθαμε σε επαφή μέσω ηλεκτρονικής αλληλογραφίας και τους είπα ότι είναι ευπρόσδεκτοι να έρθουν στην Πάρο για επίσκεψη. Απάντησαν ότι δεν θα τα κατάφερναν το 2014, αλλά άφησαν ανοιχτό το ενδεχόμενο να έρθουν την επόμενη χρόνια. Οπότε το αφήσαμε εκεί το θέμα.

Εν τω μεταξύ, ετοίμασα μια αίθουσα προσευχής με το στυλ του Φάλντι-Μπρένιν στη δυτική πλευρά του σπιτιού δίπλα στον ελαιώνα. Ο Πίτερ έφτιαξε ένα μεγάλο ξύλινο σταυρό γι 'αυτό το χώρο. Υπήρχαν καρέκλες και μαξιλάρια στα κιβώτια για να καθίσουν, όλα αυτά στριμωγμένα ανάμεσα σε 300 χριστιανικά βιβλία, βίντεο και DVD. Το μόνο που χρειαζόμασταν τώρα ήταν μερικοί άνθρωποι που θα ήταν πρόθυμοι να προσεύχονται τακτικά.

Ήταν μεγάλη έκπληξη για μένα όταν το Σεπτέμβριο, έλαβα ξαφνικά ηλεκτρονική αλληλογραφία από τον Σάιμον και την Κέιτι όπου μου ανέφεραν ότι τελικά θα έρθουν. Τους είχα δώσει οδηγίες για το τοπικό μας λιμάνι στο Πίσω Λιβάδι, οπότε ήταν μεγάλη έκπληξη όταν την Δευτέρα έλαβα τηλεφώνημα τους και με ενημέρωσαν ότι ήταν στην Νάουσα που είναι στην άλλη άκρη του νησιού. Ο άνεμος ήταν τόσο δυνατός που δεν κατάφεραν να βρουν το Πίσω Λιβάδι, έτσι έδεσαν στη Νάουσα, που την γνώριζαν από μια προηγούμενη επίσκεψη τους.

Συναντηθήκαμε για πρώτη φορά στην παραλία

του Μοναστηριού, όπου είχαν αγκυροβολήσει κοντά στην ακτή, για να μπορεί ο σκύλος τους να περπατήσει σε στέρεο έδαφος δύο φορές την ημέρα, όπως πρέπει να κάνουν τα σκυλιά. Η Κέιτ και εγώ περάσαμε δύο ώρες λέγοντας η μια στην άλλη αυτά που έκανε ο Θεός στη ζωή μας, ενώ ο Σάιμον έμεινε στο σκάφος για να διασφαλίσει ότι η άγκυρα θα ήταν ασφαλής εν μέσω δυνατής καταιγίδας. Καθώς μιλούσαμε, ο άνεμος ήταν τόσο δυνατός που πήρε το χάρτινο κάλυμμα του παγωμένου καφέ που έπινα, αλλά εμείς συνεχίσαμε να μιλάμε, υπήρχαν τόσα πολλά για να ανακαλύψουμε.

Δεδομένου ότι η πρόβλεψη του καιρού έδειχνε ότι ισχυρότεροι άνεμοι εντάσεως επτά Μποφόρ ερχόντουσαν, και μιας και το σημείο στο οποίο είχαν αγκυροβολήσει ήταν αρκετά εκτεθειμένο, αποφάσισαν να έρθουν στο Πίσω Λιβάδι την Πέμπτη, πριν καταφθάσει η κακοκαιρία. Αυτό ήταν πολύ πιο πρακτικό, καθώς ήταν πολύ κοντά σε μας. Τότε θα μπορούσαν να έρθουν την Κυριακή και να συναντήσουν τους ανθρώπους της ομάδας μας. Ένα άλλο πλεονέκτημα ήταν η πληροφορία που ανακάλυψαν ότι η αγκυροβόληση στο Πίσω Λιβάδι ήταν δωρεάν, δεδομένου ότι η επέκταση του λιμανιού είχε γίνει με επιχορήγηση της ΕΕ για την προώθηση του τουρισμού. Με μόλις πέντε ευρώ ήταν σε θέση να συνδεθούν με παροχή νερού και ηλεκτρικού ρεύματος. Όταν ήταν πλέον Σάββατο έπεφτε πολύ βροχή, οπότε ήταν πολύ ευπρόσδεκτο το καταφύγιο του λιμανιού . Ακόμα κι έτσι, ήταν πολύ άγριοι οι άνεμοι και καθώς βρισκόμουν στο κρεβάτι μου σε στέρεο έδαφος, αναρωτιόμουν πώς θα μπορούσε κάποιος να κοιμηθεί σε ένα σκάφος σε μια τέτοια καταιγίδα.

Την Κυριακή, όταν συναντηθήκαμε όλοι μαζί,

ήμουν σε θέση να συμμεριστώ διδασκαλία για την έννοια της προσευχής ευλογιών σε ανθρώπους και περιοχές και στη συνέχεια η Κέιτι και ο Σάιμον μίλησαν για το πώς το έθεσαν σε πρακτική εφαρμογή. Τι θαυμάσιος τρόπος ζωής.

Από την οπτική γωνία ενός ναυτικού, ο καιρός συνέχιζε να είναι χάλια. Ναι, ήταν καθαρός γαλάζιος ουρανός και ηλιοφάνεια, αλλά ο άνεμος ήταν πολύ δυνατός για να διακινδυνεύσει την επιστροφή στον Πόρο, που ήταν η βάση τους. Θα έπρεπε να τους αφήσω στην Πάρο για δύο ημέρες ενώ θα πετούσα στην Αθήνα για την εξαμηνιαία εξέταση από τον ογκολόγο. Η κακοκαιρία εξασφάλιζε ότι θα ήταν ακόμα στο λιμάνι όταν θα επέστρεφα.

Λίγο πριν από την επίσκεψη του Σάιμον και της Κέιτι στην Πάρο, είχαμε προγραμματίσει με τον Γιώργο και την Έυη Μαρκάκη από το Κέντρο Προσευχής του Σαλόμ να έρθουν να μας επισκεφτούν για μερικές μέρες. Σκοπός της επίσκεψης ήταν να ενωθούν μαζί μας στην προσευχή και να μας δώσουν συμβουλές για το πώς θα μπορούσαμε να κάνουμε την προσευχή μας πιο αποτελεσματική και να μας δώσουν περαιτέρω διδασκαλία, όπως απαιτείται. Ήθελαν επίσης να χρησιμοποιήσουν τα πνευματικά τους χαρίσματα διάκρισης για να αξιολογήσουν την πνευματική ατμόσφαιρα πάνω στο νησί. Έφτασαν μια Τετάρτη προς τα τέλη του Αυγούστου. Προς μεγάλη μου έκπληξη, παρά το γεγονός ότι το ευρωπαϊκό τους πρόγραμμα ήταν βεβαρημένο, μπόρεσαν να μείνουν μαζί μας πέντε μέρες έως και την ώρα αναχώρησης του πλοίου της Δευτέρας. Αυτό σήμαινε ότι όχι μόνο θα μπορούσαν να παρατηρούν και να συμβουλεύσουν στην εβδομαδιαία μας συνάντησή προσευχής της

Πέμπτης, αλλά ο Γιώργος θα μπορούσε επίσης να διδάξει στην κυριακάτικη συνάντησή μας και να συναντηθεί με όλη την ομάδα. Θα είχε ακόμα και χρόνο να μου δώσει κάποια πρόσθετη συμβουλή διδασκαλίας και διακονίας. Ήταν μια υπέροχη εποχή αναζωογόνησης για μένα.

Στην συνάντηση της Πέμπτης, ο Γιώργος και η Εύη παρατηρούσαν αλλά και ενωθήκαν μαζί μας στην λατρεία και την προσευχή και μας παρέθεσαν τις παρατηρήσεις που τους είχαμε ζητήσει. Ο Γιώργος εξήγησε ότι ο λόγος που έχουμε εξαντληθεί τόσο από την προσευχή και την αίσθηση ότι ήταν βάρος σε μας ήταν επειδή όλες οι συναντήσεις προσευχής μας ήταν συναντήσεις μεσιτικής προσευχής. Εξήγησε ότι έπρεπε επίσης να έχουμε χρόνο για να προσκυνήσουμε και να ανανεωθούμε με την παρουσία του Θεού. Θα μπορούσαμε επίσης να εκ ζητήσουμε το Άγιο Πνεύμα για να προφητεύουμε ο ένας στον άλλο για την ενδυνάμωση, την ενθάρρυνση και την άνεσή μας. (1 Κορινθίους 14:3). Ήταν καλό και θαυμάσιο που μπορούσαμε να έχουμε λατρεία και μεσιτεία κάθε εβδομάδα για χρόνια, αλλά για να μπορέσουμε να συνεχίσουμε χρειαζόμαστε και τους χρόνους ανανέωσης.

Την επόμενη μέρα είχαμε μια δεύτερη συνάντηση προσευχής που την οδηγούσε ο Γιώργος, για να παρατηρήσουμε και να μάθουμε. Έχοντας ευαισθησία στην καθοδήγηση του Αγίου Πνεύματος, ένιωσε ότι πρώτα χρειαζόμασταν να προσφέρουμε ο ένας στον άλλον συγχώρεση – ένα πολύ τολμηρό πράγμα που μας είπε – το οποίο κάναμε τότε, ομολογώντας κάθε ένα από τα προβλήματα που είχαμε ο ένας με τον άλλον. Η ανάγκη για αυτό και η ομολογία των αμαρτιών μας ο ένας προς τον άλλον ήταν κάτι που ο Θεός μου έδειχνε μέσω του βιβλίου «Υψηλού επιπέδου Πόλεμος, ασφαλής από Αντεπιθέσεις» από την Άννα Μέντεζ Φέρελ. Αυτό αφαιρεί την εξουσία του εχθρού να μας επιτεθεί. Δίδαξε πώς μας επηρεάζει η ατμόσφαιρα του νησιού και πως πρέπει να ταυτιστούμε με αυτό και να πούμε Κύριε συγχώρεσέ μας στην Πάρο, και όχι να λέμε Κύριε συγχώρεσέ τους. Έπρεπε επίσης να μάθουμε ότι αν είμαστε ακάθαρτοι, δεν έχουμε την άδεια να μπούμε στο στρατόπεδο του Θεού, κι έτσι απομακρυνόμαστε από την ανανέωση Του και ως συνέπεια αυτού είμαστε στην έρημο.

Καθώς ξεκινήσαμε από το χώρο της συνάντησης για να επιστρέψουμε στον Λογαρά, ο Γιώργος είδε μια πινακίδα προς τον ναό του Απόλλωνα, πολύ κοντά από το σπίτι της Άννα Μαρεί. Η Πάρος έχει έναν πλούτο από τέτοιους αρχαιολογικούς χώρους. Αυτές οι τοποθεσίες, οι οποίες ήταν προηγουμένως τόποι λατρείας στους παγανιστές Έλληνες θεούς, όπως ο Απόλλωνας, η Αθηνά και ο Ασκληπιός, χρησιμοποιούνται ως πύλες για τον εχθρό εωσότου αντιμετωπιστούν πνευματικά. Περπατήσαμε στο στενό μονοπάτι που πλαισιώνεται από ξερούς πέτρινους τοίχους και, κατά την άφιξή μας στην κορυφή, λατρέψαμε τον Κύριο τον Θεό μας και προσευχηθήκαμε με γλώσσες. Δεν δέσαμε μα ούτε λύσαμε στο όνομα του Ιησού (δηλαδή: να απαγορεύσουμε ή να επιτρέψουμε σε κάτι να συμβεί), απλώς λατρέψαμε τον Κύριο.

Το Σάββατο ο Γιώργος θεώρησε ότι έπρεπε να πάει σε μια συγκεκριμένη ελληνική εκκλησία στην πρωτεύουσα του νησιού (αλλά όχι στην κύρια εκκλησία) για να συνεχίσει τη διαδικασία. Αυτή η εκκλησία βρίσκεται κοντά σε έναν άλλο αρχαίο ναό του Απόλλωνα Πυθίου και του Ασκληπιού. Υπήρχε μια πληθώρα δράκων στο ντεκόρ, ακόμη και στις λαβές των θυρών. Στο βιβλίο της Αποκάλυψης στη Βίβλο, ο δράκος είναι σύμβολο του Σατανά, όπως είναι το φίδι. (Γι 'αυτό δεν θα έχω τίποτα στο σπίτι μου με εικόνες δράκων ή φιδιών, ούτε καν πακέτα από κινέζικα ζυμαρικά ή τσάντες από τον φαρμακείο με το σύμβολο του Ασκληπιού).

Ενώ ο Γιώργος έκανε το πνευματικό έργο, εγώ μπήκα στην κουζίνα για να ετοιμάσω φαγητό για περίπου δέκα άτομα που περιμέναμε στη συνάντησή της Κυριακάτικης Λατρείας. Έπειτα έπρεπε να πάμε στην χώρα για να πάρουμε την ανιψιά μου που έφτανε με το πλοίο High Speed από τη Μύκονο για τις ετήσιες διακοπές της.

Ήταν ένα θαυμάσιο πλήθος που συγκεντρώθηκε το πρωί εκείνης της Κυριακής. Είχαμε επισκέπτες από την Ελληνική Ιεραποστολική Ένωση, τη Γερμανίδα Κάρεν και την Αυστραλιανή Μάρθα, που την τελευταία φορά που μας είχε επισκεφτεί ήταν το 2004 για την εκστρατεία διανομής Βίβλων της Ελληνικής Ιεραποστολικής Ένωσης, κατά τη διάρκεια των Ολυμπιακών Αγώνων. Ο Γιώργος οδήγησε την συνάθροιση και δίδαξε: «Γευθείτε και δείτε ότι ο Κύριος είναι καλός» Ψαλμός 34:8. Ο καθένας από εμάς ανταποκρίθηκε συμμεριζόμενος κάτι καλό που του είχε κάνει ο Θεός. Αυτό μας έδειξε το πώς μπορούμε να έχουμε πίστη στον Θεό να κάνει κάτι καλό σήμερα. Όλοι έμειναν για το μεσημεριανό γεύμα, που ήταν μια χαρμόσυνη περίσταση. Καθίσαμε σε ένα μακρύ τραπέζι στην εξωτερική βεράντα, απολαμβάνοντας τον υπέροχο καιρό του Αυγούστου.

Όταν έφτασε το απόγευμα, η ιδέα της ξεκούρασης ήταν δελεαστική, αλλά είχα ακόμα μια μακριά λίστα ερωτήσεων και ήμουν πρόθυμη να αξιοποιήσω στο έπακρο την επίσκεψη του

Γιώργου. Ποιος ξέρει σε πόσο καιρό θα είχα ξανά την ευκαιρία; Άφησα τον Πίτερ να παρακολουθεί το Βέλγικο εβδομαδιαίο αθλητικό πρόγραμμα και διέσχισα το δρόμο προς τα δωμάτια όπου έμεναν ο Γιώργος και η Εύη. Το δωμάτιό τους είχε μπαλκόνι μεγαλύτερο από το συνηθισμένο με υπέροχη θέα στον ελαιώνα προς τη θάλασσα και τη Νάξο. Μιλήσαμε για το ρόλο των ιερέων και των πολεμιστών στην εκκλησία ως στρατός που τηρούσε την ιεραρχία, επιζητώντας τον Κύριο, πόλεμος και προσμονή, μεταξύ άλλων. Είναι ενδιαφέρον ότι, τις τελευταίες εβδομάδες και για πρώτη φορά, έβλεπα τις γραμμές Λέι στο Google. Ο Γιώργος ανέπτυξε επίσης το θέμα και χαρακτήρισε τις γραμμές Λέι ως "Γεω-πνευματικές διαδρομές μεταβίβασης της πνευματικής δύναμης και επιρροής". Πάνω από την Πάρο υπάρχουν γραμμές Λέι σε ένα τρίγωνο από την Πελοπόννησο έως και την Τήνο και κάτω προς την Κνωσό στην Κρήτη. Ήταν συναρπαστικό, γιατί πολλοί από τους τόπους που ο Σάιμον και η Κέιτι είχαν οδηγηθεί να επισκεφθούν για να προσευχηθούν βρισκόντουσαν μέσα σε αυτό το τρίγωνο. Αναρωτήθηκα εάν αυτή θα μπορούσε να ήταν η στρατηγική του Θεού. Άλλες πληροφορίες που συζητήσαμε ήταν ότι η θεά Αθηνά ήταν προστάτιδα της Πάρου και ότι στην αρχαιότητα υπήρχε ένας μεγάλος ναός στην χώρα. Ο Κρητικός ταύρος της Κνωσού ήταν λατρεία στον Δία.

Δεν υπάρχει αμφιβολία ότι από τότε που ο Γιώργος και η Εύη προσευχήθηκαν και επισκέφτηκαν μερικούς από αυτούς τους αρχαίους τόπους λατρείας, υπήρξε ξεχωριστός φωτισμός στην πνευματική ατμόσφαιρα, την οποία κατά την άφιξη τους είχαν διακρίνει ως μια «τόσο βαριά ατμόσφαιρα σαν κόλλα»! Η προσευχή δεν είναι τόσο σκληρή δουλειά. Από ότι φαίνεται, η λατρεία είναι ο πιο οικείος τρόπος για να έρθει η παρουσία και η ειρήνη του Θεού καθώς μιλάμε και μοιραζόμαστε με τους ανθρώπους που δεν έχουν σωθεί.

Δεν θα μεσολαβούσε πολύς καιρός πριν τους επισκεφθώ ξανά στο σπίτι τους που είναι έξω από την Αθήνα, καθώς έπρεπε να κάνω την επίσκεψη στο νοσοκομείο για την εξαμηνιαία εξέταση. Κάτι πολύ ξεχωριστό θα συνέβαινε σε εκείνη την επίσκεψη, καθώς λατρεύαμε μαζί. Ταξίδεψα στην Αθήνα ένα μήνα αργότερα, έχοντας κάνει τις βασικές εξετάσεις στην Πάρο, τα αποτελέσματα των οποίων έπρεπε να πάρω μαζί μου για να τα παρουσιάσω στον ογκολόγο. Ήταν και πάλι ένας γιατρός νέος σε ηλικία, ο ανώτερος ειδικός είχε προχωρήσει εδώ και καιρό σε πράγματα σπουδαιότερα από την εξαμηνιαία εξέταση. Αφού έλεγξε προσεκτικά τα αποτέλεσμα των αιματολογικών εξετάσεων, του υπερηχογραφήματος στην κοιλιά μου και των δύο ακτινογραφιών θώρακος, προχώρησε στην κανονική φυσική εξέταση του μαστού, δηλαδή του ενός που μου απέμεινε, της μασχάλης και του λαιμού μου. Αποφάσισα να τον ρωτήσω την ερώτηση του ενός εκατομμυρίου δολαρίων.

«Γιατρέ έχοντας υπόψη ότι μετά από την πρώτη μου διάγνωση με καρκίνο πριν από είκοσι χρόνια, την μαστεκτομή αλλά όχι την αγωγή με χημειοθεραπεία, την ακτινοθεραπεία, την τότε φαρμακευτική αγωγή που ακολούθησα, την επανεμφάνιση του καρκίνου το 2010, την χημειοθεραπεία, την ακτινοθεραπεία και την φαρμακευτική αγωγή που επακολούθησε, Θα λέγατε ότι είμαι ένα ζωντανό θαύμα;»

Σκεπτικός με κοίταξε και απάντησε «Ναι, θα

μπορούσατε να το πείτε έτσι, σίγουρα είστε πολύ τυχερή που είστε ζωντανή».

«Γιατρέ, δεν νομίζω να είναι θέμα τύχης αλλά μάλλον είναι ότι είμαι πολύ ευλογημένη που μου δόθηκε το δώρο της πίστης στην θεραπευτική δύναμη του Ιησού Χριστού, ο οποίος συγχωρεί όλες τις αμαρτίες μου και θεραπεύει όλες τις ασθένειές μου». Ήταν φυσιολογικό που τον ξάφνιασε η ερώτηση μου, αλλά εάν έπρεπε να υποφέρω όλα αυτά, το ελάχιστο που θα μπορούσα να κάνω ήταν να χρησιμοποιήσω τον πόνο μου ως όχημα για να κηρύξω το ευαγγέλιο. Ακόμη και ο απόστολος Παύλος είπε: «Ήταν εξαιτίας μιας ασθένειας που την πρώτη φορά κήρυξα σε σας το ευαγγέλιο».

Και με την σύμφωνη γνώμη του γιατρού που ήταν ότι πιό κοντινό στο να αποδεχτεί ένας γιατρός ότι η περίπτωση μου είναι περίπτωση ζωντανού θαύματος, έφυγα με ειρήνη προς το σπίτι του Γιώργου και της Εύης. Απολαύσαμε ένα υπέροχο γεύμα και έπειτα ο Γιώργος ξόδεψε το απόγευμα διδάσκοντάς με τα πολύτιμα μαργαριτάρια γνώσης σε θέματα στα οποία είχε εντρυφήσει σε βάθος ενώ εγώ ίσα που τα είχα ακουμπήσει στα τριάντα χρόνια που είμαι χριστιανή. Ρώτησα τον Γιώργο εάν πήγαινε τακτικά στους ναούς των αρχαίων θεών της Ελλάδος για να προσευχηθεί και να υψώσει το όνομα του Ιησού, όπως είχε κάνει στην Πάρο. «Εννοούσα την Ακρόπολη στην Αθήνα και άλλα όμοια μέρη;» Απλά χαμογέλασε και απάντησε ότι το είχε κάνει εκατοντάδες φορές.

Εκείνο το βράδυ θα ήταν διαφορετικό από την τελευταία φορά που τους επισκέφτηκα. Ένα άλλο ζευγάρι, ο Νίκος και η Καλή είχαν έρθει στο σπίτι αντί να οδηγήσουν στο κέντρο του Σαλόμ στην Αθήνα. Θα λατρεύαμε μαζί στο σπίτι και θα βλέπαμε πού θα μας οδηγούσε το Άγιο Πνεύμα. Ο Νίκος έπαιζε κιθάρα και λατρεύαμε, μερικές φορές στα αγγλικά και άλλες φορές στα ελληνικά. Μετά από περισσότερο από μία ώρα, ο Γιώργος ρώτησε αν κάποιος είχε λάβει κάτι από τον Θεό. Η Εύη και ο Γιώργος μοιράστηκαν μερικά πράγματα και στη συνέχεια με ρώτησε εάν είχα λάβει τίποτα.

«Ω, ναι, είχα μια όραση, γεγονός πολύ ασυνήθιστο για μένα. Στο όραμα, οδηγούσα κατά μήκος ενός ίσιου οδικού άξονα στην εξοχή. Και ξάφνου, υπήρχε μια μικρή έξοδος προς τα αριστερά που κατηφόριζε σε έναν όμορφο καταπράσινο αγρό. Το αυτοκίνητο συνέχισε να κινείται πάνω στο χορτάρι δίχως να επιβραδύνει καθόλου. Ο χώρος ήταν γεμάτος με ροζ λουλούδια και, καθώς το αυτοκίνητο προχωρούσε τα ροζ λουλούδια είχαν γεμίσει όλο το αυτοκίνητο και το παρμπρίζ. Δεν ξέρω τι σημαίνει ή σε ποιόν απευθύνετε, αλλά καταλαβαίνω ότι τα αυτοκίνητα στα όνειρα και στις οράσεις υποδηλώνουν διακονίες και τα λεωφορεία συμβολίζουν εκκλησίες.».

Ο Γιώργος εξήγησε ότι το όραμα μετά βεβαιότητος αφορούσε εμένα και ότι οι καταπράσινοι αγροί δηλώνουν ευημερία, κάτι φρέσκο και χαρούμενο. Η Εύη θεώρησε ότι τα ροζ λουλούδια έδειχναν κάτι πολύ θηλυκό. Το γεγονός ότι το αυτοκίνητο βγήκε εκτός πορείας, σηματοδοτούσε ότι η διακονία θα ήταν κάτι το ασυνήθιστο. Είχα ένα πραγματικά χαρούμενο, αίσθημα προσμονής για το όλο θέμα. Ήταν πολύ μετά από τα μεσάνυχτα όταν τελικά πήγα στο κρεβάτι για ύπνο.

Το πρωί της επόμενης μέρας, θυμήθηκα ένα όνειρο που είχα δει πριν από χρόνια, που είχε να κάνει με ένα αυτοκίνητο. Πρέπει να ήταν γύρω στο

2009, προτού ανακαλύψω ότι είχα καρκίνο στο δεύτερο στήθος και πριν από τη χημειοθεραπεία. Ήμουν σε ένα αυτοκίνητο που ανηφόριζε το λόφο από το λιμάνι του Πίσω Λιβαδιού προς την παραλία του Λογαρά. Μπροστά μου ήταν ένα λεωφορείο και όλοι οι άνθρωποι από την εκκλησία ήταν στο λεωφορείο. Δεν μπορούσα να καταλάβω γιατί βρισκόμουν μόνη στο αυτοκίνητο και όχι στο λεωφορείο με τους άλλους. Στη συνέχεια, ξαφνικά, το λεωφορείο άρχισε να κυλάει προς τα πίσω από το λόφο προς εμένα, και ήταν εντελώς εκτός ελέγχου. Έπρεπε τάχιστα να κάνω όπισθεν με το αυτοκίνητό μου και τελικά μπόρεσα να σταματήσω το αυτοκίνητο κάτω από το λόφο στο χώρο στάθμευσης αυτοκινήτων. Ο χώρος στάθμευσης αυτοκινήτων, που στην πραγματικότητα είναι μαύρη άσφαλτος, στο όνειρο ήταν ξηρή, και ραγισμένη λάσπη όπως αυτή που βλέπει κανείς σε μια ξερή έρημο. Όταν ανέφερα στον Γιώργο το προηγούμενο όνειρο, είπε ότι τώρα το πιο πρόσφατο όραμα έχει περισσότερο νόημα. Το πρώτο όνειρο ήταν η πρόβλεψη ενός μεγάλου χρόνου δυσκολίας και ξηρότητας στην διακονία στην Πάρο. Αυτό συνέβη στην πραγματικότητα το 2010, καθώς περνούσα μήνες θεραπείας και χημειοθεραπείας. Τώρα, το όραμα του καταπράσινου αγρού, που ήταν σε αντίθεση με το όνειρο, μαρτυρά μια εποχή μεγάλης ευλογίας και ευημερίας.

Τις εβδομάδες που επακολούθησαν, δεν μπορούσα να σταματήσω να σκέφτομαι τα ροζ λουλούδια. Συνέχεια σκεφτόμουν το ροζ τόξο που είναι το σύμβολο της ασφάλειας στη διαφήμιση του καρκίνου του μαστού. Σίγουρα δεν υπήρχε τίποτα πολύ πιο θηλυκό από το στήθος μιας γυναίκας. Τείνω να σκέφτομαι ότι αυτό ήταν μια πρόβλεψη της πολύ αναμενόμενης αποκατάστασης μου. Είναι ενδιαφέρον ότι ο Γιώργος και η Εύη είχαν προγραμματίσει ένα τριήμερο συνέδριο τον Δεκέμβριο. Το θέμα ήταν «Βασίλεια, δύναμη και θεραπεία». Άραγε Ο Θεός θα επέλεγε αυτό το γεγονός για να εκπληρώσει την υπόσχεσή του για την αποκατάσταση μου; Το Δεκέμβριο του 2014 θα ήταν ακριβώς είκοσι χρόνια από την μαστεκτομή του αριστερού μου μαστού.

Ένα άλλο ενδιαφέρον πράγμα ήταν ότι η κυρία που με είχε επισκεφτεί στο νοσοκομείο πριν από είκοσι χρόνια μόλις είχε έρθει σε επαφή μαζί μου ξανά για προσευχή. Δεν την είχα δει μα ούτε είχα ακούσει νέα της όλο αυτό το χρονικό διάστημα, αλλά πλέον είχαμε έρθει σε επαφή και σκεφτόταν να έρθει στις συναντήσεις για θεραπεία από παγκρεατίτιδα. Μήπως την κάλεσε ο Θεός στο προσκήνιο καθώς ήταν μάρτυρας της αφαίρεσης του μαστού μου, και για να την θεραπεύσει τελείως και να τις αφαιρέσει τις πέτρες της χοληδόχου κύστης; Εξάλλου, επρόκειτο να είναι συνέδριο θεραπείας. Όλα αυτά ήταν στην καρδιά μου και τα σκεφτόμουν οπότε αποφάσισα ότι θα τα μοιραστώ με τους ανθρώπους στην αλυσίδα προσευχής.

Στο συνέδριο του Δεκεμβρίου, υπήρχαν άνθρωποι από πολλά έθνη: από την Ιταλία, τη Ρουμανία, τη Βουλγαρία, την Αγγλία, την Αυστρία, καθώς και την Ελλάδα. Αρκετούς από εμάς, ως πάστορες, μας κάλεσαν να μοιραστούμε αυτό που έκανε ο Θεός στις πόλεις και στις εκκλησίες μας. Την Κυριακή με κάλεσαν επίσης να σερβίρω τα στοιχεία της Κοινωνίας μαζί με έναν Ιταλό, αυτό ήταν ένα ξεκάθαρο μήνυμα επιβεβαίωσης ότι αυτή η ομάδα των Χριστιανών αναγνώριζε την διακονία των γυναικών στην εκκλησία. Λατρεύαμε στα αγγλικά, ελληνικά, βουλγαρικά και γερμανικά. Ήταν μια ένδοξη εμπειρία, ο χώρος γέμιζε είτε από τον πλούσιο ήχο των πλήκτρων, είτε με την απαλή κυμάτωση της κιθάρας, των πνευστών και του μαντολίνου. Οι φωνές είτε υψωνόντουσαν δυνατά με χαρά είτε ηρεμούσαν σε ψίθυρους καθώς το Άγιο Πνεύμα έπεφτε και μας έφερνε στην παρουσία του Βασιλιά. Ήταν πραγματική γιορτή όταν συγκριθεί με την απλή λατρεία που έχουμε στην Πάρο. Ξέρω ότι ο Θεός ευαρεστείται με όλα, αλλά η διαφορά ήταν σαν την απλή υμνωδία ενός παιδιού όταν συγκρίνεται με τη χορωδία των αγγέλων στον ουρανό γύρω από το θρόνο. Έπειτα δόθηκε στους ανθρώπους η ευκαιρία να μοιραστούν αυτά που είχαν δει και είχαν ακούσει στο πνεύμα καθώς λάτρευαν. Ήταν σαν ένα ουράνιο τόξο οραμάτων να είχε βρέξει ανάμεσα στους παρευρισκόμενους.

Ο Γιώργος εξήγησε ότι το Κέντρο Σαλόμ διακονούσε τους άλλους βοηθώντας τους να έχουν μια συνάντηση με τον Κύριο. Ζητήθηκε από κάποιους από εμάς να μοιραστούμε αυτό που έκανε ο Θεός στη ζωή μας και να αναφερθούμε σε οποιαδήποτε ιδιαίτερα σημεία προσευχής. Αναφέρθηκα στο τι έκανε ο Θεός στην Πάρο, πώς ήταν όλα υπερφυσικά, από την αρχική κλήση του Θεού σε εμένα για να με φέρει εκεί, και στην σταθερή ροή ανθρώπων που μας έφερνε από όλα τα έθνη. Συμμερίστηκα την έκπληξή μου ότι, ενώ περίμενα να προσεγγίσω τον Ελληνικό λαό με το μήνυμα του Ευαγγελίου, στην πραγματικότητα, οι Έλληνες ήταν η μειονότητα μέχρι στιγμής.

Ένιωσα επίσης ότι έπρεπε να πω για την αντίσταση που βιώσαμε από άλλες εκκλησίες και πώς οι δυνάμεις του σκότους είχαν προσπαθήσει να με σκοτώσουν με το καρκίνο του αριστερού μαστού το 1994 και πάλι στο δεξιό μαστό το 2010. Δόξα στον Θεό, είμαι ζωντανή και καλά στην υγεία μου έχοντας θεραπευτεί στο όνομα του Ιησού. Το βρήκα σωστό να μοιραστώ μάλιστα ότι συνέχιζα να πιστεύω στην υπόσχεση της πλήρους αποκατάστασης του μαστού μου και ότι μιας και ήταν πριν από ακριβώς είκοσι χρόνια τον ίδιο μήνα, πιθανώς να ήταν ο χρόνος του Θεού. Ήξερα ότι ήμουν περιτριγυρισμένη από ανθρώπους της οικογένειας, που είναι του ιδίου πνεύματος, ανθρώπους που θα πίστευαν μαζί μου και αναμφίβολα θα προσευχόντουσαν για μένα, το ίδιο που θα έκανα και εγώ για εκείνους.

Καθώς άκουγα τους άλλους να μιλούν, συνειδητοποίησα ότι αρκετοί από αυτούς τους ανθρώπους ήταν μόνο σε μικρές ομάδες. Στη Ρώμη είχαν ξεκινήσει με εννέα, στο Λούτον ήταν ένα φυλάκιο και σκοπιά των τριών ατόμων, στη Νέα Υόρκη τέσσερα άτομα, όμως ο Θεός χρησιμοποιούσε την κάθε ομάδα για να εκπληρώσει τον θεϊκό σκοπό του, δημιουργώντας έναν στρατό πολεμιστών προσευχής σε όλο τον κόσμο.

Το μεσημέρι, υπήρχε χρόνος χειροτονίας διακόνων, δύο άτομα στην ομάδα από την Χαλκιδική, ο Ρόμπερτ από την ομάδα του Λούτον και ο Νίκος, που ήταν εκεί στο Κέντρο του Σαλόμ στην Αθήνα. Ο Νίκος είχε πάρει το τολμηρό βήμα πίστης να φύγει από τη Γερμανία, όπου είχε μια σταθερή θέση εργασίας με εισόδημα, για να έρθει στην Αθήνα και να υπηρετήσει τον Κύριο. Ήταν πλέον καιρός να γίνει επιβεβαίωση και αναγνώριση των όσων έκανε ο Θεός διαμέσου αυτών των ανθρώπων. Καθώς ο Γιώργος και η Εύη οι διάκονοι του Σαλόμ έθεσαν τα χέρια τους πάνω στους ανθρώπους, μέσα στην καρδιά μου ήξερα ότι ανήκαμε εκεί. Όσοι ήταν στην ομάδα μας στην Πάρο είχαν συμφωνήσει πρόσφατα να αναλάβω τον τίτλο του πάστορα και το είχα αποδεχτεί. Ήξερα ότι υπήρχε η ανάγκη να ολοκληρωθεί η διαδικασία με την επίθεση των χεριών επάνω μου για να χειροτονηθώ αλλά το κράτησα αυτό για τον εαυτό μου. Είχαμε μελετήσει εκτενώς το λόγο σχετικά με το ρόλο των γυναικών στην εκκλησία και ήταν πολύ εμφανές από το αρχαίο ελληνικό κείμενο ότι η Χλόη και η Φοίβη ήταν οι ηγέτες των πρώτων εκκλησιών που συναντιόντουσαν στα σπίτια τους. Η νεοελληνική εκδοχή των κειμένων είχε αλλαχτεί για να γίνει απόκρυψη του γεγονότος και να προστατευτεί η αρσενική κυριαρχία της εκκλησίας.

Αργά το απόγευμα, αφού όλοι δειπνήσαμε μαζί, ο Γιώργος επιβεβαίωσε αυτή την εσωτερική μαρτυρία του Πνεύματος, όταν με κάλεσε σε μια πλευρά και με ρώτησε αν ήμουν έτοιμη για να με χειροτονήσουν. Ήξερα ότι η απάντηση είναι ναι, αλλά ζήτησα χρόνο εκείνο το βράδυ για να προσευχηθώ για την πρόταση. Με αυτό το υπόβαθρο για τα γεγονότα, την Κυριακή το μεσημέρι, ο Γιώργος, η Εύη και οι άλλοι διάκονοι της εκκλησίας με επιβεβαίωσαν ως πάστορα της εκκλησιαστικής ομάδας της Πάρου και έθεσαν τα χέρια τους επάνω μου με τον ίδιο τρόπο που έλαβαν την αποστολή τους ο Βαρνάβας και ο Σαύλος (Πράξεις 13:1-3) για το έργο που τους κάλεσε ο Κύριος να εκπληρώσουν. Επιτέλους, ήμασταν μέρος μιας μεγαλύτερης οικογένειας, και δεν ήμασταν πλέον απομονωμένοι από το κύριο σώμα του Χριστού στην Ελλάδα.

Η διδασκαλία της Κυριακής ήταν για τη θεραπεία, το τελευταίο σκέλος του θέματος του συνεδρίου μας «Βασίλεια, Δύναμη, Θεραπεία». Η Αγγελική, η πάστορας του Σαλόμ, είχε γράψει επτά εδάφια στον χαρτοπίνακα, αλλά, λόγω έλλειψης χρόνου, δεν αναφέρθηκε σε αυτά όπως είχε αρχικά σχεδιάσει. Με περίσσια χάρη, κατέβηκε από τον άμβωνα για να δώσει στον επόμενο ομιλητή από τη Ρουμανία περισσότερο χρόνο. Φανταστείτε την έκπληξη του Μαριάν Ζαμφίρ όταν είδε στο χαρτοπίνακα τα επτά εδάφια για τα οποία είχε λάβει την οδηγία να διδάξει.

«Είναι θαύμα», δήλωσε, και όλοι γέλασαν με την παροχή και την ενθάρρυνση του Θεού για να τον βοηθήσει να διδάξει στα αγγλικά που δεν είναι η μητρική του γλώσσα. Δίδαξε επτά πράγματα που μπορούν να εμποδίσουν την επούλωση και που πρέπει να τα αντιμετωπίσουμε πριν πραγματικά προσευχηθούμε για την θεραπεία ενός ατόμου: άγνοια της θεραπείας, απιστία, αδιανόητη αμαρτία, απροσεξία, απόκρυψη, λανθασμένες διακηρύξεις, όπως ο Τεκτονισμός και, τέλος, οι δαίμονες. Πραγματικά ευλογηθήκαμε από τη διδασκαλία του και τις ιστορίες εκείνων που θεραπεύτηκαν. Η πρόκλησή του για μας ήταν πάντα να ρωτάμε τους άλλους που έχουν ανάγκη: «Προσευχήθηκες; Όχι; Τότε μπορώ να προσευχηθώ για σένα;»

Δεν ήταν ότι δεν είχα ξανακούσει τέτοια διδασκαλία με τα επτά σημεία, δεδομένου ότι συχνά διακονούσα σε ανθρώπους με αυτόν τον τρόπο, αλλά ο Θεός τα ήθελε να είναι όλα φρέσκα στο μυαλό μου, επειδή, όταν τελείωσε το συνέδριο εκείνο το απόγευμα, είχε μια δουλειά για μένα. Ο Μάριαν κάλεσε όσους χρειάζονται προσευχή για θεραπεία να έρθουν μπροστά. Άδραξα την ευκαιρία με πολύ ευχαρίστηση δεδομένου ότι πρόσμενα την τελική αποκατάσταση του στήθους μου, αλλά δεν ήταν να συμβεί εκείνη τη στιγμή. Νόμιζα ότι θα επέστρεφα στο δωμάτιο του ξενοδοχείου μου και θα αναπαυόμουν στην παρουσία του Θεού για αρκετές ώρες πριν κοιμηθώ. Ποιός ξέρει; Θα μπορούσε εύκολα να φανερωθεί στην ήρεμη στιγμή μου με τον Ιησού μου.

Επέστρεψα στο δωμάτιο του ξενοδοχείου μου και βρήκα ένα μήνυμα στη ρεσεψιόν. Η Λίμπι, η κυρία που δεν είχα δει για είκοσι χρόνια, είχε τηλεφωνήσει για να κανονίσω να συναντηθούμε. Της τηλεφώνησα και είπε ότι θα φτάσει σε μισή ώρα. Είχα χρόνο απλώς για να βγάλω την επίσημη ενδυμασία, την μπλε φούστα και το σακάκι και να φορέσω πιο άνετα παπούτσια και παντελόνι.

Κατά την άφιξή της, επιλέξαμε να μείνουμε στο δωμάτιό μου και έφτιαξα καφέ. Την άκουγα να διηγείται διάφορα πράγματα που είχαν συμβεί τα τελευταία είκοσι χρόνια. Ήταν ξεκάθαρο ότι χρειαζόταν διακονία για κάποιες συναισθηματικές πληγές και έπρεπε να την οδηγήσω στην προσευχή για να βεβαιωθώ ότι δεν είχε καμία ασυγχωρησία στην καρδιά της ως αποτέλεσμα αυτών. Θεώρησα φρόνιμο να οδηγήσω την Λίμπι σε μια προσευχή μετάνοιας για να λάβει τον Χριστό ως Κύριο και Σωτήρα της. Τότε μπορούσα να θέσω επάνω της τα χέρια μου στο όνομα του Ιησού για να θεραπευτεί από την παγκρεατίτιδα, από την γεμάτη πέτρες χοληδόχο κύστη, από ινομυαλγία και από οστεοαρθρίτιδα. Πριν από την προσευχή αντιμετώπιζε μεγάλη δυσκολία με την κατανάλωση φαγητού και είχε χάσει πολύ βάρος, αλλά στις εβδομάδες που επακολούθησαν ήταν σε θέση να φάει και είχε προσθέσει μερικά κιλά. Σε ένα πάρτι αποφάσισε να δοκιμάσει πίτσα και γλυκό μπλάκ φόρεστ καταφέρνοντας να τα απολαύσει, δόξα στον Θεό.

Την επόμενη μέρα, μια ευτυχισμένη Μπάρμπαρα επέστρεψε στην Πάρο. Μπορεί να μην είχα λάβει την αποκατάστασή μου, αλλά, η Λίμπι μετά βεβαιότητος έλαβε ένα σημαντικό μέρος της δικής της! Άρχισε αμέσως να μελετάει τη Βίβλο για πρώτη φορά μετά από πολλά χρόνια και ενθουσιάστηκε πάρα πολύ με τα όσα αναφερόντουσαν μέσα, ακόμα και με το βιβλίο του Ιώβ! Ήταν για εμένα μεγάλη χαρά που μάθαινα τι μελετούσε και πως την βοηθούσε.

Ήταν μεγάλη έκπληξη, όταν την επισκέφθηκα στα τέλη του Μάρτη, και ανακάλυψα ότι υπέφερε και πάλι από πόνο και καούρα κάθε φορά που έτρωγε κάτι, ακόμα και λίγο ξηρό τοστ και τσάι. Ήταν καιρός να βρούμε την ρίζα του προβλήματος. Καθώς μιλούσαμε και κοιτούσαμε τα παλαιά άλμπουμ με τις φωτογραφίες, διαπίστωσα ότι ο πατέρας της ήταν Μασόνος. Αν και οι μασόνοι κάνουν πολλές φιλανθρωπικές πράξεις και θεωρούνται ως μία αξιόλογη οργάνωση, αυτό που είναι άγνωστο σε πολλούς ανθρώπους είναι ότι η Μασονία έχει τις ρίζες της στη λατρεία ενός θεού που ονομάζεται Γιαχμπουλόν. Ο Γιαχμπουλόν είναι ως επί το πλείστον αναφερόμενος ως "ο Μέγας Αρχιτέκτονας του Σύμπαντος", και εδώ έρχεται η εξαπάτηση. Ο Γιαχμπουλόν είναι συνδυασμός των δύο λέξεων, Γιαχβέ, ο Θεός των Εβραίων (που είναι καλός), και του Μπούλ από τον Βάαλ, ο αρχαίος θεός της γονιμότητας των Χαναναίων, και τον Ον από τον Όσιρι, τον αρχαίο αιγυπτιακό θεό του κάτω κόσμου. Δεδομένης της εντολής του Θεού: «Δεν θα έχετε άλλους θεούς μπροστά μου», αυτή η λατρεία των θεών των Χαναναίων και των Αιγυπτίων απαγορεύτηκε. Επειδή ο πατέρας μου ήταν Μασόνος, ήμουν σε θέση να γνωρίζω τα προβλήματα που αυτό μπορούσε να προκαλέσει σε μια οικογένεια.

Η μητέρα της είχε εργαστεί σε γηροκομείο και με τα άλλα άτομα του προσωπικού είχαν συμμετάσχει σε συναθροίσεις πνευματιστών. Η Βίβλος ρητά απαγορεύει τη χρήση μέντιουμ για την επικοινωνία με τους νεκρούς, και αναφέρει την περίπτωση του βασιλιά Σαούλ, που πλήρωσε πολύ ακριβά το τίμημα όταν ήρθε σε επαφή με τον προφήτη Σαμουήλ.

Καθώς συζητούσαμε, παρατήρησα επίσης μια συλλογή από ελληνικές εικόνες σε ένα τραπέζι στη γωνία του δωματίου. Η ειδωλολατρία απαγορεύεται ρητά στη Βίβλο.

Έτσι λοιπόν, είχαμε τουλάχιστον τρία σημεία από τα οποία μπορούσαμε να ξεκινήσουμε τα οποία θα είχαν φέρει κατάρα στην οικογένεια. Και πάλι ήταν απαραίτητο να οδηγήσεις το άτομο, στο όνομα του Ιησού, μέσα σε επτά βήματα για την απελευθέρωση από τις κατάρες. Αυτές οι κατάρες ευθυνόντουσαν όχι μόνο για τα προβλήματα υγείας που αντιμετώπιζε, αλλά και για τη δύσκολη οικονομική κατάσταση της καθώς και για διάφορα άλλα αρνητικά πράγματα που συνέβαιναν στη ζωή της. Η Λίμπι κατάλαβε αμέσως και αποφάσισε να ξεφορτωθεί τις εικόνες, και το έπραξε την ίδια μέρα. Στη συνέχεια προσευχήθηκα για τη θεραπεία της και για την αϋπνία της. Δεν μπορούσε να κοιμηθεί για εβδομάδες εξαιτίας του πόνου και σπάνια κοιμόταν παραπάνω από μερικές ώρες, συνήθως τις πρώτες πρωινές ώρες μετά από μια βασανιστική νύχτα.

Το επόμενο πρωί, ξύπνησε μετά από δέκα ώρες ανενόχλητου ύπνου και ο πόνος είχε υποχωρήσει. Δυστυχώς, ο πόνος επανήλθε όταν έφαγε εκείνη την ημέρα, οπότε από την απελπισία της κάποια στιγμή μέσα στην εβδομάδα, πήγε στο νοσοκομείο. Οι πόρτες που ήταν προηγουμένως ερμητικά κλειστές, πλέον είχαν ανοίξει και προγραμματίστηκε χειρουργική επέμβαση για το τέλος του μήνα. Η θεραπεία διαμέσου των γιατρών είναι εξίσου θεραπεία ως αν να ήταν ένα στιγμιαίο θαύμα, αν και, όλοι προτιμούμε το ανώδυνο θαύμα.

Θεώρησα φρόνιμο να ειδοποιηθεί όλη η αλυσίδα προσευχής για τα προβλήματα που αντιμετώπιζε. Μια ώρα αργότερα από την στιγμή που έστειλα το ηλεκτρονικό μήνυμα, ήταν φανερό ότι είχε αρχίσει να αισθάνεται καλύτερα και, μετά από δύο μέρες σημειώθηκε σημαντική βελτίωση.

Συνήθως έτσι συμβαίνει με την απελευθέρωση των ανθρώπων από τις κατάρες. Μερικές φορές το μόνο που χρειάζεται είναι μια προσευχή απελευθέρωσης και το πρόβλημα λύνεται, όπως ήταν με την περίπτωση της Έιμι από το Κολοράντο. Για κάποιους, είναι μάλλον σαν ένα χταπόδι να κάθεται στην πλάτη τους και πρέπει να κόβουμε τα πλοκάμια ένα κάθε φορά. Ήμουν σίγουρη ότι η Λίμπι τελικά θα απελευθερωνόταν και θα άνθιζε σαν τριαντάφυλλο. Δεδομένου ότι οι κατάρες μπορούν να είναι αυτοεπιβαλλόμενες, είναι ύψιστης σημασίας να μάθει να μην ξεστομίζει αρνητικά λόγια για τον εαυτό της.

Καθώς το 2014 έφτανε στο τέλος του, ένιωσα ότι είχαμε κάνει σημαντικές διασυνδέσεις με το σώμα του Χριστού. Σε μόλις ένα χρόνο ο Θεός μας είχε οδηγήσει να έρθουμε σε επαφή με το Κέντρο Προσευχής Σαλόμ στην Αθήνα, με την ομάδα Πέρασμα στην Ζωή που ασχολείται με θέματα εξάρτησης από ναρκωτικές ουσίες και αλκοόλ, και με τον Σάιμον και την Κέιτι με το σκάφος τους, που συνδέονται με το Φάλντι-Μπρένιν στην Ουαλία. Είχαμε επίσης δημιουργήσει την αλυσίδα προσευχής μας, η οποία περιελάμβανε ανθρώπους στις ΗΠΑ, τον Καναδά, την Αυστραλία, την Αγγλία, τη Γερμανία, τη Νορβηγία και την Ελλάδα. Τέλος, μετά από είκοσι πέντε χρόνια, οικοδομούμασταν σε μια ομάδα ανθρώπων που θα μπορούσε να υπηρετήσει τον Θεό και να βοηθήσει πολλούς άλλους. Αναμφίβολα θα μαθαίναμε τι είχε σχεδιάσει ο Θεός σε όλα αυτά.

Πολλά είχαν αλλάξει από εκείνες τις πρώτες μέρες όταν έφτασα για πρώτη φορά στην Πάρο με το Land Rover. Ο Θεός είχε πράγματι εκπληρώσει την υπόσχεσή Του να με στείλει στην «Ελλάδα και στα μακρινά νησιά» για να διακηρύξω τη δόξα Του, όπως αναφέρω στο πρώτο μου βιβλίο με τον ίδιο τίτλο. Το θαύμα του κέρματος των πέντε δραχμών που είχε προμηθεύσει χρήματα για να ολοκληρωθεί η αγορά του οικοπέδου για ένα σπίτι στην Πάρο. Η υπόσχεση του Θεού είχε συμπεριλάβει όχι μόνο ένα σπίτι αλλά έναν σύζυγο. Ναι, υπήρξαν πολλές ευκαιρίες να διακηρυχθεί η δόξα Του και σίγουρα θα υπάρξουν πολλές ακόμη.

17 Η ΕΛΛΗΝΙΚΗ ΚΡΙΣΗ ΚΑΙ ΟΙ ΠΡΟΣΦΥΓΕΣ

Τα ταξίδια μου στην Αθήνα ήταν βαθύτατα ανησυχητικά. Ενώ περπατούσαμε στους πίσω δρόμους κοντά στην πλατεία Ομονοίας, ήταν πολύ συνηθισμένο να βρίσκω ανθρώπους όλων των ηλικιών ξαπλωμένους πάνω σε χαρτοκιβώτια, και οι πιο τυχεροί ήταν σκεπασμένοι με κουβέρτες. Κάποιοι ήταν εκεί επειδή είχαν εθιστεί στα ναρκωτικά ή το αλκοόλ: ο σιωπηλός κλέφτης που τους έκλεβε τα λίγα ευρώ που θα μπορούσαν να συλλέξουν. Άλλοι ήταν εκεί επειδή είχαν χάσει την εργασία τους και δεν μπορούσαν να πληρώσουν το ενοίκιό τους, και απλά τους είχαν βγάλει στους δρόμους. Οι εξοργισμένοι ιδιοκτήτες, πάσχιζαν για να πληρώσουν το μπαράζ των νέων φόρων στην ακίνητη περιουσία, κινδύνευαν να κατασχεθεί η περιουσία τους αν δεν πλήρωναν τον ΕΝΦΙΑ, το νέο φόρο ακίνητης περιουσίας. Οι ενοικιαστές που πλήρωναν το ενοίκιό είχαν προτεραιότητα έναντι εκείνων που αδυνατούσαν να πληρώσουν.

Για την ομάδα «Πέρασμα στην Ζωή», αυτή ήταν η ευκαιρία τους να διακονήσουν στους χαμένους και τους άπορους. Όλο το χρόνο, τα βράδια, ήταν έξω στους δρόμους με ομάδες που σέρβιραν ζεστό τσάι και κρουασάν σε αυτές τις απελπισμένες ψυχές. Τον χειμώνα, έκαναν διανομή κουβερτών, καπέλων και γαντιών. Άλλες νύχτες βρισκόντουσαν σε ένα κεντρικό πάρκο, το Πεδίον του Άρεως, όπου πολλοί άστεγοι και τοξικομανείς κοιμόντουσαν σε πάγκους ή κατά ομάδες σε διάφορες γωνιές. Όχι μόνο τους προσέφεραν προσωρινή ανακούφιση στο δρόμο, αλλά πρόσφεραν επίσης ένα πρόγραμμα απεξάρτησης στους τοξικομανείς που ήθελαν να απελευθερωθούν. Είχαν ένα κεντρικό κτίριο με καταλύματα και εγκαταστάσεις μαγειρικής για τους εθισμένους που ήταν έτοιμοι να εγκαταλείψουν την υπό αμφισβήτηση ελευθερία του πάρκου και να ενταχθούν στην ομάδα σε ένα σπιτικό περιβάλλον. Καθ' όλη τη διάρκεια της εβδομάδας, οι συμμετέχοντες στο πρόγραμμα λάμβαναν οδηγία για να κατανοήσουν ότι μόνο με τη βοήθεια του ίδιου του Θεού θα μπορούσαν πραγματικά να απελευθερωθούν. Η προσευχή και η ανάγνωση της Βίβλου γινόταν αναπόσπαστο κομμάτι της ζωής τους και, καθώς βελτιονόντουσαν πνευματικά, εντάσσονταν στις ομάδες που έβγαιναν τη νύχτα για να βοηθήσουν άλλους.

Οι περισσότεροι Έλληνες έχουν ιδιόκτητα σπίτια, οπότε, τουλάχιστον όταν οι καιροί δυσκόλευαν, είχαν μια στέγη πάνω από τα κεφάλια τους. Παραδοσιακά, η ιδιοκτησία ακινήτου περνούσε πάντοτε από την μια γενιά στην άλλη, και στο παρελθόν, σπάνια πουλιόταν. Για εκείνους που δεν είχαν κληρονομήσει σπίτια από τη γιαγιά, ήταν μια διαφορετική ιστορία. Όλο και περισσότεροι άνθρωποι έχαναν τη δουλειά τους - περίπου

30.000 μόνο τον Ιανουάριο - και εκείνοι που είχαν δάνεια, η τράπεζα έκανε κατάσχεση στο σπίτι τους. Έβρισκες συχνά Έλληνες να ψάχνουν τους κάδους σκουπιδιών αναζητώντας τα υπολείμματα πίτσας ή αντικείμενα των οποίων η ημερομηνία λήξης είχε παρέλθει.

Οι περικοπές στις συντάξεις των χαμηλοσυνταξιούχων ήταν πραγματικά τραγικές. Πλέον ήταν συνηθισμένη για τους συνταξιούχους η απώλεια εκατοντάδων ευρώ το μήνα και εάν κάποιος είχε μόνο εξακόσια ευρώ για να τα βγάλει πέρα το μήνα, το να βιώσει περικοπή στην σύνταξη του σε λιγότερα από πεντακόσια ευρώ ήταν καταστροφή. Γνωρίζαμε ολόκληρες οικογένειες όπου τρεις γενιές προσπαθούσαν με το ζόρι να τα βγάλουν πέρα με τη σύνταξη του παππού: οι γιοι και οι κόρες είχαν χάσει τις εργασίες τους ή ποτέ δεν κατάφεραν να βρουν μια θέση εργασίας. Στις ομάδες ατόμων ηλικίας 18-30 ετών, η ανεργία αυτή τη στιγμή έχει φτάσει το πενήντα τοις εκατό.

Φίλοι και τουρίστες που επισκέπτονταν μας ρωτούσαν συχνά για την κατάσταση που επικρατεί στα νησιά. Ήταν πράγματι τόσο άσχημα όσο τα έβλεπαν από τα ευρωπαϊκά κανάλια ειδήσεων; Για να κατανοήσει κάποιος την κατάσταση του νησιού, θα πρέπει να έχει ζήσει σε κάποιο νησί για να καταλάβει πλήρως το οικογενειακό υπόβαθρο. Στην Πάρο, η μέση ελληνική οικογένεια διαθέτει δύο ή τρία σπίτια, που κληρονόμησε από τη γιαγιά, τη μαμά, τον μπαμπά ή κάποια θεία. Ένα από αυτά συνήθως είναι ένα διαμέρισμα στην Αθήνα. Η διατήρηση αυτού του σπιτιού είναι απαραίτητη για τα παιδιά όταν μεγαλώσουν και μπουν σε κάποιο πανεπιστήμιο ή για τις περιστασιακές οικογενειακές επισκέψεις στην Αθήνα ή τα νοσοκομεία και ως χειμερινή κατοικία για να αποδράσουν από την υγρασία που κυμαίνεται από εβδομήντα έως ογδόντα τοις εκατό. Τα παραθαλάσσια ακίνητα αξιοποιούνται ως ενοικιαζόμενα τουριστικά καταλύματα ή εστιατόρια, ενώ το σπίτι μέσα στο χωριό ήταν αυτό που τους παρείχε την δυνατότητα κοινωνικής συναναστροφής με τους γείτονες κατά την διάρκεια των μηνών του χειμώνα όταν δεν βρισκόντουσαν στην Αθήνα.

Αρκετοί ντόπιοι έχουν το δικό τους ελαιώνα και περιβόλι. Τα κοτέτσια ήταν συνηθισμένα και μερικοί επέκτειναν τις αγροτικές τους δραστηριότητες στο να εκτρέφουν γαλοπούλες, χήνες και πάπιες. Οι γείτονες μας επίσης είχαν τα δικά τους πρόβατα και κατσίκια. Αν οι άνθρωποι δεν είχαν τα δικά τους, τότε κάποιος στην οικογένεια πιθανότατα ένας μακρινός ξάδερφος θα είχε. Σε αυτό το περιβάλλον, όταν αντιμετωπίζεις συνταξιοδοτική περικοπή ή απώλεια εργασίας, αν έχεις ελαιόλαδο, αυγά και υπέροχη προμήθεια κρεμμυδιών, σκόρδου, ντομάτας, πιπεριών, κολοκυθιών, μελιτζάνας και δέντρα γεμάτα λεμόνια, μανταρίνια πορτοκάλια, η ζωή είναι αρκετά πιό διαχειρίσιμη. Για εκείνους που έχουν πρόβατα και κατσίκια, υπάρχει συχνή παραγωγή φρέσκου γάλακτος και τυριού, αρνιά και κατσίκα σε αφθονία, ειδικά για την γιορτή του Πάσχα. Εάν λάβουμε υπόψη ότι έχουν και δικούς τους αμπελώνες για το κρασί, τότε η ζωή μπορεί να είναι ακόμα πιο χαρούμενη.

Αρκετοί από αυτούς έχουν στην ιδιοκτησία τους δέκα με είκοσι ενοικιαζόμενα δωμάτια. Ακόμα και με τη μείωση του τουρισμού τα τελευταία χρόνια, το εισόδημα των 30-50 ευρώ ανά δωμάτιο για τους μήνες Ιούλιο και Αύγουστο από μόνο του θα συμπληρώσει για εκείνους με πολύ όμορφο τρόπο την παροχή των τοπικών τροφίμων. Είναι αλήθεια ότι οι φόροι που πλέον θα πρέπει να πληρώνουν οι ιδιοκτήτες έχουν αυξηθεί σημαντικά, γεγονός που συμβάλει στην περιρρέουσα αρνητική ατμόσφαιρα. Η ιδέα ότι κάποιος θα έπρεπε να πληρώνει το τριάντα τοις εκατό σε φόρους επί των κερδών του όπως κάναμε εδώ και χρόνια στην Αγγλία και στο Βέλγιο, ήταν τρομακτική για το μυαλό των Ελλήνων ειδικά μετά από χρόνια που δεν πλήρωναν φόρους. Θα ακούσεις φυσικά να σου λένε ότι έχουν τρία κενά δωμάτια τον Αύγουστο, ενώ το παλιό καιρό ήταν γεμάτα, αλλά αυτό είναι απλώς ένα ενδιαφέρον ελληνικό χαρακτηριστικό. Ένας Έλληνας σπάνια θα παραδεχτεί πόσο καλά τα πάει, εξάλλου δεν θέλει να ενθαρρύνει την ζήλια και να προσελκύσει το κακό μάτι!

Άρα, υποφέρουν στα νησιά; Ναι, πράγματι υπάρχουν εκείνοι που υποφέρουν αλλά είναι κυρίως οι αλλοδαποί που ήρθαν από την Αλβανία, τη Βουλγαρία και την Πολωνία, μαζί με τους Άγγλους και τους Γερμανούς. Αυτοί οι άνθρωποι βρίσκονται στην παγίδα της ανάγκης πληρωμής ενοικίου. Πολλοί αναγκάστηκαν να εργαστούν στη μαύρη αγορά, όπου δεν πληρώνεται το ΙΚΑ. Εναλλακτικά, θα πρέπει να πληρώσουν οι ίδιοι από έναν ήδη χαμηλό μισθό. Οι άνθρωποι εργάζονται με πλήρη απασχόληση καθαρίζοντας δωμάτια, ή σε εργοτάξια οικοδομών ακόμη και σε τοπικά σουπερμάρκετ με μηνιαίες απολαβές των 500 ευρώ και λιγότερο. Όταν τελειώσουν το έργο οι εργοδότες τους λένε ότι δεν έχουν χρήματα να τους πληρώσουν, οπότε θα πρέπει να περιμένουν, ή να επιστρέψουν στην πατρίδα γεγονός που συμβαίνει πολύ συχνά λόγω ανάγκης. Ζούμε σε ένα έθνος όπου το πενήντα τοις εκατό των νέων είναι άνεργοι, αλλά σχεδόν όλο το έργο της καθαριότητας των ξενοδοχείων και των ενοικιαζόμενων δωματίων γίνεται από αλλοδαπούς!

Ο Σουηδός Σβεν, ήταν ένας αλλοδαπός γεμάτος ελπίδα που είχε έρθει στην Ελλάδα να ξεκινήσει μια νέα ζωή. Όμως η κατάστασή του, όταν έχασε τελικά την εργασία του, και δεν μπορούσε να πληρώσει το ενοίκιό του μη έχοντας υποστήριξη, ήταν ακριβώς η αντίθετη από εκείνου που απολαμβάνει το Ελληνικό οικογενειακό σύστημα υποστήριξης. Η κατάθλιψη και η συνηθισμένη δίοδος διαφυγής με την κατανάλωση σούμας, για το πνίξιμο της θλίψης, τον είχαν καταβάλει. Τον είχαμε επιχορηγήσει για να συμμετάσχει στο πρόγραμμα της διακονίας Πέρασμα στη Ζωή για να ξεφύγει από τους εθισμούς του. Μετά από δεκαοχτώ μήνες στο πρόγραμμα και μη έχοντας πιει ούτε σταγόνα στο μεσοδιάστημα, το ερώτημα ήταν πού και τι θα μπορούσε να κάνει για να επιστρέψει πάλι στον κόσμο και να είναι πλέον αυτάρκης. Η προοπτική εργασίας στην Αθήνα, ήταν πολύ δύσκολη. Στην Πάρο, η διαθεσιμότητα κατάλληλης θέσης εργασίας είχε σχεδόν στερέψει και θα αντιμετώπιζε μεγάλο πειρασμό να επιστρέψει στον παλιό τρόπο ζωής. Ήμουν απρόθυμη να τον βοηθήσω να επιστρέψει στην Πάρο εν όψει του πιθανού κινδύνου. Έτσι, με μεγάλη χαρά, ο Θεός άνοιξε μια πόρτα για να συμμετάσχει σε μια διακονία στην Ιρλανδία. Η διακονία Ντρόπ Ιν (Έλα μέσα) διαθέτει περίπου τριάντα καταστήματα στην Ιρλανδία. Τα ρούχα και τα έπιπλα που πωλούνται παρέχουν χρήματα για την υποστήριξη των ατόμων που έχουν ανάγκη σε όλο τον κόσμο. Ο Σβέν έλαβε πρόσκληση να συμμετάσχει και να ζήσει στο κάστρο Μπάλιαρντς, ένα οικιστικό κέντρο που χρησιμοποιείται για χριστιανικά συνέδρια. Ο Σβέν ξοδεύει το χρόνο του συντηρώντας τις εγκαταστάσεις και καθιστώντας τον εαυτό του χρήσιμο στο κέτερινγκ των συνεδρίων του Σαββατοκύριακου. Πρόσφατα παρακολούθησε ένα εκπαιδευτικό πρόγραμμα μαθητείας, που θα τον εφοδίαζε για να υπηρετήσει περαιτέρω στην διακονία. Οι ντόπιοι που γνώριζαν τον Σβεν εκπλήσσονται με την αλλαγή της κατάστασής του. Μια λαμπρή απόδειξη του πόσο ο Θεός μπορεί να αλλάξει μια ζωή και τις καταστάσεις ενός ατόμου εάν απλά ανοίξει την πόρτα και τον αφήσει να έρθει μέσα.

Η διακονία Ντρόπ Ιν ανακοίνωσε πρόσφατα ότι θα έχουν πλήρη παρουσία στην Αθήνα για να βοηθήσουν τους πρόσφυγες, που είναι μια κρίση επικών διαστάσεων. Όσοι είχαν παγιδευτεί στο παρελθόν στις χώρες τους που μαστιζόντουσαν από τον πόλεμο έχουν φτάσει στο κατώφλι της Ελλάδας. Πολλοί που ουδέποτε είχαν την ελευθερία να ακούσουν το ευαγγέλιο του Ιησού Χριστού τώρα πλέον απολαμβάνουν την ελευθερία να ακούν και να επιλέγουν. Είναι μια τεράστια ευκαιρία για αυτό το χριστιανικό έθνος, την ευρωπαϊκή γενέτειρα του Χριστιανισμού.

Εδώ και πολύ καιρό στην Πάρο, έχουμε διασυνδέσεις με μια άλλη οργάνωση στην Ελλάδα, την Ελληνική Ιεραποστολική Ένωση. Μαζί με άλλες ομάδες, είναι παρόντες στη Λέσβο και παρέχουν καταφύγιο στις άστεγες οικογένειες των προσφύγων. Ήταν μεγάλη έκπληξη όταν η Λόρνι, που αρχικά ήταν μέρος της ομάδας μας στην Πάρο, ανακοίνωσε ότι ένιωθε πως πρέπει να πάει να τους βοηθήσει. Έχοντας αφήσει πίσω της την Πάρο πριν από χρόνια, έμενε στην Αγγλία μετά το θάνατο της μητέρας της. Επιτέλους, μπορούσε να αξιοποιήσει τα άπταιστα ελληνικά της και το πάθος της να μοιράζεται την αγάπη του Ιησού με τους πρόσφυγες. Για πολλούς, θα αρκούσαν μερικές εβδομάδες ή μήνες εθελοντικής εργασίας, αλλά για την Λόρνι, που ένιωθε έντονα την αίσθηση της υποχρέωσης να πακετάρει και να αφήσει το σπίτι της, η επιθυμία της να υπηρετήσει, για όσα χρόνια την αξίωνε ο Κύριος, ήταν μεγάλη. Οι ιστορίες που είχε να συμμεριστεί για τα διάφορα που συνέβαιναν στις κατασκηνώσεις των προσφύγων, ράγιζαν την καρδιά. Η πιο συγκλονιστική από όλες ήταν όταν ένα βράδυ όλες οι σκηνές πήραν φωτιά και κάηκαν. Την επόμενη μέρα, παρούσα ήταν η Λόρνι με την τσουγκράνα της, και προετοίμαζε την καμένη γη απλώνοντας φρέσκο χαλίκι και ποτίζοντας για να στηθούν εκ νέου οι σκηνές. Μετά από μήνες εξαντλητικής εργασίας στις κατασκηνώσεις των προσφύγων στην Λέσβο, έφυγε για να αρχίσει την προσυμφωνημένη εθελοντική της εργασία στην Αθήνα με την Επιχείρηση Κινητοποίησης, μια άλλη παγκόσμια οργάνωση. Για να προσφέρει τις υπηρεσίες της σε αυτές τις οργανώσεις, είχε βρει πρόθυμους υποστηρικτές που κάλυπταν τις καθημερινές ανάγκες της για φαγητό και τώρα πλέον και το ενοίκιο επειδή ζούσε στο κέντρο της Αθήνας στο επίκεντρο της κρίσης. Οι πολλές ώρες υπηρεσίας που προσέφερε, δεν είχαν κανένα οικονομικό αντάλλαγμα, οπότε ένας χαμηλό συνταξιούχος ή εργαζόμενος σε σουπερμάρκετ να έχει μεγαλύτερο μισθό από αυτήν. Η ανταμοιβή της θα είναι μπροστά στο θρόνο του Θεού, όταν θα της πει: «Εύγε δούλε μου καλέ και πιστέ».

Για τους περισσότερους Ελληνορθόδοξους, αυτές οι οργανώσεις είναι άγνωστες και αντιμετωπίζονται με καχυποψία επειδή είναι ανεξάρτητες από την Ορθόδοξη Εκκλησία. Στον πεινασμένο πρόσφυγα, είναι η διαφορά μεταξύ ζωής και θανάτου, λιμοκτονίας και χορτασμού. Ζούμε με την ελπίδα ότι, μια μέρα, όλοι οι Χριστιανοί που ζούνε στο κόσμο του Θεού, θα ξεπεράσουν τις δογματικές τους διαφορές και θα εργαστούν μαζί ενωμένοι. Είναι προφανές ότι η κρίση των προσφύγων και των άστεγων Ελλήνων δείχνει ελάχιστα σημάδια ύφεσης και ότι ο Θεός χρειάζεται τα χέρια μας για να δείξει την αγάπη Του σε αυτές τις ψυχές που αγωνιούν.

Χριστιανοί από όλο τον κόσμο έχουν έρθει αεροπορικώς στην Αθήνα για να ξεκινήσουν τον Διεθνή Οίκο Προσευχής. Σχεδιάζουν να προσεύχονται 24 ώρες το 24ωρο για το έθνος της Ελλάδας, τους πρόσφυγες και τους άστεγους. Ο Θεός στέλνει εργάτες στον θερισμό για να απαντήσει στην από καρδιάς κραυγή των άπορων στην Ελλάδα.

ΓΙΑ ΤΗΝ ΣΥΓΓΡΑΦΕΑ

Η Μπάρμπαρα αποφοίτησε από το Πανεπιστήμιο του Μάντσεστερ το 1973, με πτυχίο στον τομέα της πληροφορικής και της διοίκησης. Για πολλά χρόνια είχε μια επιτυχημένη σταδιοδρομία στον τομέα της πληροφορικής εργαζόμενη σε διεθνείς τράπεζες και πολυεθνικές εταιρείες.

Κατά τη διάρκεια των διακοπών της στα ελληνικά νησιά, βίωσε μια δραματική εμπειρία που της άλλαξε τη ζωή. Αυτή η εμπειρία συνέβαλε στην απόφαση εγκατάλειψης της εργασίας της στην Αγγλία στα τριάντα επτά της έτη για να ξεκινήσει ένα ταξίδι πίστης ζώντας στο νησί της Πάρου.

Ζώντας στην Ελλάδα, βίωσε πολλές ξεκαρδιστικές ελληνικές εμπειρίες, απέκτησε γνώση της τοπικής κουλτούρας και πληθώρα από θαύματα προμήθειας και υπερφυσικής καθοδήγησης αλλά και θεραπείες.

Αρχικά ζούσε μόνη της, αργότερα γνώρισε και παντρεύτηκε τον σύζυγό της Πίτερ που κατάγεται από το Βέλγιο . Μαζί έχτισαν το σπίτι τους κοντά στην παραλία, ένα σπίτι που έγινε φάρος ελπίδας για ανθρώπους πολλών εθνικοτήτων. Πολλές ζωές αγγίχτηκαν από τις εβδομαδιαίες συναντήσεις τους.

Η Μπάρμπαρα ζει στην Πάρο παραπάνω από είκοσι πέντε χρόνια.

Ζει μια εξωπραγματική ζωή σε ένα απλό νησιωτικό περιβάλλον.

9 786180 009484